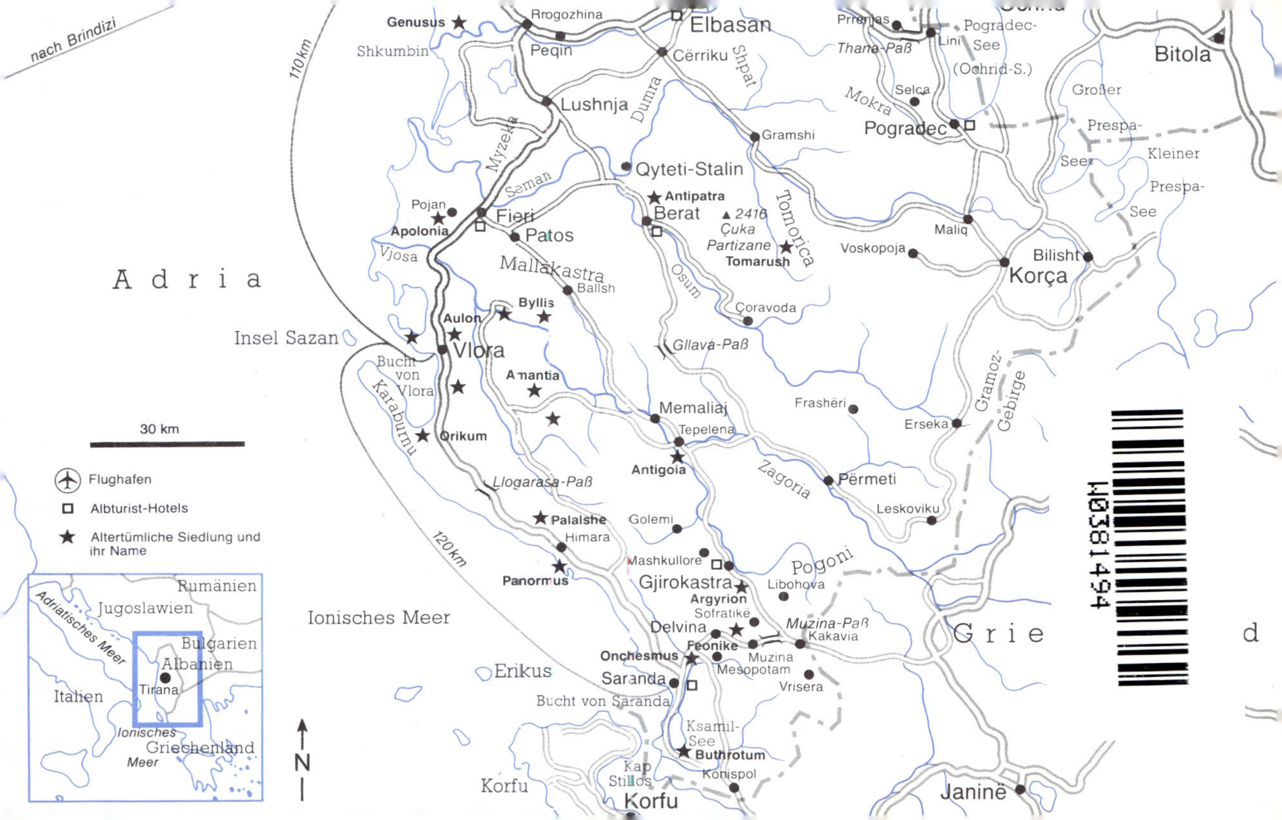
nach Brindizi
110 km
Adria
Insel Sazan
Ionisches Meer
30 km
Flughafen
Albturist-Hotels
Altertümliche Siedlung und ihr Name
Rumänien
Jugoslawien
Adriatisches Meer
Bulgarien
Albanien
Tirana
Italien
Ionisches Meer
Griechenland
N
Genusus
Rrogozhina
Elbasan
Shkumbin
Peqin
Cërriku
Shpat
Lushnja
Dumra
Gramshi
Myzeka
Qyteti-Stalin
Seman
Antipatra
Berat
2416
Çuka Partizane
Tomarush
Tomorica
Pojan
Apolonia
Fieri
Patos
Vjosa
Mallakastra
Ballsh
Osum
Çoravoda
Byllis
Aulon
Vlora
Gllava-Paß
Bucht von Vlora
Karaburnu
Amantia
Orikum
Memaliaj
Tepelena
Antigoia
Zagoria
Llogarasa-Paß
120 km
Palalshe
Himara
Golemi
Panormus
Mashkullore
Gjirokastra
Argyrion
Sofratikë
Delvina
Feonike
Onchesmus
Saranda
Erikus
Bucht von Saranda
Korfu
Kap Stillos
Ksamil-See
Buthrotum
Konispol
Muzina
Mesopotam
Vrisera
Muzina-Paß
Kakavia
Libohova
Pogoni
Përmeti
Leskoviku
Erseka
Frashëri
Gramoz-Gebirge
Voskopoja
Maliq
Korça
Bilisht
Prenjas
Thana-Paß
Lini
Pogradec-See (Ochrid-S.)
Mokra
Selca
Pogradec
Großer Prespa-See
Kleiner Prespa-See
Bitola
Griechenland
Janinë

Heinz Gstrein

Albanien

Walter-Verlag Olten und Freiburg im Breisgau

Text und Fotos: Heinz Gstrein
Karten und Pläne: Huber Kartographie, München
Umschlagbild vorn: An den Burgberg von Berat schmiegen sich die schiefergedeckten Häuser und die Moscheen der osmanischen Altstadt. Die Christen mit ihren Kirchen waren oben auf der Höhe zu Hause. Das Denkmal im Vordergrund erinnert an die Partisanenheldin Margarita Tutulani (1924–1943) aus Albaniens «Nationalem Befreiungskampf».
Umschlagbild hinten: Seit dem Ende des Zweiten Weltkriegs hat sich die damals knapp eine Million zählende Bevölkerung Albaniens verdreifacht, ein Drittel davon ist unter 25 Jahren jung. Kinder gelten für die auch in der kommunistischen Gesellschaft intakt gebliebene albanische Großfamilie als größter Segen. Im Bild: Zöglinge des Kindergartens von Peshkopia im Tal des Schwarzen Drin.

Verlag und Autor (und die Leser späterer Auflagen) sind den Benutzern dieses Führers für Anregungen, Ergänzungen und Korrekturen jederzeit dankbar. Zuschriften erbeten an Walter-Verlag, Lektorat, CH-4600 Olten.

1. Auflage 1989

Satz: Jung SatzCentrum, Lahnau
Druck und Einband: Grafische Betriebe des Walter-Verlags
Printed in Switzerland

ISBN3-530-29602-3

Für die Heimat meiner lieben Margaretha

Inhalt

(Die eingestreuten Zwischentexte sind am Schluß des Inhaltsverzeichnisses zusammengefaßt)

Albanien – am Kreuzweg Europas

Viele Wege führen nach Rom, sagt das Sprichwort. Schon zur Römerzeit führten auch nach und durch Albanien Straßen – die berühmteste war die Via Egnatia. Heute ebnet das Reisebüro dem Besucher den an und für sich keineswegs leichten Weg in die Sozialistische Republik Albanien, die weder auf Massentourismus noch einen Ausverkauf an jeden Devisenbringer, sondern auf eine vernünftige Zahl von ausgewählten Gästen und Freunden von morgen Wert legt.
Den ersten Eindruck vom Land bekommen die meisten ausländischen Reisenden auf dem Flughafen Rinas. Entsprechend einer Frequenz von durchschnittlich zwei Flügen am Tag ist der Betrieb dort recht gemütlich. Für die Paßkontrolle gibt es keine Schalter mit Warteschlangen davor: Statt dessen eine Art Wohnzimmer mit Tischen und bequemen Polsterstühlen, wo Mokka, albanischer Kognak oder Raki serviert werden, bis diese Formalitäten zu Ende sind.
Recht genau geht es aber dann bei der Zollkontrolle zu. Gefahndet wird von den erklärt atheistischen, doch dabei sehr auf die öffentliche Moral bedachten Behörden eigentlich nur nach religiöser Literatur und pornografischen Machwerken. Mitgebrachte Reiseführer und belletristische Urlaubslektüre vom Heimatroman bis zum Krimi bringen keine Schwierigkeiten.
Dieses Buch möchte dazu beitragen, Ihren Aufenthalt in Albanien über den verdienten Erholungsurlaub oder die Geschäftsreise hinaus zu einer echten Begegnung mit Land und Leuten, ihrer Geschichte, Kunst und Weltanschauung zu machen, zu einem unvergeßlichen Erlebnis für Sie!

Natürlich kann Sie der Walter-Reiseführer nicht überall hinführen, nicht alles und jedes erklären. Um so mehr soll er zu eigenem Erkunden und Nachforschen anregen und anleiten. Gerade in einem Land, wo fast keine individuellen, sondern nur Gruppenreisen möglich sind, ist es hilfreich für wirklich gewinnbringende Ferien und zu einem Studien- oder Arbeitsurlaub geradezu notwendig, auf die eher gedrängten Möglichkeiten zur Erfüllung ganz persönlicher Wünsche und Wißbegierde hingewiesen zu werden und vorbereitet zu sein.

Ohne den Rat und die Hilfe von Freunden und Mitarbeitern inner- und außerhalb von Albanien wäre diese Arbeit nicht zu bewältigen gewesen. Besonders bedanke ich mich bei dem Albanien-Spezialisten «vom Dienst», Ludwig Bauer und seinen Egnatia-Tours in Wien, Vangjel Moisiu in Tirana, dem albanischen Fremdenverkehrsamt Albturist mit seinen ebenso fachkundigen wie liebenswürdigen Reiseleitern Aleksander, Kujtim, Miri und Sokrat, dem Kulturattaché an der Botschaft der Sozialistischen Republik Albanien in Österreich, Arben Iliriani, dem Vizepräsidenten der Österreichisch-Albanischen Gesellschaft, Generaldirektor Andreas Berghold in Graz. Ein später Dank gebührt meinem Lehrer in der Ost- und Südosteuropäischen Geschichte an der Universität Innsbruck, Professor Hans Halm. Last, but not least gerade Karin Hetzar vom Walter-Verlag, die es geschafft hat, dieses Buch nach dreijährigen Vorarbeiten jetzt in Lektorat und Technik so schnell Gestalt annehmen zu lassen, wie es der sich geradezu überstürzenden «Entdeckung» Albaniens durch deutsche Touristen und Geschäftsleute nach der Aufnahme diplomatischer Beziehungen zwischen Tirana und Bonn entsprechen mußte.

Heinz Gstrein

Von Pyrrhus bis Skanderbeg

Lebendige illyrische Vorzeit

Wenige Völker leben in einem so ausgeprägten Bewußtsein einer langen und großen Geschichte wie die Albaner. Schon als Kinder hören sie von *Pyrrhus* und *Teuta* aus dem fernen Altertum, von dem schweren Schwert *Skanderbegs,* von seinem Pferd, das nach dem Tod dieses Vaters der ebenso kurzlebigen wie heroischen albanischen Unabhängigkeit am Ende des Mittelalters auch nicht weiterleben wollte, von der Burg **Kruja** und dem späteren Widerstand gegen die osmanische Herrschaft. Legenden und Volkslieder erzählen von *Kapitän Jano,* dem edlen Räuber-Patrioten, der «Schwarzer Umhang» genannt wurde.

Sogar früheste übernatürliche Vorstellungen und damit zusammenhängende soziale Strukturen der Ureinwohner Albaniens waren als Volksbräuche und Formen des Aberglaubens bis in die jüngste Vergangenheit lebendig. Das Gespenst einer *Urmutter* geisterte noch in den sechziger Jahren durch die Dörfer im **Mirdita**-Bergland wie der **Myzeqa**-Ebene. Auf Albanisch heißt sie

Nëna e vatrës, «Mutter des Herdes». Auch die gerade in Nordalbanien zäh verbreitete Verehrung der weiblichen Brust *(Gjini),* der magische Kräfte zugeschrieben werden, weist bis heute darauf hin, daß es sich bei der Urreligion dieses Siedlungsraumes um Kulte von Erd- oder «Großen» Müttern gehandelt haben dürfte, mit denen eine *mutterrechtliche Gesellschaftsordnung* einherging.

Auch Albaniens über 50 prähistorische Fundstätten beweisen, daß es ein Land mit sehr früher Zivilisation ist. Die Anfänge menschlichen Lebens auf seinem heutigen Gebiet reichen bis zur Mitte der *Altsteinzeit* zurück. Also etwa in die Jahre zwischen 100 000 und 50 000 vor unserer Zeitrechnung. Das wird von reichen urgeschichtlichen Zeugnissen wie Feuersteinklingen, -schabern und -bohrern belegt. Sie wurden in **Xara** im südlichsten Küstenland am Ionischen Meer an der Grenze zu Griechenland gefunden. Im benachbarten **Butrint** und in **Finiqe,** nicht weit nördlich davon, beginnen die Funde aus der *Jungsteinzeit,* das heißt zwischen 4000 und 1750 vor Christus. Es handelt sich vor allem um Keramikscherben und Spuren von Viehzucht wie Ackerbau auf einer frühen Stufe. Ähnliche Fundorte sind **Nepravishta** im Bezirk Gjirokastra sowie **Rrëze** am Fuß des Dajti bei Tirana und ein Ring neuer Ausgrabungen in den nordalbanischen Landstrichen von **Gruemira** und **Dukagjin.**

Auch die viel später mit byzantinischen Malereien geschmückten Höhlen von **Prespa** im albanisch-griechisch-jugoslawischen Dreiländereck dürften schon damals bewohnt worden sein. Von besonderer Bedeutung sind die bei den Grabungen an einer prähistorischen Wohnsiedlung in der Nähe von **Maliq** bei Korça entdeckten Objekte, die weit über die Grenzen Albaniens bekannt geworden sind.

Schon mit der späteren *Bronzezeit* (2100 bis 1200 v. Chr.) und dem Beginn von Handel, Verkehr und «Völkerwanderungen»

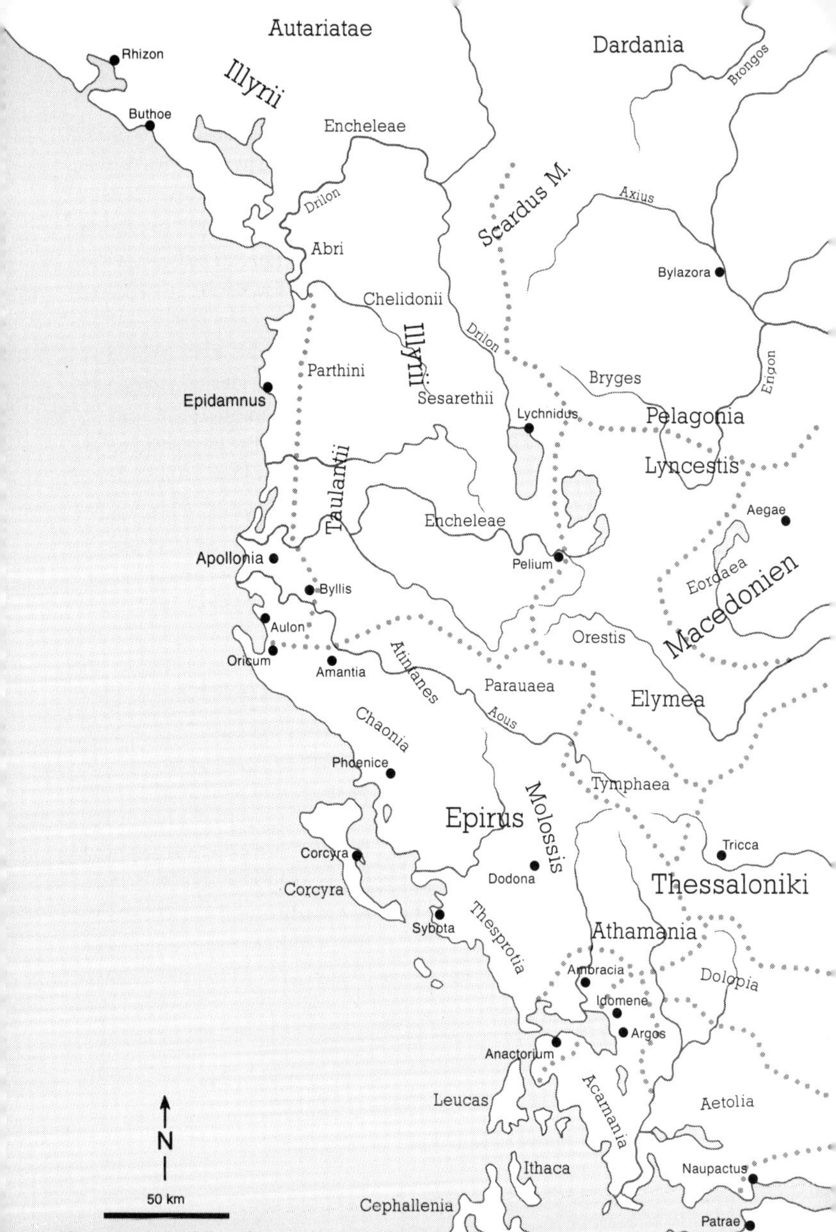

Klassisches Albanien

treten die Geschicke Albaniens in engen Zusammenhang mit seiner geopolitischen Lage. Ein Blick auf die Landkarte zeigt das deutlich: Die Apenninenhalbinsel, die in Form eines Stiefels das Mittelstück der europäischen Südküste bildet, hat ihre Achillesferse genau dort, wo sie Albanien am nächsten kommt: In der nur 72 Kilometer breiten Straße von Otranto. Vom frühen Altertum bis nach dem Zweiten Weltkrieg haben daher alle Herren Italiens nach der Sicherung von Brückenköpfen am jenseitigen Adriaufer gestrebt. In umgekehrter Richtung war das viel seltener der Fall.

Auch für die Balkanvölker und -staaten besitzt Albanien ein äußerst begehrenswertes Ziel, den Hafen von **Durrës.** Neben Triest im nördlichsten Zipfel des Mittelmeeres ist dies seit altersher der beste Natur- und seit der Neuzeit auch ausbaufähige Großhafen. Erst Thessaloniki entspricht wieder ähnlichen Anforderungen für das südosteuropäische Hinterland. Diese alten, naturgegebenen Gegensätzlichkeiten haben dazu beigetragen, daß die albanische Geschichte weit über 3000 Jahre lang meist kriegerisch verlaufen ist. Schon Albaniens prähistorische Ureinwohner mußten sich sowohl gegen die von Süden einfallenden vorindogermanischen *Pelasger* aus dem heutigen Griechenland wie gegen *thrakische Hirtenvölker* aus dem Osten wehren. Ihre bis dahin bestenfalls durch ihre natürliche Lage geschützten Siedlungen werden nun burgähnlich ummauert. *Eisen* dient ab etwa 800 vor Christus zum Herstellen festerer Waffen, militärische Führer treten an die Spitze der bis zu der Zeit noch immer weitgehend matriarchalen Gesellschaft. Nach ihrem meist unvermeidlichen Heldentod werden sie in *Tumuli* beigesetzt. Diese Hügelgräber erinnern in etwa an die altgermanischen «Hünengräber». Ein schönes Beispiel dafür finden Sie in der Nähe des beliebten südalbanischen Badeortes Saranda bei **Bajkaj.**

Auf jeden Fall bewiesen bereits diese ersten Albaner mit ihrer

zähen Entschlossenheit zur Verteidigung des Heimatbodens die Richtigkeit des späteren Dichterwortes: «Nein, er läßt sich nicht verschlucken, der Shqiptare, hätte man auch ein Maul so groß wie ein Rindvieh.» Wer waren aber nun die frühen und von Anfang an so tapferen Vorfahren der heutigen Skipetaren? Die Antwort der Forscher lautet inzwischen einhellig: die *Illyrer.*
Diese Annahme wird durch die lückenlose Kontinuität der Zivilisation in der Bronze- und Eisenzeit gestützt; auch das Inventar der prähistorischen Siedlungen spricht dafür. Seit Albanien Ende 1944 wieder unabhängig wurde, haben gerade die albanischen Forscher den größten Beitrag zur Klärung dieser für ihr nationales Selbstverständnis wichtigen Frage geleistet. Ihre Ausgrabungsergebnisse widerlegten schließlich die alte Hypothese, die Illyrer seien gar nicht Albaniens Ureinwohner gewesen, sondern erst in der Eisenzeit von der Oder an den albanischen Drin-Fluß gekommen.
Diese illyrischen Ureinwohner, groß an der Zahl, besiedelten damals nicht nur das heutige Albanien, sondern ein viel weiter reichendes Territorium: Von der Donau im Norden bis zur **Ambrakischen Bucht** beim heutigen Preveza an der griechischen Westküste, von der Adria bis zu einer Siedlungsgrenze im Osten, die vom mittelgriechischen Bergland der **Vardhousia Ori** nordwärts Richtung **Belgrad** verlaufen dürfte. Illyrische Stämme hatten aber auch Italien, die **Ostalpen** und sogar Kleinasien erreicht.
Die fast ununterbrochenen bewaffneten Auseinandersetzungen mit ihren Nachbarn zwangen die illyrischen Wehrsiedlungen, sich untereinander zu verbinden. Zunächst einmal auf Stammesebene. Die Anlage dieser befestigten Orte ist am schönsten im illyrischen Teil der Ausgrabungen von **Butrint** bei Saranda zu erkennen: Das Wohnviertel liegt am Hang eines Hügels, der gegen die Ebene mit einer doppelten, großquadrigen *Giganten-*

mauer geschützt war. Einschließlich des mit Schutt gefüllten Hohlraumes in der Mitte war sie über drei Meter dick.
Aus diesen illyrischen Städtebünden entstanden bald Föderationen von Stämmen. Vor allem zwei dieser Stämme sind historisch bedeutend. Zunächst, und noch einmal kurz vor der römischen Eroberung, jener der *Taulantier* oder Illyrer im engeren Sinne. Im 5. Jahrhundert vor unserer Zeitrechnung bildete sich auf ihrer Grundlage im heutigen Nordalbanien einer der mächtigsten Staaten der damaligen Zeit. An seine Spitze trat eine Frau, die Königin *Teuta*. Sie begegnen ihr in der Skanderbeg-Gedenkstätte von Kruja. Schon im 7. Jahrhundert hatten sich die südillyrischen Stämme zusammengeschlossen. An ihrer Spitze standen die *Molosser* von **Epirus,** wie die Griechen das Land in ihrem Nordwesten nannten. Daß die Molosser im Besitz der berühmten Orakelstätte **Dodona** waren, dürfte damals nicht wenig zum Erlangen ihrer Führerrolle beigetragen haben.
Frühere Historiker waren der Ansicht, daß von allen späteren Eroberern zuerst das aufstrebende *makedonische Reich* unter *Philipp II.* und *Alexander dem Großen* die illyrisch-albanischen Gebiete in seine Botmäßigkeit gebracht habe. Heute ist erwiesen, daß die Illyrer ihre Unabhängigkeit auch Alexander gegenüber wahren konnten, nachdem sie zuvor mit den letzten freien Hellenen gegen deren Anschluß an Makedonien gekämpft hatten.
Diese Bündnisgemeinschaft war fast eine Selbstverständlichkeit, nachdem es schon seit der ersten Hälfte des Jahrtausends vor Christus in Albanien *griechische Kolonien* gab, die in fruchtbarem wirtschaftlichem und kulturellen Austausch und daher meist friedlich auf illyrischem Boden lebten. Die erste dieser Pflanzstädte der griechischen Stadtstaaten war 627 vor Christus das heutige Durrës, das zunächst *Epidamnos* hieß. Bei ihm wie beim zur Zeit meistversprechenden Ausgrabungsort von ganz Alba-

nien, **Apollonia** bei Fier (siehe zu diesem wie den folgenden griechischen Poleis die Karte «Klassisches Albanien» S. 15), handelte es sich um von Korinth ausgegangene *dorische* Kolonien, für die **Korfu** als Zwischenstation gedient hatte. Übrigens stammt der deutsche Name für diese größte der Ionischen Inseln von der illyrisch-albanischen Bezeichnung Korfuz, während die Griechen von Kerkyra sprechen.

Ab dem 4. Jahrhundert vor unserer Zeitrechnung wurde auch den bodenständigen Illyrern in diesen griechischen Kolonistenstädten das volle Bürgerrecht gewährt – nicht ohne manchmal recht unsanften Druck von seiten des molossischen Stämmebundes. Nun entstand eine *hellenistisch*-illyrische Mischkultur. Schöne Beispiele für sie sind im Museum von **Durrës** zusammengetragen. Parallel zum wachsenden illyrischen Einfluß in den damaligen Küstenstädten greifen jetzt hellenistische Vorbilder auf das albanische Hinterland über. Die Reste des Gymnasions von **Amantia** im Mittelgebirge zwischen der Bucht von Vlora und dem Tal der Vjosa sowie des griechischen Theaters von **Byllis,** bei Hekal am rechten Flußufer, erzählen anschaulich davon.

Seit damals stehen bodenständig albanische und griechisch-mediterrane Kultur in einer eigentlich nie mehr unterbrochenen Wechselbeziehung. Bis in unsere Tage sind klassisch-griechische Vornamen wie zum Beispiel *Sokrat*(es) bei den Albanern recht beliebt. Woraus wir aber nicht auf den griechischen Charakter ganz Albaniens oder eines Teils davon schließen dürfen, wie das jahrhundertelang die griechisch-orthodoxe Kirche und in ihrer säkularisierten Nachfolge die neugriechischen Nationalisten versucht haben.

Noch von der einst ganz humanistischen Ausrichtung unserer Schulen her ist im deutschen Raum der bekannteste Vertreter des freien Illyrertums vor seiner Einbeziehung in das römische Imperium natürlich *Pyrrhus* (319–272), der «König von Epirus».

Er stammte aus derselben Fürstenfamilie wie die Mutter Alexanders des Großen. In den Wirren der *Diadochenkämpfe* wurde er deshalb auch auf den makedonischen Thron gerufen. Aber schon nach siebenmonatiger Herrschaft zog es ihn wieder an die Spitze der 14 unter seiner Führung geeinten illyrischen Völker, unter ihnen die Molosser.

Schon bei Pyrrhus finden sich ausgeprägt jene Eigenschaften, wie sie später die großen Albaner von Mittelalter und Neuzeit auszeichnen sollten: tiefe Einsicht in die Kriegskunst und feuriger Mut. Gern bereit zu verzeihen und zu schonen, war Pyrrhus streng gegen sich selbst und strebte nach sittlicher Größe. Man erzählt von ihm, er habe bei Gebeten und Gaben an die Götter nicht um Sieg, Mehrung des Reiches, Ruhm oder großen Reichtum, sondern nur um vernünftigen Sinn gebeten.

In die Annalen der Weltgeschichte ist Pyrrhus als Gegner der Römer in Unteritalien eingegangen, wohin ihn 280 eine Gesandtschaft aus **Tarent** gebeten hatte. Die für ihn ebenso siegreiche wie verlustbringende Schlacht mit dem Konsul Publius Laevinus am Fluß Siris ist als *Pyrrhus Sieg* sprichwörtlich geworden. Nachdem ihn die Römer 275 endlich aus Italien nach Illyrien zurückdrängen konnten, lag auf der Hand, daß sie nun recht bald zum Gegenschlag über die Adria ausholen würden.

Besatzer kommen und gehen: Römer, Byzantiner und Normannen

Roms Ziel war es, das andere Ufer unter seine Kontrolle zu bringen. So brachen im Jahr 229 vor unserer Zeitrechnung die *römisch-illyrischen Kriege* aus. Aber erst 168 vor Christus wurde der größte Teil Illyriens von den Römern abhängig, als König

Genthius von Scodra, dem heutigen **Shkodra,** im dritten makedonischen Krieg an die Seite des antirömischen Perseus trat. Nach dem unglücklichen Ausgang des Kampfes wurde sein Reich in drei Teile zerrissen und tributpflichtig. Die Folgen ihrer Niederlage waren für die Illyrer katastrophal: Ganze Dörfer und Städte wurden ausgeplündert oder sogar vernichtet, die Menschen zu hunderten und tausenden zu Sklaven gemacht. Es begann die schwere Zeit der römischen Herrschaft, die über fünfeinhalb Jahrhunderte dauerte. Fast gleich lang wie später das Regiment der Türken. Die Illyrer, die sich immer durch ihren Freiheitssinn ausgezeichnet hatten, setzten der römischen Verwaltung anhaltenden, nie ganz gebrochenen Widerstand entgegen. Bekannt ist vor allem ihr Aufstand der Jahre 6 bis 9 nach Christus, der zu jener Zeit einen starken Widerhall fand. Viele Historiker des Altertums erwähnen diesen Widerstand zur Verteidigung der Traditionen und bedeutenden geistigen Werte des Volkes.

Angesichts solcher Tapferkeit wurden illyrische Truppen den Römern nach und nach immer lieber. In der späten Kaiserzeit kamen deren Anführer bis auf den römischen Thron und waren durchwegs bedeutende Persönlichkeiten, die den Verfall des Reiches mit ihren militärischen Aktionen und politischen Reformen zwar nicht mehr aufhalten, aber kräftig verzögern konnten: *Decius* (249–251), *Aurelianus* (270–275), der «Wiederhersteller des Reiches» *Diokletian* (284–305) und schließlich *Konstantin der Große* (306–337).

Während der gesamten Römerherrschaft wurde versucht, die Illyrer zu *romanisieren.* Erfolge scheint es nur dort gegeben zu haben, wo italische Kolonisten und alte Legionäre in größerer Zahl angesiedelt wurden, so in und um Epidamnos, aus dem *Dyrrachium* wurde, Butrint oder Byllis. Dort haben sich bis auf den heutigen Tag balkanlateinische Sprachinseln der *Aromunen* erhalten. Sie sind etwa mit den alpinen Rätoromanen zu verglei-

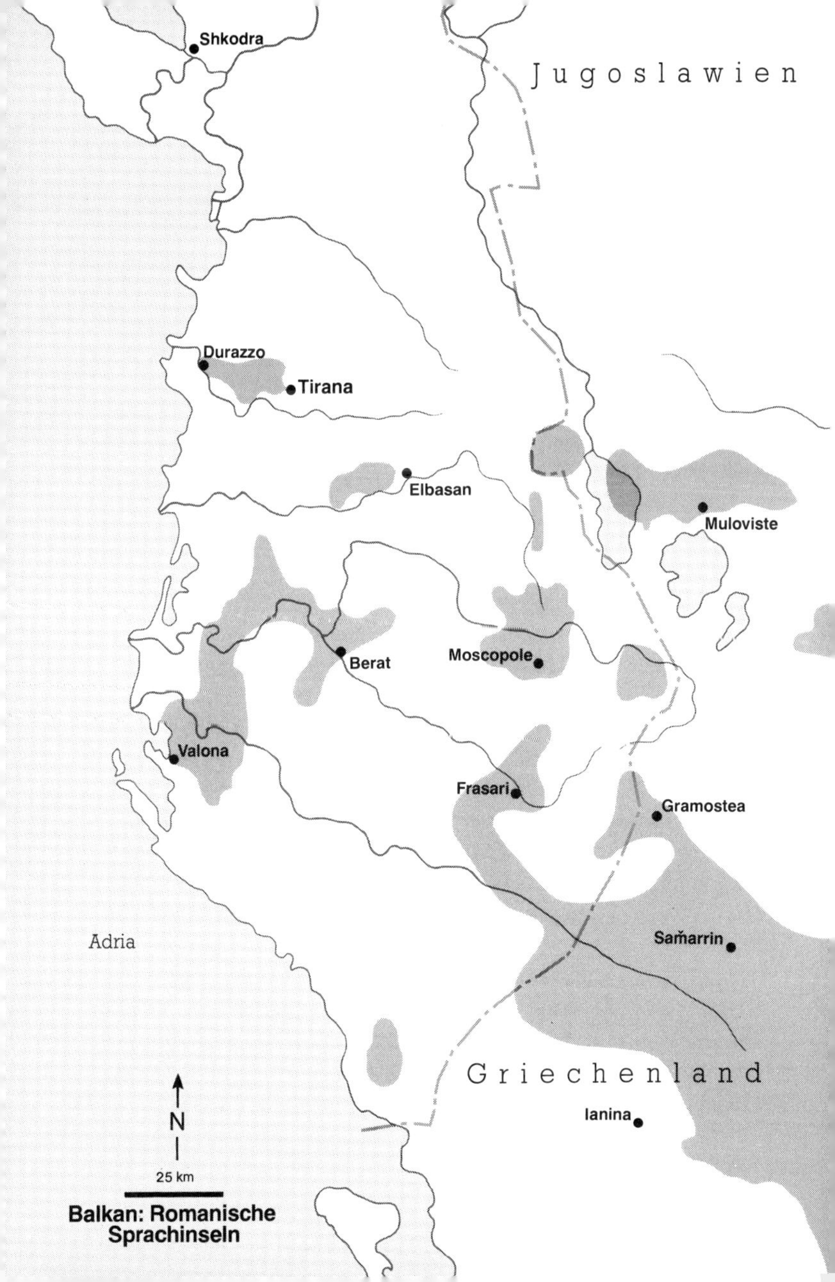

Balkan: Romanische Sprachinseln

chen. In römischer und auch noch in byzantinischer Zeit war ihre Sprache viel weiter verbreitet – von Istrien über Dalmatien bis ins Balkangebirge. Heute ist ihr vom Aussterben bedrohtes Idiom nur mehr in gebirgigen Rückzugsgebieten und da auch wieder in Südostalbanien zu hören sowie in den Enklaven des albanischen Küstenlandes (s. Karte S. 22).
Jedenfalls konnte auch jahrhundertelange Herrschaft der Römer in Illyrien nicht erreichen, daß römische Kultur und lateinische Sprache sich völlig durchgesetzt hätten. Damals dürfte sich der Rest der illyrischen Urbevölkerung – zurückgedrängt in unwegsame Gebiete und zurückgeworfen auf den Stand unsteter Wanderhirten – kristallisiert haben, um den Kern des heutigen *albanischen Volkes* zu bilden. So konnte dieses auch die Stürme der Völkerwanderungszeit überdauern, obwohl sein Gebiet von Westgoten, Hunnen und Ostgoten durchzogen und schließlich von Slawen überflutet wurde.
Mit der Teilung des Römischen Reiches 305 nach Christus kam das heutige Albanien zum *Oströmischen* oder *Byzantinischen Reich,* dem es mit Unterbrechungen bis ins 14. Jahrhundert angehörte. Weiterhin herrschten Unterdrückung und Ausbeutung. Allerdings wirkte sich die Tatsache, daß das Land nun von der Mitte des alten an die Westgrenze des neuen Staates gerückt war, zunächst positiv auf seine wirtschaftliche und gesellschaftliche Weiterentwicklung aus. Gerade die Küstenstädte wurden zu den Hauptumschlagplätzen zwischen den beiden Reichshälften und gelangten zu ihrer größten, aber auch letzten Blüte im Altertum.
Diese Aufwärtsentwicklung dauerte nicht lange. Als *Germanen, Hunnen* und *Slawen* seit dem 4. Jahrhundert unserer Zeitrechnung nach Südosteuropa einzufallen begannen, brachen die Hauptwellen ihres Ansturmes immer wieder über die Provinzen des *Illyricum* herein.

Zwischen 397 und 400 zogen die *Westgoten* unter *Alarich* nach ihren Streifzügen durch Griechenland die albanische Küste aufwärts in Richtung Italien. 440 und 446 berührten *Hunnen*-schwärme illyrisches Gebiet und verheerten besonders das heutige **Kosova,** wie die Albaner die uns als Kosovo geläufige Gegend Jugoslawiens an ihrer Grenze nennen. 461 folgten den Hunnen die *Ostgoten.*

Jedenfalls tritt das albanische Volk urplötzlich im 11. Jahrhundert nach jahrhundertelangem Schweigen der Quellen weder als slawisches noch als griechisches, sondern als eigenständiges indogermanisches Volk wieder in Erscheinung; bereits hochgeachtet durch seine Krieger, begehrt als Bundesgenosse und von Anfang

Die Mosaiken im Fußboden der Taufkapelle von Butrint zählen mit denen im Amphitheater von Durrës zu den besten frühbyzantinischen Werken dieser Art

an kräftig bemüht, sich seine, wenn auch noch so kleine Eigenständigkeit innerhalb der viel stärkeren Nachbarn zu schaffen und zu erhalten. Sie verhielten sich auch abwartend, als von Westen her Sarazenen und Kreuzfahrer, Normannen und Söldner des Königreichs von Neapel sowie die bewaffnete Macht der Republik Venedig Stützpunkte in ihrem Gebiet zu sichern begannen.

Den Anfang machte der Normannenfürst *Robert Guiscard,* der «Schlaukopf» (1059–1085). Nachdem er den byzantinischen Besitz in Unteritalien unterworfen hatte, griff er auch die albanische Küste an. Sein nächstes Ziel war, Dyrrhachion einzunehmen, das ihm den Egnatia-Weg nach Konstantinopel öffnen sollte. Dabei war für seinen Gegenspieler, Kaiser *Alexios I. Komnenos* (1081–1118), an einen Kampf mit eigenen Kräften nicht zu denken. Alexios bot alles auf, um Bundesgenossen gegen den überlegenen Feind zu finden und sicherte sich die Hilfe **Venedigs.**

Hier taucht bereits mit aller Klarheit das Moment auf, das fortan die Sprungfeder der venezianischen Kriegs- und Bündnispolitik in und um Albanien bildet: Die Seerepublik will sich um jeden Preis die Bewegungsfreiheit auf der Adria sichern und daher verhindern, daß sich eine Macht an beiden Küsten dieses Meeres festsetzt. Demgemäß war damals Robert Guiscard der Feind und Byzanz der natürliche Verbündete der Venezianer.

Arbëria, freies Fürstentum oder deutsches Reichslehen?

In diesen Jahrzehnten unterbrochener oder zumindest geschwächter byzantinischer Herrschaft bildete sich in Albanien die Macht einheimischer *Feudalherren* heraus. Um die Mitte des

12. Jahrhunderts konnten diese Adeligen in einem Teil des Landes die Herrschaft des Kaisers ganz abschütteln und den ersten albanischen Feudalstaat des Mittelalters bilden. Er ist als Fürstentum *Arbëria* in die Geschichte eingegangen und umfaßte mit **Kruja** als Hauptstadt zunächst nicht einmal die Hälfte des heutigen Nordalbanien nördlich vom **Shkumbin.** Später dehnte er sich zu diesem Fluß und bis ins Tal des **Drin** nahe der gegenwärtigen Grenze zu Jugoslawien aus.

Die *splendid isolation* dieses vergessenen Bergstaates dauerte aber nicht lange. Wie seinerzeit unter Robert Guiscard griffen die Normannen 1185 Dyrrhachion noch einmal an und nahmen die Stadt. Obwohl sie sie bald wieder räumen mußten, wurde diese Episode zum Vorspiel der ersten Einbeziehung Albaniens in die Mittelmeerpolitik eines *deutschen Reiches:* Der Staufer-Kaiser *Heinrich VI.* (1190–1197), vermählt mit der normannischen Thronerbin Konstanze, trat nach dem Tod seines Vaters *Barbarossa* nicht nur dessen deutsches Erbe, sondern auch die Nachfolge des 1189 gestorbenen Wilhelm II. von Sizilien an. Dessen Angliederung an das deutsche Reich gab den Plänen Heinrichs für eine Weltherrschaft eine feste Grundlage. Der erste und wichtigste Punkt dieser Pläne aber war die Eroberung des byzantinischen Reiches. Zunächst verlangte er, Konstantinopel müsse das von den Normannen 1185 eroberte und dann wieder verlorene Dyrrhachion und die albanischen Gebiete bis Thessalonike abtreten. In Byzanz erreichte er allerdings statt dieses Verzichts «nur» einen Jahrestribut von 16 Zentnern Gold. Um diese Abgabe zu finanzieren, mußte Byzanz überall im Reich eine *Alamannensteuer* eintreiben lassen, von der die Handelsstädte an der Adria besonders hart getroffen wurden.

Der *IV. Kreuzzug* von 1204, die Errichtung eines *lateinischen Kaisertums* in Konstantinopel und das Zerfallen der frei gebliebenen Gebiete des byzantinischen Reiches in ein halbes Dutzend

Kaiser- und Despotenherrschaften hätte die der oströmischen Herrschaft und Steuerschraube überdrüssigen Albaner kaum unangenehm berührt, wäre da nicht die Abtretung von Dyrrhachion an die Venezianer gewesen, die es von da an *Durazzo* nannten, obwohl es erst von 1392 bis 1502 für länger fest in ihre Hand kam.

Außerdem begann damals die Aufteilung des albanischen Landes auf mehrere Staaten. Sie wurde zwar später vorübergehend im serbischen Reich des 14. Jahrhunderts und von einem halben Jahrtausend Türkenherrschaft rückgängig gemacht. Als jedoch dann das moderne Albanien der Jahre 1912 bis 1944 um Unabhängigkeit und territoriale Integrität zu kämpfen hatte, drängten serbischer, neugriechischer und bulgarischer Nationalismus wieder auf jene Grenzen, die zum erstenmal im 13. Jahrhundert kreuz und quer durch das Volk der Skipetaren gezogen worden waren.

So hatten sich die *Serben* den Zerfall des byzantinischen Reiches zunutze gemacht, um ganz Nordalbanien bis südlich von **Shkodra** und **Prizren** zu besetzen. Das gleiche taten 1913 die serbischen Montenegriner. Das übrige Land geriet etwa von Lezha an südwärts zunächst fast ganz unter die Herrschaft von *Michael I. Angelos* (1204–1215), dem Gründer des *Despotats Epirus*. Epirus reichte bis an den Golf von Korinth und war ein griechisch-albanischer Doppelstaat. Obwohl es nicht einmal 150 Jahre später im Serbenreich von Stephan Dušan aufging, sprechen nationale und nationalkirchliche Kreise in Athen von Albanien bis heute immer noch als «Nord-Epirus».

Kruja mit seinem ganzen Hinterland bis zum **Schwarzen Drin** und **Ochrid-See** und das Gebiet um die heutigen Städte **Tirana, Elbasan** und **Korça** fielen 1230 an das *Zweite Bulgarische Reich*. Es bestand ebenfalls nur bis ins 14. Jahrhundert, was die im Ersten wie Zweiten Weltkrieg bis an den Drin vordringenden mo-

dernen Bulgaren nicht hinderte, auch ihre Hand nach Albanien auszustrecken.
Durch diese sich überschneidenden Fremdherrschaften war der wirklich freie Lebensraum des albanischen Volkes auf spärliche Berggebiete eingeengt worden. Von dort begannen sie nun zum erstenmal nach neuen Siedlungsregionen auszubrechen.
1318 bot sich dafür als erstes Thessalien an, wo nach dem Erlöschen der lokalen byzantinischen Dynastie die Zentralverwaltung der Paläologen nur auf dem Papier eingeführt wurde: Gewaltige Mengen von Albanern drangen in das Land ein. So begann jene *albanische Wanderung,* die sich in den folgenden Jahrhunderten über ganz Griechenland ergoß.

Skanderbegs Heldentaten

Erst in der zweiten Hälfte des 14. Jahrhunderts, nachdem die katholischen Parteigänger der Anjous aus Arbëria verjagt worden waren und auch das serbische Reich zerfallen war, konnten sich die albanischen *Feudalherren* von der Fremdherrschaft lösen und wirklich *selbständige Herrschaften* bilden. So entstanden im Norden das Fürstentum der *Balsha* mit **Shkodra** als Zentrum, das Fürstentum *Thopia* in Mittelalbanien um **Durrës,** das Fürstentum der *Muzaka* mit der Hauptstadt **Berat** und das Fürstentum *Shpata* im Hinterland von **Elbasan.**
Die Gründung dieser Fürstentümer ging mit einer Unterwerfung der schwächeren Adelsfamilien einher. Jedes hatte seinen eigenen Hof, seinen eigenen Verwaltungsapparat sowie besondere Siegel und Wappen. Auf dem Siegel der Balsha war ein Wolfskopf zu sehen. Das Wappen der Thopia zeigte einen Löwen mit der Königskrone auf dem Kopf. Die *Dukagjini* im äußersten,

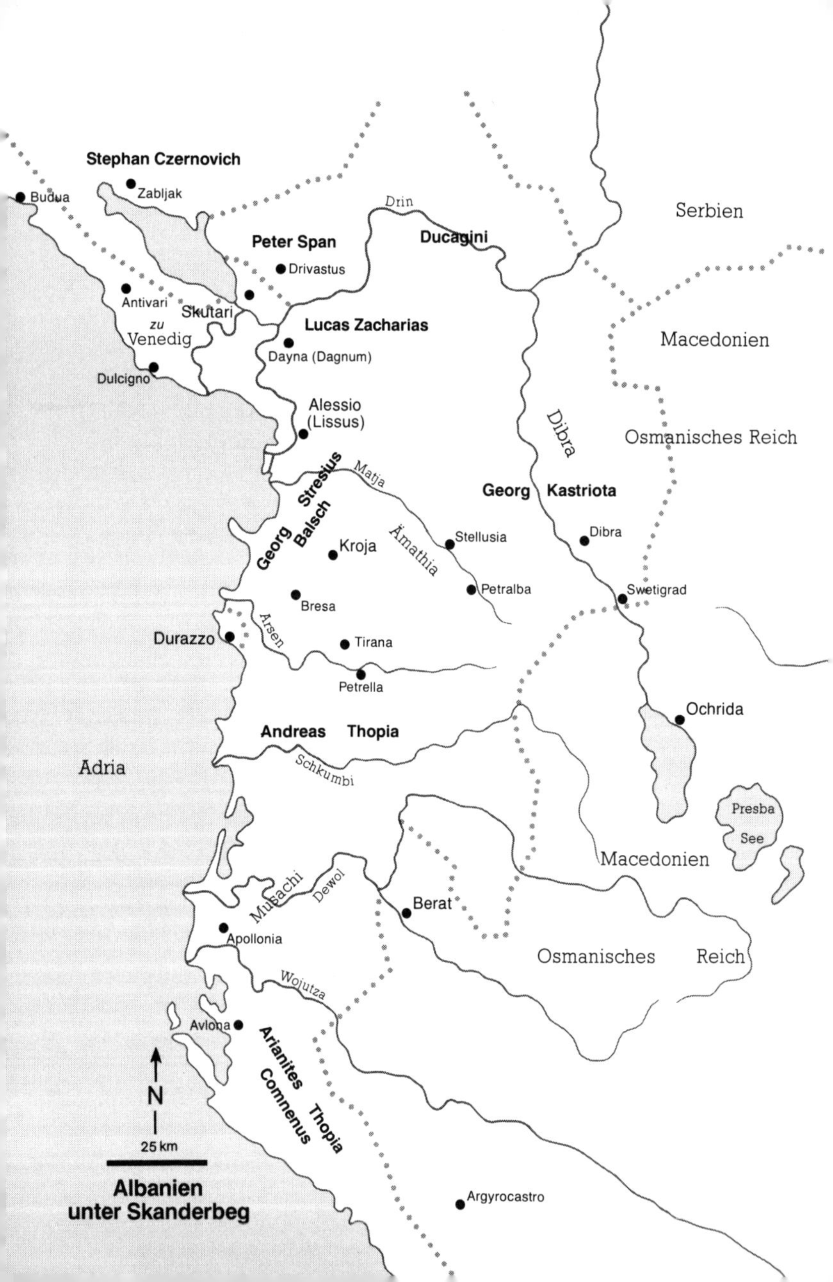

Stephan Czernovich
Zabljak
Budua
Peter Span
Drivastus
Drin
Ducagini
Serbien
Antivari
Skutari
zu
Venedig
Lucas Zacharias
Dayna (Dagnum)
Dulcigno
Macedonien
Alessio
(Lissus)
Dibra
Osmanisches Reich
Stresius
Matja
Georg
Balsch
Georg Kastriota
Kroja
Ämathia
Stellusia
Dibra
Petralba
Swetigrad
Bresa
Arsen
Durazzo
Tirana
Petrella
Ochrida
Andreas Thopia
Schkumbi
Adria
Presba
See
Macedonien
Musachi
Dewol
Berat
Apollonia
Osmanisches Reich
Wojutza
Avlona
Arianites
Comnenus
Thopia
N
25 km
Albanien
unter Skanderbeg
Argyrocastro

heute größtenteils zu Jugoslawien gehörenden Norden führten einen einköpfigen Adler im Schild, das zunächst hinterwäldlerische Geschlecht der *Kastrioti* von Anfang an den stolzen, hochfliegenden *Doppeladler.*

Diese Kleinstaaten führten fast immer Krieg untereinander, um jeder für sich die Herrschaft über das ungeteilte albanische Land zu erringen. Sie taten sich nur zusammen, wenn alle von einer als solcher bewußten äußeren Gefahr bedroht wurden. Das war gleich 1358 der Fall, als der entthronte *Nikephoros II.* von Epirus aufs neue versuchte, das verlorene väterliche Erbe wiederzugewinnen. Er hatte anfangs sowohl im griechischen Epirus wie in Thessalien bedeutende Erfolge, kam jedoch im Kampf mit den albanischen Fürsten um.

Unter dem Eindruck dieser nur durch Eintracht bewältigten Bedrohung der jungen Unabhängigkeit des ganzen Landes konnten die Balsha um 1360 den Heimatboden der Albaner von **Ulqin** bis **Gjirokastra** unter dem Symbol eines weißen Sterns zusammenschließen. Doch *Karl Thopia* zögerte kaum ein Vierteljahrhundert später nicht, die auf dem Balkan vordringenden, als nationale Gefahr völlig unterschätzten Türken 1384 gegen *Balsha II.* zur Unterstützung seiner Sonderinteressen zu Hilfe zu rufen. Balsha fiel im gleichen Jahr in der *Schlacht von Savra* gegen Haireddin Pascha. Die Türken blieben aber, und mehrere Feudalherren wurden türkische Vasallen. Ihre Untertanen wanderten darauf in großer Zahl nach der **Peloponnes** aus. Dort regierte seit 1382 der byzantinische Kaisersohn *Theodor I.* als eigenständiger Landesfürst von Gnaden des Sultans. Durch die Ansiedlung größerer Massen der südwärts vordringenden Albaner führte er dem entvölkerten Land neue Kräfte zu. Bis heute sind es im Nordosten der Halbinsel und auf den ihr vorgelagerten Inseln Albaner, die dort Umgangssprache, Volkstum und -kunst bestimmen. Der antike Illyrerfürst *Pyrrhus* hatte sein Vordringen nach **Argos** mit

dem Leben bezahlt. Gegen Ende des Mittelalters nahmen die illyrischen Albaner *Argolis* friedlich in Besitz.
Kamen die Türken von Südosten, so setzte den Albanern von Nordwesten **Venedig** zu, das gegen Ende des 14. Jahrhunderts Durrës von Georg Thopia, **Lezha** von den Dukagjinis und **Shkodra** von *Stres Balsha* kaufte. Im Gegengeschäft gewährte ihnen die *Serenissima Republica Veneziana* Schutz vor den Türken auf den kleinen ihnen noch gebliebenen Besitztümern. Die Lagunenrepublik zahlte dem Sultan für die von ihr in Albanien geschützten Gebiete Tribut, den sie aus den Albanern selbst doppelt so hoch – nämlich einen Dukaten für jeden Haushalt – herauspreßte. Auch die *Florentiner* konnten sich 1386, als Venedig in Südalbanien **Butrint** und **Korfu** erwarb, das südöstliche Hinterland von **Vlora** als Schutzgebiet sichern.
Ab 1388 besetzte das *Osmanische Türkenreich* nach und nach ganz Albanien. Wie das Meer mit jeder neu anbrandenden Welle, so drangen die Türken bis zum **Drin** vor, wobei sie die Bewohner brandschatzten und gefangennahmen. Sie metzelten die Bevölkerung nieder, und das Land watete in Blut. Ein großer Teil der Albaner suchte in den venezianischen Gebieten Zuflucht oder wanderte übers Meer nach **Unteritalien** und bis **Sizilien** aus. Nach dem heimatlichen Fürstentum Arbëria nannten sie sich dort *Arbereschen* und gründeten ein zwischen Abruzzen und Ätna noch immer lebendiges Volkstum.
Nur die Hartnäckigen, die sich nicht von ihrer Scholle trennen konnten, auch wenn es sie das Leben kostete, blieben zurück. Mit dem Strang und dem Säbel der Türken vor Augen erwarteten sie die nächste Welle, bereit, auf das erste Anzeichen hin in die Berge zu steigen, denn die Berge waren ihre Rettung.
Unter den wenigen Adelsfamilien, die sich zu Beginn des 15. Jahrhunderts nur widerstrebend vor den Türken gebeugt hatten, war das Geschlecht der *Kastrioti* im nordalbanischen **Mat**-Tal.

Schon Vater *Gjon Kastriota* hatte versucht, sowohl das osmanische Joch abzuschütteln wie das *venezianische Handels- und Meersalzmonopol* zu brechen. An diese zunächst vergeblichen Vorstöße konnte sein großer Sohn *Georg Kastriota* (1405–1468) anknüpfen, den alle Völker Südosteuropas bald mit Alexander dem Großen verglichen und ihn daher Skanderbeg (= Alexander Bei) nannten. Die Person und die Geschichte Skanderbegs sind die wichtigsten Schlüssel zum tieferen Verständnis Albaniens und seiner Menschen. Nützen Sie den Aufenthalt in **Durrës,** sich in der Buchhandlung des Hotelkomplexes die deutsche Übersetzung des ebenso farbigen wie fesselnden historischen Romans «Skënderbeu» von *Sabri Godo* zu besorgen! Hier kann ich nur das wichtigste über Skanderbeg sagen:

Georg Kastriota wurde in jungen Jahren als Geisel in die Türkei verschleppt. Er diente dort eine Zeitlang im osmanischen Heer, in dem er sich durch seine hervorragenden militärischen Fähigkeiten auszeichnete. 1443 nutzte er die türkische Niederlage gegen den ungarischen Kriegshelden *Johann Hunyadi* bei **Niš** zur Flucht. Nach Albanien heimgekehrt, gab er das Zeichen zum Freiheitskampf. Innerhalb kürzester Zeit konnte er die türkischen Statthalter und Spahis verjagen, was ihm breiteste Unterstützung in allen Schichten der Bevölkerung verschaffte. Wir würden heute von einem regelrechten *Volksbefreiungskrieg* sprechen.

Dessen nicht voll befriedigendes Ergebnis war zunächst nur die Wiederaufrichtung der vortürkischen feudalen Kleinfürstentümer, unter denen jetzt allerdings das auf der Höhe von **Kruja** von der **Adria** bis zum **Drin** reichende Fürstentum der Kastrioti die einstige Führerrolle der Balsha weiterführte. Skanderbeg lag als Rückgrat seines bewaffneten Kampfes für die Unabhängigkeit aller Albaner aber viel mehr am Herzen: Nationale Einheit, soziale Reformen und eine zukunftsweisende rechtsstaatliche Ord-

nung. Zur Verwirklichung des ersten, nationalen Anliegens versammelte er 1444 einen gesamtalbanischen Fürstentag in **Lezha** oder Alessio, wie die Venezianer es damals nannten. Auf der Versammlung wurde der Zusammenschluß aller militärischen, politischen und wirtschaftlichen Kräfte des ganzen Landes im Ringen mit dem Osmanischen Reich vereinbart. Zur Verwirklichung dieses Beschlusses entstand die erste albanische *Liga von Lezha*, ein Bund aller albanischen Teilstaaten unter Skanderbegs Führung. Ihm wurde auch der Oberbefehl über die neue Bundesarmee übertragen, ein gemeinsamer Fonds für die Kriegsausgaben geschaffen.

Die erste große Schlacht der Albaner gegen die zur Wiederherstellung ihrer Herrschaft anrückenden Türken tobte in der Ebene von **Torvioll** westlich vom Ochrid-See. 10 000 Mann mit Skanderbeg an ihrer Spitze rieben ein zweieinhalbmal so starkes osmanisches Heer auf. Dieser Sieg stärkte das Vertrauen der albanischen Patrioten in die eigenen Kräfte und zu ihrem hervorragenden Führer Skanderbeg. Auf ihn wurde man jetzt auch außerhalb von Südosteuropa aufmerksam. Das Abendland, bis dahin in der Auseinandersetzung mit den Türken überall auf dem Rückzug, begrüßte voll Hoffnung den Widerstand der Albaner, der den Marsch des Halbmonds auf Wien, Venedig und Rom verzögerte.

Ein Vierteljahrhundert lang führte Skanderbeg diesen Widerstand an, bis er nicht den Osmanen, doch Albaniens Volkskrankheit erlag, der bis in die jüngste Vergangenheit heimtückischen Malaria. Während dieser ganzen Periode zwischen 1443 und 1468 sandte der Sultan regelmäßig, ja oft zweimal im Jahr, seine großen und mächtigen Heere, ausgerüstet mit immer schwereren Kanonen, den modernsten Waffen der Zeit. An der Spitze standen die Großherren persönlich oder ihre kampferprobtesten Wesire und Paschas. Doch alle diese Armeen scheiterten eine nach

der anderen am Freiheitswillen, an der Standhaftigkeit und dem heroischen Widerstand des albanischen Volkes.
Zu den hervorragendsten Siegen der Epoche Skanderbegs gehört zweifellos die Abwehr der drei Belagerungen der Bergfeste **Kruja.** Vor diesem Symbol des Unabhängigkeitskampfes konzentrierte das Osmanische Reich die Elite seiner Truppen. Sie wurden einmal von Sultan *Murad II.* und dann von dessen Nachfolger *Mehmed II.* (1451–1481) angeführt, dem Eroberer von Konstantinopel. Aber selbst ihr persönlicher Einsatz verhalf den türkischen Waffen nicht zum Sieg – solange es einen Georg Kastriota gab.
Während dieses vieljährigen großen Krieges der Albaner mit den Türken entwickelte sich das feudale Albanien zu einem einigen *National- und Zentralstaat* unter der Führung von Skanderbeg – ein Prozeß, der allerdings nie richtig zum Abschluß kam. Der regionale Partikularismus sowie die schwankende, manchmal verräterische Haltung einiger albanischer Teilfürsten schadeten den Anliegen des Freitskampfes und der Schaffung einer leistungsfähigen militärischen, wirtschaftlichen und politischen Staatsordnung. So wuchs Skanderbegs «Reich» kaum über die Grenzen des hochmittelalterlichen *Arbëria* hinaus. Das Banner der Familie Kastriota mit dem scharzen *Doppeladler* auf rotem Grund wurde damals zum erstenmal albanische Flagge und ist seitdem beibehalten worden. Auch die heutige Sozialistische Volksrepublik Albanien führt diesen Doppeladler in Fahne und Wappen.
Als Gesetzgeber machte sich Skanderbeg um die wirtschaftliche Zukunft des vom Krieg verwüsteten Landes verdient, sorgte für die Aufforstung der niedergebrannten oder abgeholzten Bergwälder und machte es jedem Brautpaar zur Pflicht, vor der Hochzeit Oliven- und Obstbäume zu pflanzen. Als erster ging er auch gegen die Blutrache vor, die *Gjakmarrje,* wie sie seit den vorge-

schichtlichen Zeiten der Illyrer herrschte. In seinem neuen, dem ersten albanischen und nicht länger byzantinischen Gesetzbuch, dem *Kanon,* stand geschrieben: «Schuld darf nicht durch Blut getilgt werden, sondern wird gesetzlich bestraft. Diebstähle, Prügeleien, Verletzungen kommen von nun an nicht mehr Auge um Auge, Zahn um Zahn, sondern durch von der Obrigkeit auferlegte Strafen zur Ahndung.» Während der auf Skanderbeg folgenden Türkenherrschaft kam das alte, eherne Gesetz der Blutrache wieder zur Geltung. Zahllose Männer starben als Opfer von Blutfehden, die wie eine Seuche dem kleinen Volk das Mark seines Lebens entzogen. Nicht einmal dem eisernen Durchgreifen der zunächst königlich-albanischen und dann italienischen Behörden gelang es vor dem Zweiten Weltkrieg und während des Krieges, dieser gefährlichen Selbstjustiz ein Ende zu setzen. Albanien blieb weiter das Land der Blutrache auf dem Balkan. Erst die totale gesellschaftliche Neuordnung im kommunistischen Volksstaat entzog der Gjakmarrje jeden Boden.

Alter Silberdolch

Von Skanderbeg bis Enver Hoxha

Albanien unter den Türken – Janitscharen und Arnauten

Anfang 1468 hatte Skanderbeg alle albanischen Fürsten zum zweitenmal nach Lezha berufen, um sich ihrer Zustimmung für noch durchgreifendere Reformen und den weiteren Doppelkampf gegen Türken wie Venezianer zu versichern. Doch schon am 17. Januar starb er an einem heftigen Malariaanfall. Als Sultan Mehmed II. diese Nachricht gebracht wurde, soll er gesagt haben: «Nun gehören mir Asien und Europa! Wehe der Christenheit, sie hat ihr Schwert und Schild verloren.»
Ein wahrlich prophetisches Wort. Denn nun begann für Alba-

nien ein halbes Jahrtausend der Knechtschaft, die dunkelste Ära in seiner Geschichte.
Zwar ging der heroische Kampf des albanischen Volkes gegen die türkische Herrschaft auch nach Skanderbegs Tod weiter, bis 1479 **Kruja** gefallen war. Die Festung ergab sich dem Hunger, nicht den Waffen der Türken – 35 Jahre nach dem Tag, an dem Skanderbeg dort seine Fahne gehißt hatte.
Inzwischen wurde auch *Venedig* seines Zusammenspiels mit der Hohen Pforte gegen die Albaner nicht froh. Schon 1479 gingen ihm **Shkodra** und alle anderen Vorposten an der albanischen Küste mit Ausnahme von **Durrës** verloren. Aber auch hier verdrängte schon 1502 der Halbmond den Markuslöwen.
Hingegen flammte der nationale albanische Widerstand rasch wieder auf. Der Aufstand der Jahre 1481 bis 1485 wurde von Skanderbegs Sohn *Gjon Kastriota* angeführt, sein gleichnamiger Enkel *Georg Kastriota* stand zwischen 1494 und 1506 an der Spitze des für längere Zeit größten Aufbegehrens im albanischen Bergland.
Was das albanische Volk jedoch immer wieder zu verzweifelten Aufständen reizte, war der schon erwähnte «Knabenzins» der Türken, die *Devşirme*. Sultan *Orhan* (1326–1359) hatte diesen Blutzoll brutal eingeführt, obwohl er sonst bei Freund und Feind als menschlicher und gerechter Herrscher geachtet war. Er brauchte ihn zur Rekrutierung seiner «Neuen Truppe», auf türkisch *Yeni Çeri.* Diese Janitscharen waren die Söhne griechischer, bulgarischer, serbischer und vor allem albanischer Bauern, die man im Alter von acht bis zwanzig Jahren gewaltsam aus den Dörfern holte und in die Kasernen sperrte. Sie wurden geprügelt und geschunden, bis ihnen jede Erinnerung an ihre Eltern, an ihre Heimat, an ihre Religion erstorben war. Alle trugen die Bezeichnung *Kul,* deutsch etwa «Waffensklave», doch konnten sie bis zu den höchsten Ämtern und Würden aufsteigen.

Einige Gegenden Albaniens wie **Himara** an der Ionischen Küstenstraße zwischen Vlora und Saranda, das nördliche **Dukagjin** oder das «Große Gebirge» **(Malësia e Madhe)** zwischen Drin und Shkodra-See und vor allem **Mirdita** leisteten dem Knabenzins jedoch so hartnäckigen Widerstand, daß sie zunächst davon befreit und später sogar mit einer gewissen Selbstverwaltung ausgestattet wurden. Die Bewohner dieser Gebiete hatten nur noch einen symbolischen Jahrestribut an den Sultan zu entrichten. In ihren inneren Angelegenheiten erfreuten sie sich vollständiger Autonomie unter der Autorität ihrer Stammesführer.

Als die Zwangsrekrutierung zu den Janitscharen im 17. Jahrhundert nicht mehr üblich war, fand die Hohe Pforte einen anderen Weg, albanischen Nachwuchs für ihr jetzt tonangebendes Berufsheer mit Muslimsoldaten und -offizieren zu sichern: die *Islamisierung* Albaniens. Schon um die Mitte des 17. Jahrhunderts bekannte sich die Hälfte der Albaner zum Islam. Aus den Janitscharen wurden die *Arnauten*. Bis zum Ende des Ersten Weltkriegs kämpften diese berühmt-berüchtigten Krieger für den Großherrn auf allen europäischen, asiatischen und afrikanischen Kriegsschauplätzen, waren in Bagdad, Jerusalem und Kairo ebenso zu finden wie im fernen Jemen und Sudan. Viele von ihnen blieben auch nach dem Zerfall des Osmanischen Reiches in dessen Nachfolgestaaten. Kein geringerer als der 1983 zum Staatspräsidenten der Türkischen Republik gewählte General *Kenan Evren* stammt aus einer solchen Arnauten-Familie.

Schon unter dem Sultan standen diesen islamisierten Albanern die höchsten Posten offen. Am bekanntesten wurde die *Wesirs-Dynastie* der Köprülü, begründet vom 1661 verstorbenen *Mehmed Köprülü*. Sein Sohn *Mustafa* warf nach der türkischen Niederlage vor Wien 1690 die habsburgischen Armeen vom Balkan hinter die Donau zurück, zusammen mit ihnen 20 000 seiner albanischen Landsleute, die sich beim Vordringen der kaiser-

lichen Truppen erhoben und ihnen angeschlossen hatten. Damit begann die *dritte albanische Auswanderungswelle.* Nach Griechenland und Italien führte sie bis in die Anfänge unseres Jahrhunderts hinein nach Österreich. Die kroatische Garnisonsstadt **Karlovac** übernahm später die Verteilerrolle für den Menschenstrom, der sich vor allem aus Mittelalbanien und Kosovo bis in die österreichischen Alpentäler ergoß.

Albanische *Handelskolonien* entstanden zu dieser Zeit in Triest, Wien und Budapest. In **Durrës** kreuzten sich die west-östlichen und nord-südlichen Handelswege zwischen dem östlichen Mittel- und Südosteuropa. An diesem Umschlagplatz wurden in beiden Richtungen Waren nach und von der nördlichen Adria aus- oder eingeschifft, über Land von und nach Novi Pazar, Belgrad, Thessaloniki, Serres, Varna am Schwarzen Meer und Konstantinopel geschafft. Albanische Reeder verfügten über beachtliche Handelsflotten, nicht nur in Durrës, sondern ebenso in **Ulqin** (Dulcigno) und **Arta,** die heute zu Jugoslawien und Griechenland gehören.

Häute und Pelze waren jenes wichtige Exportprodukt der europäischen Türkei, bei dem sich zwischen Durrës und Triest albanische Zwischenhändler hervortaten – unter ihnen die Vorfahren des größten albanisch-österreichischen Schauspielers unseres Jahrhunderts, *Alexander Moissi* (1879–1935), in albanischer Schreibung Aleksandër Moisiu. In der Mehrzahl waren es aber *Baumwolle und Mais,* die am türkischen Balkan seit der Mitte des 17. Jahrhunderts in großem Stil angebaut und fast ausschließlich über die albanischen Häfen ausgeführt wurden. In Albanien beherrschte der Maisanbau die Ebenen um Durrës, während weiter im Süden bei Fier die Baumwolle dominierte. Als sich diese großflächigen Monokulturen immer weiter ausdehnten, wurden die bisherigen *Timar*-Güter in *Çiflik*-Großgrundbesitz umgewandelt. In der südosteuropäischen Wirtschafts- und Sozialge-

schichte werden als Çiflik mehrere in einer Hand vereinigte, erblich gewordene und nicht mehr mit der Auflage von militärischen Dienstleistungen verbundene ehemalige Timare bezeichnet.

Ein Räuber als Reformer: In Ali Paschas Reich

Diese Ausdehnung des feudalen Grundbesitzes schwächte die osmanische Zentralgewalt, hatte eine verstärkte Ausbeutung der Landbevölkerung zur Folge und begünstigte separatistische Tendenzen. Im türkischen Ägypten war es an der Wende vom 18. zum 19. Jahrhundert dem albanischen Statthalter des Sultans, *Muhammad Ali,* gelungen, sich weitgehende Unabhängigkeit von der Hohen Pforte zu sichern und eine Dynastie zu begründen, die in Kairo bis zum Sturz König Faruks 1952 herrschte. Auch in Albanien selbst konnten fast zur gleichen Zeit, im späten 18. und frühen 19. Jahrhundert, die im Dienst des Sultans stehenden lokalen Feudalherren ihre Stellung wirtschaftlich, politisch und militärisch ausbauen. Mit der Zeit wurden sie zu halbautonomen Fürsten auf ihren Besitztümern, die sie Paschaliks nannten, so das *Paschalik von Shkodra* unter *Mehmed Bushati Pascha* und das *Paschalik von Janina* unter *Ali Pascha Tepelena.*
Beide gehören zu den führenden Persönlichkeiten des Balkans im frühen 19. Jahrhundert und waren de facto die Herrscher von Nord- und Südalbanien samt dem angrenzenden griechischen Epirus. Beide begannen ihren Aufstieg zu einer Zeit, als in Albanien – von den Küstenstädten abgesehen – chaotische Verhältnisse herrschten und die Bevölkerung unter den Heimsuchungen durch Banditen, die lokalen osmanischen Verwaltungsbeamten und Steuereintreiber zu leiden hatte. Beide haben selbst ganz unten als eine Art edle Räuberhauptleute angefangen und sich

dank einer Mischung von Rücksichtslosigkeit gegen sich selbst und andere sowie skrupelloser Nutzung jeder günstigen Gelegenheit bald eine feudale Hausmacht geschaffen. Die kaiserlich-osmanische Zentralverwaltung versuchte zuerst, die beiden immer mächtiger werdenden Paschas von eigenen Gnaden auszuschalten. Als das nicht gelang, wurden sie von Konstantinopel anerkannt und in die Politik der Hohen Pforte zur Wahrung ihrer europäischen Besitzungen gegen die damals schon unruhigen Serben und Griechen eingespannt.
Mehmed Bushati Pascha und Ali Pascha Tepelena konnten sich in dieser Doppelrolle lange behaupten, weil sie es fertigbrachten, örtliche Mißstände abzustellen und so die Unterstützung der armen und entrechteten albanischen Massen zu gewinnen. Es wird ihnen nachgesagt, von Gewalt und regelrechtem Terror freizügig Gebrauch gemacht zu haben. Ali Pascha soll – wie sein Landsmann Muhammad Ali am Nil – sogar geladene Gäste ermordet und Todfeinde lebend am Spieß gebraten haben. Das nicht nur einmal, sondern des öfteren. In die Geschichte eingegangen ist er jedoch nicht durch diese grausamen Praktiken, die damals im türkischen Machtbereich gang und gäbe waren, sondern vielmehr deswegen, weil er – und ebenso Bushati Pascha – Ordnung zu schaffen wußte, die Armen vor der Ausbeutung durch die Beis und Beamten schützte und seinen christlichen Untertanen ein Gefühl der Sicherheit zu geben verstand.
Die staatliche osmanische Struktur innerhalb der beiden albanischen Paschaliks blieb dabei unverändert. Der Staatsapparat diente aber nicht länger der Zentralverwaltung des Großherrn, sondern den Herren von Shkodra und Janina. Das war die Hauptursache für die nach dem *Wiener Kongreß* (1814/15) ausbrechenden Konflikte zwischen den beiden Paschas und Sultan *Mahmud II.* (1808–1839) in Konstantinopel. Vor allem Ali Pascha wollte einen von der Hohen Pforte unabhängigen albani-

schen Staat in dem von ihm beherrschten Teil des Osmanischen Reiches schaffen. Doch weder er im Süden noch die Bushatis im Norden konnten dieses hochgesteckte Ziel erreichen. Ali Pascha wurde 1822 gestürzt und ermordet, das Paschalik von Shkodra 1831 endgültig aufgelöst.

Zur Rückkehr der Albaner unter die direkte Herrschaft des Sultans kamen zwei von Murad II. vorgenommene Reformen, die gut gemeint waren, aber gerade zwischen Shkodra und Janina am wenigsten Anklang fanden. 1826 wurde das türkische Heer reformiert und das längst degenerierte Janitscharen-Korps völlig aufgelöst. Als die Janitscharen dagegen rebellierten, ließ der Großherr sie alle töten und den *Bektaschi*-Orden unterdrücken, der – eng mit der inzwischen überalterten «Neuen Truppe» liiert – nirgendwo populärer war als in Albanien.

1831 hob der Sultan dann das vom Çiflik-Unwesen ausgehöhlte Timar-System auch formell auf. An die Stelle der nur mehr auf dem Papier bestehenden Rittergüter trat ein *mehrjähriger obligatorischer Militärdienst.* Aus diesem Grund brachen in ganz Albanien von Süd bis Nord zum erstenmal seit langem wieder heftige Volkserhebungen aus.

Von Liga zu Liga unterwegs zur Unabhängigkeit

Während sich der albanische Kampfgeist wieder einmal nur in lokaler Revolte Luft machen konnte, brachten nun das 19. und beginnende 20. Jahrhundert ganz andere kritische Situationen. Im Unterschied zu den längst von einem Erfolg zum anderen eilenden Freiheitsbewegungen der Griechen, Serben, Rumänen und Bulgaren blieb der wiedererwachende albanische Nationalismus gefährlich lange durch die religiöse und damit auch politi-

sche *Spaltung des Volkes* mit Islam, Katholizismus und Orthodoxie gelähmt.
Erst 1878, als der Kongreß von Berlin neue Balkangrenzen zog, den Adriahafen **Ulqin** samt einem breiten albanischen Streifen landeinwärts dem südslawischen Fürstentum *Montenegro* zuschlug und nicht einmal ein deutscher Staatsmann von europäischem Format wie *Otto von Bismarck* (1815–1898) etwas von der Existenz einer albanischen Nation mit eigener Sprache wußte, reichten sich die Patrioten Albaniens aus allen Lagern und Religionen die Hände: Sie gründeten am 10. Juni 1878 im heute jugoslawischen **Prizren** die *Albanische Liga.* Diese Organisation entstand auf Antrag des «Zentralkomitees für die Verteidigung der Rechte der albanischen Nation», das im Jahr zuvor in Konstantinopel entstanden war. Ihm gehörten hervorragende Patrioten wie die Brüder *Frashëri,* Pashko Vasa, Jani Vreto und Zija Prishtina an.
In Richtung einer Autonomie für die albanischen Gebiete unternahm die Liga ihre größten Anstrengungen, denn diese Selbstverwaltung war eine unerläßliche Voraussetzung für die weiteren Forderungen nach territorialer Integrität und nationaler Vereinigung. Klar und vollständig wurde dieses Konzept von der Beratung der Liga in **Gjirokastra** am 23. Juli 1880 formuliert. Das von *Abdyl Frashëri* (1839–1892) vorgelegte Programm sah die Schaffung eines albanischen Bundesstaates im osmanischen Reichsverband mit einer eigenen Landesregierung, einer Hauptstadt im Raum von Mittelalbanien, mit einer Verwaltung durch ausschließlich albanische Beamte ohne Unterschied ihrer Religion oder Konfession vor. Für dieses autonome Albanien wurde jedoch volle Steuerhoheit gefordert. Die Bodenschätze und Produkte des Landes sollten endlich den Albanern selbst zugute kommen.
In diesem Moment wurde die Liga durch Konstantinopel aufge-

löst, ein Wehrverband nach dem anderen von türkischen Regierungstruppen aufgerieben. Albaniens *nationale Wiedergeburt,* dem *Risorgimento* Italiens wenige Jahrzehnte zuvor vergleichbar, ließ sich aber nicht mehr aufhalten. Allerdings verlegten die Patrioten ihren Einsatz in den nächsten 25 Jahren mehr auf die kulturelle Wiedergeburt des Albanertums: Zwar war es im Machtbereich des Sultans noch lange verboten, Bücher und Zeitschriften in albanischer Sprache zu drucken. In Rumänien, Bulgarien, Italien und Ägypten hergestellte Druckwerke fanden jedoch illegal immer größere Verbreitung. 1887 konnte in **Korça** die erste Schule mit albanischer Unterrichtssprache eröffnet werden. In den Schriften und beim Unterricht wurde die Erinnerung an die Freiheit und Blüte Albaniens im Zeitalter Skanderbegs geweckt.

Als daher vor der Jahrhundertwende die *Mazedonische Frage* akut wurde und aufs neue die Ambitionen von Griechenland, Serbien wie diesmal auch Bulgarien auf süd- und ostalbanisches Gebiet bedrohlich zu erkennen waren, zeigten sich die nun in ihrer Gesamtheit nationalbewußten Albaner sowohl politisch wie militärisch dafür gerüstet. Sie gründeten 1899 die *Liga von Peja,* dem heutigen **Peć** im jugoslawischen Kosovo. Aus ihr ging 1905 das «Geheimkomitee für die Befreiung Albaniens» in der südwestmazedonischen Stadt **Manastir** (slawisch: Bitola) hervor. Unter der Führung von *Bajo Topulli* konnte es in vielen Städten und Gegenden Zweigstellen einrichten, die das Volk für ein autonomes, ungeteiltes Albanien mobilisierten. In die albanische Geschichte ist dieses Ringen als Kampf der *Mashkulloren* eingegangen.

Inzwischen hatte sich, vom Balkan ausgehend, im Osmanischen Reich die Bewegung der *Jungtürken* durchgesetzt. Sie zwangen Sultan *Abdul Hamid II.* (1876–1909), nach über 30 Jahren seines autoritären Regiments eine Verfassung zu akzeptieren. Die Al-

baner nützten diese für sie zunächst günstige Entwicklung, um viele neue Schulen und patriotische Klubs zu eröffnen. 1908 tagte in Manastir ein Nationalkongreß, der ein *gemeinsames Alphabet* unter Verwendung lateinischer Buchstaben ausarbeitete. Vorher war das Albanische auch mit arabischen, griechischen oder kyrillischen Schriftzeichen geschrieben worden. Die Albaner benutzen das Alphabet von 1908 bis heute (s. a. S. 392–393). 1909 öffnete die erste Lehrerbildungsanstalt ihre Pforten, das *Seminar von Elbasan* in der gleichnamigen Stadt südöstlich von **Tirana.** All dies waren Fortschritte von größter Bedeutung für die albanische Kultur und Bildung. Nun waren die Voraussetzungen für die politische Krönung der albanischen Wiedergeburt durch staatliche Selbstverwaltung oder gar volle Unabhängigkeit gegeben.
Im Herbst 1912 blieb den albanischen Patrioten keine andere Wahl, als die *Unabhängigkeit* zu erklären, wenn sie nicht den rettungslosen Untergang ihres Volkes mitansehen wollten.
Seit 1908, als die zur Macht gekommenen Jungtürken, die mit den Albanern den Sturz des alten Regimes herbeigeführt hatten, die versprochene *Autonomie* nicht gewährten, war das Verhältnis zur Türkei schlecht. Im Lauf der nächsten Jahre verschlimmerte es sich mehr und mehr. Zwischen 1908 und 1912 kam es zu vier Aufständen, hervorgerufen durch die drakonischen Maßnahmen der türkischen Regierung gegen jede Äußerung albanisch-nationalen Lebens.
Der letzte Aufstand im Frühjahr 1912 zwang Konstantinopel, den albanischen Forderungen nach politischer Selbstverwaltung und kulturellen Rechten nachzugeben. Dieser Beweis für die Schwäche der osmanischen Herrschaft zwischen Adria und Ägäischem Meer wurde zum unmittelbaren Anlaß des *Ersten Balkankrieges* (1912–1913). Da aber andererseits die nationalistischen Jungtürken auch diesmal versuchten, ihre Zugeständnisse, kaum daß sie gemacht waren, wieder zu umgehen, wurde die letzte

Bereitschaft der Albaner zu einem, wenn auch nur losen Verbleiben unter der Herrschaft des Sultans endgültig zunichte gemacht.
Dem Einfall der feindlichen Balkanvölker im Süden, Osten und Norden standen die Albaner jetzt allein gegenüber. Griechische Truppen landeten sogar vom Meer her beim südalbanischen **Himara.** Der einzige Freund in dieser Lage, den die eigenen Interessen dazu veranlassen mußten, am Schicksal Albaniens Anteil zu nehmen, war *Österreich-Ungarn.* Die albanischen Patrioten wandten sich nach Wien und erhielten die Versicherung, daß Österreich jede Äußerung der nationalen albanischen Wiedergeburt aufs wärmste begrüßt und unterstützen wird. Darauf gestützt und um einer Zerstückelung Albaniens durch Griechen, Montenegriner und Serben zuvorzukommen, erklärte *Ismail Qemali* (1844–1919) am 28. November 1912 in der Hafenstadt **Vlora** (damals Valona genannt) die Unabhängigkeit Albaniens und bildete eine *provisorische Regierung.* Unter den 47 Mitgliedern der Unabhängigkeitsversammlung fanden sich fast alle albanischen Führer der Zeit: Neben dem klugen Qemali der tapfere Freiheitskämpfer Issa Boletin, der feudale Haudegen Risa Djakova aus dem uralten Haus Dukagjin, hinter dem stets ein Knappe die Büchse trug. Dann die in Europa gebildeten Beis – der glühend patriotische *Mithat Frashëri,* der ungestüme Murad Toptani und Qemalis geistreicher Neffe Ekrem Vlora.

Ein Thron für «Otto I.» und Wilhelm zu Wied

Sehr bald wurde durch die Blockade der adriatischen Küste jede Verbindung der provisorischen Regierung Albaniens zum übrigen Europa abgebrochen, so daß die Albaner weder an den Vor-

besprechungen über das Schicksal ihres Landes noch im März 1913 an der *Londoner Botschafterkonferenz* teilnehmen konnten, die ihre Unabhängigkeit schließlich anerkannte. Gleichzeitig sollte ein fremdländischer Fürst an die Spitze des jungen Staates der Albaner gestellt werden. So wurde das traurige Einerlei der Blockade nur durch einen Besuch unterbrochen, der zum trüben Symptom der Intrigen wurde, die um das eben erst frei gewordene, bitter arme Land begonnen hatten: Als Kronprätendent kam der französische *Herzog von Montpensier.* Er sah aber schon nach 24 Stunden, daß er bei den einflußreichen Patrioten nichts erreichen konnte, und reiste wieder ab.

Als endlich am 16. April 1913 die Blockade beendet wurde, waren die Zeit der bittersten Hungersnot und der mit ihr verbundenen Schwierigkeiten vorbei, aber nicht die Streitigkeiten der neuen Schutzmächte, ob der künftige Herrscher Albaniens ein Franzose, ein Engländer oder ein Deutscher sein sollte. Die Albaner hatten dazu ihre ganz eigenen Vorstellungen – nur kam niemand auf die Idee sie, die unmittelbar Betroffenen, danach zu fragen. Wer in Albanien überhaupt für die Monarchie war, wünschte sich einen islamischen Fürsten, konkret *Halim Eddin,* den Neffen des osmanischen Sultans *Mehmed V.* (1909–1918).

Der türkische Prinz ist nie bis Albanien gekommen, dafür sein Doppelgänger, der Zirkusclown *Otto Witte.* Sein mehrtägiges Abenteuer als falscher «König von Albanien» ist ein Beispiel dafür, wie tief das albanische Volk und sein Land trotz formeller Unabhängigkeit von den Wünschen und Kapriolen der europäischen Mächte und seiner eigenen feudalen Oberschicht abhängig waren.

Diese ganze Schmierenkomödie konnte sich nur deshalb abspielen, weil Albanien – jetzt zwar unabhängig – in jeder Hinsicht ein *rückständiges Agrarland* war. Im Flachland und teilweise auch in den Berggegenden herrschte der Großgrundbesitz vor. Im gesell-

schaftlichen Leben der Gebirgsbewohner, besonders im Norden, hatten sich patriarchale Reste gehalten.
Etwa 90 Prozent der Bevölkerung waren Bauern, 77 Prozent davon landlose Pächter und Knechte. Die ungerechte Verteilung des Bodens und gnadenlose Ausbeutung durch Grundbesitzer, Kaufleute und Wucherer, durch die religiösen und staatlichen Institutionen sowie der Einsatz primitivster Geräte und Methoden in der Landwirtschaft waren die Ursachen für die Armut, ja fortschreitende Verelendung der Landbevölkerung. Viele wurden zu Taglöhnern, ein Teil der Landbevölkerung emigrierte. So entstanden vor und nach dem Ersten Weltkrieg die albanischen *Auswandererkolonien in den USA* und Kanada. Die Städte waren im allgemeinen klein und wirtschaftlich wie gesellschaftlich wenig entwickelt, ihre Strukturen mittelalterlich geprägt. Während sonst noch überall kleine Handwerksbetriebe vorherrschten, waren in Shkodra, Berat, Elbasan und Korça schon im 19. Jahrhundert erste Fabriken errichtet worden.
Mit dieser Steigerung der Warenproduktion und der Ausweitung der Handelsbeziehungen hatten Großkaufleute bedeutendes Kapital angesammelt. Doch in der Regel tätigten sie keine Investitionen in der Industrie. Deshalb gab es in dem neuen, soeben gegründeten albanischen Staat nur 25 Fabriken und größere Werkstätten. Diese Betriebe beschäftigten nur wenige Arbeitskräfte, deren Gesamtzahl 150 nicht überstieg.
1913 legten internationale, von den Schutzmächten eingesetzte Kommissionen die Grenzen des jungen albanischen Staates fest. Fast die Hälfte des albanischen Siedlungsraums, Kosovo und

---

Solche Bilder sind in Albanien von heute selten geworden.
In Tirana sind die geschickten Kupferschmiede fast ausgestorben.
Das ist der Preis für Industrialisierung und andere Fortschritte

Westmazedonien, wurden dabei Serbien und Montenegro zugeschlagen. Die Südgrenze schloß einige Gebiete mit griechischer Bevölkerung ein, weil weder Italien noch Österreich-Ungarn die Griechen als alleinige Besitzer der **Straße von Korfu** sehen wollten. Tiefer im Land hingegen kamen albanische Landstriche zu Griechenland.

Kurz vor Ausbruch des Ersten Weltkriegs einigten sich die Mächte auf einen deutschen Fürsten für Albanien: Am 7. März 1914 traf *Wilhelm Prinz zu Wied* (1876–1945), ein Neffe der Königin Elisabeth von Rumänien, in Durrës ein. Er entließ die provisorische Regierung von Ismail Qemali und bestellte *Turhan Pascha* zum neuen albanischen Regierungschef. Dessen Kabinett bestand fast ausschließlich aus feudalen Elementen, die sich weder um die Regelung des Lebens im Land noch um die außerhalb der Grenzen des viel zu klein geratenen Staates gebliebenen Albaner kümmerten. Das Volk begann, gegen die Fremdherrschaft des Prinzen vom Rhein und seine Höflinge aufzubegehren.

Diese Situation nutzte die griechische Anschlußbewegung für Südalbanien, die dieses Gebiet als *Nord-Epirus* für Athen beanspruchte, sofort für ihre Ziele. Eine getarnte Invasion wurde als Aufstand ausgegeben und der albanischen Regierung die Kontrolle über einige Distrikte des Südens entrissen.

Gleichzeitig stiftete der Minister *Essad Pascha Toptani* (gest. 1920) allerlei Unruhe. Der ebenso ehrgeizige wie skrupellose Großgrundbesitzer aus Mittelalbanien, der lange den Türken gedient hatte, versuchte jetzt – nach dem Reinfall mit seinem falschen Halil Effendi – selbst an die Spitze des albanischen Staates zu kommen. Vorläufig erwiesen sich Fürst Wilhelm, Turhan Pascha und die Abneigung der Bevölkerung gegen Essad jedoch als stärker: Er mußte nach Italien fliehen.

Schon bald nach dem Ausbruch des Ersten Weltkriegs wurde der deutsche Herrscher samt seiner Familie und Regierung seiner-

seits aus Albanien vertrieben. Essad Toptani kehrte in die Heimat zurück, was Unrast und regelrechte Bauernaufstände auslöste. In Mittelalbanien kam es zu Revolten der Landbevölkerung gegen das reaktionäre Regime des Paschas, der sogar die türkisch-arabische Schrift wieder einführte und sich an den nationalen Widersacher Serbien anlehnte. Mit militärischer Unterstützung aus Belgrad konnte sich Essad jedoch, vor allem im Raum um Tirana und Elbasan, bis 1916 behaupten, als Serbien von Österreichern, Bulgaren und Deutschen niedergerungen wurde.

Nun breitete sich der Weltkrieg auch auf Albanien aus. Österreich-Ungarn besetzte den Großteil des Landes. Auf seine Seite schlug sich die «Albanische Legion», ein bunt zusammengewürfelter Haufen. Sein von Kaiser Karl mit dem Franz-Josephs-Orden dekorierter, im österreichischen Generalstab dagegen als «Bandenführer» und sogar «Gangster» eingeschätzter Kommandant hieß Achmed Zogu.

Am Tor des mittelalterlichen Klosters in den antiken Ruinen von **Apollonia** erinnert rechts eine Tafel an Albaner, die dort standrechtlich erschossen wurden, weil sie sich dem Abtransport von Statuen und Säulen durch die Besatzer zu widersetzen versucht hatten.

Der Südosten Albaniens wurde hingegen im Herbst 1916 von französischen Truppen besetzt, die in **Korça** Anfang 1917 ein Satellitenregime einsetzten, das sich *Republik Koriza* nannte. Den Südwesten besetzten von **Vlora** aus die Italiener. Sie ließen am 3. Juni 1917 in **Gjirokastra** die unter ihrem Schutz stehende *Republik Albanien* ausrufen. Auf dem Papier war der albanische Staat auch nach der Flucht des Prinzen Wied weiter ein Fürstentum, dessen österreichischen Machtbereich ein vierköpfiger *Regentschaftsrat* verwaltete.

Den Absichten der Entente zufolge sollte es nach dem Ersten

Weltkrieg überhaupt kein unabhängiges Albanien mehr geben. Am 26. April 1915 hatte eine neue *Botschafterkonferenz* in London, bei der Albaniens Fürsprecher Österreich-Ungarn und das Deutsche Reich natürlich nicht mehr vertreten waren, die zwei Jahre zuvor gefaßten Beschlüsse annulliert. Sie teilte das albanische Staatsgebiet auf Griechenland, Italien, Serbien und Montenegro auf.

Fan Noli oder Albaniens vertane Chance

Als die *Pariser Friedenskonferenz* dieses Vorhaben in die Tat umsetzen wollte, versammelten sich die Führer aller volks- und heimattreuen Albaner Anfang 1920 in der kleinen Stadt **Lushnja** am **Shkumbin,** wo die Dialektgebiete der nordalbanischen *Gegen* und der südalbanischen *Tosken* zusammenkommen. Dieser *Kongreß von Lushnja* erklärte **Tirana** (anstelle der Fürstenresidenz **Durrës**) zur neuen Hauptstadt und forderte den Abzug aller ausländischen, das heißt italienischen, griechischen und aus Serben und Montenegrinern bestehenden «südslawischen» Truppen. Italien verstärkte darauf seine Truppenpräsenz in und um Vlora. Doch Tausende albanische Freiwillige griffen zu den Waffen. Den ganzen Sommer 1920 hielten heftige Kämpfe an, bis sich die Italiener vom albanischen Festland auf die Insel **Sazan** (Saseno) an der Einfahrt in die Bucht von Vlora zurückziehen mußten.

Nachdem die Besatzungsmächte vertrieben waren, trat in Albanien der Wunsch nach einer demokratischen Ordnung in den Vordergrund. Fast gleichbedeutend damit war für die überwiegende Landbevölkerung die Regelung der *Agrarfrage* durch eine großangelegte Bodenreform. Von allen Seiten erhielt die Regierung Schreiben, deren Absender forderten, den obligatorischen

Zehnten an die Grundherren und die hohen Getreidesteuern aufzuheben. Im März 1923 verlangten tausende Bauern, aber auch Städter in Korça die Sicherstellung des täglichen Brotes für die albanische Bevölkerung und die Öffnung der Speicher der Getreidespekulanten. Im Bezirk Vlora drang eine etwa 3000köpfige Menge in die Speicher ein und verteilte das Korn unentgeltlich.

Auch der Kampf für den eigenen Boden nahm heftige Formen an. Immer häufiger wurden Überfälle auf Gutsbesitzer, um sie von ihren Latifundien zu vertreiben. Doch die eigentliche Forderung der Bauern, die Grundherren zu enteignen und deren Boden auf landlose und Kleinbauern aufzuteilen, wurde vom Bürgertum, das zwar in der Minderheit, aber politisch tonangebend war, nicht unterstützt. Seine beiden Parteien, die Konservativen wie die Demokraten, wollten zwar die Lage der Bauern etwas verbessern, aber die Interessen des Großgrundbesitzers nicht spürbar beeinträchtigen. Nur die junge, schulisch gebildete Generation der Demokraten öffnete sich sozialrevolutionären Ideen und gründete bald eine eigene Organisation unter dem Namen *Bashkimi* (Einheit).

Nach den zwischen Konservativen und Demokraten unentschiedenen Januarwahlen von 1924 brachte im folgenden Mai die Ermordung des Bashkimi-Gründers *Avni Rustemi* das Faß zum Überlaufen: Die Revolution vom 10. Juni 1924 brachte mit *Fan Noli* (1882–1965) eine der fähigsten und vielseitigsten Persönlichkeiten im Zwischenkriegs-Albanien an die Regierung. Man kann darüber streiten, ob Nolis größte Bedeutung in der Politik, der Theologie oder der Literatur liegt (s. a. S. 88 und 139). An dieser Stelle interessiert er uns als Staatsmann und Sozialreformer.

Fan Noli stammte aus einem albanischen Dorf im östlichen Thrakien, dem europäischen Hinterland von Konstantinopel. Dort

gab es nur eine griechische Schule, der einzige weitere Bildungsweg war mit einer kirchlichen Laufbahn verbunden. So besuchte er zunächst das griechisch-orthodoxe Knabenseminar auf der Insel Chalki im Marmarameer und ging anschließend zum Theologiestudium nach Athen. Nach seiner Priesterweihe trat er 1903 in die Dienste des griechischen Patriarchen von Alexandria. In Ägypten wurde er für die albanische Nationalbewegung gewonnen und von ihr als Seelsorger zu den albanischen Auswanderern in die USA gesandt. Nachdem gerade er am eigenen Leibe die *religiöse Überfremdung* durch die Griechen erfahren hatte, gründete Noli 1908 in Boston die unabhängige *Albanisch-orthodoxe Kirche* und wurde deren erster Bischof.

1920 entsandten ihn die US-Albaner als ihren Delegierten zum Kongreß von Lushnja. Noli hatte in der Zwischenzeit an der Harvard-Universität Soziologie und politische Wissenschaften studiert und war entschlossen, die neuen Einsichten in seiner rückständigen Heimat in die Tat umzusetzen. «Für ein zivilisiertes und kultiviertes Albanien» war sein Wahlspruch, den er vor der Abreise in der amerikanisch-albanischen Zeitung *Dielli* (Die Sonne) verkündete.

Zunächst war es die konservative *Volkspartei*, die den welterfahrenen Bischof 1921 als Albaniens Außenminister verpflichten konnte. Noli wollte sich in dieser Funktion für die unter südslawische Herrschaft geratenen Albaner einsetzen, stieß jedoch dabei auf den entschiedenen Widerstand von Innenminister Achmed Zogu, dem späteren König von Albanien. Schon im März 1922 trat Noli zurück und wechselte in die Reihen der demokratischen Opposition über, die er in der Juni-Erhebung von 1924 an die Macht brachte. Das Programm seiner am 17. Juni gebildeten Regierung sah vor, das Feudalsystem zu beseitigen, die Bauern zu befreien und Gleichberechtigung für alle in einer wirklich demokratischen Ordnung zu erreichen. Boden- und Bildungsreform

sowie eine umfassende Außenpolitik unter Einschluß von diplomatischen Beziehungen zur *Sowjetunion* sollten erste Schritte zur Überwindung des inneren Notstandes und der äußeren Isolation Albaniens werden.
Angesichts dieser Entwicklung blieb der vor der Juni-Revolution – wie vor ihm Essad Pascha – nach Belgrad geflohene Zogu nicht untätig. Im Dezember 1924 überschritt er mit südslawischen Truppen, die durch exilrussische Einheiten der ehemaligen Krim-Armee des antibolschewistischen Generals Wrangel verstärkt waren, die albanische Grenze. Schon zu Weihnachten hatte er Tirana erobert, aus dem sich Noli gerade noch rechtzeitig nach Italien absetzen konnte.

Jahre der Reaktion: Von Zogu zu Mussolini

Achmed Zogu (1895–1961) stammte aus einer Familie zum Islam übergetretener Stammesfürsten im Mat-Tal. Einer seiner Vorfahren hatte es in Konstantinopel bis zum Großwesir gebracht, sein Vater und sein Großvater waren Paschas in osmanischem Dienst. Auch Achmed hatte türkische Offiziersschulen in Manastir und Istanbul besucht, im Alter von nur 17 Jahren auf der Seite der Türkei am Ersten Balkankrieg 1912/13 teilgenommen. Schon dabei fiel er durch rasche Entscheidungen, realistische Einschätzung der Lage, aber noch mehr durch seine Rücksichtslosigkeit auf. Im Ersten Weltkrieg ergriff er für die Österreicher Partei und zog sich im Herbst 1918 mit ihnen nach Wien zurück. Auch Zogu kehrte zum Kongreß von Lushnja in die Heimat zurück und war seither der genaue Gegenpol zu Noli.
Als erste Aktion nach dem erfolgreichen Dezember-Putsch versah er die albanischen Briefmarken mit dem Aufdruck «Triumph

der Legalität – 24. Dezember 1924». Wie vor ihm ein Napoleon gebärdete sich Zogu zunächst als glühender Republikaner. Am 21. Januar 1925 ließ er die Monarchie abschaffen und trat als Präsident an die Spitze der neuen *Republika Shqiptare*. Als ihm die Abhängigkeit von seinen südslawischen Steigbügelhaltern zu drückend wurde, lehnte er sich an das *faschistische Italien* an. Das Defensivbündnis von 1927 übertrug den Italienern die Ausrüstung des albanischen Heeres. Albanien kam damit im Vergleich zur vorangehenden Einflußnahme aus Belgrad vom Regen in die Traufe.

Am 1. September 1928 ließ sich der Diktator als *Zog I.* zum König ausrufen. Vom Jahrzehnt seiner Herrschaft ist nicht viel zu berichten. Albanien sank aufs neue in mittelalterliche Zustände zurück, die Abhängigkeit von Italien wurde immer größer, vor allem ab 1931, als König Zog sein Regiment nur mehr mit jährlicher Zuwendung von zehn Millionen Goldfranken aus Rom über Wasser halten konnte.

Diese Gelder kamen nur zu einem Bruchteil dem Land und dem Volk zugute. Zogu war dafür bekannt, daß er den Filmdivas seiner Zeit Vermögen zu Füßen warf, damit sie hüllenlos vor ihm tanzten. Nachdem er im albanisch-italienischen Vertrag von 1936 die gesamte Staatsverwaltung, die Streitkräfte und die autonome Hafenverwaltung von Durrës italienischen Leitern und Beratern unterstellt sowie die schon bestehenden Erdölkonzessionen für Italien erweitert hatte, erhielt der nur noch dem Namen nach über Albanien gebietende *Mbreti* (König) von Mussolini noch einmal allerletzte 40 Millionen. Nun gab es nichts mehr, was Zogu den Italienern hätte verpfänden können.

Der bisher als polygamer Pascha lebende Zogu ging nun auf Brautschau, um sich Rückhalt bei einem europäischen Herrscherhaus gegen seine drohende totale Entmachtung oder gar Absetzung durch Rom zu sichern. Es fand sich aber keine andere

Braut als die zwar hochadelige, doch selbst bitter arme ungarische Gräfin *Geraldine Apponyi.* Am 25. April 1938 wurde in Tirana mit großem Prunk die Hochzeit gefeiert. Die Aristokratie der Welt war über diese Ehe mit dem «Ziegenkönig», wie Zogu genannt wurde, entsetzt. Eine Freundin Geraldines, die heute in Israel lebende Julia Schwarcz, erinnert sich, wie dieses Entsetzen zu einem Schock wurde, als die ersten Hochzeitsfotos mit nasenbohrenden königlichen Ministern eintrafen.

Kaum hatte das frischgetraute Königspaar am 30. August 1938 den 10. Jahrestag der Krönung Zog I. gefeiert, als Mussolini im November begann, die Besetzung Albaniens vorzubereiten. Nachdem sich das Deutsche Reich am 15. März 1939 Böhmen und Mähren als Protektorat unterstellt hatte, hielten sich die Italiener drei Wochen später am Land der Skipetaren schadlos. Schon am 7. April landeten sie in Durrës und Vlora, am 12. standen sie in der Hauptstadt, wo eine in ihrer Zusammensetzung von langer Hand angebahnte «Verfassunggebende Versammlung» das Königreich Albanien am 3. Juni 1939 dem *Haus Savoyen* übertrug und es so in Personalunion mit Italien vereinte. In der Praxis wurde der auf dem Papier weiter selbständige albanische Staat dadurch zu einer italienischen Kolonie.

Zogu und Geraldine samt ihrem kleinen Kronprinzen Leka hatten inzwischen längst das Weite gesucht und die *albanischen Goldreserven* mitgenommen, die nun – nach dem gelungenen Coup von Otto Witte – schon zum zweitenmal verschwanden. Das Gold wurde später in der Bank of England deponiert. Es war auch Ende der achtziger Jahre noch immer nicht an Albanien zurückgegeben. Das ist einer der Gründe dafür, weshalb die diplomatischen Beziehungen zwischen Tirana und London seit dem Zweiten Weltkrieg noch immer nicht aufgenommen sind.

Von König Zog I. und seiner Herrschaft ist so gut wie nichts zurückgeblieben. Thronfolger «Leka I.» ziert ab und zu die

Spalten der internationalen Klatschblätter, die Straße von **Tirana** nach **Lezha** führt nach wie vor über die ehemalige «Achmed-Zogu-Brücke». Es ist typisch, daß der Feudalherr Zogu sein einziges Bauwerk im Dienst einer breiteren Öffentlichkeit in seine engere Heimat am Mat gestellt hat. In **Gjirokastra** hingegen ließ er sogar die Wasserleitung der Stadt abreißen, um an Baumaterial für einen Palast zu kommen.
Im Anschluß an solche Zustände mußte sogar die Fremdherrschaft der Italiener in manchem Verbesserungen bringen, was die *faschistische Propaganda* geschickt ausschlachtete.
Doch es war schon im nächsten Jahr gerade die italienische Militärpräsenz in Albanien, die den bis dahin auf Polen, Frankreich, Skandinavien und Teile Afrikas beschränkten Zweiten Weltkrieg erst richtig zum Weltbrand machte: Am 28. Oktober 1940 fiel Italien von seinem albanischen Brückenkopf auf dem Balkan aus in Griechenland ein. Von Anfang an war es die Politik Roms in Albanien gewesen, die kleine Minderheit der romanischen *Aromunen* vor den Albanern zu bevorzugen. Die jenseits der griechischen Grenze lebende aromunische Hauptgruppe leistete daher den italienischen Kolonnen Hilfe beim Vormarsch. Nach diesem Anfangserfolg setzten bald schwere Rückschläge ein. Die Griechen konnten sogar einige Teile von Südalbanien erobern und Ende November die Stadt **Korça** in ihre Hand bringen. Als im Frühjahr 1941 die italienische Front in Albanien völlig zusammenzubrechen drohte, mußte die deutsche Wehrmacht Mussolini über Bulgarien gegen Griechenland zu Hilfe kommen. Das hat in der Folge zum Jugoslawienfeldzug und zur Verschiebung des Angriffs auf die Sowjetunion geführt, der, als Blitzkrieg konzipiert, bis zum russischen Winter beendet sein sollte. Es läßt sich also mit einer gewissen Berechtigung sagen, daß der Zweite Weltkrieg wegen der Italiener in Albanien eine andere Wende genommen hat.

Ein trauriges Kapitel – die Wehrmacht in Albanien

Nach dem Frontwechsel Roms von den Achsenmächten zu den Alliierten glaubten die Verantwortlichen des *Dritten Reichs* noch einmal, der Weltkrieg sei wenigstens in Albanien zu gewinnen. Diese Ära der *deutschen Besetzung* von September 1943 bis November 1944 ist für die deutschen und österreichischen Leser natürlich ein sie besonders berührender, wenn auch kaum erfreulicher Abschnitt. Obwohl die etwa 70 000 Mann starken deutschen Verbände, die im September 1943 in Albanien einrückten, dort also bis zum Kriegsende nur in die Fußstapfen der Italiener treten sollten, versuchten sie ihrer Besetzung einen nationalalbanischen Anstrich zu geben. Sie verkündeten, daß die Deutschen als Freunde der Albanier gekommen seien, um Albanien vom Joch Italiens zu befreien. Die Deutsche Wehrmacht werde die Unabhängigkeit des albanischen Volkes garantieren und rufe es auf, sich am gesamteuropäischen Kampf gegen den Kommunismus zu beteiligen.

Diese Schachzüge fanden nur bei ganz bestimmten Randgruppen des albanischen Volkes einen Widerhall. Obwohl es die Alliierten waren, die eine Rückkehr von König Zog nach dem Krieg begünstigten, hätte ihn ein Teil seiner Anhänger lieber gleich jetzt auf einem Thron von Hitlers Gnaden gesehen. Zogus bis dahin mit dem britischen Secret Service zusammenwirkender Platzhalter in Tirana, *Abaz Kupi,* gründete unter dem Namen *Legalitet* im Oktober 1943 eine deutschfreundliche Königspartei und vereinigte die zogistischen Partisanenverbände, die vor allem seit 1942 da und dort gegen die Italiener gekämpft hatten, mit der «Albanischen Armee» von Hitlers Gnaden.

Das gleiche tat Albaniens «Nationale Front», der *Balli Kombë-*

tar. Diese rechtsgerichtete Widerstandsorganisation gegen die italienische Fremdherrschaft, die stark von deren Agenten unterwandert war, hatte sich 1942 mit finanzieller Unterstützung durch Grundbesitzer und Großbürgertum formiert. An ihre Spitze trat der von der Unabhängigkeitserklärung Albaniens 1912 in **Vlora** her bekannte *Mithat Frashëri.* Aus dem «glühenden Patrioten» von einst war der «Pseudopatriot» geworden.

Schon 1928 war in **Korça** von Handwerkern und Arbeitern die erste kommunistische Zelle in Albanien gegründet worden. Weitere folgten. Sie schlossen sich im Juni 1929 unter dem Namen *Puna e Korçës* (Arbeiterschaft von Korça) zusammen. Das war der Beginn einer organisierten albanischen kommunistischen Bewegung.

Entscheidender wurden aber vorerst Anstrengungen von Auslandsalbanern. Schon im März 1925 hatte sich in Wien ein «Nationalrevolutionäres Komitee» (Konare) konstituiert, einige Mitkämpfer Fan Nolis bei der Revolution von 1924 gingen nach deren Niederwerfung durch Zogu in den folgenden Jahren in die Sowjetunion. Im August 1928 gründeten sie die Albanische Kommunistische Gruppe in der UdSSR mit Sitz in Moskau. Im *Konare* bildete diese Gruppe sofort eine eigene kommunistische Fraktion. Sie betrachtete es als ihre Hauptaufgabe, in der Heimat revolutionär tätig zu werden. Unter den Kommunisten, die zu diesem Zweck 1930 nach Albanien zurückkehrten, zeichnete sich besonders *Ali Kelmendi* (1900–1936) aus.

Kelmendi machte sich an den Aufbau – illegaler – kommunistischer Zellen. Ihre Mitglieder waren hauptsächlich kleinbürgerlicher Herkunft: Lehrer, Angestellte, Schneidergesellen und andere Handwerker, die Angehörigen der Korça-Gruppe, aber auch Militärs wie der spätere Mitkämpfer Hoxhas und Partisanengeneral *Spiro Moisiu* (1900–1981).

Kelmendis Internierung durch die königliche Polizei an verschiedenen Orten Albaniens hielt ihn nicht davon ab, beim Augustaufstand 1934 im fieberverseuchten Sumpfland von **Fier** hinter den Kulissen eine führende Rolle zu spielen. Obwohl die Volkserhebung niedergeschlagen wurde, erschütterte sie das Zogu-Regime und diskreditierte seine Sozial- und Innenpolitik. Schon im Herbst 1935 begann es in der inzwischen wichtigsten Industriestadt des Landes, im von der italienischen Ölgesellschaft *Aipa* verwalteten **Kuçovo,** dem heutigen **Qytet i Stalin** (Stalin-Stadt), zu gären. In der Erdölförderung und in den damit zusammenhängenden Industriezweigen waren etwa 1600 albanische Arbeiter tätig. Ihr lang durchgehaltener Generalstreik wurde erst im Februar 1936 vom Innenminister persönlich an der Spitze starker Gendarmerie-Einheiten gesprengt. Parallel zu dieser Streikaktion setzte in den anderen Landesteilen eine Volksbewegung gegen die akute Hungersnot und die dafür verantwortlich gemachte Zogu-Herrschaft ein. Im Herbst 1935 hatte die Not ihren Höhepunkt erreicht, Tausende drohten regelrecht zu verhungern, dazu kam drückende Arbeitslosigkeit. Die Empörung darüber entlud sich am 21. Februar 1936 in den Großkundgebungen von **Korça,** die als *Brotdemonstration* in die albanische Zeitgeschichte eingegangen sind. Es war die bis dahin größte von den Kommunisten organisierte und geführte Volksaktion gegen den König, der Ali Kelmendi im folgenden Herbst ausweisen ließ. Vor seiner Abreise nach Moskau, wo er auch nicht mehr lange zu leben hatte, traf Kelmendi in **Gjirokastra** mit dem Mann zusammen, der fortan an die Spitze der albanischen Kommunisten treten sollte: *Enver Hoxha* (1908–1985).

Dieser bedeutendste albanische Staatsmann seit Skanderbeg und mit Lenin, Stalin und Mao in der ganzen Welt führender Weiterdenker von Engels und Marx, wuchs in seiner Heimatstadt Gjirokastra in einfachen, aber bürgerlich geordneten Verhältnissen

auf. Als Obermittelschüler entflammte erstmals sein Protest gegen die Ungerechtigkeiten und Gewalttaten des Zogu-Regimes, was ihn 1930 mit anderen Schulkameraden ins Gefängnis brachte.

Zum Kommunisten wurde der bis dahin «fortschrittliche Demokrat» Hoxha dann in Paris; dorthin war er trotz politischer Unzuverlässigkeit wegen seiner außerordentlichen Begabung als Stipendiat entsandt worden. Seine Mitarbeit beim Zentralorgan der französischen Kommunisten, der «Humanité», zu albanischen Themen führte aber bald zum Entzug seines Stipendiums. Freunde verschafften ihm eine Anstellung beim albanischen Konsulat in Brüssel, mit dem Lohn dafür konnte er sein weiteres Philosophiestudium bestreiten.

1936 kehrte er als Lehrer an das Gymnasium von Tirana zurück, ging aber bald an das Lyzeum von **Korça.** Hoxha wurde eines der aktivsten Mitglieder der kommunistischen Korça-Gruppe. Als nationaler Widerstandsführer profilierte er sich erstmals während der griechischen Besetzung der Stadt zwischen November 1940 und April 1941. Damals bemühte sich die Athener Regierung, den in Balkankriegen und im Ersten Weltkrieg unerfüllten Traum einer Annexion von Korça und Gjirokastra – das den Italienern Anfang Dezember 1940 entrissen worden war – in die Tat umzusetzen. Enver Hoxha gründete in Korça ein «Komitee zum Schutz der Stadt» und trat mit einer kleinen, aber schlagkräftigen bewaffneten Truppe den großgriechischen Anschlußplänen entgegen.

Nach diesem Anfangserfolg fühlte sich Hoxha berufen, in ganz Albanien den Kampf gegen die italienischen Besatzer aufzunehmen. Das Erscheinen der Kommunisten im Sommer 1941 in den albanischen Bergen, um die nationale Befreiungsbewegung aufzubauen und auszuweiten, bedeutete einen völlig neuen Abschnitt ihrer Aktivitäten, der durch den inzwischen ausgebroche-

nen Krieg zwischen den Achsenmächten und der Sowjetunion einen zusätzlichen Antrieb erhielt. Um sich beim bewaffneten Kampf nicht zu verzetteln, arbeitete Hoxha auf die Schaffung einer gesamtalbanischen kommunistischen Organisation als dessen Rückgrat hin. Er selbst leitete damals schon die kommunistische Gruppe von **Tirana,** die er zum Bindeglied zwischen den bisher rivalisierenden Korça-Kommunisten im Süden und der nördlichen *Gruppe von Shkodra* machte. Er fand im noch jüngeren *Qemal Stafa* (1921–1942) einen hervorragenden Mitarbeiter, der allerdings bald als einer der ersten im Freiheitskampf fiel. Auch die kommunistische *Jugendgruppe* vereinbarte im August 1941 mit diesen drei Fraktionen, eine geeinte kommunistische Partei zu schaffen. Noch bevor es zu deren Gründung kam, demonstrierten die jetzt vereinigten kommunistischen Kräfte ihre Stärke nicht nur im Partisanengebiet, sondern mitten in der albanischen Hauptstadt: Am 28. Oktober 1941, dem 19. Jahrestag von Mussolinis «Marsch auf Rom», kam es in Tirana zu überraschend mächtigen antifaschistischen Gegendemonstrationen. Enver Hoxha wurde als ihr Organisator bekannt, mußte daher untertauchen. In Abwesenheit wurde er zum Tode verurteilt.

Während noch die Häscher unterwegs waren, versammelte Hoxha, der die Hauptstadt nicht verlassen hatte, in seinem Versteck vom 8. bis 14. November 1941 die führenden Männer der kommunistischen Gruppen und gründete mit ihnen die *Kommunistische Partei Albaniens.* Er selbst wurde mit der Leitung ihres siebenköpfigen Provisorischen Zentralkomitees betraut. Als erste Unterorganisation entstand schon am 23. November unter Führung von Qemal Stafa die *Kommunistische Jugend Albaniens.* Am 25. August 1942 erschien die erste Nummer des KP-Organs *Zëri i popullit* (Volksstimme) als Untergrundzeitung. Knapp einen Monat später schloß Hoxha am 16. September 1942 auf der *Konferenz von Peza* in einem Bergtal südöstlich von Ti-

65 Heute werden sakrale Kunstwerke wieder liebevoll gepflegt und bei Bedarf restauriert, so auch das byzantinische Marienkloster mitten im Ausgrabungsfeld des antiken **Apollonia**

66 Rund 1500 Jahre lang gehörte das ursprünglich illyrische Albanien zum römischen und zum oströmischen Reich. Straßen und Wasserleitungen erinnern bis heute daran

Im Albanien der Türkenherrschaft versuchten die Bektaschi-Derwische seit dem 16. Jahrhundert, ihre tolerante Einheitsmystik zu einer Art Nationalreligion zu machen. Ihr Kloster bei **Shkodra** wird seit 1987 instand gesetzt

67 Die albanisch-orthodoxe Kirche verehrte zahlreiche Märtyrer. Einer von ihnen ist der heilige Georg von Janina

68 Nach einer Phase des «sozialistischen Realismus» geht die heutige albanische Malerei wieder eigene Wege, so der fast expressionistische Pandeli Kule. Seine «Häuser von Gjirokastra» hängen in der Halle des Dajti-Hotels in **Tirana**

69 Dieses Bild des um Schulbildung für alle im vorher klassischen Land der Analphabeten bemühten ehemaligen Lehrers Enver Hoxhas als «Kinderfreund» hängt im Kindergarten von **Peshkopia** an der jugoslawischen Grenze

Das Grab des albanischen Nationalhelden Georg Kastriota, genannt «Skanderbeg» (1405–1468), in **Lezha**

70 Über seinen Tod hinaus lebt Hoxha in der Jugendorganisation der Enver-Pioniere fort

71 Das typische Haus der Küstenebenen und Flußtäler ist quadratisch oder rechteckig, ebenerdig bis einstöckig und mit roten Dachziegeln gedeckt wie hier in einem Dorf bei **Durrës**

Die Einzelhöfe der nordalbanischen Bergbauern haben seit altersher die Form wehrhafter Türme mit bis zu vier Stockwerken, die unteren von ihnen fensterlos. **Klos** im oberen Mat-Tal verfügt über besonders schöne Bauten dieser Art

72 Vom Rozafat-Burgberg bei **Skhodra,** einer Art «Lorelei», zeigt sich der Drin von einer besonders schönen Seite

Im unteren **Mat-Tal** wird der Fluß vom Elektrizitätswerk «Karl Marx» hoch über die ehemalige Schlucht heraufgestaut

F. Sala 1986
ONI

JEMI PIONIERET
E ENVERIT

rana seine Kommunisten und andere nationale Freiheitskämpfer zur überparteilichen *Lëvizja nacionalclirimtare* (Nationale Befreiungsbewegung) zusammen. Die schon befreiten ländlichen Gebiete wurden *Nationalen Befreiungsräten* unterstellt. Bis Ende 1942 stieg die Zahl der Lëvizja-Partisanen auf etwa 2000 an. In der Folge nahmen ihre Zahl und ihre Aktionen so rapid zu, daß am 4. Juli 1943 vom Generalrat der Befreiungsbewegung in **Labinot** bei **Elbasan** beschlossen wurde, eine regelrechte *Albanische Nationale Befreiungsarmee* aufzustellen. Ihr Generalstab kommandierte anfangs um die 10 000 Kämpfer, doch schon am 15. August konnte als zusätzliche Elitetruppe die I. Sturmbrigade aufgestellt werden.

Als die Italiener am 8. September 1943 auch in Albanien kapitulierten, war es Hoxha bereits möglich, den einrückenden Deutschen bei der Entwaffnung von zwei italienischen Divisionen zuvorzukommen. Die erbeuteten Waffen stärkten seine Partisanenarmee entscheidend.
Das ganze albanische Territorium einschließlich **Kosovo,** von einem Ende bis zum anderen, war ein Jahr nach dem deutschen Einmarsch ein einziger brodelnder Vulkan. Am 24. Oktober 1944 hatte die Wehrmacht den Süden Albaniens völlig geräumt. Nördlich vom **Shkumbin** blieben nur die Städte **Elbasan, Tirana, Durrës, Kukës** mit der wichtigen Rückzugsstraße nach **Prizren,** um das schon seit dem 5. Oktober nicht etwa die Partisanen Titos, sondern die Enver Hoxhas schwärmten, sowie **Shkodra** vorerst noch in deutscher Hand.
Unterdessen war im schon freien **Berat** vom 20. bis 23. Oktober 1944 die *zweite Session des Antifaschistischen Rates* der Nationalen Befreiung zusammengetreten. Das Antifaschistische Komitee unter Hoxha berichtete ihm über seine Vorbereitungen für eine umfassende *Bodenreform,* dieses alte, nie erfüllte Anlie-

gen aller albanischen Fortschrittspolitiker, das gleich nach der vollständigen Befreiung des Landes in Angriff genommen werden sollte. Anschließend wurde das «Komitee» in *Demokratische Regierung Albaniens* umbenannt. Aus dem Rechenschaftsbericht von Enver Hoxha in seiner Eigenschaft als Oberbefehlshaber der Befreiungsarmee ging hervor, daß ihm jetzt 70 000 Kämpfer zur Verfügung standen, unter ihnen fast 90 Prozent Bauern, 80 Prozent Jugendliche und 9 Prozent Frauen und Mädchen. Das nächste Ziel hieß **Tirana.**

Enver Hoxha baut das neue Albanien: Vom Armenhaus zum Musterland

Albanisches Staatswappen

Der Kampf um die Hauptstadt dauerte 19 Tage. Am 17. November 1944 wehte das Banner mit dem Doppeladler Skanderbegs, dem jetzt der fünfzackige Rote Stern der Befreiungsarmee hinzugefügt worden war, über Tirana. Unterdessen befreiten die albanischen Partisanen auch in **Kosovo** bis zum 18. November unter heftigen Kämpfen die ganze Hochebene von **Dukagjin** zwischen **Prizren** und **Peja** (serbisch: Peć). Das führte – lange vor dem albanisch-jugoslawischen Bruch von 1948 – zu ersten schweren Meinungsverschiedenheiten zwischen Hoxha und Tito. Vor dem 2. Plenum des Zentralkomitees der KP Albaniens, das sich am 23. Nobember 1944 in Berat versammelte, forderte Titos Emissär *Vukmanović Tempo,* alle albanischen Operationen dem Oberkommando der Jugoslawen zu unterstellen. Bis dahin hatte Hoxha mit dem Kroaten Tito gut

zusammengearbeitet, nun begann sich, obwohl die Wehrmacht immer noch in Nordalbanien, Teilen von Kosovo und Montenegro stand, unter den Mitarbeitern des jugoslawischen Partisanenführers der Todfeind des modernen Albanertums bemerkbar zu machen, der großserbische Chauvinismus. Vom Spätherbst 1944 führt eine gerade Linie zum neuesten *Kosovo-Problem* der achtziger Jahre.

Während das albanische Zentralkomitee noch in Berat bei der Auseinandersetzung mit den jugoslawischen Genossen war, vollendete sich am 29. November 1944 die *Befreiung des Landes* mit dem Abzug der Deutschen Wehrmacht aus dem Raum **Shkodra.**

Enver Hoxha hatte dem albanischen Volk – wie einst Skanderbeg – ohne fremde Hilfe die Unabhängigkeit erstritten. Vor ihm lagen über 40 Jahre des Wiederaufbaus und der Neuordnung, eine Zeit innerer und äußerer Stabilität, wie sie noch nie einem anderen albanischen Führer vergönnt gewesen war. Die ersten Maßnahmen waren dem Wiederaufbau Albaniens und der Durchführung einer sozialistischen Revolution gewidmet, über die sich Hoxha schon während des Befreiungskampfes recht präzise Vorstellungen gemacht hatte. Als Nachfolgeorganisation der Nationalen Befreiungsbewegung wurde im August 1945 die *Demokratische Front Albaniens* geschaffen, die bis heute auch allen Nichtkommunisten offensteht.

Bis Ende 1945 waren ein Teil der Fabriken, Elektrizitäts- und Bergwerke wieder in Betrieb. Von der KP angeleitet und vom Staat unterstützt gingen die Bauern daran, ihre verwüsteten Felder zu bestellen und ihre ausgebrannten Häuser instand zu setzen. Der ehemalige Lehrer Enver Hoxha war sich aber dessen bewußt, daß die neue Schlacht um Albaniens Zukunft mit wirtschaftlichen Maßnahmen allein nicht gewonnen werden konnte. Eine große Kampagne zur Beseitigung des *Analphabetismus,*

dieses schweren Übels der Vergangenheit, begann. Die alten Lehrer und Tausende junge, in Spezialkursen zum Teil noch während des Krieges in den Partisanenunterschlüpfen geschulte Volksbildner nahmen diese Aufgabe in Angriff.

Von Anfang an wurde mit dem Aufbau eines *staatlichen Wirtschaftssektors* begonnen. Gleich im Dezember 1944 waren die Bodenschätze und der Besitz aller politischen Emigranten verstaatlicht worden, Anfang 1945 kamen das *deutsche* und das italienische *Eigentum* an die Reihe, immerhin alle Banken und 111 Aktiengesellschaften. Im April 1945 gingen die Verkehrsbetriebe – damals ausschließlich Buslinien – in den Volksbesitz über, im Juli öffneten die ersten Läden von Konsumgenossenschaften. Der Acht-Stunden-Tag bei gleicher Entlohnung von Frauen und Männern und 15 Tage Jahresurlaub wurden eingeführt. Das alles blieb bis jetzt unverändert in Kraft.

Das brennendste und dringendste Problem auf dem Gebiet der Landwirtschaft war die Beseitigung der alten Agrarverhältnisse. Gleich im ersten Halbjahr 1945 wurden einige Maßnahmen getroffen, um die schwierige wirtschaftliche Lage der Bauern zu verbessern: Alle alten, noch nicht bezahlten Pachtzinsen wurden entweder ganz erlassen oder für 1944/45 um 75 Prozent herabgesetzt. Die bis zu diesem Termin privaten Bewässerungsanlagen kamen zur gemeinsamen Nutzung in den Besitz der Bauern. Alle Hypotheken, an denen hauptsächlich die Kleinbauern geradezu erstickt waren, wurden gelöscht.

Im August 1945 war das Gesetz für die große *Bodenreform* bereit: Nach dem Grundsatz «Den Boden denen, die ihn bebauen» wurde der Grundbesitz des Staates, der Religionsgemeinschaften und der privaten Gutsherren, soweit er über 40 Hektar hinausging, entschädigungslos enteignet und gratis auf Kleinbauern und landlose Pächter verteilt. Jeder landlose Familienvater oder noch kleinere Bauer erhielt fünf Hektar zugesprochen. Ein Teil der

enteigneten Böden ging in Staatseigentum über. Auf ihnen wurden Musterfarmen angelegt, die Keimzelle für die spätere Sozialisierung der gesamten Landwirtschaft, Wälder und Gewässer kamen schon 1945 in den Besitz des ganzen Volkes.

Im September 1945 verkündete der noch immer als Parlament dienende Antifaschistische Rat der Nationalen Befreiung ein Gesetz für die Wahl einer *Verfassunggebenden Versammlung* am 2. Dezember. Stimmberechtigt und wählbar wurden alle Albanerinnen und Albaner ab vollendetem 18. Lebensjahr, Kämpferinnen und Kämpfer der Nationalen Befreiungsarmee auch in jüngerem Alter. Vom aktiven und passiven Wahlrecht ausgeschlossen blieben einzig Kollaborateure im Ministerrang und überführte Kriegsverbrecher.

Die albanische KP führte diesen Wahlkampf unter dem Motto «Für die Volksrepublik». Es stand zwar nach einigem Hin und Her nur die *Einheitsliste der Demokratischen Front* zur Wahl, allerdings mit den Namen vieler nichtkommunistischer Kandidaten, unter ihnen katholische Politiker Nordalbaniens. Die *Albanische Volksrepublik* (Republika Popullore e Shqiperise) wurde am 11. Januar 1946 proklamiert, ihre neue Verfassung am 14. März verabschiedet. Fortan sollten die Hauptproduktionsmittel aus dem gemeinsamen, vom Staat verwalteten Volkseigentum, dem genossenschaftlichen und dem privaten Besitz bestehen. Das Privateigentum wurde staatlicher Kontrolle unterworfen, der Regierung das Recht eingeräumt, es weiter durch Enteignungen zu begrenzen, «wenn es durch das gesellschaftliche Gemeininteresse geboten ist».

Mit der Einführung dieser Verfassung war Albaniens politischer Übergangsprozeß binnen zwei Jahren bei einer volksdemokratischen Ordnung als Staat der *Diktatur des Proletariats* angelangt. Die folgenden Jahre waren in diesem Sinn von weiteren Verstaatlichungen, einer noch durchgreifenderen Bodenreform, anderen

Maßnahmen *wirtschaftlicher Umverteilung* und allgemein einer Verschärfung des *Klassenkampfes* gekennzeichnet. Gleichzeitig war das der Zeitabschnitt zunehmender Spannung mit den jugoslawischen Titoisten, bis der vom 8. bis 22. November 1948 in Tirana versammelte Erste Parteitag der Kommunistischen Partei Albaniens völlig mit Belgrad brach. Auch im inzwischen entflammten Streit zwischen *Tito* und *Stalin* stellte sich Albanien auf die Seite des Kreml-Chefs. Auf dem gleichen Parteitag nahm die albanische KP den seitdem gültigen Namen *Partei der Arbeit Albaniens* (PAA) an.

Stalin persönlich und seinem ideologischen Erbe, wenn auch nicht der Politik seiner Moskauer Epigonen, fühlt sich Tirana bis heute verbunden. Albaniens vor allem von *Enver Hoxha* mit seinem reichen ideologischen Schrifttum geprägter «reiner Kommunismus» mußte nach dem 20. Parteitag der KPdSU, der im Februar 1956 unter dem Vorsitz von *Chrustschow* stattfand, zwangsläufig in Konflikt mit den damals tonangebenden sowjetischen «Revisionisten» geraten. Schon im Mai 1956 ging der Dritte Parteitag der PAA auf Konfrontationskurs zu Moskau. Es begann eine über zehnjährige Periode der Entflechtung aller albanisch-sowjetischen Beziehungen, die 1968 nach der Invasion *Breschnjews* in der CSSR mit dem Austritt Tiranas aus dem *Warschauer Pakt* seinen Abschluß fand. Albanien schlug danach eine strikt *blockfreie Politik* ein. Es geht daher nicht an, die Volksrepublik als «Ostblockstaat» zu deklassieren. Auch die Versuche Gorbatschows, zu Albanien nach dem Tod Hoxhas 1985 wieder diplomatische Beziehungen anzuknüpfen, sind zurückgewiesen worden.

Um so herzlicher hatten sich, zwischen 1956 und dem Tod von *Mao Tse-tung* (neue Schreibung: Mao Zedong) 1976 die *albanisch-chinesischen Kontakte* entwickelt. Peking war schon beim zweiten Fünfjahresplan Albaniens (1956–1960) als Maschinen-

lieferant Hauptpartner des Landes. Diesmal ging es besonders um die Elektrifizierung von Fabriken, landwirtschaftlichen Betrieben und Haushalten. Diese Ziele konnten sogar vorfristig erreicht werden.

In dieser Periode machte Albanien 1967 mit seiner Entwicklung zum **ersten atheistischen Staat der Welt** auch bei uns Schlagzeilen.

Die Zusammenarbeit mit China dauerte nicht ewig. Derselbe *Siebte Parteitag der PAA,* der dem Land eine neue, die heutige Verfassung gab und seinen Namen von «Albanische Volksrepublik» in *Sozialistische Volksrepublik Albanien* – deutsch abgekürzt SVRA – änderte, rechnete bereits mit Maos Nachfolgern ab, sprach von den «betrügerischen, reaktionären Theorien der chinesischen und anderen Revisionisten».

Wirtschaftlich war Albanien inzwischen so *autark,* daß es die ausbleibende Kooperation mit den Chinesen verkraften und darüber hinaus von Strukturverbesserungen und Produktionssteigerung zur Hebung des *materiellen und kulturellen Niveaus der Werktätigen* übergehen konnte. Es wurde das wichtigste Ziel des sechsten Fünfjahresplanes (1976–1980), die Unterschiede der Lebensbedingungen in Stadt und Land zu beseitigen.

Ramiz Alia an der Spitze

Als *Enver Hoxha* am 7. April 1985 starb, fiel die Bilanz seiner über vierzigjährigen Führung in der gesamten albanischen Geschichte – in vielen, aber keineswegs allen Bereichen nur von Skanderbeg abgesehen – einmalig aus: Die *Eigenständigkeit und Unabhängigkeit* Albaniens und seiner Arbeiterbewegung konnten erhalten und sogar gefestigt werden. Aus dem materiell wie

geistig rückständigen Agrarland war mittlerweile ein wirtschaftlich, kulturell und bildungsmäßig hochstehender *moderner Staat* geworden.
Hatten früher Jahr für Jahr Zehntausende Albaner ihrer armen Heimat den Rücken kehren und ihr Brot in der Fremde verdienen müssen, so übt das Albanien von heute größte *Anziehungskraft auf Millionen Auslandsalbaner* ohne Unterschied ihrer politischen Einstellung oder weltanschaulichen Überzeugung aus. Schließlich hatte sich Hoxhas politische und ideologische Standfestigkeit im Endeffekt immer bezahlt gemacht: An die Stelle der sogenannten Freunde und Helfer, von denen sich das kleine Albanien weder gleichschalten noch erpressen ließ, war ein *weltweites Netz* von Beziehungen und Kooperationen getreten, bei dem nur die Supergroßmächte *Sowjetunion* und *USA* sowie *Israel* grundsätzlich ausgeschlossen sind.
Hoxhas Nachfolger an der Staats- und Parteispitze, der aus dem nordalbanischen Shkodra stammende *Ramiz Alia* (geb. 1925) führt diese Linie seit 1985 weiter. Entscheidende Marksteine auf diesem Weg waren vor allem 1987 die Herstellung diplomatischer *Beziehungen zur Bundesrepublik Deutschland* und die formelle Beendigung des Kriegszustandes mit Griechenland. An der Grenze zwischen Tirana und Athen hat der Zweite Weltkrieg auf dem Papier seine 47 Jahre gedauert! Und in der 1988 in Belgrad aus der Taufe gehobenen *Arbeitsgemeinschaft aller Balkanstaaten* mit dem Ziel eines blockfreien und atomwaffenfreien Südosteuropa spielt Albanien seitdem eine führende Rolle.
Innenpolitisch und wirtschaftlich hat der *Neunte Parteitag der PAA* – der erste, auf dem Ramiz Alia den Vorsitz führte und auf dem im Herbst 1986 der 45. Jahrestag der KP-Gründung von 1941 begangen wurde – seine Entschlossenheit unterstrichen, weiter an einem Albanien zu bauen, «das in den Jahrhunderten fortlebt und voranschreitet.»

Der erste atheistische Staat der Welt

Makel oder Bestimmung?

Im Vergleich mit anderen Mittelmeerländern fällt es auf Anhieb schwer, Albanien als «typisches» Urlaubsland für diese oder jene Einmaligkeit vorzustellen. Ist Italien das klassische Bade- und Kunstland, Griechenland die sonnige Heimat der Tempel und Säulen oder Malta die Inselgruppe der barocken Kirchen und Maler, so gibt es bei den Albanern einfach zu viel von alledem zu erleben und entdecken: Erhabene Zeugnisse der Antike, Meisterwerke christlicher wie auch islamischer Kunst, Sand- und Felsenstrände, faszinierende Altstädte und herrliche Berglandschaften. Sogar prächtige Skigebiete halten die Albanischen Alpen bereit.

Wodurch Albanien wirklich auf der ganzen Welt einzigartig wurde, ist sein 1967 begonnenes Experiment als *Erster atheistischer Staat der Welt* – was ihm kirchliche Auslandskreise zwar gern und regelmäßig vorhalten, zum Teil mit Methoden, die nicht einmal vor Verleumdung zurückschrecken. Nur *ein* Beispiel dafür ist der letzte, 1952 geweihte Apostolische Administrator der

römisch-katholischen Erzdiözese Shkodra, **Ernst Çoba.** «Christlich-solidarische» Pressedienste, Kirchenblätter und ganze Bücher werden nicht müde, immer aufs neue zu melden, daß er gerade «zu Tode geprügelt» worden sei. Hingegen bestätigt das amtliche Päpstliche Jahrbuch Jahr für Jahr einerseits die Amtsbehinderung, aber auch das Wohlergehen dieses Titularbischofs von Midaeum. Österreichische Touristen trafen den damals 76jährigen im Herbst 1988 noch bei einem Spaziergang im Stadtpark von **Shkodra.**
Die atheistische Religionspolitik Albaniens ist also keineswegs so hart wie die ihr nachgesagten Makel, doch muß man diese Entwicklung auf jeden Fall als eine Art historischer Bestimmung werten. Während Ihres Aufenthalts in Albanien werden Sie von Anfang an mit der Verbannung alles Religiösen aus der Öffentlichkeit konfrontiert – ob bei der Einreise der Zoll im Gepäck nach geistlichem Schrifttum fahndet oder Sie in den heute als Museen dienenden Kirchen, Klöstern und Moscheen angehalten werden, jedes äußere Zeichen von Andacht und Gebet zu unterlassen. Wie es dazu gekommen ist und was das speziell bei den Albanern für einen Sinn hat, muß Ihnen daher erklärt und verständlich gemacht werden.

Als erstes Volk Südosteuropas sind die Albaner schon zwischen dem 9. und 11. Jahrhundert in die Spaltung der bis dahin ungeteilten Christenheit verwickelt worden. Der Streit zwischen den römischen Päpsten und den byzantinischen Reichspatriarchen in Konstantinopel um die Kirchenprovinzen von *Alt- und Neuepirus* sowie *Dardania* ging hauptsächlich um albanisches Territorium. Als die christliche Kirche 1054 in eine abendländisch-katholische und eine morgenländisch-orthodoxe Hälfte auseinanderbrach, blieben die anderen Balkanvölker – Griechen, Rumänen, Serben und Bulgaren – geschlossen bei der Orthodoxie. Nur die Albaner

wurden in *Katholiken* und *Orthodoxe* gespalten. Eine Trennung, die in der Folge durch die Kreuzzüge und die byzantinisch-venezianische Auseinandersetzung am Ostufer der Adria noch vertieft wurde.

Schon damals scheint daher vielen Albanern die Freude an der Religion ganz vergangen zu sein. Als der jüdische Reisende *Benjamin aus Tudela* 1170 Albanien besuchte, bot sich ihm folgendes Bild: «Das Volk lebt auf den Bergen. Sie steigen schnell wie die Gazellen von diesen herab, um das Land der Griechen zu plündern. Sie bekennen sich nicht zum christlichen Glauben. Sie geben ihren Kindern jüdische Namen. Sie haben keine Religion. Von dort sind es zwei Tage nach Korça, einem verlassenen Orte mit wenigen Einwohnern.»

Die in eine Kunstgalerie umgewandelte Moschee von Durrës ist eines der guten Beispiele für die Säkulisierung der alten religiösen Bausubstanz

Als die Türken im späten 14. Jahrhundert nach Albanien vordrangen und ihren neuen Untertanen Erleichterungen beim Übertritt zum *Islam* gewährten, wurde die albanische Nation *religiös* sogar *dreigeteilt.* Seither haben sich alle Unabhängigkeitskämpfer und nationalen Erneuerer von *Skanderbeg* bis *Hoxha* betont dadurch ausgezeichnet, daß sie die Anliegen von Volk und Heimat über die religiösen Gruppeninteressen stellten, die politisch mit denen des *Sultans* oder des *griechischen Patriarchen* in Stambul oder andererseits des *Papsttums* und *italienischer Mächte* mit Venedig an der Spitze verknüpft waren. Schon Skanderbegs Vater *Gjon Kastriota* (gest. 1442) war ursprünglich katholisch gewesen, dann 1417 zur Orthodoxie übergetreten. Nachdem er noch 1427 zwei Dörfer dem orthodoxen Athos-Kloster **Chilandar** gestiftet hatte, nahm er im folgenden Jahr den Islam an und nannte sich fortan *Hamza.* Doch schloß er seine Augen auf dem Sterbebett wieder als «guter Katholik». Sein moderner Biograph *Sabri Godo* meint dazu:
«Die Albaner hatten stets vorübergehende Abkommen mit dem Glauben geschlossen. Sie tauften nur den Körper, ihre Seele aber blieb frei.»

Bektaschia und Schabbatai Zewi

Was im Spätmittelalter Einzelpersönlichkeiten in Sachen Religionswechsel, religiöser Toleranz oder überhaupt Indifferenz vorgelebt hatten, wurde in den vier folgenden Jahrhunderten der Türkenherrschaft über ganz Albanien für breite Bevölkerungsschichten charakteristisch: Viele albanische Muslime ließen ihre Kinder zusätzlich taufen, wurden von Christen als Taufpaten und Trauzeugen herangezogen, beteiligten sich an den christlichen

Heiligenfesten und Wallfahrten. Umgekehrt besuchten viele Christen die Moscheen, feierten die Bairamfeste und den Geburtstag Muhammads mit und nahmen besonders starken Anteil an den Zeremonien einer islamischen Derwischbruderschaft, die bei den Albanern ihre stärkste Verbreitung gefunden hatte: der *Bektaschia.*

Bei Ihrem Albanienbesuch können Sie am Erbe dieser Bektaschi-Derwische gar nicht vorbeigehen. Ob in **Berat** oder **Gjirokastra, Elbasan** oder **Kavaja.** Sogar aus **Kruja,** der Hochburg des albanischen Freiheitswillens und Nationalbewußtseins, war vom 16. bis ins 19. Jahrhundert eine heilige Stadt dieser eigenwilligen islamischen Ordensgemeinschaft geworden.

Über den Gründer dieses Ordens, *Hadschi Bektasch Weli,* weiß man wenig. Eine Chronik berichtet, der heilige Mann sei 1209 im persischen **Nischapur** zur Welt gekommen und vor den Mongolen Dschingis Chans nach Anatolien geflüchtet. Er lebte angeblich in **Konya** als Zeitgenosse des anderen großen kleinasiatischen Mystikers und Ordensstifters *Dschamal ad-Din ar-Rumi* (1207–1273), genannt *Maulana.*

Bereits Anfang des 15. Jahrhunderts besaß die Bektaschia in Anatolien zahlreiche Klöster. Kein Türke hatte weiter als 20 Kilometer zu gehen, um zum nächsten Derwischsitz zu kommen, wo ihn Gastfreundschaft und gute Bewirtung erwarteten. Zur gleichen Zeit gab *Balim Sultan,* von den Bektaschis als ihr zweiter Gründer verehrt, der Gemeinschaft ihre endgültige Gestalt mit vielen christlich anmutenden Zügen und einer recht unislamischen Hochschätzung des Weiblichen. Frauen wurden zu allen Riten unverschleiert zugelassen, viele Derwisch-Heiligtümer bevorzugt aufgesuchte Wallfahrtsorte für kinderlose Frauen, die sich dort die Gnade eines gesegneten Leibes erbaten. Dazu kam in jedem größeren Bektaschi-Kloster ein Exerzitien- oder Gasttrakt für weibliche Pilger und Besucher, das Ekmek Evi.

Bald wurde den Bektaschis vom orthodoxen Islam auch nachgesagt, sie äßen wie die Christen Schweinefleisch und tränken Wein, sie nähmen wie katholische Priester den Gläubigen die Beichte ab und predigten eine Heilige Dreieinigkeit aus *Allah, Muhammad* und dem Kalifen *Ali,* einem Verwandten des Propheten.

Hinter dem allen stand jedenfalls eine stark innerliche, aber ebenso weltfreudige, auf Überwindung weltanschaulicher wie sozialer Schranken im Dienst des einen göttlichen Prinzips angelegte Spiritualität, die in unseren Tagen von *Barbara Frischmuth* wiederentdeckt und zum Stoff ihres Romans «Das Verschwinden des Schattens in der Sonne» gewählt worden ist. Den vom Zwangscharakter ihrer drei herkömmlichen Religionen enttäuschten Albanern des 16. Jahrhunderts muß sie so befreiend und erhebend erschienen sein, daß sich ihr um 1600 fast ganz Südalbanien angeschlossen hatte und Bektaschiklöster bald das ganze Land durchzogen. Auch noch der junge *Enver Hoxha* fühlte sich vom Gedankengut der Bektaschia angesprochen. Vieles, was die spätere Eigenart seiner Ideologie im Unterschied zu den anderen Weiterentwicklungen des Marxismus-Leninismus ausmacht, läßt sich als eine Art «säkularisierte Bektaschi-Mystik» verstehen.

Ihren äußeren Höhepunkt erlebte die albanische Bektaschia nach 1925, als der Orden in der Türkei von Atatürk aufgehoben wurde und sein «Generaloberer», der *Dede Baba,* bis 1949 in Albanien seinen Sitz aufschlug. Dann wurde Kairo Zentrum und letzte Hochburg des traditionellen Ordens, bis auch dort 1963 der bisher letzte Generalobere *Sirri Baba* (geb. 1895) starb, ohne daß ein Nachfolger bestellt werden konnte. Unter den zahlreichen Albanern in der Türkei ist die Volksmystik der Bektaschis aber heute verbreiteter denn je.

Ein weiterer Ansatz zur Überwindung der religiösen Zersplitterung auf albanischem Boden ging vom *Judentum* aus. Die ersten Juden Albaniens waren aus Thessaloniki und Berrhoia gekommen und lebten schon zur Zeit der ersten christlichen Apostel im Land. Sie wohnten später vor allem in **Berat** und **Vlora.** Bei ihnen verbrachte der «falsche Messias» *Schabbatai Zewi* (1626–1675) als Verbannter die letzten Jahre seines Lebens und verbreitete auch in Albanien seine der Bektaschi-Praxis so nahestehende Lehre von der Erfüllung des jüdischen wie islamischen Gesetzes und dem Einmünden aller bisher geoffenbarten Religionen in eine neue, erlösende Frohbotschaft. *Besitzgemeinschaft* war der soziale Hauptimpuls dieses Schabbataismus. Über Zewis genauen Verbannungsort gibt es noch keine endgültige Klarheit: Nach der einen Überlieferung war ihm **Ulqin** im heutigen Montenegro als Zwangsaufenthalt angewiesen, nach anderen Quellen wurde er 1670 mit Frau und Schwiegervater vom türkischen Großwesir *Köprülü* nach **Elbasan** verbannt. Die meisten Anhänger fand er jedoch in **Berat,** wo er auch 1675 gestorben ist und am Flußufer beigesetzt wurde. Gerade seine religiös motivierten, sozialrevolutionären Ideen sind in Albanien immer lebendig geblieben.

Ansätze zu religiöser Einheit

Von den Dichtern und Denkern des *albanischen Risorgimento* in der zweiten Hälfte des 19. Jahrhunderts zeigte sich vor allem der mittlere der drei Brüder Frashëri, *Naim Frashëri* (1846–1900), um religiöse Einheit als Grundlage der nationalen und kulturellen Erneuerung bemüht. Die für Christen wie Muslime annehmbare Botschaft der *Bektaschia,* der er während seines Wirkens in Südalbanien zwischen 1871 und 1882 sowie anschließend

in Stambul nahestand, sollte zur gemeinsamen Nationalreligion aller Albaner werden. Gleichzeitig versuchte er, den Orden zu «albanisieren» und von der Bindung an sein türkisches Stammhaus zu lösen. Nachwirkungen dieses Ansatzes zeigten sich sowohl beim albanischen Freiheitskampf von 1911/12, an dem die Derwisch-Bruderschaft entscheidend beteiligt war, wie während des Unabhängigkeitskrieges 1939/44: Im Unterschied zu den religiösen Führern der albanischen Katholiken und Orthodoxen unterstützten die Bektaschi-Oberen die Nationalbewegung Enver Hoxhas, worauf ihre Ordensgemeinschaft bis 1967 als eigene Religionsgemeinschaft staatlich anerkannt blieb.

Im christlichen Lager machte sich der schon als Reformpolitiker gewürdigte (S. 52) *Fan Noli* (1882–1965) um die Schaffung einer *albanischen Nationalkirche* verdient: Auf sein Betreiben wurde 1922 auf einem griechisch-orthodoxen Nationalkongreß in **Berat** einseitig die kirchliche Unabhängigkeit vom Konstantinopler Patriarchen proklamiert. Der darauf aus Istanbul als Exarch entsandte Bischof albanischer Herkunft stellte sich sofort nach dem Eintreffen in **Tirana** auf die Seite seiner Volksgenossen. 1923 wiederholte sich das gleiche mit einem anderen Bischof, so daß dem Patriarchat schließlich 1926 bei in Athen geführten Verhandlungen nichts anderes übrig blieb, als die Eigenständigkeit der orthodoxen Kirche Albaniens unter einem Erzbischof von «Tirana und ganz Albanien» mit Suffraganen für Korça, Berat, Vlora und Kanina sowie Gjirokastra anzuerkennen. Die Regelung von Einzelfragen ließ aber noch elf Jahre auf sich warten, bis schließlich mit der Patriarchenbulle *Benedikt I.* «Über die Segnung der kirchlichen Unabhängigkeit der Orthodoxie in Albanien» 1937 die Geburtsstunde der albanisch-orthodoxen Kirche gekommen war.
Ebenfalls in der Zwischenkriegszeit wurde vom *Frashëri*-Neffen

Mithat (S. 46 u. 60) eine «weltreligiöse» Lösung der albanischen Religionsfrage angepeilt. Er begeisterte sich für die Offenbarung des Persers *Baha'u'llah* (1817–1892), der in seinen Verbannungsorten im Osmanenreich vom kurdischen Sulaimani über Bagdad, Edirne und schließlich Akko wiederholt mit Albanern zusammengetroffen war. Gerade seine Botschaft vom Einmünden der alten Glaubenssysteme in eine neue, humanistische Geistigkeit ebenso mystischer wie aktiv-weltgestaltender Grundhaltung schien wie berufen zur Einigung und für den Fortschritt des im sozialen und religiösen Mittelalter zurückgebliebenen albanischen Volkes. Mithat Frashëris Weltkriegskollaboration mit der italienisch-faschistischen und deutsch-nationalsozialistischen Besatzungsmacht Albaniens diskreditierte dann aber auch alle seine religiösen Reformideen in Richtung des *Bahai-Glaubens.*

Unsere Religion: Albanertum

Als Albanien im Herbst 1944 unter der Führung von *Enver Hoxha* seine Unabhängigkeit wiedererlangte, wurden von seinen damals rund 1,2 Millionen Einwohnern 827 000 als sunnitische Muslime oder Anhänger der Bektaschia, 213 000 als orthodoxe Christen und 142 000 als römische Katholiken registriert. Viele Albaner waren aber schon damals diesen traditionellen Religionsgemeinschaften entfremdet, empört über die Rolle, die gewisse Kirchenfürsten als politische Kollaborateure der Besatzungsmächte im «Regentschaftsrat» und anderen pseudo-albanischen Gremien gespielt hatten. Konnte sich der diesbezüglich belastete orthodoxe Erzbischof *Kristofor Kisha* (gest. 1958) bis 1949 in seinem Amt als «Primas von Albanien» behaupten, so ereilte den römisch-katholischen «Italienerbischof» von **Lezha,**

Luigji Bumci, schon am 1. März 1945 auf offener Straße der «Volkszorn».

Grundsätzlich blieb Hoxha jedoch vorerst um ein gutes Verhältnis zur katholischen Kirche bemüht: Als im gleichen März 1945 der Leiter der vatikanischen Vertretung in **Tirana,** der Apostolische Delegat Msgr. *Leone Nigris,* nach Rom reiste, trug ihm der kommunistische Führer Grüße an Papst *Pius XII.* auf und sprach von seiner Bewunderung für das «menschenfreundliche Werk des Heiligen Vaters».

Diese Einstellung änderte sich, als schon im April – vor den Maiwahlen für Nationale Befreiungsräte im ganzen Land – «christdemokratische» Gruppen unter klerikaler Führung gegen die sozialistischen Reformen Stimmung machten, teils sogar bewaffneten Widerstand organisierten. Delegat Nigris durfte albanischen Boden gar nicht mehr betreten, als er am 24. Mai 1945 auf seinen Posten in Albanien zurückkehren wollte.

Das Unterfangen der von erzkonservativen Katholiken geführten *Bashkimi Sqiptar* (Albanische Union), im Sommer und Herbst 1945 für einen Boykott der Dezemberwahlen zu werben, führte zum endgültigen Bruch zwischen der neuen Führung in Tirana und dem albanischen *Politkatholizismus.* Doch garantierte die 1946 ausgerufene Volksrepublik in ihrer ersten Verfassung allen ihren Bürgern weiter volle Religionsfreiheit. Lediglich der sunnitische Großmufti, der Generalobere der Bektaschia,

---

Religion Albanertum

Während im Osmanischen Reich sich jeder entweder als Moslem oder als Christ bekennt, sagt der Albaner, er sei Albaner.
(Lord Byron)

---

der orthodoxe Erzbischof von «Tirana und ganz Albanien» und im römisch-katholischen Bereich die Erzbischöfe von **Shkodra** und **Durrës** sowie die Bischöfe von **Lezha, Pult** (in den Albanischen Alpen nördlich vom Drin) und **Sapa** (südöstlich von Shkodra) samt dem Abt des Klosters **Orosh** als Oberhirte der Territorialprälatur von Mirdita mußten vor Amtsantritt von der Regierung bestätigt werden.
Während der katholische Erzbischof von Shkodra, *Kaspar Thaci,* das Beste aus diesen Zugeständnissen zu machen wußte, konnten andere Bischöfe das reaktionäre Politisieren nicht lassen: *Volai* von Sapa und *Gijni* von Lezha wurden 1948 als Hochverräter zum Tod verurteilt, Erzbischof *Nikola Prennushi* von Durrës kam mit 30 Jahren Zwangsarbeit davon, starb aber bereits 1952.
Nach diesen Erfahrungen begünstigte die albanische Führung die Bildung einer *romfreien albanisch-katholischen Kirche.* Sie wurde im Juni 1951 von einer «Generalversammlung» aus Priestern und Laien gegründet. Ihre Statuten unterstrichen den nationalkirchlichen Charakter, hielten an der geistlichen Gemeinschaft mit der katholischen Weltkirche fest, erteilten der Jurisdiktion des Papstes über Albanien sowie allen finanziellen oder gar kirchenpolitischen Abhängigkeiten vom Vatikan eine klare Absage. Die junge albanische Kirchengemeinschaft verpflichtete sich dem geoffenbarten göttlichen Recht, ließ das historisch gewordene katholische Kirchenrecht aber nur insofern weiter gelten, als es mit den Gesetzen ihres Vaterlandes in Einklang stand. In diesem Sinn wurde auch der *Zwangszölibat* für Kleriker aufgehoben.
Aber auch die «romtreue» katholische Kirche bestand in Albanien weiter. Im Norden unter der Führung des Bischofs von Pult, *Bernadin Shllaku,* während das Erzbistum Shkodra 1952 in *Ernst Çoba* einen Apostolischen Administrator erhielt. Pult bekam 1957 den Franziskaner *Antonin Fishta* als Administrator und

Nachfolger von Bischof Shllaku. Durrës und Lezha wurden 1959 zu einer einzigen Administratur unter der Leitung von *Nikola Troshani* zusammengefaßt. Im selben Jahr ging in Shkodra der letzte große Prozeß gegen politisch aktive katholische Priester und Laien über die Bühne, denen Konspiration mit Jugoslawien gegen den albanischen Staat zur Last gelegt wurde.

Die *albanisch-orthodoxe Kirche* stand zwischen 1949 und 1966 unter der Leitung von Erzbischof *Paisi (Pashko) Vodica.* Er war ein persönlicher Freund des damaligen russischen Patriarchen *Aleksej* (1946–1971) und stützte sich auch kirchenpolitisch auf die Sowjetunion. Mit der zunehmenden Entfremdung zwischen Tirana und Moskau unter Chrustschow und dessen Epigonen wirkte sich das für die albanische Orthodoxie immer nachteiliger aus. Der nach dem Tod von Pashko bestellte neue Oberhirte *Damian Kokoneshi* bemühte sich daher sofort um ausgewogene interorthodoxe und ökumenische Beziehungen. Dieses Wirken kam aber kaum zum Tragen, da bereits im folgenden Jahr 1967 in Albanien jede Religion aus der Öffentlichkeit verbannt wurde. Erzbischof Damian ist 1973 als Achtzigjähriger gestorben, ohne einen Nachfolger zu erhalten.

Im großen und ganzen war die erste Hälfte der sechziger Jahre in Albanien durch eine Art Koexistenz zwischen Staat und Religionsgemeinschaften bestimmt, wie sie der albanische Autor *Anastas Kondo* (geb. 1937) in seinem 1961 spielenden Roman «Zbulimi» beschreibt. Als darin bei einem abgelegenen Bergdorf in Südalbanien Phosphatlager entdeckt werden, sehen die Reaktionen von «Klerus und Volk» folgendermaßen aus:

«Unser vom Herrn gesegneter Berg», lobte der Pfarrer und brachte die Schätze der Berge mit seiner Tätigkeit in Verbindung. «Lies morgen eine Messe», schlugen die Männer vor, die zwar nicht fromm waren, aber die Predigten des Pfarrers gern hörten.

Der nächste Schritt zum völligen Verschwinden der Religion von der albanischen Oberfläche war die Konsequenz aus den viel früher festgelegten nationalen und ideologischen Konzepten von *Enver Hoxha*. Ein Programm, das letztlich auf den Dichter und Staatsmann des 19. Jahrhunderts, *Pashko Vaso Pascha* (1825–1892) zurückgeht. Dieser Vater des ersten lateinischen Alphabets für das Albanische und spätere türkische Statthalter von Libanon war mit dem zwischen 1878 und 1880 als Flugblatt auf dem ganzen Balkan verbreiteten Gedicht «Albanien, armes Albanien» hervorgetreten, in dem es schon damals hieß:

Erwach, Albaner, aus Jahrhundertschlaf
In Kirche und Moschee so blind und brav!
Du schuldest Treue nicht den Priesterpfaffen,
Die Heimatliebe sei dein einzig Hoffen,
Zu einer neuen Religion erwache:
Albanerglaube – der Albaner Sache!

Daß Hoxha ausgerechnet das Jahr 1967 zur Realisierung dieses alten Anliegens wählte, hing mit inneren und äußeren Faktoren zusammen: 1966 hatte der Fünfte Parteitag der PAA die *Emanzipation der albanischen Frau* zu einem seiner Hauptanliegen gemacht. Diese Zielsetzung stieß gerade bei den alten Religionsgemeinschaften auf Widerspruch und Widerstand. Dazu kamen in Albaniens südosteuropäischer Nachbarschaft die ersten Vorboten einer politisch militanten *Re-Islamisierung* von Bosnien bis Bulgarien und am 21. April 1967 die Machtergreifung eines faschistoid-klerikalen *Militärregimes in Griechenland*, das sofort aufs neue versuchte, die albanischen Orthodoxen als Fünfte Kolonne für seine Anschlußgelüste von Nord-Epirus in Anspruch zu nehmen.

So war es höchste Zeit für Albaniens «Religionsrevolution». In

knapp einem Jahr wurden über 2000 Kirchen, Moscheen, Klöster und alle anderen geistlichen Einrichtungen säkularisiert. Künstlerisch wertvolle Bauten blieben als *Kulturdenkmäler* erhalten, die anderen wurden in Schulen, Kinos, Hotels, Lagerhäuser und Sportstätten umgewandelt oder überhaupt abgerissen. Öffentliche Religionsausübung ist seitdem nicht mehr erlaubt. Im privaten Bereich wird sie geduldet, sofern damit keine religiöse Beeinflussung Dritter verbunden ist.

In Albaniens *Verfassung* von 1976 sind folgende, die Religion betreffende Bestimmungen festgelegt:

Artikel 37: Der Staat erkennt keinerlei Religion an, unterstützt und entfaltet die atheistische Propaganda, um in den Menschen die wissenschaftliche materialistische Weltanschauung zu verwurzeln.

Artikel 55: Verboten ist die Bildung jeder Vereinigung mit faschistischem, antidemokratischem, religiösem und antisozialistischem Charakter. Verboten ist faschistische, religiöse, kriegstreiberische und antisozialistische Tätigkeit und Propaganda sowie die Verbreitung von nationalem und Rassenhaß.

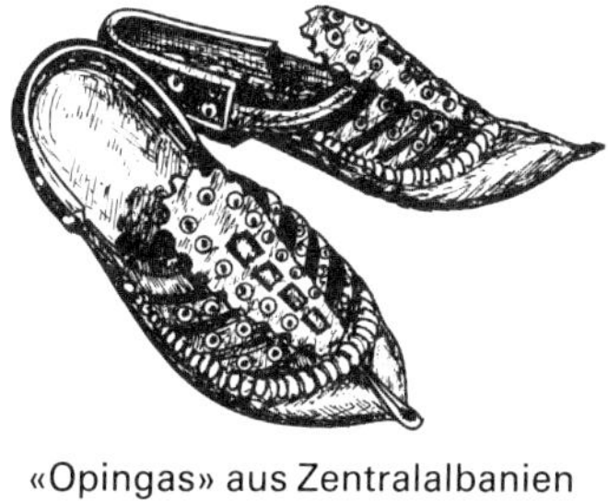

«Opingas» aus Zentralalbanien

Vom Armenhaus zum Musterland

Umbruch und Aufbruch

Im Agrarland Albanien mit einer denkbar bedürfnislosen Bevölkerung ist während den letzten Jahrzehnten eine aufstrebende Industrie entstanden, deren wichtigste Branchen, *Bergwerksprodukte* und *Textilien,* sich in zunehmendem Maße am Export beteiligen. Leicht war es gefallen, die wenigen im Land vorhandenen Industriebetriebe zu Beginn dieser Entwicklung zu verstaatlichen. Dann ließen es sich die Albaner viel Mühe kosten, diese eigene Industrie auszubauen und von der *Mengenproduktion* auf *Qualitätsware* umzustellen. Neben der bis heute bestehenden Bevorzugung der Schwerindustrie und der Erzeugung von *Produktionsgütern* haben vor allem die industrielle Fertigung von *Konsumgütern* und die *Landwirtschaft* seit dem Zweiten Weltkrieg einen großen Aufschwung genommen.
Nach der Befreiung der albanischen Bauern aus ihrer Abhängigkeit von Groß- und Mittelbesitzern und der Aufteilung des gan-

zen Bodens an *freie Kleinstbauern* wurde in einer zweiten Phase von neuem eine Zusammenfassung dieses unrentablen Besitztums zu Genossenschaften betrieben. Diese *Kollektive* schlossen sich wiederum in größeren agrarischen Wirtschaftsgebieten zusammen. Ende 1966 waren auch die entlegensten *Bergbauern* in diese neue Landwirtschaftsstruktur einbezogen. Daneben bemühte sich Albanien erfolgreich um die Gewinnung von Neuland durch *Trockenlegen ausgedehnter Sümpfe* in den Küstenebenen, Bodenmeliorierung und den Bau von Bewässerungsanlagen, um den Einsatz mechanischer Hilfsmittel in der Landwirtschaft, um richtiges Düngen und die Verwendung von Kunstdünger. Dabei

Das Jahr 1967 mit seiner Verbannung der Religion aus der Öffentlichkeit brachte auch die endgültige und volle Befreiung der albanischen Frau aus weitgehend religiös bedingten, historisch gewachsenen Zwängen und Abhängigkeiten. Dieses historische Bild zeigt verschleierte islamische Marktfrauen

war es keine Kleinigkeit, das Mißtrauen bei den stark konservativen und mit modernem Ackerbau nicht vertrauten Bauern zu beseitigen. Wie sehr das inzwischen gelungen ist, beweist die Tatsache, daß an die Stelle des anfänglichen Mißverhältnisses zwischen geplanten und wirklich erzielten Erträgen *Rekordernten* und *Plansollüberbietungen* getreten sind.
Noch schwerer fiel es zunächst, den albanischen Bauern zu überzeugen, daß auch die *Viehzucht* moderner und rationeller betrieben werden muß; denn durch Jahrhunderte war er gewohnt, die Haustiere sich weitgehend selbst zu überlassen und sich keine besondere Mühe mit ihnen zu geben. Kein Wunder, wenn die Erträge an Milch, Fleisch und Fett dementsprechend ausfielen.

Rückständige Bauern – das war einmal

In der Vergangenheit war die Landwirtschaft Albaniens die rückständigste in Europa. Heute sichert sie nicht nur die Ernährung des früher regelmäßig hungernden Volkes im einstigen «Armenhaus des Balkans», sondern leistet ebenso einen großen Beitrag zu Albaniens Industrialisierung und der Entwicklung seiner Nationalökonomie.
Die kollektiven *Agrargenossenschaften* bewirtschaften im Durchschnitt je 1200 Hektar Nutzfläche, nur im Flachland umfassen sie bis zu 2000 und 3000 Hektar. Dort sind auch «Genossenschaften höheren Typs» eingerichet. An ihnen ist neben den Genossenschaftsbauern auch der Staat beteiligt, was einen *festen Lohn* für die Beschäftigten anstelle der *Produktionsvergütung* bei den anderen Kollektiven zur Folge hat. Daneben zeichnen sich die «Höheren Genossenschaften» durch stärkere *Mechanisierung* aus.
Seit 1976 produzieren die albanischen Bauern das gesamte im

Land benötigte Brotgetreide, seitdem beträgt die durchschnittliche *Wachstumsrate der Landwirtschaft* insgesamt über fünf Prozent. Daran hat die Produktion von *Weizen, Sonnenblumen, Obst* und *Oliven* einen besonders hohen Anteil.
Das besondere Augenmerk der Absolventen von inzwischen zwei Hochschulen für Bodenkultur und 260 landwirtschaftlichen Fachschulen gilt einer entsprechenden Aufwärtsentwicklung der Viehzucht und besonders der *Milchgewinnung*. Zwischen 1980 und 1985 hat sich die Milchproduktion um 32, jene von *Fleisch* um 55 und die von *Eiern* um 52 Prozent erhöht. Die früher darniederliegende albanische Viehzucht ist gerade bei der Milchgewinnung mit einem Durchschnittsertrag von 4500 Liter pro Kuh und Jahr sowie Spitzenwerten bis zu 7000 Litern an den guten mitteleuropäischen Standard herangerückt. Im albanischen Hügel- und Bergland ist die Viehzucht heute – wie in den Alpen – der Hauptbetriebszweig.
Beim Pflanzen von Obst-, Zitrus- und *Oliven*bäumen wurde besonders intensive Aufbauarbeit geleistet: 1982 gab es über fünfmal soviel Obstbäume, viermal so viele Ölberge und neunmal so viele *Orangen-* und *Zitronenhaine* wie 1952. Daneben bestehen heute große *Feigen-*, *Apfel-*, *Pflaumen-*, *Kirschen-* und *Aprikosen*plantagen.

Frauen, Freiheit, Fortschritt

Nirgendwo ist der Wandel der Gesellschafts- und Sozialstruktur einprägsamer und eindrucksvoller dokumentiert als an der Stellung der Frau im heutigen Albanien ... Ein wahrhaft gigantischer Sprung vom finsteren Mittelalter in die Gegenwart, ja für viele Frauen der Schritt in die Zukunft.
(Norbert Stanek in «Land der Skipetaren», 1986)

Aus dem umfassenden Garten- und Gemüsebau werden vor allem *Tomaten* und *Gurken* nach Mittel- und Nordeuropa exportiert. Dazu verfügt das Land seit einiger Zeit über eine eigene Kühlwagen-«Flotte»; jetzt haben Fernfahrer mit dem Kennzeichen AB auch auf unseren Autobahnen keinen Seltenheitswert mehr.

Industrialisierung auf eigener Rohstoffbasis

In den Jahrzehnten nach 1944, den «Jahren der Volksmacht», schuf sich Albanien seine eigene Industrie mit vielen Zweigen, um seine natürlichen Reichtümer selbständig auszubeuten und weiterzuverarbeiten. Die Industrie fördert und verarbeitet in erster Linie das heimische *Erdöl,* ferner *Kupfer, Chrom* und *Eisennickel* sowie pflanzliche und tierische Rohstoffe. Der industrielle Sektor ist zwischen 1944 und 1989 stärker als alle anderen Produktionszweige gewachsen: Er ist jetzt 50 mal so groß wie 1950. Dabei ist wieder eine vorrangige Entwicklung der Schwerindustrie charakteristisch. Bis Anfang der siebziger Jahre nahm der *Bergbau* in diesem Bereich den wichtigsten Platz ein. Inzwischen wird er langsam, aber sicher von der weiterverarbeitenden Schwerindustrie, der *Schwarz-* und *Buntmetallurgie,* der Erzanreicherungsindustrie, der organischen und anorganischen *chemischen Industrie,* der Energiewirtschaft und der *metallverarbeitenden Industrie* erobert. Im heutigen (1989) Verhältnis basiert die albanische Industrieproduktion auf 55 Prozent industriellen und zu 45 Prozent auf landwirtschaftlichen Rohstoffen und Materialien, die beide zu 100 Prozent landeseigen sind. 46 Prozent der staatlichen Investitionen werden für den weiteren Ausbau der Industrie veranlagt.
Ihr Anteil am albanischen Nationalprodukt hat sich wie folgt

entwickelt: 1950 – 7 Prozent, 1960 – 18,6 Prozent, 1970 – 28,2 Prozent, 1980 – 39,8 Prozent, 1990 – schätzungsweise 52 Prozent.

Albanien gehört heute zu den glücklichen Ländern, die mehr *elektrischen Strom* erzeugen als verbrauchen. Seine südosteuropäischen Nachbarn von Jugoslawien über Griechenland bis zur Türkei sind bei ihren regelmäßigen Pannen in der Stromversorgung froh, wenn ihnen die Albaner aushelfen. Rund 80 Prozent dieser elektrischen Energie werden umweltfreundlich in *Wasserkraftwerken* erzeugt. Die beiden größten von ihnen nutzen die Wasser des **Drin** oder **Mat:** das schon ältere Stauwerk «Karl Marx» und das 1978 in Betrieb genommene «Licht der Partei» mit einer Leistung von 500 000 Kilowatt.

Auch seinen Bedarf an *Erdöl* und *Erdgas* kann Albanien aus den eigenen Vorkommen decken, wobei noch genug für den Export übrig bleibt. Seit 1978 werden in der «Raffinerie für kontinuierliche Erdöldestillation» in *Ballsh* auch eigenes Benzin mit verschieden hohem Oktangehalt, Gasöl, Petroleum, Schmier- und Heizöle sowie andere petrochemische Produkte hergestellt.

Unter den Erzen, die Albanien abbaut, gibt es wichtige, geradezu *einzigartige Industriereserven* für die gesamte Weltwirtschaft; besonders an Chrom, Kupfer und Eisennickel. Dazu kommen Bauxit, Phosphorite und verschiedene Polymetalle.

Mächtige Kombinate und Werke sind zur Verhüttung und industriellen Weiterverarbeitung von Eisen und Buntmetallen gebaut worden. Die *Kupferindustrie* ist heute ein Industriezweig mit geschlossenem Produktionszyklus: Förderung, Anreicherung, Schmelzvorgang, metallurgische Weiterverarbeitung bis hin zur Herstellung von Fertigprodukten, beispielsweise von Kupferdraht für den Eigenbedarf und einen ebenso intensiven wie weitgestreuten Export in **Shkodra.**

1978 wurde in **Elbasan** das *Eisenhüttenkombinat* «Stahl der Par-

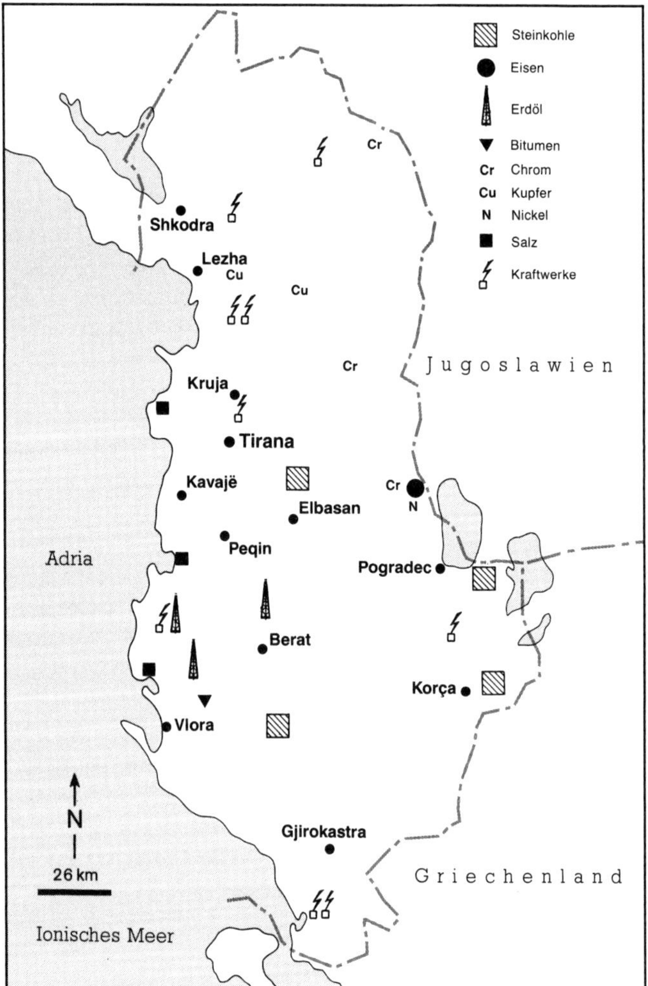
Steinkohle
Eisen
Erdöl
Bitumen
Cr Chrom
Cu Kupfer
N Nickel
Salz
Kraftwerke
Shkodra
Lezha
Cu
Cu
Cr
Cr
Kruja
Tirana
Kavajë
Elbasan
Cr
N
Peqin
Pogradec
Berat
Korça
Vlora
Gjirokastra
Jugoslawien
Griechenland
Adria
Ionisches Meer
N
26 km

tei» eröffnet. Es verarbeitet den albanischen Eisennickel zu Nikkel und über 50 Stahlsorten. Die Endprodukte umfassen Röhren, Walzblech und verschiedene Karbonlegierungen. Auf *Ferrochrom* ist ein eigenes Werk spezialisiert, dazu kommt neuerdings eine Produktionsstätte für *Pyrometallurgie*.
Albaniens metallverarbeitende Industrie ist inzwischen imstande, Ersatzteile, Maschinen und komplette technische Ausstattungen für den industriellen Bedarf, für Landwirtschaft und Bauwesen herzustellen: so den 75-PS-Traktor «Enver Hoxha», Sonden für Tiefbohrungen nach Erdöl oder Kugellager. In **Tirana** bietet die *Leistungsschau* «Albanien heute», gleich neben der Volkskundlichen Ausstellung, allen Interessierten einen guten Überblick dieser maschinellen Eigenproduktionen.
Die *chemische Industrie* ist ein für Albanien recht neuer Fabrikationszweig. Ihre Grundlagen wurden erst in den sechziger Jahren gelegt. Heute erzeugt sie Stickstoff- und Phosphatdünger, Schwefel-, Salpeter- und Salzsäure, Ammoniak, kalziniertes und kaustisches Soda, Schädlings- und Unkrautbekämpfungsmittel. Eine weitere wichtige Rolle spielt die Erzeugung von Gummi- und Kunststoffartikeln sowie von pharmazeutischen und kosmetischen Produkten. 1985 war die albanische Chemie-Industrie fast 54 mal so produktiv wie 1960. Bis 1990 soll ihr Ausstoß um weitere 62 bis 63 Prozent erhöht sein, was weitgehend mit Exportrücksichten zusammenhängt.
Neben einer aufstrebenden Glas-, keramischen und Baustoffindustrie ist für Albanien – das am stärksten bewaldete Land des Balkans – die *Holz- und Papierindustrie* bedeutsam geworden. Das Holzkombinat in **Tirana** ist das größte seiner Art für die Herstellung von Möbeln und Bauteilen aus Holz. Papierfabriken haben ihren Betrieb in **Shkodra, Kavaja, Luschnja** und zuletzt **Lezha** aufgenommen.
Die *Leichtindustrie* war vor der Befreiung Albaniens nur durch

einige private Gerbereien und Seidenwebereien vertreten. Heute stehen überall Fabriken für die Erzeugung von Textilien aus Baum- und Schafwolle, von Wirkwaren oder Schuhen. **Korça** ist ein Schwerpunkt dieser konsumorientierten Leichtindustrie. Bei den *Teppichknüpfereien* und den Webereien von *Kelims* überwiegen der Export und der Verkauf an Touristen.
Die *Nahrungsmittelindustrie* nahm in Albanien schon immer einen wichtigen Platz ein. Heute werden Zucker, Speiseöl, Nudeln, Tomatenmark, Obst-, Gemüse- und Fischkonserven, Wein, Bier und Spirituosen erzeugt. Ein großer Teil dieser Produkte ist für den Export bestimmt. Zusammen mit den direkten Lieferungen von Landwirtschaft und Handwerk kann die albanische Lebensmittelindustrie 90 Prozent des inländischen Nahrungsbedarfs decken und erreicht damit einen der höchsten Grade von *Selbstversorgung* auf der Welt.

Ohne Steuern und Abgaben

In sozialer Hinsicht haben gerade die *Dörfer* einen stürmischen Entwicklungs- und Umgestaltungsprozeß durchgemacht, sowohl was die Produktionsbedingungen wie die gesellschaftlichen und kulturellen Verhältnisse betrifft. Die Unterstützung der genossenschaftlichen Dorfgemeinden mit Maschinen, Kunstdünger, Krediten und landwirtschaftlichen Fachkräften, die Einrichtung eines umfassenden Schul- und Gesundheitsnetzes sowie von anderen Wohlfahrts- und Bildungseinrichtungen auf dem Land, Alters- und Invalidenrenten für die Bauern, Elektrifizierung aller Dörfer, der Bau von Straßen und Telefonleitungen waren wichtige Schritte zur Überwindung des früheren *Zivilisationsgefälles* zwischen Stadt und Land.

In Albanien gilt für alle Waren eine einheitliche, zentrale und geplante *Preispolitik*. Sie werden das bei Ihrem Urlaub bei den geringen Nebenkosten für Getränke und Extras angenehm bemerken. Für die albanische Führung sind geplante Preise ein direkter Hebel zum Wachstum der Produktion, für die Verbesserung der Qualität, die Hebung des materiellen Wohlstands und des kulturellen Niveaus. Das Schwanken von Nachfrage und Angebot hat in diesem Land keinen Einfluß auf die Preisgestaltung im Einzelhandel. Auch bei den wenigen benötigten Importwaren gleicht der Staat die importierten Preisschwankungen des Weltmarktes durch *Stützung der Inlandspreise* aus. Das ist eine Subventionspolitik, die den Taktiken von Weltbank und Internationalem Währungsfonds klar zuwiderläuft. Da Albanien jedoch das wohl einzige Land ohne eine einzige DM *Auslandsverschuldung* ist, kann es sich auch in diesem Bereich seinen eigenen Weg leisten.
Die Partei der Arbeit Albaniens (PAA) hat sich von Anfang an darum bemüht, zwischen den *Löhnen* der Führungsschicht und jenen der Arbeiter und Genossenschaftsbauern ein möglichst *ausgewogenes Verhältnis* herzustellen, das keine spürbaren Einkommensunterschiede zuläßt. Heute steht der Durchschnittslohn eines Arbeiters im Verhältnis 1:1,7 zu dem seines Betriebsleiters, zu jenem eines leitenden Ministerialbeamten im Verhältnis 1:2.

Auch in der *Besteuerungspolitik* war sich die PAA immer im klaren, daß Steuern ein Instrumentarium veralteter öffentlicher Finanzierung sind. Sie bereitete daher Schritt für Schritt die nötigen Voraussetzungen vor, um das traditionelle Steuern- und Abgabensystem abzuschaffen. Am 8. November 1969 wurden dann die gesetzlichen Maßnahmen zur restlosen Beseitigung aller Steuern und Gebühren getroffen. Seitdem ist Albanien nicht nur

der erste atheistische, sondern auch – von ein paar winzigen Steueroasen abgesehen – der erste *steuerfreie Staat* der Welt, die Albaner sind zu einem Volk von Netto-Lohn-Empfängern geworden.

In Artikel 31 der albanischen Verfassung von 1976 heißt es dementsprechend: «Die Bürger zahlen keinerlei Steuern und Gebühren.»

Kein Ausverkauf an den Fremdenverkehr

Albanien ist ein ebenso schönes wie *vielseitiges Urlaubsland.* Daher nimmt die Zahl der ausländischen Besucher Jahr für Jahr zu. Auf der anderen Seite wollen die Albaner ihre Heimat nicht an Touristenmassen ausverkaufen. Der Feriengast soll persönlich betreut werden, dabei außer Sonnenbräune und Erholung auch Einblicke in die albanische Geschichte, Kultur, Lebensart, den neuen politisch-sozial-wirtschaftlichen und weltanschaulichen Weg mitbekommen. Deshalb gibt es – von Geschäftsleuten abgesehen – bisher nur *geführte Gruppenreisen* mit *festen Programmen* und verhältnismäßig kleine Touristenkontingente, für die Sammelvisa erteilt werden. 1988 hatte die Gesamtzahl der deutschsprachigen Albanienreisenden 10 000 noch nicht überschritten – obwohl viel mehr daran interessiert gewesen wären.

In großen Zügen bietet das staatliche albanische Reisebüro *Albturist* folgende Urlaubsmöglichkeiten an: *Badeaufenthalte* in **Durrës** an der Adria und in **Saranda** am Ionischen Meer, *Rundreisen* sowie Halbtags-, Tages- und mehrtägige *Ausflüge* von Durrës durch das ganze Land, dazu Reisen mit *thematischen Schwerpunkten* wie Landwirtschaft, Bildungswesen, Sozialpolitik, Industrie.

Da Albanien bewußt ein Land ohne *privaten Straßenverkehr* geblieben ist, stehen auch für Reisende im eigenen Auto so gut wie keine Einrichtungen zur Verfügung: Richtlinien für Einreiseformalitäten fehlen, Tankstellen und Werkstätten gibt es kaum. Jeder albanische Fahrer hat sein eigener Mechaniker zu sein. Deshalb dauert die Vorbereitung auf den Führerschein auch neun Monate!
Um so wichtiger ist der *öffentliche Straßenverkehr* geworden. 52 Prozent des Warentransports und 77 Prozent der Personenbeförderung werden auf einem bis in die entlegensten Berggebiete ausgebauten Straßennetz abgewickelt – zum Teil allerdings nach wie vor mit Pferdefuhrwerken und Ochsenkarren. Die erste Eisenbahnlinie zwischen dem Hafen **Durrës** und der Hauptstadt **Tirana** wurde 1947 gebaut. Inzwischen sind alle größeren Städte durch Schienenstränge verbunden. Über **Shkodra** und den nördlichen Grenzbahnhof von **Han i Hotit** wurde 1986 der Anschluß an das jugoslawische und damit gesamteuropäische Eisenbahnnetz hergestellt. Auf einen «Albanien-Expreß» warten wir allerdings noch immer vergeblich!

Selbstversorgung ist Trumpf

Im wesentlichen hat sich die Wirtschaft des neuen Albanien, gestützt auf die eigenen Kräfte und Ressourcen, ohne Hilfe und Kredite vom Ausland entwickelt. Der ausschlaggebende Faktor für die revolutionäre Umgestaltung der sozio-ökonomischen Verhältnisse war die vom albanischen Volk allein geleistete Aufbauarbeit.
Das Prinzip, sich auf die eigenen Möglichkeiten zu stützen, gilt auch für den albanischen Außenhandel im Sinne möglichst gro-

ßer wirtschaftlicher *Autarkie,* das heißt Selbstversorgung, und des gesunden Grundsatzes, nicht mehr zu importieren, als sich das Land aufgrund seiner Handels- und Zahlungsbilanz wirklich leisten kann, ohne in Auslandsschulden und die damit verbundenen Abhängigkeiten verstrickt zu werden.

So tauscht Albanien auf dem Weltmarkt einen Teil des eigenen Nationalprodukts gegen von ihm benötigte Waren ein. Da es vor allem wichtige und eher *seltene Rohstoffe* anzubieten hat und im Gegengeschäft weder etwas geschenkt noch geborgt haben will, ist Tirana ein hochgeschätzter, geradezu *umworbener Handelspartner* geworden. Im Vergleich zum weniger geschätzten Vorkriegsalbanien unter König Zogu im letzten Unabhängigkeitsjahr 1938 hatte sich der albanische Außenhandel schon bis 1980 um das fast 36fache erhöht. Das *Exportangebot* umfaßt Chromerz und Chromkonzentrat, Ferrochrom, Strom, Eisennikkel, Benzin, Gasöl, Erdölbitumen, Kupfer und Kupferdrähte, Profileisen, Pyriterz und -konzentrat, Silikatnickelkonzentrat, Bauxit, Dolomit, Produkte der chemischen, Leicht- und Nahrungsmittelindustrie, Teppiche, Baustoffe wie Zement und Marmor, kunstgewerbliche Artikel, aromatische Essenzen und Öle, Tabak und Zigaretten, Wein, Weinbrand und Raki, Obst und Gemüse.

Diesen weitgefächerten und gewichtigen Ausfuhren – Albanien ist der *zweitgrößte Chromlieferant* auf dem Weltmarkt – gegenüber stehen *Importe von Maschinen,* einigen Rohstoffen und einem kleinen Teil der Konsumgüter. Albanien steht fest auf eigenen Füßen!

Albanien und die Albaner

Vom Meeresstrand zum Hochgebirge

Albanien erstreckt sich im Westen der Balkanhalbinsel über eine Fläche von 28748 Quadratkilometern, ist also etwas kleiner als Nordrhein-Westfalen. Es liegt von seinem nördlichsten zum südlichsten Punkt zwischen 42 Grad 39 Minuten und 39 Grad 38 Minuten nördlicher Breite, hat aber nur eine geringe Breite zwischen 19 Grad 16 Minuten und 21 Grad 4 Minuten östlicher Länge, oder: An der längsten Stelle (von Nord nach Süd) ist es 340 Kilometer lang, an der breitesten 140 Kilometer breit.
Die Sozialistische Volksrepublik Albanien von heute grenzt im Norden und Nordosten an Jugoslawien, im Südosten und Süden an Griechenland. Im Westen und Südwesten liegt sie an der Adria und am Ionischen Meer. Dessen geringste Breite zwischen der albanischen Halbinsel **Karaburun** und Italien beträgt in der **Straße von Otranto** nur 72 Kilometer.
An den Ufern von zwei Meeren gelegen und von hohen Gebirgs-

ketten gegen sein südosteuropäisches Hinterland abgeschirmt, ist das kleine Albanien landschaftlich ungemein vielfältig. Im Norden steigen die **Albanischen Alpen** bis zu einer Höhe von 2700 Metern auf, in seinem Ostriegel erhebt sich auch der gewaltige **Korab** bis zu dieser Höhe. Daneben erstrecken sich längs der Küste weite Ebenen und ein anmutiges Hügelland, im Landesinneren Hochflächen von bis zu 800 Metern, und dazwischen ein von zahlreichen Flüssen durchfurchtes Bergland. 70 Prozent Albaniens liegen höher als 300 Meter, 52 Prozent sogar höher als 600 Meter. Die albanischen Berge sind reich an Bodenschätzen, vor allem an Erdöl, Kupfer und Chrom; Chrom ist einer der wertvollsten Exportartikel des Landes.

Die albanische Küste ist nicht so gleichförmig wie die Jugoslawiens, aber auch weniger stark gegliedert als die des südlich anschließenden Griechenland. Im Norden herrscht bis **Shëngjin** noch ein Stück *Felsküste* wie in Dalmatien vor, dann folgt kilometerlang *flacher Strand,* ehemals Sumpfland, jetzt meist fruchtbarer Boden mit schönen Badegelegenheiten, vor allem um **Durrës** und **Kavaja,** wo der Sandstrand überhaupt kein Ende nehmen will. Nach etwa 200 Kilometern schieben sich wieder Gebirge ans Meer heran; sie steigen zunächst steil bis auf 2000 Meter an und verflachen sich gegen die griechische Grenze auf 300 Meter. Albanien hat über 470 Kilometer Küstenlinie, die in ihrer Gesamtheit für *Badeferien* geeignet wäre.

Eine Anzahl von quer verlaufenden Tälern stellen die Verbindung zwischen der Küste und dem Landesinneren sowie weiter zur ganzen Balkanhalbinsel her. Aus diesem Grund wurde das albanische Gebiet schon seit altersher von bedeutenden Straßen durchzogen. Die wichtigste war seit der Römerzeit die Via Egnatia, die Verbindung zwischen dem alten und dem neuen Rom, Konstantinopel.

Hügelig ist vor allem der westliche Teil Albaniens. Diese Hügel

sind meist nicht über 400 Meter hoch. Dort breiten sich auch die größten Ebenen mit einer Durchschnittshöhe zwischen 0 und 200 Metern aus. Desgleichen gibt es im albanischen Hinterland Ebenen, die wie jene von **Elbasan** und **Dropull** aus Flußtälern oder wie die Ebene von **Korça** als Senke während des *Quartärs* entstanden sind, im letzten der Erdzeitalter, während dessen sich im Verlauf von über 600 000 Jahren die heutigen Landschaftsformen herausgebildet haben.
Aufgrund ihrer *geologischen Beschaffenheit* und ihres *Reliefaufbaus* lassen sich in Albanien vier deutlich voneinander abgehobene Bereiche unterscheiden: die Albanischen Alpen, das Zentrale und das Südliche Bergland sowie das Westliche Flachland.
Der größte Teil der **Albanischen Alpen** ist über 2000 Meter hoch, ihr höchster Gipfel, die **Jezerca,** 2694 Meter. Auffallend ist der große Kontrast zwischen den pyramidenförmigen Bergen und den tiefen Tälern wie dem **Theti-**Tal oder der **Boga-**Senke, die sich häufig zu klammartigen Schluchten verengen.
Ein ganz anderes Bild bietet das **Zentrale Bergland,** das sich zwischen dem **Drin** im Norden sowie östlich davon und dem unteren **Osum** im Süden erstreckt. Seine Landschaft ist weniger wild, doch findet sich dort der **Korab,** mit seinen 2751 Metern der höchste Berg Albaniens. Da seine Täler breiter sind, ist das Zentrale Bergland für die Landwirtschaft geeigneter als die Alpen mit ihren Almen und Hochwäldern allein. Am wichtigsten sind aber in dieser Region die Bodenschätze, am schönsten die großen Seen *tektonischen Ursprungs* wie der **Ochrid-** und die **Prespa-**Seen sowie kleine, in der *Eiszeit* entstandene Wasser von den **Lura-** bis zu den **Martanesh-**Seen. Diese Gegend ist auch reich an fließenden Gewässern, die ihr besonderen Reiz verleihen.
Das **Südliche Bergland** Albaniens ist von einer regelmäßigeren Tektonik geprägt. Auch dort erreichen die meisten Berge noch Höhen über 2000 Meter. Der **Gramoz-**Gipfel hat 2523 Meter

Höhe, und andere Berge des Südens ragen fast 2500 Meter auf. Es gibt dort aber auch Täler, die fast auf Meeresniveau liegen, wie das sich zur Ebene von **Delvina** weitende Tal der **Bistrica;** das ist Albaniens einziger Fluß, der nicht ins Adriatische, sondern ins Ionische Meer mündet. Die Ketten des Südlichen Berglands fallen zum Teil unmittelbar ins Ionische Meer ab und bilden dort die Steilküste der **Albanischen Riviera.**

Albaniens Adriaküste säumt das **Westliche Flachland.** Es ist über 200 Kilometer lang und bis zu 50 Kilometer breit. Da es bloß leicht zum Meer abfällt, haben sich die Flüsse nur ein flaches Bett gegraben und streben in den auseinandergezogenen Schlingen von *Mäandern* der See zu. An der Küste gibt es viele Lagunen, Sandstreifen und Dünen. Auf den *Sandstreifen* liegen heute kilometerlange Badestrände: **Shëngjin** im Norden bei **Lezha, Durrës Plazh** in der Bucht der gleichnamigen Hafenstadt, weiter südlich noch **Velipoja, Seman** und **Vlora.** Um die *Wanderdünen* aufzuhalten, wurden an dieser Küste ausgedehnte *Kiefernwälder* angelegt, die heute große *Nationalparks* von seltener Schönheit bilden.

Die Ebenen an der Adriaküste, bis in die Nachkriegszeit fast ganz von *Sümpfen* bedeckt, wurden größtenteils in fruchtbares Land verwandelt. Nur bei **Lezha** sind kleinere Moraste als *Naturdenkmäler* erhalten geblieben. Eine Vorstellung von der großartigen, in Albanien geleisteten *Meliorationsarbeit* bieten folgende Vergleiche: Die bei diesen Entwässerungen bewegten Erdmassen würden genügen, um einen Eisenbahndamm fünfmal um Albaniens Grenzen und Küsten zu bauen. Mit dem für die Trockenlegungen verwendeten Beton ließe sich ein 470 Kilometer langer Küstenwall von drei Metern Höhe und einem Meter Breite errichten. Von einer *Brutstätte der Malaria* und schwach besiedeltem Notstandsgebiet ist das Westliche Flachland zur *bevölkertsten Gegend* Albaniens geworden. An Bodenschätzen werden

dort Erdöl, der Naturasphalt Bitumen und auch Steinkohle gewonnen.
Entsprechend den unterschiedlichen Höhenlagen herrschen in Albanien die verschiedenartigsten *klimatischen Verhältnisse.* Während an der Küste das Mittelmeerklima meist die Temperaturen, Niederschläge und die Vegetation bestimmt, stellenweise sogar *subtropisches Klima* Bananen reifen läßt, begegnen Ihnen im Bergland alle klimatischen Variationen bis hin zum rein *kontinentalen Klima* des Balkaninneren. Doch ist überall die Zahl der *Sonnenstunden* überdurchschnittlich groß, besonders natürlich im Küstenland; dort scheint über 4000 Stunden im Jahr die Sonne. Daneben ist aber auch der jährliche *Niederschlag* recht beträchtlich. Meist prasselt diese Regenmenge aber nur während des Winterhalbjahres und auch dann innerhalb von nur ein bis zwei Monaten nieder. Große Überschwemmungen waren früher die Folge, deren sich das neue Albanien durch den Bau von Sperren und Stauanlagen sowie ein weites Bewässerungsnetz erfolgreich erwehrt hat.
Im einzelnen sind für das ganze Land heiße und trockene Sommer mit starker Sonneneinstrahlung sowie meist milde, aber niederschlagsreiche Winter kennzeichnend. Doch wegen des gebirgigen Geländes und des zerklüfteten Reliefs gibt es innerhalb dieses grundlegend *mediterranen Klimas* sehr unterschiedliche Zonen. Der Westen Albaniens ist die wärmere Hälfte, er wird auch im Winter von den vom Meer kommenden warmen Luftmassen beeinflußt. Januar-Temperaturen unter Null kommen dort selten vor. Der Sommer ist entsprechend heiß, manchmal sogar sehr heiß. Im Juli werden dort Höchsttemperaturen bis 44 Grad gemessen.
Im Osten Albaniens dagegen, der hauptsächlich von kontinentalen Luftmassen beeinflußt wird, ist der Winter kalt. Minustemperaturen sind von Dezember bis März häufig, der Tiefstwert liegt

bei minus 26 Grad. In den Tälern wird es auch da im Sommer empfindlich heiß. Als höchste Juli-Temperatur wurden schon 35 Grad gemessen.
Niederschläge fallen in Albanien reichlich, im Landesdurchschnitt 1300 Millimeter im Jahr, stellenweise bis zu 4000 Millimeter. 40 Prozent der jährlichen Niederschlagsmenge entfallen auf den Winter. Der größte Teil fällt als *Regen, Schnee* gibt es gewöhnlich auf den Bergen und im ganzen Osten des Landes.
Wegen der abwechslungsreichen Oberflächengestalt des Landes verteilen sich diese Niederschläge sehr ungleichmäßig. In den nördlichen Albanischen Alpen macht die Niederschlagsmenge *über 2000 Millimeter aus,* die Täler im Landesinneren erhalten nur 650 bis 700 Millimeter Regen oder Schnee.
Die sommerliche Trockenheit nimmt in südwestlicher Richtung zu. Kennzeichnend für ganz Albanien ist die *geringe Bewölkung.* Den größten Teil des Jahres lacht *heiterer Himmel.*
Das Land ist reich an Flüssen, Bächen und Seen. Die *Flüsse* entspringen im Hochgebirge, fließen dann durch abschüssige Schluchten und durch die Ebenen zur Adria. Wegen der unregelmäßig verteilten Niederschläge und des stark zerklüfteten Reliefs sind sie im Oberlauf sehr reißend und haben starke Erosions- und Schwemmkraft. Unberechenbar wie das Land selbst könnten sie ein Eldorado für *Wassersportler* und speziell *Faltbootfahrer* abgeben. Für geregelte *Schiffahrt* eignen sie sich nicht. Die Wasserführung beträgt durchschnittlich 36 Liter je Sekunde.
Die wichtigsten Flüsse Albaniens sind der 285 Kilometer lange **Drin,** ferner die **Buna,** der **Mati, Shkumbin** und **Seman** sowie die **Vjosa.** Seit einem halben Jahrhundert werden sie dank dem Bau von Wasserkraftwerken als wichtige *Energiequellen* genutzt. Am Drin allein sind bisher drei große Wasserkraftwerke entstanden. Er soll sich in Zukunft überhaupt in eine Kette von Stauseen verwandeln. Damit wird auch seine reißende Wildheit einer viel-

leicht in Zukunft beschaulichen Schiffahrt zugänglich gemacht. Wasserkraftwerke entstanden auch am Mati und an der **Bistrica.**
Ebenfalls von Bedeutung sind die Flüsse Albaniens zur *Bewässerung* des Ackerlandes und der Obstkulturen. Rund 55 Prozent der gesamtalbanischen Anbaufläche werden heute mit dem Wasser von Flüssen und Stauseen künstlich bewässert.
Zudem besitzt Albanien viele natürliche *Seen:* neben den schon erwähnten *tektonischen,* das heißt durch Faltungsvorgänge in der Erdkruste und durch Verschiebungen ihrer Teile entstandenen – **Shkodra-, Ochrid-** und **Prespa-**Seen – noch *Gletscherseen* im Hochgebirge und *Karstseen* im Hügelland. Dazu kommt der romantische **Butrint-**See im äußersten Süden. Sie alle werden für *Fischfang* und *Fischzucht* genutzt, die *Lagunen* an der Küste mit ihrem salzig-süßen Mischwasser für die *Austernzucht.* Auch zum Bewässern wird das Wasser der natürlichen Süßwasserseen herangezogen.
Neben diesen natürlichen Seen wurden Hunderte künstliche zur Bewässerung des Fruchtlandes und zum Speisen der Wasserkraftwerke aufgestaut. Zu ihnen gehören die Seen von **Ulza, Shkopet, Vau i Dejës, Gjanc** oder **Thana.** Der *größte Stausee* Albaniens liegt am Drin. Er versorgt das Wasserkraftwerk «Licht der Partei».

Grüne Lunge des Balkans

Reichhaltig ist auch Albaniens *Pflanzenwelt.* Viele Gewächse werden zu *Heilzwecken* verwendet, aus anderen Essenzen gewonnen, die sich als gute Exportartikel erweisen.
Nach der Zone der *immergrünen Sträucher,* die im Norden bis zu 300 Meter ansteigt, findet sich ebenso in Südalbanien in der Win-

terzeit infolge der lang anhaltenden Regenfälle und einer Durchschnittstemperatur, die zwischen acht und zehn Grad liegt, eine ähnliche Vegetation. Im Sommer allerdings stirbt sie dort wegen der Trockenheit ab.

An diese Zone der *Macchie* schließen sich weite Eichenwälder an, noch höher ein Gürtel von Buchenwäldern oder im Süden die Mittelmeertannen. In den höchsten Lagen finden Sie im Norden Almen ganz nach unserer alpinen Art, die südlichen Gipfel und Höhenzüge mit ihrem Karst bieten nur mediterranen Gräsern und Kräutern Lebensmöglichkeit.

Bei den genau 3221 in Albanien vertretenen Pflanzenarten handelt es sich um den weitaus größten Teil der *Balkanflora.* Die albanischen Botaniker haben sich seit dem Krieg an ihre genaue Bestimmung gemacht und sie in 148 Familien mit 894 Gattungen eingeteilt. Als *ein* Ergebnis dieser 1983 abgeschlossenen Arbeit wurde die Balkanlilie mit dem botanischen Namen *Lilium albanicum* ausgezeichnet.

Albaniens Pflanzenwelt kann in zwei Hauptgruppen eingeteilt werden: erstens in die typisch *mediterranen,* immergrünen Pflanzen, die im Westen des Landes gedeihen und etwa 35 Prozent der albanischen Vegetation ausmachen. Die zweite Gruppe besteht aus Pflanzen, die auch für die *alpine* und *pannonische* Vegetation charakteristisch sind. Sie stellen 65 Prozent der albanischen Flora.

Auf Albaniens *Wiesen* und in den *Hausgärten* sind neben dem «Lilium albanicum» noch folgende Blumen besonders häufig zu sehen: Verschiedene *Kakteenarten,* Japanische *Kamelien* (Camellia japonica), *Tulpen,* eine ganze Fülle von *Lilienarten* (Hängende Lilie/Lilium cernuum, Weiße Lilie/Lilium candidum, Königslilie/Lilium regale, Türkenbund/Lilium martagon, Tigerlilie/Lilium tigrinum und Feuerlilie/Lilium bulbiferum), *Veilchen* und *Stiefmütterchen* verschiedener Art, die eigentlich im tropischen

Amerika heimische Cattleya-*Orchidee, Gloxinien* (Sinningia hybr.), *Ritterstern* (Hippeastrum), *Magnolien, Edelrosen, Chrysanthemen* (Chrysanthemum indicum), die Stock- (Althaea rosea) und die *Schönmalve* (Abutilon stritatum), *Pfingstrosen* (Paeonia chinensis oder lactiflora), *Gladiolen* (Gladiolus gandavensis), *Gartennelken* (Dianthus caryophyllus) und *Freesien* (Freesia hybr.). Auch das *Sonnenauge* (Heliopsis) erblüht da und dort in Albanien zu besonderer Schönheit.

In den *Obstgärten* Nord- und Mittelabaniens, und zwar besonders im Tal des **Schwarzen Drin** (Drin i Zi), gedeihen in großer Zahl und hervorragender Qualität *Zwetschgen* (Prunus domestica), *Süßkirschen* (Prunus), *Pfirsiche* (Prunus persica), *Äpfel* (Malus silvestris), *Kakifrüchte* (Diaspyros kaki) und *Quitten* (Cydonia oblonga), dazwischen *Edelkastanien* (Castanea sativa) und *Mispeln* (Mesphilus germanica). Im Süden ziehen sich auf neu angelegten *Terassenkulturen* regelrechte Wälder mit *Zitronen* (Citrus limon), *Orangen* (Citrus sinensis) und kindskopfgroßen *Grapefruits* (Citrus hystrix) die früher unfruchtbaren Hänge der Küstengebirge hinauf. An den Steinmauern der Terrassen und in den Vorgärten der weißgetünchten Griechenhäuser dieser Gegend reifen in der prallen Sonne rote *Granatäpfel* bis zum Platzen, das ihre noch röteren, aber dunkleren, kernartigen Früchte zum Vorschein bringt. Daneben blüht der *Oleander.* Am Rand der nord- und zentralalbanischen Wälder und bis tief in ihr Inneres können Sie *Hasel-* (Corylus avellana) und *Walnüsse* (Juglans regla), *Kornelkirschen* (Cornus mas), *Vogelbeeren* (Sorbus aucuparia), Früchte des *Erdbeerbaums* (Arbutus unedo) sowie *Walderdbeeren* (Fragaria vesca) und *Brombeeren* (Rubus) pflükken.

Etwa 40 Prozent von Albaniens Boden sind mit Wäldern bedeckt. Es ist das *waldreichste Land Südosteuropas,* eine *Grüne Lunge* des Balkans. Außerdem wird der *Aufforstung* die größte

Aufmerksamkeit und Sorgfalt zugewandt. In Inneralbanien herrschen die *Laubbäume* vor. Im Süden werden seit den sechziger Jahren vorwiegend *Agaven* gepflanzt. Sie dienen auch als Nutzpflanzen, aus denen Fasern zum Herstellen besonders kräftiger Seile gewonnen werden.

Flinke Eidechsen und tapsige Bären

Die *Tierwelt* Albaniens ist reich und vielartig. In den Bergen sind Hasen, Füchse, Marder, Luchse, Wölfe, Schakale, Wildschweine, Wildziegen, Rehe und sogar Bären unterwegs, dazu Federwild wie Rebhühner, Fasane, Wachteln, Turteltauben, Auerhähne und Adler. Wildenten, Wildgänse, Bläßhühner, Pelikane und andere Wasservögel bevölkern die Reste des Sumpflandes sowie die Ufer der Seen und Flüsse. Fischotter haben an deren Verlauf ihre reichen Jagdgründe.
Die Küstenzonen mit ihren Baumdickichten sind hervorragende Nist- und Überwinterungsplätze für *Wasser-* und *Sumpfwild.* *Zugvögel* in großer Zahl begnügen sich jedoch nicht bloß mit den Küstengebieten, sondern finden sich auch an den großen albanischen Seen und in den breiten Tälern des Hinterlandes ein, wo sie je nach Art überwintern, eine Zwischenstation einlegen oder auch den Sommer verbringen.
Durch die alte Waffenfreiheit der Albaner war bis in unser Jahrhundert hinein der Wildbestand stark reduziert worden. Das *Jagd-* und *Fischereirecht* des neuen Albanien hat hier spürbare Besserung gebracht. Das neueste, aus dem Jahr 1960 stammende diesbezügliche Gesetz erlaubt auch *Ausländern* Fischerei und Jagd. Zu den jährlichen Jagdzeiten veranstaltet *Albturist* waidmännische Exkursionen in die Vogelparadiese. Der Abschuß

von Bären, Gemsen, Rehen, Luchsen und Wildkatzen sowie von Auerhähnen, Birkhähnen und Haselhühnern ist das ganze Jahr hindurch verboten. Für Wölfe, Schakale, Nager und Raubvögel hingegen gibt es überhaupt keine Schonzeiten.

1966 richtete Albanien seine ersten *Naturschutzgebiete* ein, in denen das Jagen, Weiden und jede industrielle Nutzung untersagt wurden, so die *nordalbanische Seenregion* von **Lura** in 1500 Metern Höhe oder das Tal von **Theti** mitten in den **Albanischen Alpen.**

Besonders bunt im wahrsten Sinne des Wortes und in mancher Hinsicht einmalig ist die albanische *Reptilien-* und *Insekten*fauna: Die *Sumpfschildkröte* (Emys orbicularis), in Mitteleuropa schon unter Naturschutz gestellt, ist dort zahlreich und mit besonders vielen Arten vertreten. Zwischen den warmen Steinen Südalbaniens haust die *Südöstliche Ringelnatter* (Natrix natrix persa), flinke *Mauer-* (Lacerta muralis) und glänzende *Smaragdeidechsen* (Lacerta viridis) sonnen sich reglos, während der *Mauergecko* (Tarentola mauritanica) das schattige Innere der Häuser bevorzugt, vor allem die Zimmerwände und -decken.

Im Frühling, der in Albanien mit den letzten Juniregen zu Ende geht, gaukeln verschiedenste *Schmetterlinge* in allen nur denkbaren Farben von Blüte zu Blüte. Drunten am Boden krabbelt und rennt das Käfervolk. Typisch für das Land ist ein hurtiger Geselle, der *Albanische Sandlaufkäfer* (Cicindela riparia forma albanica).

Das klare Wasser der albanischen Seen und Flüsse bevölkert die *Ochridforelle* (Salma trutta letnica). Sie hat sich in den letzten Jahrzehnten so stark vermehrt, daß sie zum Speisefisch Nr. 1 geworden ist. Sogar in Restaurants am Meer werden mehr Forellen als Seefische paniert, gebraten, gebacken und serviert.

Dabei sind die albanischen Meere, die Adria und das Ionische Meer, ungemein fischreich. Typisch sind *Schwertfisch* (Xiphias

gladius) und *Seehecht* (Merluccius), dazu *Streifenbarben* (Mullus surmuletus), *Gotteslachs* (Lampris guttulatus oder regius), *Seewölfe* (Anarrhichas lupus) und *Seehasen* (Cyclopterus lumpus) sowie da und dort der *Drachenkopf* (Acanthocottus oder Myoxocephalus scorpius), die Grundlage für eine besonders gute Fischsuppe.

Reich auch das Angebot an *Schalentieren:* An den Sandstränden erregen Krabben (Carcinides maenas) und Taschenkrebse (Cancer pagurus) die Schaulust und Spielfreude der badenden Kinder; Langusten (Palinurus vulgaris) und Kalmare (Loligo vulgaris) haben von den Zoologen die Kennzeichnung «gemein» erhalten, gelten aber in Durrës, Saranda und Ksamil – neben den Schnekken und den eher umstrittenen Froschschenkeln – als Höhepunkte der Schlemmerspeisekarte, wozu noch Hummer (Astacus gammarus) kommen.

Unberührtes Albanien

Vor einiger Zeit wollte der liebe Gott zum ersten Male, seit er die Welt erschaffen hatte, die Erde und ihre Völker besuchen und nachsehen, wie es um sie stünde. Als er aber aus seinem Himmel herniedergestiegen war und seine Reise beginnen wollte, da fand er sich nicht mehr zurecht, so sehr hatte sich alles verändert. Und der liebe Gott, der seine Erde gar nicht mehr wiedererkannte, mußte einen Führer nehmen, der ihn überall, in allen Ländern und Reichen der Erde herumführte, so gerne er auch allein gereist wäre. Zuletzt kamen sie nach Albanien. Kaum aber hatten sie den Fuß über die Grenzen gesetzt, da freute sich der liebe Gott sehr und entließ seinen Führer und sprach: In diesem Lande finde ich mich schon allein zurecht. Hier ist ja alles noch so, wie ich es erschaffen habe!
(Gegische Legende aus den albanischen Alpen)

Die Schau- und Fotografierlust von *Sporttauchern* befriedigen in den Buchten Südalbaniens *Wellhornschnecken* (Buccinum undatum) und *Kaisergranaten* (Nephrops) sowie regelrechte Wälder farbenprächtiger *Korallen.* Neben der Mittelmeer-Korkkoralle (Alcyonium palmatum) und der Roten Edelkoralle (Corallium rubrum) sind dort auch die selteneren Farbwechselnden Korallen (Paramuricea chamaeleon), die Gelbe Hornkoralle (Eunicella cavolin) und rasenartige Kolonien von Meerpalmen (Cladocora caespitosa) unter Wasser aufzuspüren.

Albaner, Arbereschen, Arnauten – alles Skipetaren

Die *Gesamtbevölkerung* Albaniens wurde für 1989 auf 3,3 Millionen Menschen geschätzt. Sie hat also in den knapp zehn Jahren seit der letzten amtlichen Volkszählung 1979, die nicht ganz 2,6 Millionen Einwohner ergab, um fast eine Million oder drei Achtel zugenommen und ist heute mehr als doppelt so hoch wie 1950. Die *erste allgemeine Volkszählung* nach Proklamation der Unabhängigkeit von 1912 fand 1923 statt. Das Land zählte damals nur 803 900 Bewohner. Nach den Opfern im Nationalen Befreiungskampf von 1939 bis 1944 waren es wieder kaum mehr als eine Million.
Doch seit dem Ende des Zweiten Weltkriegs hat Albaniens Bevölkerung durchschnittlich pro Jahr um etwa 60 000 Menschen zugenommen. 51,6 Prozent der Bürger sind Männer, 48,4 Prozent Frauen – ein *Männerüberschuß,* der nicht mit der Geburt von mehr männlichen Kindern, sondern nach wie vor mit höherer Kindersterblichkeit bei den Mädchen zusammenhängt.
Die *Bevölkerungsdichte* beträgt 115 Einwohner pro Quadratkilometer (zum Vergleich: BRD 246 pro km²). Am höchsten ist sie im

Westen des Landes, wo die städtischen Ballungszentren liegen. Doch die Bergeregionen von **Mirdita, Skrapari, Tropoja** oder **Puka** sind jetzt zweieinhalbmal so dicht bevölkert wie 1950, obwohl sich das Besiedlungsverhältnis zwischen Stadt und Land zu Lasten der ländlichen Regionen verschoben hat. Im Mittelgebirge – wie **Dukagjin** oder **Kelmend** – lebten vor der zweiten Unabhängigkeit von 1944 auf jedem Quadratkilometer durchschnittlich nur 15 Menschen, heute sind es zwischen 35 und 40.

Das Merkmal dieses demographischen Aufschwungs in Albanien ist die hohe *Geburtenrate* von 28 je 1000 Einwohner bei – dank dem Aufbau eines vorbildlichen Gesundheitswesens – nur niedrigen *Sterblichkeitszahlen* von 6:1000. Außerdem zeichnen sich die Albaner durch eine kräftige *Ehefreudigkeit* von sechs Heiraten pro 1000 Einwohner aus.

Ende der achtziger Jahre betrug die durchschnittliche *Lebenserwartung* 70 Jahre im Vergleich zu 38 vor dem Zweiten Weltkrieg, was bedeutet, daß sich das Alter der Albaner in jedem Jahr der «Volksmacht» um zehn Monate erhöht hat. Nach der Volkszählung von 1979 lebten in Albanien 6660 Seniorinnen und Senioren zwischen 85 und 90 Jahren und sogar 5000 Neunzig- und Hundertjährige.

Der in Europa einmalig hohe Geburtenzuwachs sorgt allerdings dafür, daß damit keine Überalterung der Bevölkerung verbunden ist. Im Gegenteil: Das *Durchschnittsalter* der Albanerinnen und Albaner beträgt 26 Jahre, das niedrigste auf unserem Erdteil. 35 Prozent der Einwohner sind jünger als 15 Jahre, 43 Prozent sind immerhin zwischen 15 und 39 Jahre jung, 15 Prozent fallen in die «besten Jahre» zwischen 40 und 59, und nur sieben Prozent haben über 60 Jahre auf dem Buckel.

Gegenwärtig besteht eine *albanische Familie* aus durchschnittlich fünf bis sechs Personen. Im Unterschied zu Nord-, West- und Mitteleuropa nimmt die Zahl der Ehepaare mit mittlerer Kinder-

schar weiter zu, die der Großfamilien hat sich auf dem sonstigen südeuropäischen Niveau stabilisiert.

In der vorrevolutionären albanischen Gesellschaft kamen die typischen *Großfamilien* nicht nur durch die hohe Kinderzahl zustande, sondern ebenso, weil mehrere Ehepaare, in der Regel verheiratete Schwestern und Brüder samt den Großeltern, zusammenlebten. Heute werden 96 Prozent der *albanischen Haushalte* von einem Ehepaar und seinen Kindern gebildet, dazu gesellen sich in allerdings schwindender Zahl auch noch die Großeltern.

Während in anderen Mittelmeerländern mit dem rapiden Bevölkerungswachstum Unbildung und sogar Analphabetismus wieder zunehmen, schreiten in Albanien *Schul- und Volksbildung* rascher fort als der Geburtenzuwachs. In dem dafür entscheidenden Jahrzehnt zwischen 1969 und 1979 war die Bevölkerung in sieben Jahren um 30 Prozent angewachsen, die Zahl der Grundschulabsolventen hingegen allgemein um 46 und bei den Mädchen sogar um 51 Prozent.
Dabei hat sich im Vergleich zu 1960 heute das *Bildungsgefälle* zwischen Stadt und Land mehr als dreimal verringert. Auch das Bevölkerungsverhältnis ist nicht gleich geblieben. Jüngsten Angaben zufolge leben jetzt 33,7 Prozent der albanischen Bevölkerung in den Städten und 66,3 Prozent auf dem Land.

In *ethnischer Hinsicht* ist Albanien der homogenste aller südosteuropäischen Staaten: Über 95 Prozent seiner Bevölkerung sind illyrische Albaner oder *Skipetaren,* wie sie sich selbst nennen. Auch die kleine nichtalbanische Minderheit von nicht einmal fünf Prozent verteilt sich auf vier völlig unterschiedliche Volksgruppen: Etwa 80 000 *Griechen,* 40 000 *Aromunen,* 25 000 *Süd-*

slawen und rund 20 000 *Zigeuner.* Dazu kommt noch eine Handvoll völlig assimilierter *Juden.*

Die *griechischen Staatsbürger* Albaniens leben in kleinen, aber geschlossenen Siedlungsräumen in der Südwest- und Südostecke des Landes. Sie erfreuen sich vorbildlicher sprachlicher und kultureller Gruppenrechte, die von eigenen Schulen und Lehrerseminaren bis zu Zeitungen, Theatern und Kulturvereinen reichen.

Hinsichtlich der *Aromunen* (auch Mazedorumänen und Vlachen genannt) ist Albanien der neben Jugoslawien einzige Staat in ihrem gesamtbalkanischen Verbreitungsgebiet, der sie als eigene Volksgruppe anerkennt und dementsprechend behandelt. Mit dem langsamen Verschwinden ihrer althergebrachten Lebensweise als Wanderhirten sind aber auch ihre Sprache und Volkskultur hoffnungslos auf dem Rückzug, obwohl sich Tirana sichtlich um die Pflege ihrer «Hochkultur» bemüht – eine parallele Entwicklung zu den alpinen Rätoromanen, den nächsten Verwandten dieser Balkanromanen.

Auch ein großer Teil der *Zigeuner* war in Albanien schon im 19. Jahrhundert seßhaft geworden. In **Shkodra** und **Elbasan** bewohnten sie eigene Stadtviertel. Nach wie vor ist aber ein Teil der albanischen *Roma* – sie schätzen es gar nicht, als Zigeuner bezeichnet zu werden – mit Roß und Wagen unterwegs. In und um **Berat** sowie auf der Straße von **Durrës** südwärts bis **Lushnja** werden Sie ihnen am ehesten begegnen.

Den *typischen* ethnischen *Albaner* vom Äußeren her festzulegen wäre ebenso leichtfertig wie eine Typisierung des Deutschen, Franzosen oder Italieners. Doch möchte ich sagen, daß dunkle Augen und Haare, die vor allem beim schönen Geschlecht in interessantem Kontrast zur hellen Hautfarbe stehen, und eine hohe, eher schlanke Statur zu den Merkmalen vieler Angehöriger des Skipetaren-Volkes zählen. Dazu kommt in zahlreichen Fällen eine auffallend hohe Stirn.

An *menschlichen Qualitäten* werden den Albanern ein gerader, unbeugsamer Sinn, dementsprechende Wahrheitsliebe, doch oft auch Härte nachgesagt, sie gelten als stolz, leidenschaftlich und vor allem freiheitsliebend. Heimatliebe und ein ausgeprägtes Nationalbewußtsein gehen damit Hand in Hand. Ihr Nationalismus zielt nicht bewußt und gezielt auf die Aneignung verlorengegangener Gebiete, sondern er will sowohl Bestand und Integrität des heutigen Staatsgebiets wie auch das ethnische Überleben der schätzungsweise fünf Millionen Auslandsalbaner sicherstellen, ob es sich nun um die *Kosovaner*, die mazedonischen und montenegrinischen Skipetaren in Jugoslawien, die türkischen *Arnauten* mit ihren Ablegern im Nahen Osten und Nordafrika, die *Arvaniten* Griechenlands oder die süditalienischen *Arbereschen* handelt.

Vom Alter und dem Reichtum der albanischen Kultur zeugen nicht nur die zahlreichen Ausgrabungen, sondern ebenso die bunte Vielfalt des lebendigen *Volkstums*. Einer Fülle von *Trachten* begegnen Sie noch heute auf den Marktplätzen von **Shkodra** und überall dort, wo Sie unterwegs eine Hochzeitsgesellschaft treffen. Die Trachten unterscheiden sich nicht nur nach Regionen und Tälern wie bei uns in den Alpen; vielmehr besitzt jede Gemeinde, manchmal sogar eine Großfamilie ihre ureigene Tracht.

Allgemein läßt sich sagen, daß die Frauentrachten reicher geschmückt sind als die der Männer. Die am schönsten *bestickten Blusen* werden Sie in der Ebene unter Kruja, der **Fusha e Krujës,** im Gebiet von **Zadrima** südlich vom **Drin** und im alten Teilfürstentum **Shpat** südöstlich von **Elbasan** sehen. Vor allem Kragen, Brustteil, Ärmel und auch der *Rock* sind mit bunten Seiden- oder Baumwollfäden bestickt. Rot und Blau geben den Ton an.

Über diesen Blusen werden *Wolljacken* getragen, deren Bündchen mit verschiedenfarbigen Schnüren besetzt sind, besonders elegant zu sehen in der **Mirdita** und im benachbarten **Zadrima**

sowie in der mittelalbanischen Küstenebene von **Myzeqa** oder speziell im Dorf **Dardha**.
Vollständig wird die albanische Frauentracht aber erst mit den kunstvoll bestickten *Schürzen*. Sie gelten als die schönsten albanischen Handarbeiten überhaupt. Besonders kostbare und geschmackvolle Schürzen zeichnen die Trachten von **Shpat** und **Dumreja, Myzeqa** und der **Fusha e Krujës** aus.
Auch dem *Kopfschmuck* wird in den Volkstrachten Albaniens große Aufmerksamkeit geschenkt. Wieder gibt es die verschiedensten Arten, die das Grundthema *Kopftuch* fast hundertfach variieren. In **Myzeqa** ist es übergroß und hängt tief in Nacken und Rücken hinein, während die Frauen von **Zadrima** ein kokettes Tüchlein neckisch ins Haar binden. Im **Mat-Tal** tragen sie eine *Haube,* in **Gjirokastra** einen schleierartigen Umhang, unter dem um die Stirn Münzen hervorglänzen.
An volkstümlichen *Baustilen* lassen sich die feudalen *Türme* der Vergangenheit und die von ihnen abgeleiteten Hofformen der *Bergbauern,* die *ebenerdigen Bauernhäuser* der großen Ebenen und die typischen *Bürgerhäuser* der größeren Städte unterscheiden.
Die alten *Feudaltürme,* früher über das ganze Land verbreitet, doch heute nur noch in Nordalbanien erhalten, wurden aus mächtigen Steinblöcken, mit einer Mauerdicke zwischen einem und eineinhalb Metern, gebaut. Ihr Hauptzweck war weniger die Wohnlichkeit als der Schutz der Bewohner vor äußeren Feinden. Aus diesen Türmen einiger weniger «Rittergeschlechter» sind die typischen nordalbanischen *Bergbauernhäuser* durch das Aufsetzen von pyramidenförmigen Dächern und den Zubau von Holzbalkonen und -erkern hervorgegangen.
Die verschiedenen Typen von *Bürgerhäusern* mit ihrer oft ebenso bezaubernden wie komplizierten Architektur werden wir im Reiseteil bei den Städten **Kruja, Gjirokastra, Berat** und **Shkodra**

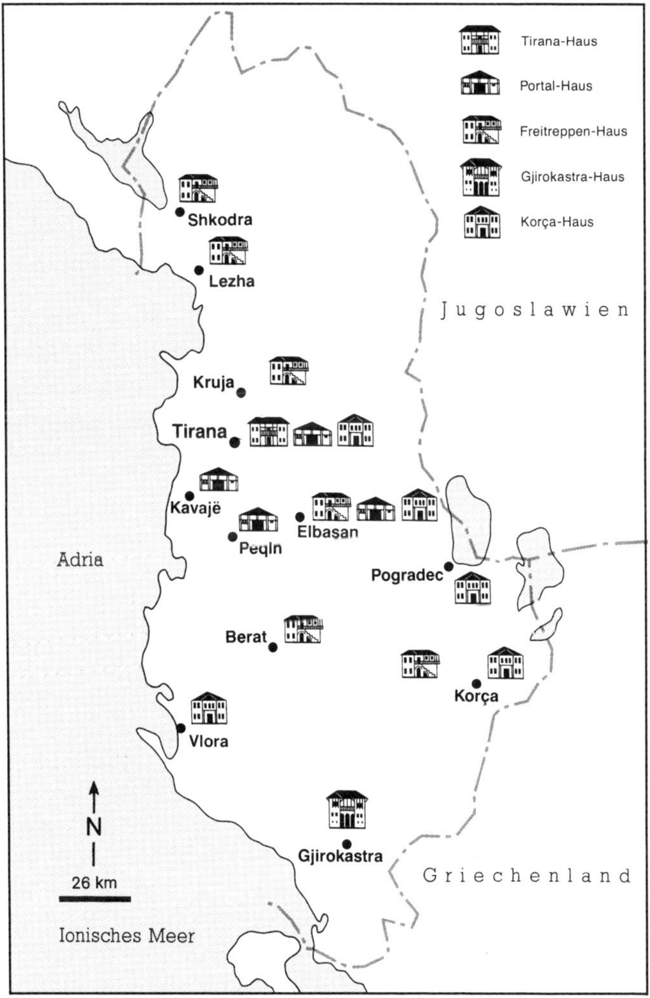
Tirana-Haus
Portal-Haus
Freitreppen-Haus
Gjirokastra-Haus
Korça-Haus
Shkodra
Lezha
Jugoslawien
Kruja
Tirana
Kavajë
Elbasan
Peqin
Adria
Pogradec
Berat
Korça
Vlora
N
Gjirokastra
Griechenland
26 km
Ionisches Meer

kennenlernen, das *ebenerdige Bauernhaus* der albanischen Ebenen in **Durrës.**
Nach den Zeugnissen, die wir bisher besitzen, reicht die *albanische Malerei* bis in die frühe *Jungsteinzeit* zurück: Bemalte *Keramik*-Fragmente stammen aus dem 6. Jahrtausend vor unserer Zeitrechnung, in die mittlere Steinzeit werden die *Terrakottafiguren* von **Cakran-Dunavec** datiert. Sie stellen den weiblichen Körper bald realistisch, bald in schematisierten Formen dar. Aus der späten Jungsteinzeit zeichnen sich die in **Maliq** und **Kamnik** gefundenen Großkeramiken mit geometrischer Malerei minoischen Typs durch ihre besondere Schönheit aus.
Von der bedeutenden Kunst der *illyrischen Stämme* in der Eisenzeit zwischen dem 11. und 5. Jahrhundert vor Christus konnten in Hügelgräbern Keramiken mit großem Formenreichtum gefunden werden, so in **Kuç i Zi** bei **Korça** oder **Pazhok** bei **Elbasan.** Geometrische Ornamente weisen auch die Waffen auf, deren Schäfte oft in Tier-, Vogel- oder Menschengestalten enden.
In den folgenden fast zwei Jahrtausenden ist Albanien reich an Fundstücken und Bauwerken, die weniger seiner eigenen, als der griechischen, hellenistischen, römischen und byzantinischen Kultur angehören. Das Wiederentwickeln *künstlerischer Eigenart* läßt sich zum erstenmal im Spätmittelalter in der albanischen Malerei erleben. Den Anfang bilden die Ikonen der **Marienkirche von Berat** aus dem 14. Jahrhundert: Im Unterschied zu der bisherigen byzantinischen Strenge drücken sie *intimere Gefühle* aus. Von ähnlich starker Ausdruckskraft und albanischen Nuancen sind die Wandmalereien des Refektoriums im **Kloster von Pojan** (1261–1328), die Fresken in der **Marienkirche von Mborja** (1380) und in der **Marienkirche auf der Maligradinsel im Prespa-See.** Künstlerisch reich gestaltet und meisterhaft ausgeführt sind auch andere Werke sakraler Kunst aus dieser Epoche einer ersten albanischen Wiedergeburt, etwa der von *Gjergj Araniti* 1373 ge-

schaffene *Epitaphios* von **Gllavanica,** eine Nachbildung des Grabtuchs Christi mit dem goldgewirkten vom Kreuz abgenommenen Leib.
Als sich unter osmanischer Herrschaft die Reste albanischen Patriotismus' und Kunstsinns ins Innere von Häusern und Kirchen zurückziehen mußten, erreichte die Ikonenmalerei zur Mitte des 16. Jahrhunderts ihren einsamen Höhepunkt in der Person von *Onufri* aus **Elbasan.** Von diesem großen Meister, der auf dem ganzen Balkan für sein leuchtendes, tiefes Rot sprichwörtlich geworden ist, sind uns außer seinem Vornamen und Geburtsort nur seine Werke überliefert: In den Ikonen der Kirchen von **Berat,** den Gotteshäusern in der Umgebung von **Elbasan,** aber auch im griechischen **Kastoria** (albanisch: *Kostur*), auf dem **Berge Athos** und sogar in **Istanbul.**
Onufris Sohn *Nikolla* setzte im späten 16. und frühen 17. Jahrhundert das Werk seines Vaters fort. Seine Ikonen lassen sich vor allem daran erkennen, daß die Gestalten länglicher sind und dadurch bald asketischer, bald aristokratischer wirken als auf den lebensvollen Ikonen von Meister Onufri. Der letzte große albanische Kirchenmaler, *David Selenica,* malte 1726 die ganze **Nikolaus-Kirche von Voskopoja** bei **Korça** aus. Sein eigener, fast schon *realistischer Malstil* kann auch Einflüsse des italienischen *Barock* nicht verleugnen.
Die Malerei des *albanischen Risorgimento* beginnt nach dem Jahr 1878, der Gründung der *Liga von Prizren.* Im Kampf gegen die türkische Fremdherrschaft für die nationale Freiheit und Unabhängigkeit wird auch die albanische Malerei weltlich, löst sich von der nach wie vor byzantinisch geprägten Ikonenmalerei, um patriotische und volkstümliche Themen zu behandeln. Der Maler *Kolë Idromeno* (1860–1939) ist der hervorragende Künstler dieser Periode. Er wirkte auch als Architekt und wurde zum *Pionier der Kunstfotografie* in Albanien. Seine schönsten Auf-

nahmen nordalbanischer Volkstrachten und Folkloreszenen aus dem Albanien zu Beginn des 20. Jahrhunderts finden Sie in der **Volkskultur-Ausstellung** von Idromenos Heimatstadt **Shkodra.** Seine besten Gemälde hingegen, das 1883 entstandene Bildnis seiner *Schwester Tone* oder die «Hochzeit von Shkodra» schmükken die **Kunstgalerie** der Hauptstadt **Tirana.** Idromeno ist der unbestechliche, sozial aufgeschlossene und *psychologisch hintergründige* Beobachter Albaniens auf dem Weg zur Unabhängigkeit und nach deren – zunächst enttäuschender – Gewinnung. Eine schmerzliche Erfahrung, die er mit *feiner künstlerischer Ausdruckskraft* in die Aussage seiner Werke zu legen vermag. Als religiöser Maler zeichnete er sich durch eine realistische Grundhaltung aus.

Idromenos kunstgeschichtlich so gut wie unbekannter, doch in Albanien äußerst volkstümlicher Zeitgenosse, der Laienmaler *Spiro Xega* (1863–1953), widmete sein ganzes Schaffen den Themen *Skanderbeg* und *nationaler Befreiungskampf.* Einem seiner acht Skanderbeg-Porträts begegnen Sie in der **Gedenkstätte** von **Kruja.**

Albaniens *vorrevolutionäre Malerei* in der Zwischenkriegszeit huldigte einem «lyrischen Realismus». Ihr Hauptvertreter *Vangjush Mio* (1891–1957) bevorzugte lichterfüllte, farbenfrohe Landschaften. «Straße in Korça», das auch die albanischen Briefmarken vom 27. Oktober 1967 und vom 25. Dezember 1977 schmückt, ist typisch für sein künstlerisches Schaffen, das im Spätwerk noch in das neue Albanien («Pflügende Traktoren») hineinreicht. Die genannten Bilder und auch *Mios Selbstporträt* finden Sie in der **Kunstgalerie von Tirana.**

Zef Kolombi (1907–1949) gab seinen Porträts und Landschaftsbildern eine strenge Zeichnung, in der er die Dramatik seiner Bildinhalte und -aussagen zu bändigen wußte: leidenschaftliche Charaktere sowie die *Trostlosigkeit und Trägheit seiner Zeit.* Am

bedeutendsten sind sein *Selbstbildnis, Frauentracht von Shkodra* sowie *Ernte.*

Im Zeichen des *sozialistischen Realismus* steht die moderne albanische Malerei. Von ihren Vertretern seien hier nur die bedeutendsten mit ihren wichtigsten Werken in alphabetischer Reihenfolge vorgestellt: *Çlirim Çeka* (Arbeiter, Drei Kameraden), *Jorgji Gjikopulli* (Der erste Abstich, Wir halten das Feuer immer angezündet), *Shaban Hysa* (Treuebündnis, Elektroarbeiter), *Spyro Kristo* (Aufruf zum Handeln, Piloten), *Pandeli Lena* (Erntedankfest, Erdölförderung), *Guri Madhi* (Burg von Prizren), *Sali Shijaku* (Partisan gegen Panzer, Einigkeit der Arbeiter) und *Zev Shoshi* (Landarbeiterkollektiv).

Die schönsten Funde von *Plastiken* auf albanischem Boden gehören der klassischen oder hellenistischen altgriechischen Kultur an. Einen ihr ebenbürtigen bodenständigen Bildhauer hat sogar das 20. Jahrhundert hervorgebracht: *Odhise Paskali* (1903–1977). Schon 1939 machte er mit seiner Skanderbegbüste weltweit auf sich aufmerksam. War sie noch von episch-legendärem Geist erfüllt, so bewies Paskali nach dem Krieg mit dem Denkmal des «Nationalen Kämpfers» in **Korça**, wie stark er die albanische Wesensart auch realistisch auszudrücken vermag. Der Höhepunkt seines Schaffens ist zweifellos das *Reiterstandbild Skanderbegs* von 1968 in **Tirana** (S. 190).

Das *albanische Musikleben* blieb zwischen Frühmittelalter und 20. Jahrhundert auf die *Volks-* oder *Kirchenmusik* beschränkt. Während die durch Instrumente begleitete, von Männer- wie Frauenstimmen gesungene volkstümliche Musik der griechisch-türkischen oder der südslawischen stark ähnelt, sind die *nordalbanischen Männerchöre* mit ihrer «Echowirkung», die ausschließlich a capella singen, von unverkennbar skipetarischer Ei-

genart und Schönheit. Der größte *Kirchenmusiker* Albaniens und wohl auch der mittelalterlichen Orthodoxie war an der Wende vom 12. zum 13. Jahrhundert *Gjon Kukuzeli* aus **Durrës**, später Hofsänger am byzantinischen Kaiserhof, der seine Tage als Mönch des Lavra-Klosters auf dem Berg Athos beschloß. Dort erinnern zahllose Legenden, nach ihm benannte Höhlen und Holzkreuze sowie eine im frühen 18. Jahrhundert errichtete Kapelle an ihn. Mit seiner umfangreichen und vielseitigen Tätigkeit als geistlicher Komponist, Sänger sowie genialer Musiktheoretiker und -reformer hat Kukuzeli der Entwicklung des *byzantinischen Chorals* im Rahmen strikter Einstimmigkeit geradezu bahnbrechend neue Wege gewiesen.

Erst im 18. Jahrhundert machen dann wieder die Hymnenkomponisten *Gjergj Papazimo* und *Grigor Manasi* auf sich aufmerksam. Letzter namhafter Vertreter der albanischen Kirchenmusik griechisch-orthodoxer Tradition war in der ersten Hälfte des 19. Jahrhunderts Bischof *Krisanth Maditi* von **Durrës**, der auch musikalische Studien veröffentlichte und im ganzen Land Kirchenchöre geschaffen hat.

Erster *weltlicher Komponist* des unabhängigen Albanien wurde der schon als Staatsmann und Kirchenpolitiker erwähnte *Fan Noli* (1882–1965). Diese vielseitigste albanische Persönlichkeit des 20. Jahrhunderts komponierte *symphonische Dichtungen* zu albanisch-nationalen Themen und veröffentlichte die musikwissenschaftliche Studie «Beethoven und die französische Revolution».

Ein allgemeiner Aufschwung des albanischen Musiklebens setzte erst mit der Epoche Enver Hoxhas ein. Von den Ensembles, denen auch der Fremde im **Opernhaus von Tirana** oder bei Freilichtkonzerten lauschen kann, wurden *Orchester und Chor der Volksarmee* schon 1944 im Feuer des Befreiungskampfes als «Partisanenensemble der Nationalen Befreiungsarmee» gegrün-

det. 1945 folgte der «Staatschor», 1949 die «Albanische Philharmonie».

1947 wurde in **Tirana** die *Musikhochschule* gegründet; sie sollte nicht nur Musiker und Sänger, sondern auch Ballettänzer heranbilden. 1961 entstand daraus eine allgemeine Kunsthochschule, zu der das *Konservatorium* als Fakultät gehört.

Die 1950 ins Leben gerufene albanische *Bühnenballett*-Truppe wurde 1956 in das Opernensemble eingegliedert. 1958 hatte die *erste Oper* der albanischen Musikgeschichte in Tirana Premiere: «Mrika» von *Prenk Jakova*. Das erste *albanische Ballett* «Halili und Hajrija» mit der Musik von *T. Daija* wurde 1963 uraufgeführt.

Der dafür als «Künstler des Volkes» ausgezeichnete *Çesk Zadeja* komponierte 1956 die erste albanische *Symphonie, Pjetër Gaci* 1959 das erste Konzert für Violine und Orchester. Schon 1957 hatte sich in Tirana das *Ensemble für Volkslieder und Volkstänze* vorgestellt. Diese Gesangs-, Instrumental- und Tanzgruppe gastiert gerade in den Sommermonaten in den Haupturlaubsorten wie **Durrës** oder **Saranda**. Sie sollten diese Gelegenheit zum Erleben von Schönheit und mitreißendem Schwung der albanischen Folklore nicht versäumen!

Von einer Taufformel zum Nobelpreisträger: Der Höhenflug des Albanischen

Das *Albanische* bildet einen eigenen Zweig in der indogermanischen Sprachfamilie. Bei einem Vergleich seiner Struktur und seiner sprachgeschichtlichen Entwicklung erweist es sich sowohl den *baltisch-slawischen* wie den *germanischen Sprachen verwandt*. Sein eigenständiges System hat sich im Lauf der Jahrtau-

sende von der ursprünglich gemeinsamen indogermanischen Basis her entwickelt.
Durch jahrhundertelange Kontakte mit Sprachen anderer Völker innerhalb des «Balkanischen Sprachbundes» hat das Albanische viele seiner Ausdrücke an das Neugriechische, Türkische, Bulgarische, Rumänische oder Aromunische und Serbische abgegeben oder Wörter aus den benachbarten Idiomen übernommen. Die relativ *große Zahl dieser Lehnwörter* im Albanischen konnte aber dessen ureigene Phonetik und Grammatik nicht im geringsten beeinträchtigen. Das Albanische hat vielmehr die fremden Elemente in sein Sprachsystem integriert und sie den eigenen Entwicklungsgesetzen angepaßt.
Eine weitere Frage, die schon früh die sprachwissenschaftliche Forschung beschäftigte, war die Klärung des Ursprungs und der *Abstammung des Albanischen* innerhalb der indogermanischen Sprachenfamilie. Zu Anfang herrschten drei Theorien vor: Das Albanische sei illyrischen, thrakischen oder thrakisch-illyrischen Ursprungs. Seitdem hat die Auffassung von seiner illyrischen Herkunft die Oberhand gewonnen.
Den Ausgangspunkt dieser *albanischen Sprachwissenschaft* bildete schon 1635 das von *Frang Bardhi* erarbeitete Lateinisch-Albanische Wörterbuch. Aber erst in der zweiten Hälfte des 19. Jahrhunderts rücken Pflege und Studium des Albanischen als wichtigstes Kennzeichen der Gemeinschaft aller Albaner im Rahmen des albanischen Risorgimento in den Vordergrund. Der Patriot, Volksbildner und Volksdichter *Zef Jubani* (1818–1880) erwarb sich dabei als Schöpfer der ersten albanischen Grammatik und des heute allgemein verwendeten Alphabets anstelle der vorher üblichen, bald lateinischen und arabischen, griechischen oder kyrillischen Buchstaben große Verdienste.
Diese Ansätze wurden erst in den letzten Jahrzehnten fortgeführt und durch mehrere wichtige Spezialwörterbücher vollendet.

Albanisch wird nicht nur *innerhalb,* sondern sogar mehrheitlich *außerhalb* des Landes gesprochen. Das ist wie im Fall Jugoslawiens die Folge politischer Abtrennung eines großen Teils von Albanien zugunsten des Nachbarstaates oder jahrhundertelanger Auswanderung von Albanern nach Griechenland, Italien, in die Türkei, ja sogar bis Ägypten und in die USA.

In **Jugoslawien** sind albanische Mundarten in weiten Teilen des westlichen **Mazedonien**, in der ganzen autonomen Region **Kosovo** (albanisch: Kosova) sowie im *montenegrinischen Grenzgebiet* von der Adriastadt **Ulćinj** (albanisch: Ulqin) bis **Plav** (albanisch: Plava) am **Prokletije**-Gebirge und sogar im südlichsten Zipfel von **Serbien** zwischen **Bojanovac** und **Preševo** verbreitet. Insgesamt verwenden dort rund drei Millionen jugoslawische Skipetaren eine vereinheitlichte albanische Schriftsprache. In **Griechenland** wird das Albanische rund um **Athen** in ganz **Attika**, im Nordosten der Halbinsel **Peloponnes**, auf der Südhälfte der Insel **Euböa** sowie auf einigen kleineren Inseln im **Saronischen Golf** gesprochen. Diese albanische Sprachinsel zählt rund 300 000 Angehörige. Sowohl die *albanischen Mundarten* Jugoslawiens wie die von Griechenland unterscheiden sich nicht vom Albanischen in der heutigen Volksrepublik, da sie sich gemeinsam entwickelt haben. In Griechenland, wo das Albanische nicht anerkannt ist, fehlt allerdings eine albanische Schriftsprache.

Hingegen haben sich die Mundarten der im 15. und 16. Jahrhundert nach **Süditalien** und **Sizilien** eingewanderten Albaner, der etwa 250 000 *Arbereschen*, schon früh eigenständig entwickelt. Sie wurden aber auch zur Basis einer eigenen *Schrift- und Literatursprache.* Aus dem guten Dutzend arbereschischer Dichter und Schriftsteller des 19. und 20. Jahrhunderts ragt der patriotisch-aufklärerische Autor *Geronimo de Rada* (1814–1908) hervor, der Großvater von *Alexander Moissi* mütterlicherseits. Triest war damals ein Hauptbindeglied zwischen dem italienischen und bal-

kanischen Albanertum. Dort wirkte – beiden Literaturkreisen verbunden – die Schriftstellerin *Dora D'Istria* (1829–1888). Sie hieß mit ihrem ursprünglichen, albanischen Namen *Elena Ghika*.

Über diese geschlossenen Verbreitungsgebiete der albanischen Sprache im Ausland hinaus gibt es noch kleinere, *isolierte Sprachinseln*: Das Dorf **Arbana** bei **Zadar** (früher Zara) an der dalmatinischen Küste, **Mandrica** in **Bulgarien** sowie in der Umgebung von **Odessa** und **Melitopil** in der **Ukraine**.

Obwohl heute das Albanische im Ausland nach Jugoslawien in der **Türkei** am weitesten verbreitet ist – allein in **Istanbul** wohnen über eine Million Albanischsprechende –, gibt es dort keine abgegrenzten Sprachgebiete. Es handelt sich fast durchwegs um Zweisprachige – Albanisch und Türkisch –, die Sprachgrenze geht quer durch Siedlungen, Stadtteile und sogar Familien. Ähnlich sind die Verhältnisse unter den albanischen Auswanderern in den **USA** (schätzungsweise eine halbe Million), in **Australien, Ägypten** und **Rumänien**.

Weltweit dürfte das Albanische von acht bis neun Millionen Menschen gesprochen werden. Schon seit 1880 untersucht und erfaßt die *Gesellschaft zur Erforschung der albanischen Sprache* unter anderem die Verbreitung des Albanischen.

In seiner Heimat tritt das Albanische als *Literatursprache* verhältnismäßig spät in Erscheinung. Das älteste schriftliche Dokument überhaupt stammt aus dem 15. Jahrhundert: Es handelt sich um eine *Taufformel*, die 1462 in lateinischen Lettern vom damaligen römisch-katholischen Erzbischof von **Durrës** und Zeitgenossen Skanderbegs, *Pal Engjëlli*, niedergeschrieben wurde. Das älteste bisher bekannte albanische Buch ist das 1555 publizierte *Meßbuch* von *Gjon Buzuku*.

Es gibt aber Anzeichen dafür, daß das Albanische bereits lange vor dem 15./16. Jahrhundert geschrieben wurde. In der *ersten*

Reisebeschreibung über Albanien, die lange dem französischen Mönch *Brocquard* zugeschrieben wurde, als deren Verfasser jedoch inzwischen der katholische Erzbischof von Bar (Albanisch: Tivar) im heutigen Montenegro, *Guglielmo Adae*, feststeht, notierte der Autor schon 1332: «Obwohl die Albaner eine vollkommen andere Sprache als die Italiener haben, benutzen auch sie in allen ihren Büchern lateinische Buchstaben.» Von der frühen Existenz nicht nur religiösen Schrifttums, sondern auch literarischer Werke berichtet Skanderbegs Geschichtsschreiber, der aus **Shkodra** stammende *Marin Barleti.* In der Biographie des Nationalhelden erwähnt er Chroniken, die «in der Sprache des Volkes abgefaßt» waren. In seiner Darstellung der «Belagerung von Shkodra» berichtet er noch ausführlicher: «Später fielen mir einige Jahrbücher in die Hand, die aufgrund von Sagen unserer Urahnen Mitteilungen enthalten, in denen eher vom Wiederaufbau als der Gründung dieser Stadt die Rede ist. Sie sind in der Sprache des Volkes geschrieben und erzählen, daß eine gewisse Rozafa zusammen mit ihrer Schwester die ersten Gründerinnen der Stadt Shkodra gewesen sind.»

Jedenfalls beginnt mit dem «Meßbuch» von Buzuku die erste Periode der uns vorläufig greifbaren albanischen Literatursprache. Sie reicht bis in die Mitte des 19. Jahrhunderts hinein und ist äußerlich durch das Nebeneinanderbestehen von zwei Schriftsprachen geprägt: die *gegische* Nordalbaniens und die *toskische* südlich vom **Shkumbin**-Fluß. Diese Trennung war aber nicht nur geographisch, sondern weitgehend konfessionell bedingt: Gegisch schrieben die katholischen Autoren, Toskisch hingegen die orthodoxen.

Dieser Abschnitt der albanischen Nationalliteratur ist – wie bei den anderen Völkern Südosteuropas zu jener Zeit – von kirchlichen Themen und geistlichen Autoren bestimmt. Da die Orthodoxen sich vielfach der griechischen Sprache bedienten, die Mus-

lime das Türkische, Arabische und Persische bevorzugten, waren gerade römisch-katholische Albaner federführend. Im frühen 17. Jahrhundert machte sich der aus dem Mat-Tal stammende Geistliche *Pjetër Budi* (geb. 1566) um die Herausgabe lateinischer Kirchenbücher auf Albanisch verdient. Zugleich wurde er der erste bekannte Lyriker albanischer Zunge.
Prälat *Pjetër Bogdani* (1625–1689) trug mit seinem theologischen Werk «Die Schar der Propheten» zur Bereicherung und Ausdrucksklarheit der albanischen Hochsprache bei.
Die albanischen Dichter islamischer Religion benützten zur Niederschrift derselben Sprache das arabische Alphabet, verwendeten häufig Bilder und Lehnworte aus orientalischen Kulturen. Als Begründer dieser Stilrichtung der albanischen Literatur gilt *Nezim Frakulla* (gest. 1760) aus **Berat**. Seine Stärke waren sowohl die gefühlvolle Lyrik wie beißende Satiren. Den Höhepunkt erreichte dieser Ableger der zeitgenössischen osmanischen Poesie in albanischer Sprache in dem ebenso feinsinnigen wie versgewandten *Sulejman Naibi* (gest. 1772). Der letzte bedeutende Vertreter dieser Schule, *Muhamet Kyçyky* (1784–1844), verfaßte Versepen aus dem Geist der islamischen Mystik, beschäftigte sich aber als erster auch mit sozialen Fragen wie dem harten Los albanischer Auswanderer in der Fremde.
Das albanische Risorgimento zwischen 1878 und 1912 wandte der Pflege von Literatur und Hochsprache seine besondere Aufmerksamkeit zu: Der 1879 gegründeten *Gesellschaft für albanische Literatur* folgte 1887 in **Korça** die Eröffnung der ersten Schule mit der albanischen Schriftsprache als Unterrichtssprache sowie schließlich die Festlegung eines *einheitlichen Alphabets der gesamtalbanischen Schriftsprache* auf dem Kongreß von Manastir (heute: Bitola) 1908.
Vom Dreigestirn der albanischen Erneuerung, den Brüdern Frashëri, war *Naim Frashëri* (1846–1900) die betont literarische

Begabung. Als den Mann, der den Orden der Bektaschi-Derwische zu einer Art albanischer Nationalreligion machen wollte, haben wir ihn bereits kennengelernt (S. 87). Das Leitmotiv seines dichterischen Wirkens ist die Liebe zu Albanien, seinem Volk, seiner Sprache. Die Gedichte seiner frühen und mittleren Schaffensperiode sind ausschließlich diesen Anliegen gewidmet. Sein Spätwerk rankt sich um das Versepos «Die Geschichte von Skanderbeg». Darin wird der albanische Nationalheld in begeisterten Worten und farbigen Bildern als unvergängliches Vorbild für die nach wie vor von den Türken beherrschten Skipetaren des späten 19. Jahrhunderts hingestellt – zu einer Zeit, als fast alle anderen Balkanvölker schon ihre Freiheit errungen oder wenigstens auf einem Teil ihres Territoriums verwirklicht hatten.
Der nordalbanische Ex-Jesuit *Ndre Mjeda* (1866–1937) reicht mit seinem Schaffen bis in Albaniens Unabhängigkeit, die stürmischen Jahre zwischen den Weltkriegen und die Zogu-Herrschaft hinein. Schon als 21jähriger hatte er sich mit seinem Gedicht «Die Klage der Nachtigall» an der nationalen Lyrik des *Risorgimento* beteiligt. Dieses und die Gedichte späterer Jahre gab er 1917 in dem Sammelband «Jugendklänge» heraus, der ihn über Nacht zum gefeiertsten Poeten im fünf Jahre nach seiner Befreiung schon wieder besetzten Albanien machte. Späten Ruhm errang Mjeda noch einmal kurz vor seinem Tod, als er 1937 zwischen 1901 und 1911 geschriebene Gedichte unter dem Titel «Freiheit» publizierte. Sie handelten von den letzten Jahren türkischer Herrschaft und Unterdrückung. Doch jeder im damaligen Albanien verstand, daß damit jetzt das monarcho-faschistische Regime König Zogs gemeint war. Bevor Mjeda von den Behörden zur Rechenschaft gezogen werden konnte, hatte er in seiner Heimatstadt **Shkodra** die Augen für immer geschlossen.
Dritter im Bunde der großen Unabhängigkeitsdichter Albaniens war *Andon Zako Çajupi* (1866–1930), obwohl er den Großteil

seines Lebens in Ägypten verbrachte. Nur die Volksschule hatte er in seinem Geburtsort **Gjirokastra** besucht, dann holte ihn sein Vater, ein wohlhabender Tabakhändler, nach Alexandria. 1902 erschien Çajupis Gedichtband «Vater Tomor». Er erwies sich darin als leidenschaftlicher Sänger albanischer Freiheitssehnsucht und Heimatliebe, zu der ihm aus dem fernen Ägypten der nostalgische Grundton besonders gut gelang.

Als erster albanischer *Bühnenautor von Rang* geißelte er mit einer sympathischen Mischung von gutmütigem Humor und redlicher Sozialkritik die Mißstände in der patriarchalen albanischen Gesellschaft seiner Zeit. So in «Ein Bräutigam von 14 Jahren» den Brauch der Verheiratung von Minderjährigen durch ihre Familien aus vorwiegend finanziellen Überlegungen. Das 1910 uraufgeführte «Post Mortem» ist eine beißende Satire auf jene Feudalkreise, die in letzter Stunde durch Zusammenarbeit mit den Türken die bevorstehende Unabhängigkeit verhindern und ihre eigenen Privilegien sicherstellen wollen, das einfache Volk jedoch mit patriotischen Parolen an der Nase herumführen.

Bedeutendster albanischer Dichter der Zwischenkriegszeit, dessen Schaffen aber noch bis in die sechziger Jahre hineinreicht, ist *Fan Noli* (1882–1965). Eine ungemein reich begabte Persönlichkeit, von dessen politischem (S. 52) und religiösem Wirken (S. 88) sowie musiktheoretischem Schaffen (S. 131) ich schon berichtet habe. Erstmals war Noli schon zur Zeit Çajupis als *Bühnenautor* mit «Israeliten und Philister» (1907) hervorgetreten, einem Samson-Drama mit einer Fülle von Bezügen zwischen der biblischen und der albanischen Geschichte. Am Höhepunkt seines politischen und «nationalreligiösen» Wirkens zwischen 1921 und 1924 führte er diese Linie biblischer Motive mit neuem aktuell-albanischen Inhalt in *Gedichten* fort, die zum Schönsten und Eindrücklichsten gehören, was je in albanischer Sprache geschrieben wurde. Nach fast 40 Jahren *Übersetzertätigkeit*, in denen

Noli seinem Volk die größten Schätze der Weltliteratur von Cervantes bis Ibsen erschloß, publizierte er die «Sultans-Gedichte»: Eine zukunftsfreudige Absage an Albaniens triste Vergangenheit in meisterhafter, altersreifer Form.

Die *Prosadichtung* konnte sich in Albanien richtig erst nach dem Zweiten Weltkrieg mit der Schule des *sozialistischen Realismus* durchsetzen. Vor allem Werke von drei Erzählern albanischer Geschichte und Gegenwart liegen in den Buchhandlungen von Durrës und Tirana auch in deutscher Übersetzung auf: *Sabri Godo* (geb. 1929) mit seinem schon beinahe klassisch gewordenen «Skanderbeg»-Roman, *Gaqo Bushaka* mit der Erzählung aus der Türkenzeit «Der schwarze Umhang», und vom Schilderer des Lebens im Albanien von heute, *Anastas Kondo* (geb. 1937), der Roman «. . . zwischen den Feuern».

Albaniens bedeutendster lebender Schriftsteller ist der schon wiederholt für den Literatur-Nobelpreis vorgeschlagene *Ismail Kadare* (geb. 1936); seine drei großen Romane «Der General der toten Armee» (1964, deutsch 1973), «Der große Winter» (1974, deutsch 1987) und «Chronik in Stein» (1971, deutsch 1988) sind in seiner Heimat fast immer vergriffen.

Kadare, im südalbanischen **Gjirokastra** geboren, studierte in Tirana Sprach- und Literaturwissenschaft und trat schon als Achtzehnjähriger mit einem ersten *Gedichtband* ganz in der Tradition von Motiven aus der leidvollen Vergangenheit seines Volkes hervor. Er wurde zur Spezialausbildung nach Moskau geschickt, von wo er 1961 nach dem Bruch zwischen Albanien und der Sowjetunion zurückkehrte, um als Schriftsteller und Journalist in Tirana zu arbeiten. Mit *autobiographischen Anklängen* schildert Kadares bei uns bekanntestes Buch «Der große Winter» die Erlebnisse eines albanischen Journalisten in der sowjetischen Hauptstadt während der dramatischen Auseinandersetzung zwischen dem «David» Enver Hoxha und dem «Goliath» Chrustschow.

«Der große Winter» wurde zum *Gleichnis vom Freiheitswillen* eines kleinen Volkes gegenüber rücksichtslosen Großmachtinteressen, «Der General der toten Armee» schildert den unmöglichen Versuch, die Toten ins Leben zurückzuholen: Es geht um die Suche eines italienischen Generals nach den Kriegstoten seines Landes in Albanien. Nicht ohne grimmigen Humor werden dem Besatzer von gestern die *Sinnlosigkeit jedes Angriffskrieges* und seine grauenhaften Folgen vorgeführt und dem General seine Allüren als vermeintlicher Herrenmensch ausgetrieben. Kadares «Chronik in Stein», das *poetischste seiner Bücher*, war im Ausland unverdient lange unbeachtet geblieben. Der Roman erzählt die Kindheit des Autors in Gjirokastra, seine Entdeckung der Welt der Erwachsenen, die zwischen 1940 und 1944 in Albanien alles andere als heil war: Die Bewohner Gjirokastras erleiden einen ständigen Wechsel zwischen italienischen und griechischen Besetzern, die Bombardierung durch britische Flugzeuge und schließlich den Einmarsch der Deutschen, der «Männer mit den hellen Haaren».

Silbernes Schießpulvergefäß
aus Südalbanien

Organe der Volksmacht – politische Struktur und Ordnung

Verfassung der proletarischen Diktatur

1976 hat sich die Sozialistische Volksrepublik ein *neues Grundgesetz* gegeben, das bis jetzt in Kraft ist. Darin wird festgelegt, daß Albanien ein Staat der *Diktatur des Proletariats* und folglich «die Partei der Arbeit Albaniens, Vorhut der Arbeiterklasse, die einzige führende politische Kraft des Staates und der Gesellschaft» ist. Im gleichen Verfassungsartikel wurde der *Marxismus-Leninismus* als die herrschende Ideologie verankert und festgehalten, daß sich die gesamte sozialistische Gesellschaftsordnung auf der Grundlage seiner Prinzipien entwickelt.
In dieser Verfassung sind die grundlegenden Aufgaben und Ziele des Staates im Dienst der Diktatur des Proletariats umschrieben: Entfaltung der Revolution nach dem Prinzip des *Klassenkampfes* bis zum endgültigen Sieg des sozialistischen Weges der Entwicklung über den kapitalistischen und der darauf folgende vollständige Aufbau von Sozialismus und Kommunismus.
Albaniens Grundgesetz steckt aber auch die generelle Linie seiner *Außenpolitik* ab: Sie erklärt die Grenzen der Volksrepublik

für unantastbar, verbietet «für alle Zeiten» die Stationierung ausländischer Truppen und die Errichtung fremder Militärstützpunkte auf seinem Territorium und erkennt niemandem (Artikel 90) das Recht zu, im Namen der Albaner die Kapitulation des Landes zu unterzeichnen oder seiner Besetzung, und sei es auch nur von Landesteilen, zuzustimmen.
Um jeder Untergrabung der *wirtschaftlichen* und damit politischen *Unabhängigkeit* den Weg zu versperren, verbietet die albanische Verfassung, Konzessionen an ausländische Unternehmen zu vergeben, rein nichtalbanische oder gemischte (Joint Venture) Wirtschafts- und Finanzgesellschaften zu gründen oder gemeinsame wirtschaftliche Institutionen mit bürgerlich-kapitalistischen oder revisionistischen Staaten – dazu gehören nach albanischer Sprachregelung alle anderen kommunistischen Staaten Ost- und Südosteuropas sowie des Fernen Ostens, nicht aber Kuba – aufzubauen. *Auslandskredite* anzunehmen ist für und in Albanien verfassungsrechtlich untersagt.
Mit den *Grund- und Menschenrechten* der Bürger befaßt sich Artikel 40. Er garantiert ihnen gleiche Rechte und Pflichten ohne Unterschied von Geschlecht, Rasse, Nationalität, Bildung, gesellschaftlicher Stellung oder materieller Lage. Dem besonderen Schutz der *nationalen Minderheiten* ist Artikel 42 gewidmet. Er hat in Südosteuropa nicht seinesgleichen: «Den nationalen Minderheiten werden der Schutz und die Entwicklung ihrer Volkskultur und ihrer Traditionen, der Gebrauch der Muttersprache und ihr Unterricht in der Schule garantiert; sowie gleiche Behandlung auf allen Gebieten des gesellschaftlichen Lebens.
Jedes nationale Privileg und jede nationale Ungleichheit sowie jede Handlung, von der die Rechte der nationalen Minderheiten verletzt werden, sind verfassungswidrig und werden nach dem Gesetz bestraft.»
Alle Staatsbürgerinnen und -bürger, die das 18. Lebensjahr voll-

endet haben, genießen das *aktive* und *passive Wahlrecht*. Davon sind nur Menschen ausgeschlossen, denen das Wahlrecht durch Gerichtsbeschluß entzogen wurde oder die gerichtlich für unzurechnungsfähig erklärt sind (Artikel 43).
Diese Verfassung legte zum erstenmal in der albanischen Geschichte *gleiche Rechte für Mann und Frau* fest:
«Die Frau ist dem Mann bei der Arbeit, in Entlohnung, Urlaub und Sozialversicherung, bei der Ausbildung und im gesamten Bildungswesen, bei allen gesellschaftlich-politischen Tätigkeiten und in der Familie gleichberechtigt.»
Im Grundgesetz nimmt das Thema *Arbeit* einen bedeutenden Platz ein. Die Arbeit, die vom Staat jedem garantiert wird – in Albanien gibt es *keine Arbeitslosigkeit* – ist Pflicht und Ehre für jeden arbeitsfähigen Bürger. Auch die *Verteidigung* des sozialistischen Vaterlandes wird in der Verfassung als die *höchste Pflicht* und *größte Ehre* für alle Bürger eingeschätzt.

Jugendarbeitslosigkeit verhindern

«Die Produktion von Massenkonsumgütern durch gründliche Nutzung unserer Rohstoffe und unter Heranziehung junger Arbeitskräfte sind untrennbar miteinander verbunden. Auch bei dem bisher Geleisteten konnten Tausende Werktätige an den neuen Produktionsstätten für kleinere Gebrauchsartikel eingestellt werden. Die Betriebsleiter dürfen nicht die Eröffnung neuer Produktionssparten und die Einstellung junger Arbeiter unter Vorwänden behindern. Es gibt keinen Betrieb, in dem es nicht möglich wäre, durch die Herstellung von neuen, und seien es nur kleinere Artikel, rentable Aktivitäten zu entfalten.»
(Ramiz Alia vor dem 10. Kongreß des albanischen Gewerkschaftsbundes vom 25. bis 27. Juni 1987)

Die Volksversammlung und ihr Präsidium

Das höchste Organ der Staatsmacht ist die *Volksversammlung*, Trägerin der Souveränität von Volk und Staat sowie einziges gesetzgebendes Organ. Sie wird alle vier Jahre in allgemeinen Wahlen direkt vom Volk gewählt.
Von den 250 Abgeordneten der Volksversammlung haben rund drei Viertel Hochschulbildung, gut 30 Prozent sind Frauen, knapp zwei Fünftel der Delegierten sind ihrer Herkunft nach Arbeiter und knapp 30 Prozent Genossenschaftsbauern.
Die Kandidaten, die für die Volksversammlung vorgeschlagen werden, sind Bürger, die aufgrund einer vorbildlichen Haltung bei der Arbeit und in der Gesellschaft allgemeine Achtung genießen. Grundsätzlich ist es für sie keine Vorbedingung, der kommunistischen Einheitspartei anzugehören, der *Partei der Arbeit Albaniens* (PAA). Ihre Kandidatur wird auf öffentlichen Versammlungen diskutiert, bei denen die Wahlberechtigten ihre Meinung äußern.
Kein Abgeordneter bekommt außer seinem normalen Arbeitslohn irgendeine *zusätzliche Entschädigung*. Es ist Ehrensache, Volksvertreter zu sein.
Das *Präsidium der Volksversammlung* ist Albaniens höchstes ständig amtierendes Organ und zugleich eine Art *kollektives Staatsoberhaupt*. Es setzt sich aus dem Vorsitzenden, drei Stellvertretenden Vorsitzenden, dem Sekretär und zehn Mitgliedern zusammen.
Zwischen den Sessionen der Volksversammlung überwacht das Präsidium die Durchführung der Gesetze und Beschlüsse der Legislative; neben weiteren wichtigen Aufgaben obliegt ihm die Kontrolle des Ministerrats, des Obersten Gerichts, der Generalstaatsanwaltschaft sowie jedes anderen staatlichen Organs und zieht sie allenfalls zur Rechenschaft.

Zu den Vertretungsgremien der Volksmacht gehören noch die *Volksräte*. Sie üben ihre Tätigkeit nur für bestimmte *Regionen* aus und sind den Landtagen in der Bundesrepublik Deutschland und Österreich oder den kantonalen Volksvertretungen in der Schweiz zu vergleichen. Sie werden alle drei Jahre in direkter, freier und geheimer Wahl bestellt und haben den Auftrag, die jeweiligen *lokalen Interessen* mit den gesamtstaatlichen Anliegen auf gesellschaftlichem, politischem, wirtschaftlichem und kulturellem Gebiet in Einklang zu bringen.

Institutionen der Staatsverwaltung

Eine besondere Form der staatlichen Institutionen sind ihre vollziehenden oder *exekutiven Organe*. Sie alle unterstehen entweder der Volksversammlung oder den Volksräten und sind ihnen gegenüber verantwortlich.
Das höchste Organ der Staatsverwaltung ist der *Ministerrat*. Er wirkt als exekutive Institution, aber auch weisunggebend für die ganze Volksrepublik Albanien, koordiniert und leitet alle gesamtstaatlichen Aktivitäten. Der Ministerrat wird von der Volksversammlung ernannt und abberufen, er legt vor ihr Rechenschaft ab. Zwischen zwei Sessionen der Volksversammlung ist er deren Präsidium verantwortlich.
Um gegebenenfalls alle Kräfte für die Verteidigung des Landes einsetzen und mobilisieren zu können, wurde der *Verteidigungsrat* geschaffen. Der Erste Sekretär des Zentralkomitees der PAA ist in seiner Eigenschaft als Oberkommandierender der Streitkräfte auch Vorsitzender des Verteidigungsrates. Dessen Zusammensetzung wird vom Präsidium der Volksversammlung auf Vorschlag des Oberbefehlshabers bestimmt.

Um ihre administrative Tätigkeit in den verschiedenen regionalen Verwaltungseinheiten zu delegieren, wählen die jeweiligen Volksräte aus ihrer Mitte *Exekutivkomitees*. Sie unterstehen sowohl den lokalen Räten, von denen sie gewählt wurden, wie den höheren staatlichen Zentralorganen.

Die Rechtspflege obliegt direkt von den Bürgern gewählten *Volksgerichten*. An ihrer Spitze steht der von der Volksversammlung gewählte *Oberste Gerichtshof*, der die Tätigkeit der gesamten albanischen Rechtsprechung leitet und überwacht.

Die *Staatsanwaltschaft* kontrolliert die strikte und unparteiische Beachtung der Gesetze durch die Ministerien und durch die anderen zentralen, regionalen und lokalen Verwaltungsorgane sowie von seiten der Gerichte, Untersuchungsbehörden, Institutionen, Betriebe, Organisationen und Einzelpersonen. Sie ist mit Einspruchsrecht gegen jeden gesetzwidrigen Akt ausgestattet und mit Vollmachten, von den zuständigen Organen seine Außerkraftsetzung oder Abänderung zu fordern. Der Generalstaatsanwalt und seine Stellvertreter werden von der Volksversammlung ernannt.

Die *Untersuchungsgerichtsbarkeit*, ein Vollzugsorgan der Volksversammlung, umfaßt ein «Generaluntersuchungsgericht» und Zweigstellen in allen 26 Bezirken des Landes.

Durrës – an Albaniens Tor

Wo die Albaner Ferien genießen

Der Adriahafen **Durrës** ist mit seinen kilometerlangen Sandstränden für alle Einheimischen der Inbegriff von Urlaub, Erholung und unbeschwerter Fröhlichkeit.
Wenn Sie mit dem Schiff eintreffen, ist Durrës das Tor zu allen weiteren Begegnungen mit Land und Leuten. Auch alle anderen Arrangements – soweit Sie keine regelrechte Rundreise gebucht haben – beginnen nach der Landung auf dem Flughafen **Rinas** und eventuell dem ersten Tag in der Hauptstadt **Tirana** mit einem Badeaufenthalt an der Bucht von Durrës, dem **Gjiri i Durrësit**.
Dort, am Beginn der Römerstraße *Via Egnatia*, die quer durch die Balkanhalbinsel bis Konstantinopel führte, fing in den vierziger Jahren des 20. Jahrhunderts das Eisenbahnzeitalter Albaniens an. Jetzt ist Durrës Ausgangspunkt für alle *touristischen Entdeckungsreisen* längs der Küste und ins Landesinnere.

Eine übersichtliche Zusammenstellung aller Ausflugsmöglichkeiten finden Sie auf den Seiten 408–409. Ich nenne in den folgenden Kapiteln zudem bei allen Orten die Nummer der von den Strandhotels in Durrës dorthin führenden organisierten Tour.

Baden wie einst die Prinzessinnen: Durrës-Plazh

Wo sich heute sechs Kilometer südöstlich der Stadt Durrës zwischen der Hauptstraße nach Südalbanien und dem Meer die Fußgängerzone des größten albanischen Erholungsgebiets für ausländische und einheimische Urlauber – **Durrës-Plazh** (Durrës-Strand) – erstreckt, waren noch vor gut 50 Jahren nur königliche Prinzessinnen und . . . Stechmücken zu Hause.
Wenn Sie heute auf einer der Hotelterrassen sitzen, vor sich den feinsandigen, flachen Strand, auf allen anderen Seiten umgeben von einer gartenähnlichen Anlage mit Tennis- und Volleyballplätzen, Freilichtkino, Cafés und Tavernen, Souvenir- und Buchläden, dann sollten Sie einen alten deutschen Reiseführer, erschienen 1939, in die Hand nehmen, um zu verstehen, daß an dieser Stelle alles aus dem Nichts aufgebaut werden mußte – so bescheiden es für unsere hochgezüchteten Ansprüche immer noch erscheinen mag:
«In Durazzo (= Durrës), das als bedeutsame Hafenstadt ein gut Teil der abenteuerlichen Geschichte der Staatengründung Albaniens vor dem Weltkrieg, als Sitz des zum König der Albaner ausersehenen Fürsten zu Wied mitgemacht hat, kann nur der wundervolle, kilometerlange Strand den Fremden interessieren. Man fährt mit dem Wagen ungehindert längs der Küste auf dem reinen, feinkörnigen Sand, der durch die Wellen der Adria wie gewalzt erscheint. Ein idealer Badestrand, wie man ihn selten in

Europa trifft. Zur Gänze reserviert für die königliche Bäderbarackenstadt, wo hinter Stacheldraht die zahlreichen Prinzessinnen des albanischen Königshauses unter militärischer Bewachung den Freuden des Strand- und Badelebens nachgehen. Schlimmer aber ist, daß das Hintergelände der Küste stark malariaverseucht ist, und die Moskitos eine höchst unangenehme Beigabe des Strandlebens bedeuten.»

Die *Ausrottung der Malaria* durch Trockenlegen des Sumpflandes hinter dem Golf von Durrës war eine der ersten Sanierungsmaßnahmen gleich nach dem Ende des Zweiten Weltkriegs. Die Mücken sind heute vollkommen unschädlich, aber nicht weniger lästig. Sie tun gut daran, die *Insektengitter* an den Türen und Fenstern Ihrer Hotelzimmer immer geschlossen zu halten, vor allem abends, wenn drinnen das Licht brennt! Sonst bekommen Sie von Juni bis September so gut wie sicher nächtlichen stechenden Besuch.

Selbstverständlich baden Sie heute in Durrës-Plazh nicht hinter Stacheldraht wie einst die Schwestern und Nichten von König Zogu. Im Unterschied zu anderen Ferien-«Klubs» am Mittelmeer sind Sie dort nicht in einer Oase westlichen Standards von einer völlig anderen Umwelt abgeriegelt. Auch herrschen in Albanien keine Devisenschranken zwischen dem Touristen und dem lokalen Kommunisten wie im Ostblock: In allen Lokalen und Geschäften, beim Verleiher von Sonnenschirmen und Booten – den zentralen *Freeshop* im Spitzenhotel **Adriatiku** ausgenommen – wird von Albanern wie Ausländern ausnahmslos die Landeswährung *Lek* angenommen.

Der **Strand** vor den Hotels bleibt allerdings zum Sonnen und Sitzen für deren Gäste reserviert – das ist zumindest zwischen Ende Juni und Anfang September nötig. Durchgehen darf hingegen jedermann überall. Davon machen die albanischen Familien aus den Feriencamps ringsum in hellen Scharen Gebrauch.

Vom Nachmittag bis in den späten Abend hinein genießen sie ihr Haupturlaubsvergnügen neben dem Baden im Meer: die *Passeggiata*, den Küstenspaziergang. Wenn Sie am folgenden Morgen früh aus dem Fenster schauen, sind erste Haufen Volks schon wieder unterwegs.

Es gilt für einen Fremden als ungehörig, Familien auf der Passeggiata anzureden; mit Frauen und Mädchen spricht man schon gar nicht. Fotografieren dürfen Sie nach Herzenslust, sofern Sie sich vorher durch eine Geste mit dem Fotoapparat die Zustimmung der auserkorenen «Fotomodelle» gesichert haben. Aber Achtung: *Kopfschütteln* bedeutet bei den Albanern *Zustimmung*, während *Kopfnicken* – zuerst Heben, dann Senken des Kopfes – ein klares *Nein* ist!

Leichter können Sie mit Albaniens herzlichen, doch alles andere als aufdringlichen Menschen auf einer Fahrt rund um den Golf von Durrës in Kontakt kommen. Zwischen dem 1. Juli und dem 31. August sticht ein Motorschiff von dem hölzernen Landungssteg in See, der etwa in der Mitte zwischen Durrës-Plazh und der Hafenstadt liegt. Zwischen 10 und 16 Uhr wird stündlich abgefahren. Hauptsächlich Eltern oder Großeltern mit ihren Kindern und Enkeln gehen an Bord. Kleine Geschenke von Süßigkeiten bis zu Miniautos für die Kleinen, Kugelschreiber oder Feuerzeuge für die Großen schlagen erste Brücken. *Deutsch* sprechen die allerwenigsten Albaner, es wird nur als Freifach an einigen wenigen Oberschulen des Landes unterrichtet. Hingegen radebrechen alle älteren Leute noch mehr oder weniger fließend *Italienisch*, die Schuljugend lernt und spricht *Französisch, Englisch*, teilweise auch Russisch.

Solche auf «hoher See» geschlossenen Bekanntschaften lassen sich untertags in den Cafés und Biergärten, am Abend auf den beiden nördlich und südlich des Hotel-Komplexes ins Meer hinausgebauten *Musikterrassen* fortsetzen, doch nicht so leicht an-

knüpfen. Anschlußfreudiger sind die Albaner beim «Nachtleben» in der *Kellertaverne* des **Adriatiku**. Während Wein und Raki fließen, spielt die Band abwechselnd albanische Weisen oder westliche Rhythmen; es darf getanzt werden. Stimmen die Musiker Partisanenmärsche aus den Tagen des nationalen Befreiungskampfes an, singen nicht nur die Veteranen – das Glas erhoben – mit, sondern auch die jungen Leute hinter ihrer Batterie alkoholfreier Getränke. In Albanien sind seine ganze Geschichte, und erst recht die militärisch-revolutionären Heldentaten im Zweiten Weltkrieg, heute noch lebendige Gegenwart für jung und alt.
Dann ist es vielleicht soweit, daß Sie in eines der ebenerdigen Reihenholzhäuser der *Kampi punëtori*, der Arbeitererholungslager von Durrës-Plazh eingeladen werden. Jeder albanische Werktätige hat Anspruch auf eine gesetzlich festgelegte Zahl von jährlichen Urlaubstagen: Arbeiter 15, Facharbeiter 21, Bergleute 30 und Akademiker sogar 42. Jedes zweite Jahr können sie sich um einen staatlich subventionierten Erholungsurlaub bemühen. Eine Zentralstelle in Tirana kontingentiert die Plätze und weist sie über Bezirksstellen den einzelnen Betrieben zu. Dort werden sie bei Belegschaftsdiskussionen den einzelnen Bewerbern zugeteilt. Ein staatlich subventionierter Urlaub in den Kampi dauert für alle Berufsgruppen 15 Tage und kostet pauschal für die ganze Familie am Strand von Durrës während der Hochsaison etwa das Sechstel eines Monatslohnes. In anderen Arbeiterlagern und Erholungsheimen des Landesinneren, die auch in der Zwischensaison und – in den Skigebieten der Albanischen Alpen – im Winter geöffnet sind, kostet ein Pauschalurlaub sogar nur bis zu einem Zehntel eines Monatslohnes. Wesentlich teurer werden die Ferien für Albaner, wenn sie darüber hinaus Heimplätze in Anspruch nehmen wollen, die – was selten vorkommt – nicht mit staatlich «subventionierten» Zwei-Jahres-Urlaubern belegt sind.

Dann kostet ein Tag Vollpension pro Person nämlich 40 Prozent der sonstigen Pauschalgebühr für die gesamte Familie in den ganzen 15 Tagen. Die meisten Albaner verbringen ihre Ferien daher jedes zweite Jahr bei Verwandten am Meer oder im Gebirge. Die Industrialisierung und Sozialisierung des Landes hat zwar weitgehend zur Auflösung der früheren Seßhaftigkeit der traditionellen Großfamilien und ihrer Aufsplitterung über das ganze Land geführt, nicht aber deren Zusammenhalt gebrochen. Die *kleinen Bauernhäuser*, die Sie hinter der Straße landeinwärts in Wald und Feldern entdecken, sind daher im Sommer mit Verwandten aus ganz Albanien überfüllt.
Richtung Durrës schließt sich an die Arbeiter-Erholungslager das mit seinem Lebensstil recht sehenswerte Camp der *Enver-Hoxha-Pioniere* an, der einheitlich kommunistischen Jugendorganisation. Die Lagerplätze werden nach schulischen Leistungen an Neun- bis Vierzehnjährige vergeben. Bei den Pionieren wird der größte Wert auf «Aktivferien» gelegt: Sport und Spiele, politische Schulung, Betriebsbesuche und kulturelle Besichtigungen wie Programme (Trip 1, Halbtagsausflug, Abfahrt 9 Uhr, bei genügend Anmeldungen täglich).
Sicher ist für Ausländer die Begegnung mit Albaniens Menschen in Durrës-Plazh nach dem Baden und Sonnen von vorrangigem Interesse. Wenn Sie lieber unter sich bleiben wollen, braucht Ihnen auch nicht langweilig zu werden, wenn Ihr Badetag zu Ende ist. Die *Seeterrasse* vor dem Hotel **Adriatiku** ist ein idealer Aufenthalt für sternhelle Sommerabende, sobald Sie dem klimatisierten, doch für unseren Geschmack immer noch zu schwülen Speisesaal entronnen sind.
Auf der *Dachterrasse* zwischen den vom Strand zurückversetzten Hotels **Apollonia** und **Durrës** wird fast jeden Abend zwischen 20 und 22 Uhr ein Programm geboten: Freilichtkino, Tanzmusik, albanische *Volksmusik-* und *-tanzensembles* aus dem ganzen

Land. Da die albanische Volksmusik auf die meisten von Ihnen beim ersten Zuhören recht fremd und eigenartig, weniger schön als rhythmisch mitreißend wirken mag, hier zwei Tips zum besseren Verständnis und vielleicht sogar zum «richtigen» Genießen:

- Beim musikalischen Ausdruck der Albaner nimmt die menschliche Stimme den Hauptpart ein. Für die Volkssänger Südalbaniens ist es charakteristisch, die Stimme in der Kehle zu bilden, wie das die *Jodler* in unseren Alpen auch tun. Unübertroffen in ihrer allerdings fremdartigen Klangfarbe sind die nordalbanischen *Majekrahi*-Lieder mit ihrer typischen Echowirkung. Es waren ursprünglich zwischen den Wanderhirten von Berg zu Berg gesungene Weisen. Sie sind von der späteren Romanisierung und Orientalisierung der sonstigen albanischen Volksmusik völlig unberührt geblieben.
- Den beiden Dialektgruppen des Albanischen – dem Gegischen nördlich des Shkumbin-Flusses und dem Toskischen südlich davon – entsprechend gibt es zwei Bereiche von volkstümlichem Gesang und Instrumentalmusik: die *homophone* oder *heterophone Volksmusik* der Gegen und die *polyphone* der Tosken.

Der *Albanische Nationalzirkus* gibt in Durrës-Plazh Ende Juli/ Anfang August sein jährliches Gastspiel. Zu *Opern-* und *Ballettabenden, Konzerten* und *Schauspielaufführungen* in **Durrës** und **Tirana** werden Sonderfahrten (Trips 5 und 6) durchgeführt.
In Durrës-Plazh kommen sogar archäologisch Interessierte auf ihre Rechnung: Auf der Hügelkette jenseits von Straße und Bahnlinie hatte sich in der Römerzeit ein Teil der Kämpfe zwischen *Cäsar* und *Pompejus* abgespielt. 1081 trafen dort die byzantinischen Scharen von Kaiser *Alexios I. Komnenos* (1081–1128) auf die Normannen von *Robert Guiscard* (1059–1085), ohne deren Siegeszug nach Durrës aufhalten zu können. Beide Schlachtfelder versanken unter Schutt und Erde. Nur ein französischer

Reisender des 19. Jahrhunderts, *Léon Hese,* beschrieb 1861 Ruinenreste an einem Hügel, den die Einwohner des nahen Dorfes **Arapaj** nach dem Erzengel Michael benannten. Als albanische Archäologen 1980 bei diesem Hügel die Spaten ansetzten, suchten sie die Spuren des römischen und byzantinischen Schlachtfeldes vergeblich. Hingegen legten sie Fundamente und andere Reste einer frühbyzantinischen **Michaels-Basilika** (6. Jh.) frei; es war die größte, die auf albanischem Boden bisher bekannt geworden ist, mit einem der schönsten und größten Fußbodenmosaiken seiner Art.

Der Weg dorthin ist von den Hotels leicht zu finden: Verlassen Sie den umzäunten Hotelkomplex in Richtung Straße, und gehen Sie darauf nach links, bis Sie rechts den Kinderspielplatz sehen. Dort biegen Sie rechts ab, bis Sie hinter der Bahn auf die erste asphaltierte Querstraße stoßen, der Sie wieder nach rechts folgen. Dann den ersten Weg links in das Dorf Arapaj. Gehen Sie hinein, bis Sie zu einer Wasserleitung kommen, dahinter wieder nach rechts. Steigen Sie durch die Gärten den Hügel hinauf, bis Sie rechts den Zaun um die Ausgrabung entdecken.

Von den Fundamenten der Basilika mit einer Abmessung von zirka 60 × 28 Metern sind vor allem die Hauptapsis des *Presbyteriums* und darin noch die Priesterbank rundum zu erkennen. An die rechte Seitenwand der Kirche war eine Kapelle angebaut. Von ihr ist der über 50 Quadratmeter große *Mosaikfußboden* vollständig erhalten, allerdings jetzt zum Schutz mit sandbedeckten Plastikplanen verhüllt. Sie dürfen sie nicht eigenmächtig entfernen. Setzen Sie sich am besten vor Ihrem Ausflug auf den Michaels-Hügel – den Sie gut auf eigene Faust unternehmen können – mit dem(r) albanischen Reiseleiter(in) Ihrer Gruppe in Verbindung, damit Sie zu einem Zeitpunkt nach Arapaj hinausmarschieren, wenn dort Verantwortliche des zuständigen Archäologischen Museums von Durrës anwesend sind. Dann wer-

Dieses byzantinische Mosaik in der Kapelle des Amphitheaters von Durrës ist eines der bedeutendsten auf dem Balkan. Es gibt den Kunsthistorikern Rätsel auf, weil es Stilelemente aus dem 6. und 10. Jahrhundert vereinigt

den die Planen entfernt – und Ihnen bleibt der Mund offen; das Kunstwerk macht dem Namen des antiken Durrës als einer Stadt mit besonders *hoch entwickelter Mosaikkunst* alle Ehre. Innerhalb von mehrfachen, mehrfarbigen Bordüren zwei Darstellungen: in der östlichen Hälfte ein *Weinstock,* links und rechts von je einem Hirsch flankiert; westlich eine Hirtenszene mit Pferden, Ziegen, Schafen und Hunden. Die beiden Hirten sollen nach Ansicht der albanischen Experten *Kain* und *Abel* darstellen, der linke von ihnen finster blickend und dunkel gewandet, der rechte heiter und im weißen Kleid der Unschuld. Der wohl beste Albanien-Kenner unserer Tage, *Norbert Stanek* aus Wien, der das

Mosaik von Arapaj 1983 in Zusammenarbeit mit der Albanischen Akademie der Wissenschaften untersucht hat, urteilt darüber: «Das Mosaik wirkt wunderbar harmonisch und ist mit großer Kunstfertigkeit ausgeführt.»
Über die *zeitliche Zuordnung* dieses Meisterwerks sind sich die Forscher noch nicht einig. Kain und Abel – sofern sie gemeint sind –, aber vor allem das christliche Motiv des Weinstocks, schließen einen klassisch-griechischen, hellenistischen oder römischen Ursprung aus, obwohl der Stil und die feine Arbeit an Mosaiken in der Stadt Durrës aus dem 4. bis 3. Jahrhundert vor der Zeitrechnung erinnern. Die bauliche Einbeziehung in eine christliche Kirche macht aber eine solche Zuordnung ganz unmöglich. *Faruk Zarshati* stellt hingegen in seiner Arbeit «Kulturdenkmäler in Albanien» gleichartige Mosaiken aus **Lin** bei **Pogradec** am Ochrid-See aus dem *6. Jahrhundert nach Christus* vor. Das würde auch mit der mutmaßlichen Errichtung der ganzen Basilika von Arapaj im Jahrhundert der großen Kirchenbauten Kaiser *Justinians I.* (527–565) übereinstimmen.

Die Griechen nannten es Dyrrhachion ...

Von **Durrës-Plazh** sind es nur wenige Kilometer nach **Durrës,** der zweitgrößten Stadt Albaniens. Sie hat knapp 84 000 Einwohner, nicht viel weniger als die Schweizer Stadt Winterthur; ihr Hafen ist der wichtigste des Landes wie der östlichen Adria südlich von Triest und Rijeka. Da Durrës über 2500 Jahre alt ist, besitzt es *antike, byzantinische, venezianische, osmanische* und natürlich *national-albanische Sehenswürdigkeiten.* Darüber hinaus bietet Durrës wie die meisten, noch dazu industrialisierten mediterranen Hafenstädte kaum ästhetische Reize.

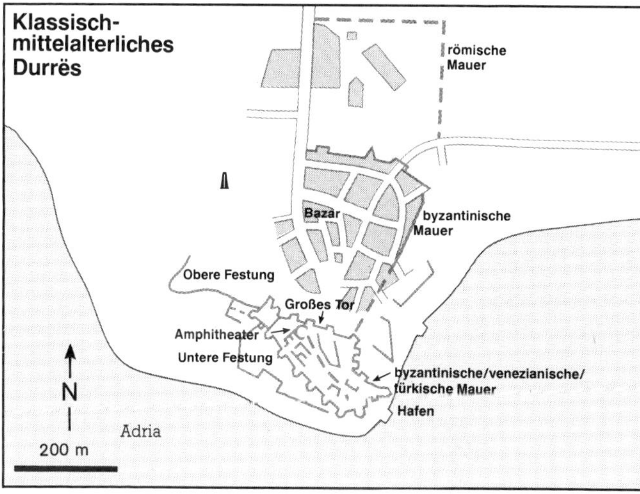

Um in die Stadt zu kommen, können Sie einfach den Sandstrand entlang schlendern oder die Straße lang gehen, die sich hinter den Hotels nach links parallel zur Küste nach Nordwesten zieht, dann scharf rechts abbiegt, um die Bahn zu unterqueren. Schnurgerade führt sie nach **Tirana** weiter, schräg links geht es parallel zu den Schienen auf Durrës zu. Das Gewirr von Geleisen, das Sie als erstes begrüßt, ist Albaniens größter Güterbahnhof **Shkozet.** Da teilen sich auch die «Nordbahn» über Shkodra nach Jugoslawien – mit einer allerdings noch bedeutenderen Nebenstrecke in die Hauptstadt Tirana – und die «Südbahn» über Elbasan nach Pogradec am Ochrid-See mit einer Stichbahn ins südalbanische Erdölgebiet von Ballsh. Wenn Sie den anschließenden Hauptbahnhof sehen, können Sie die Innenstadt und die südwestlich ins Zentrum führende Hauptstraße **Rruga Stalin** nicht mehr verfehlen.

Vom kleinen Platz hinter dem Touristenkomplex von Durrës-Plazh gibt es einen regel- bis unregelmäßigen, tagsüber aber mindestens stündlichen *öffentlichen Busverkehr* in die Stadt. Da in Durrës-Plazh auch Busse anderer Linien anhalten können und damit Sie auf keinen Fall in die verkehrte Richtung nach **Kavaja** fahren, achten Sie bitte auf Wagen mit der Aufschrift «Urban» (Stadtverkehr). Zur Rückfahrt von Durrës zum Badestrand steigen Sie bei der **Post** am Anfang der Stalinstraße in einen Bus mit der Beschriftung «Plazh».

Im Sommer sind diese Busse – vor allem in der Richtung nach Durrës-Plazh – fast immer überfüllt. Doch werden Sie auch kaum ein *Taxi* finden – am ehesten noch vor dem Bahnhof. Für Ihre erste Bekanntschaft mit Durrës, seinen *Altertümern, Museen* und *Moscheen* empfehle ich daher den *Halbtagsausflug mit Führung* (Trip 2), der für genügend Teilnehmer täglich um 9 Uhr vom **Hotel Adriatiku** startet. Bei allen Albanien-Rundreisen oder den kombinierten Badeferien «Eine Woche Durrës – Eine Woche Saranda» ist er sowieso im Programm enthalten. Dann können Sie nochmals auf eigene Faust Ihren besonderen Interessen nachgehen, *Einkäufe* (Textilien und Glaswaren) machen, sich äußerst günstig ein Kostüm, einen Anzug, aber auch Blusen, Hemden und Pyjamas maßschneidern lassen, das – nicht gerade überwältigende – *gastronomische Durrës* entdecken oder erkunden, wie dessen Bewohner am **Hafen** und in der **Zigarettenfabrik** arbeiten, wie sie wohnen und leben. Im ganzen Raum von Durrës-Plazh und der Stadt, die abgesperrte **Zollzone** im Hafen ausgenommen, gibt es *keine Bewegungs- oder Fotografierbeschränkungen* für Ausländer.

Schon lange vor der Ankunft *griechischer Kolonisten* lag auf der von einem Schutz bietenden Berg gekrönten Halbinsel mit ihrem sicheren Naturhafen eine *illyrische Siedlung*. Genaueres über sie zu erfahren, ist heute eines der Hauptanliegen der Archäologen

von Durrës. Sein Name dürfte aber schon ähnlich gelautet haben: Als die Griechen ihre 627 vor unserer Zeit gegründete Stadt *Epidamnos* nannten, setzte sich diese Bezeichnung nicht recht durch. Sie wurde von *Dyrrhachion* verdrängt, woraus dann die Römer *Dyrrhachium* machten. Schon in *klassisch-griechischer* und *hellenistischer Zeit* entwickelte sich Epidamnos-Dyrrhachion zu einer der größten See- und *Handelsstädte* an der östlichen Adria. Nachdem es sich 230 vor Christus als «freie Stadt» unter *römischen Schutz* gestellt hatte, kam dazu noch seine Bedeutung als Ausgangspunkt der *Via Egnatia,* die durch alle römischen Provinzen der Balkanhalbinsel bis nach *Byzanz* führte.
Damals soll dieser wichtige Warenumschlagplatz der Römer in Südosteuropa um die *100 000 Einwohner* gehabt haben – mehr als heute und überhaupt kein Vergleich zum Jahr 1914, in dem Durrës als Hauptstadt des «Fürsten von Albanien» *Wilhelm zu Wied* sogar nur 1500 Bürger registrierte. Als Byzanz zur Zeit Kaiser Konstantins im 4. Jahrhundert nach Christus unter dem neuen Namen *Konstantinopel* zur oströmischen Hauptstadt wurde, gestaltete sich Dyrrhachion erst recht zum *Bindeglied und Berührungspunkt* zwischen den Machtsphären des Alten und des Neuen Rom, später zwischen dem *abendländischen und dem byzantinischen Kulturkreis.* Fast alle *militärischen Auseinandersetzungen* zwischen den Byzantinern und ihren westlichen Widersachern – ob *Kreuzfahrer, Normannen, Staufer* oder *Angiovinen* – wurden zuallererst um Durrës ausgefochten.
Also ein Ort, in dem fortwährend zerstört und befestigt, niedergebrannt und wiederaufgebaut wurde. Auf den ersten Blick sehen Sie noch immer die mächtigen Türme und Mauern über dem **Hafenviertel** am Ende der Stalinstraße, sobald Sie dort den modern gestalteten **Hauptplatz** überquert haben. Alles andere müssen Sie schon tiefer unter der Erde suchen. Unter dem ganzen verbauten Gebiet schlummern unentdeckt noch viele archäo-

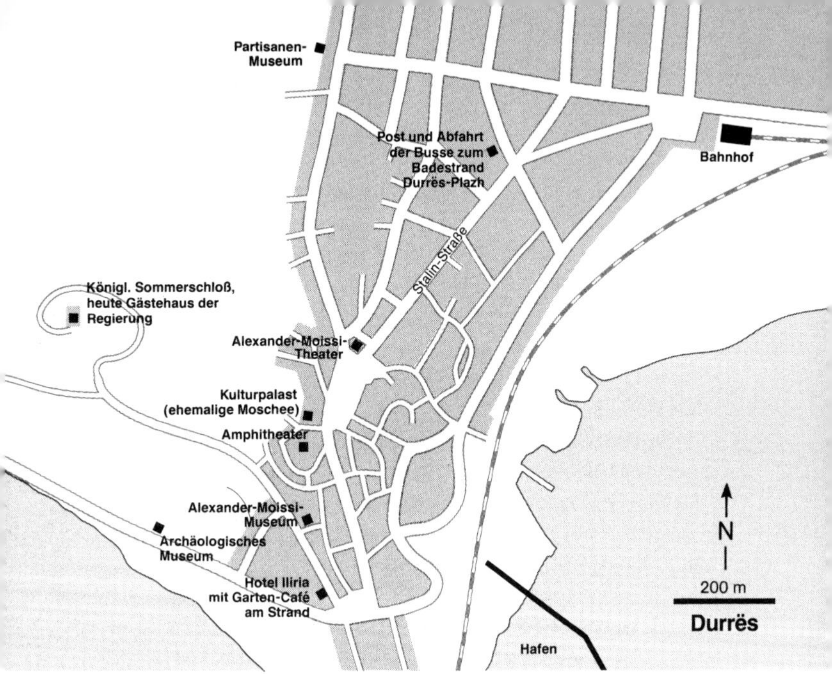

logische Schätze. Deshalb steht die gesamte «Unterwelt» von Albaniens «Tor zur Welt», wie die Hafenstadt auch genannt wird, unter Denkmalschutz.

Die bedeutendste und eindrucksvollste Entdeckung wurde schon 1660 gemacht, aber erst Ende der sechziger Jahre des 20. Jahrhunderts freigelegt, zwischen 60 und 70 Altstadthäuser mußten dabei der Spitzhacke weichen: Es ist das **Amphitheater** von Durrës, ein 120 Meter langes Oval mit Platz für 6000 bis 20 000 Zuschauer – die Schätzungen gehen auseinander. Erhalten blieb auch ein Raubtiergelaß mit einem dunklen Gang zur *Arena,* die also auch da weniger der holden Kunst gedient hat, als für recht blutige Schauspiele herhalten mußte. Aus späteren Jahrhunderten stammt eine Kapelle mit den einzigen auch von ihren Motiven

her eindeutig christlich-byzantinischen *Wandmosaiken* Albaniens. Dieses Amphitheater soll demnächst jeweils im Juli und August durch ein *Festival von Durrës* zu neuem Leben erweckt werden.

Sie erreichen dieses wichtigste Bauwerk des antiken Dyrrhachium direkt, wenn Sie dort, wo die vom Berg herunterkommende byzantinische Stadtmauer rechts auf die hinter dem Hauptplatz beginnende **Hafenstraße** stößt, diese Straße die Mauer entlang verlassen. Schon nach wenigen Schritten sehen Sie links das frei zugängliche Ausgrabungsgelände.

Die Anlage dürfte im 2. Jahrhundert unserer Zeitrechnung gebaut worden sein; als Theater wurde sie zum letztenmal durch den byzantinischen Kaiser *Anastasios I.* (491–518) wiederhergestellt. In seine Zeit datieren *deutsche Kunsthistoriker* auch die engelhaften Heiligengestalten auf dem Mosaik der Kapelle, zu der Sie auf halber Höhe des Amphitheaters einer der ursprünglichen unterirdischen Gänge führt. Doch dürfte nur die letzte der sechs Figuren wirklich ein Engel sein, über dessen Namen allerdings keine Beschriftung Auskunft gibt. Bei der ersten, flügellosen Gestalt handelt es sich um den volkstümlichen *heiligen Stylianos,* mit Flügeln folgt der *heilige Alexandros,* ein historisch greifbarer Bischof von Alexandria (gest. 328), der 321 den «Erzhäretiker» *Arius* exkommuniziert und sich wohl damit die amtskirchliche Ehre der Altäre verdient hatte.

Zwischen dem Haghios Alexandros und der Engelsfigur ist eine unbeschriftete Dreiergruppe zu erkennen: eine große Gestalt in der üblichen ikonographischen *Gewandung Marias,* doch mit einem «Reichsapfel» in der linken Hand, was auch auf eine byzantinische Kaiserin oder mindestens sehr hochgestellte Dame hinweisen könnte. Stifter oder Erneuerer der Kapelle verkörpern auf jeden Fall die beiden kleinen Figuren, eine Frau und ein Mann, zu Füßen der «Madonna-Kaiserin». Da *Stiftermosaiken*

dieser Art im byzantinischen Bereich erst während der *Makedonischen Dynastie* (867–1056) verbreitet sind, will die albanische Byzantinistik das ganze Mosaik im 10. Jahrhundert ansiedeln und den «heiligen Alexandros» mit dem kurzfristig herrschenden *Kaiser Alexandros* (912/913) gleichsetzen. Gegen eine so späte Datierung der gesamten Mosaikkomposition sprechen aber kunsthistorische Charakteristika der drei Hauptgestalten, vor allem der Faltenwurf ihrer Gewänder. Haghios Stylianos, Haghios Alexandros und der namenlose Engel erinnern verblüffend – und darin muß man der Universität Erlangen einfach Recht geben – an die Mosaiken aus dem 6. Jahrhundert in der *Demetrios-Basilika* von **Thessaloniki,** das in frühbyzantinischer Zeit auch der kirchliche «Vorort» von Durrës war. Der heilige Alexandros ist sicher kein Abbild des gleichnamigen oströmischen Kaisers aus dem frühen 10. Jahrhundert. Um ihn dürfte es sich vielmehr bei der kleinen Stifter-Figur handeln, die auf dem Mosaik mit dem Heiligen beide Füße gemeinsam hat: Diese Art, Kirchen- und Klostergründer in das Abbild ihres Namenspatrons hineinzuschmuggeln, ist für die Mosaikkunst der Makedonischen Dynastie wohlbekannt. Vorläufig können wir also festhalten, daß die ursprüngliche Dreier-Gruppe auf dem Mosaik (Stylianos, Alexandros, Engel) tatsächlich aus dem 6. Jahrhundert oder noch früherer Zeit stammen dürfte: Während der Völkerwanderung hatte das Amphitheater als *christlicher Friedhof* gedient, bis es Kaiser Anastasios wiederherstellen ließ.

Oberhalb vom Amphitheater kommen Sie zu *typischen Altstadthäusern* aus der Türkenzeit in malerischen Vorgärten. Sie stehen auf dem Boden der *Akropolis* des antiken Dyrrhachion, deren letzte Reste dem verheerenden Erdbeben von 1273 zum Opfer gefallen waren. Nur der im Nordwesten sichtbare Turm des byzantinischen Despoten von Epirus, *Theodor* (1215–1230), konnte ihm standhalten. In die heutige Mauer, die den Altstadt-

hügel hinaufführt, wurden Steine aus den Ruinen, Marmorfragmente, Blöcke mit Inschriften und Grabsteine als «Füller» eingebaut. Von dieser Stadtmauer bietet sich bei tiefem Stand der Nachmittagssonne das beste Foto-, Mal- und Zeichenmotiv des *Panoramas* von Durrës gegen den Hafen und seinen Golf zu. Nehmen Sie aber vorher durch freundliches Winken oder ein paar albanische Grüße mit der Mannschaft des MG-Nestes der Volksarmee Kontakt auf, das da oben die Wacht am Meer hält.

Durch ein Tor in der Mauer südwestlich vom Amphitheater, eine zur Küste abwärts führende Straße und dann rechtsum den Strand entlang erreichen Sie das **Archäologische Museum.** Mit seiner Errichtung hat sich 1918 die sonst nicht immer ruhmreiche *österreichisch-ungarische Besatzung* in Albanien neben ihrem U-

Theater und Springbrunnen beherrschen den sonst nüchternen Hauptplatz von Durrës

Boot-Stützpunkt im Hafen, der die verlorene Sache der Mittelmächte auch nicht mehr retten konnte, ein bleibendes gutes Andenken gesichert, ehe sich Weihnachten 1918 wieder eine unabhängige, wenn auch nur provisorische albanische Regierung in Durrës niederließ, bis die Hauptstadt 1920 nach Tirana ins geschützte Landesinnere verlegt wurde.

Das einmal schönste Stück des Museums, das vielfarbige *Kieselmosaik* eines mit Blumenornamenten umgebenen Frauenkopfes, können Sie jetzt nur noch als Farbdruck am Eingang bestaunen. Das Original ist im **National-Historischen Museum** von **Tirana.** Das symmetrisch-ovale Gesicht mit den ausdrucksvollen Lippen und Perlenschnüren im Haar stellt nach einhelliger albanischer Deutung die antike *Blumengöttin Flora* dar. Weit auseinander gehen die Meinungen auch hier hinsichtlich der zeitlichen Einordnung des in den frühen siebziger Jahren des 20. Jahrhunderts bei Bauarbeiten in einem Randbezirk von Durrës entdeckten Kunstwerks: Während es von *Faruk Zarshati* ins 4. bis 3. Jahrhundert vor der Zeitrechnung datiert wird, betrachtet es *Skënder Anamalis* als «spätrömisch», *Stilian Adhamis* verweist es sogar ins 4. nachchristliche Jahrhundert.

Hilfreich für *eigene Entdeckungsreisen* durch die Reste des griechisch-römischen Dyrrhachion/ium ist dann im Vorraum der Stadtplan mit allen antiken Fundstellen. Schauräume und Freigelände bieten eine Fülle – eher lieblos aneinandergereihter – Exponate aus der bewegten Geschichte von Durrës und seiner Umgebung. Doch sollen die Objekte zu Beginn der neunziger Jahre in einen Museumsneubau umgezogen sein (ein illyrischer Helm, antike Vasen mit roten Figuren, Skulpturen und Votivgaben). Den Unbilden von Sommerglut, Winterregen und in Durrës immerwährender Feuchtigkeit sind im Gartenhof Grabstelen mit illyrischen Inschriften, Säulen-Fragmente, Bleiröhren römischer Wasserleitungen, große Amphoren für Wein und Olivenöl, os-

manische Grabplatten und zu Pyramiden aufgetürmte steinerne Kanonenkugeln ausgesetzt.

Der *Säulenhof der abgetragenen Moschee von Kavaja* bildet einen gefälligen Abschluß. Dieses schönste und größte islamische Gotteshaus von Albanien aus dem 17. Jahrhundert ist 1967 dem ersten Überschwang der Kulturrevolution zum Opfer gefallen.

Nun geht es zurück zum Hauptplatz, an dessen Nordostrand die jüngsten Ausgrabungen warten. Als dort 1962 die Fundamente für das **Alexander-Moissi-Theater** mit angeschlossenem Kulturhaus ausgehoben wurden, stießen die Arbeiter auf Reste *römischer Thermen.* Nach Freilegung und Restaurierung ist diese Badeanlage heute frei zugänglich. Die Warmluftanlage im Keller *(Hypokaustum),* ein 7 × 5,3 Meter großes Becken und ein schachbrettartiger Mosaikboden erzählen vom hohen Lebensstandard im römischen Albanien. Der Moissi-Kulturpalast, dem größten albanischen Schauspieler und zugleich gefeierten Darsteller auf allen Bühnen deutscher Sprache in der Zwischenkriegszeit gewidmet, ruht auf Betonpfeilern über den Ruinen des Badehauses. Unter der benachbarten, vor der Jahrhundertwende von Moissi besuchten Schule wurden 1986 die *Fundamente eines Rundbaus* entdeckt. Nach langerem Tauziehen, ob die zur Gedenkstätte erklärte Schule wichtiger sei oder sie im archäologischen Interesse abgerissen werden sollte, setzten sich die Ausgräber durch. Groß war ihr Staunen, als sich zeigte, daß das Rund der Grundsteine 40 Meter Durchmesser hat. 1989 waren die Ausgrabungen noch im Gang, und das Rätsel dieses Rundbaus war nicht gelöst. Vermutlich handelte es sich um ein kuppelüberwölbtes Gebäude aus frühbyzantinischer Zeit. Sie finden seine Reste schräg links hinter dem Moissi-Theater. Mit diesem kulturell bedeutendsten Vertreter des vorrevolutionären Albanien sind wir aber schon tief in jener Zeit, als Durrës längst nicht mehr Dyrrhachion, sondern Durazzo hieß.

. . . die Venezianer Durazzo

Schon 1204 ließen die *Venezianer* erstmals ihre Flagge mit dem Markuslöwen über Durrës wehen. Doch bereits 1212 wurde es ihnen vom erwähnten byzantinischen Teilherrscher *Theodoros* (S. 163) wieder entrissen. Er machte die Stadt zur zweiten Hauptstadt seines epirotischen Reiches neben Arta viel weiter südlich an der Ionischen Küste. Nach genau 180 wechselvollen Jahren wird der Hafen wieder venezianisch und bleibt es für das ganze 15. Jahrhundert. Jetzt setzt sich der italienisierte Name Durazzo durch. Der Seerepublik verdankt Durrës seine Befestigungen in ihrer heutigen Form. Sie umfassen nicht einmal mehr ein Viertel der Fläche des antik-byzantinischen Dyrrhachion, vermitteln aber immer noch den Eindruck wuchtiger Größe und uneinnehmbarer Sicherheit. Als geschlossener Komplex blieb die **Bastion** am Eingang zum jetzigen Hafen am besten erhalten.
Sie war uneinnehmbar für alle, mit Ausnahme der *Türken.* Durazzo muß ihnen im August 1501 übergeben werden. Nun versinkt die nach der Kapitulation schwer verheerte Stadt für über vier Jahrhunderte geradezu in der Geschichtslosigkeit. Der Hafen versandet, nur für die Anlage von *Salinen* zur Meersalzgewinnung bleibt dem **Golf von Durrës** eine bescheidene Bedeutung. Osmanische Reisende aus dem 17. Jahrhundert beschreiben Durazzo, dessen offizieller türkischer Name *Dratsch* sich nie recht durchgesetzt hat, als ärmlichen kleinen Ort mit rund 150 Häusern, die wenigen hundert Einwohner von der Malaria gezeichnet. Die ehemalige Metropole Illyriens war ein unbedeutendes türkisches Dörfchen geworden, während sich die Schwerpunkte albanischer Existenz nach **Prizren** und **Manastir** im heutigen Jugoslawien verlagerten.
Verständlich, daß sich aus diesen kärglichen Tagen kaum sehenswerte *osmanische Bauwerke* in Durrës erhalten haben.

169 Das Eindrucksvollste, was in **Durrës** vom antiken Dyrrhachium ausgegraben wurde, ist ein Amphitheater, das einst 20 000 Zuschauern Platz bot

170 In der Bucht von **Durrës** liegt der längste und wohl schönste Sandstrand der ganzen Adria. Abgesehen vom Juli und August, wenn die Einheimischen Ferien machen, gehört dem ausländischen Gast dort ein großes Stück Strand allein.
Die Hauptstadt **Tirana** ist großzügig geplant und angelegt, die bewußte Beschränkung des privaten Straßenverkehrs auf Fußgänger und Fahrräder schafft besonders kinder- und altenfreundliche Verhältnisse

171 Am Skanderbeg-Platz von **Tirana** treffen altes und neues Albanien zusammen: Hinter dem hellen Zweckbau der Nationalbibliothek sind (von links) der Uhrturm und die Ethem-Bei-Moschee aus dem ersten Drittel des 19. Jahrhunderts zu sehen, königliche Bauten der Zwischenkriegszeit und (ganz rechts) die Reiterstatue, die dem größten Albaner der Vergangenheit gewidmet ist

172 Die frühere drückende Wohnungsnot ist vergessen.
Die Mieten in den staatlichen Wohnblocken machen nur einen Bruchteil der Monatslöhne aus. Zunehmend bauen aber jetzt auch Privatleute in Nachbarschaftshilfe. Der Staat stellt Boden und Baumaterial zur Verfügung

173 Skanderbegs über 20 Jahre gegen die Türken verteidigte Bergfestung **Kruja** ist zu einer Art nationalem Wallfahrtsort für acht Millionen ethnische Albaner in aller Welt geworden

174 / 175 Der ganze südalbanische Ort **Gjirokastra** steht als «Museumsstadt» unter Denkmalschutz. In der Geburtsstadt Enver Hoxhas findet alle drei Jahre ein Treffen von Folkloregruppen aus dem ganzen Land und von den albanischen Minderheiten in Jugoslawien, Italien, Griechenland und der Türkei statt

176 Die Fahrt von Gjirokastra nach **Saranda** mit seiner «Albanischen Riviera» am Ionischen Meer geht über die weiten Höhen des Dropull-Gebirges

Die **«Große» Moschee** zwischen Hauptplatz und Stadtmauer war nie besonders überwältigend. Sie hat durch den nach 1967 ausgesprochen kunstsinnig vorgenommenen Umbau zu einem *kulturellen Jugendzentrum* nur gewonnen. Um so stilvoller die kleine **Fethije-Moschee** unter dem Amphitheater, die nach Jahren der Verwahrlosung 1985 feinfühlig restauriert worden ist. Ein paar Schritte weiter unten in Richtung Hafen das **Wohnhaus der Familie Moisiu,** in dem der kleine Aleksandër, der sich später eingedeutscht «Alexander Moissi» nannte, seine Volksschuljahre verbrachte.

Beim Familiensitz der Moisius handelt es sich um ein typisches albanisches *Freitreppen-Haus.* Heute dient es als **Museum Alexander Moissi** und zeigt neben den Wohnräumen von dessen Vater und anderen Verwandten eine Reihe kunstgewerblicher Gegenstände, die Leben und Tätigkeit der *Kaufleute* von Durrës in der zweiten Hälfte des 19. Jahrhunderts veranschaulichen. Vom osmanischen Durazzo vor 1912 ist schließlich noch ein Türkisches Dampfbad, das *Hamam,* an der linken Seite der Straße in Richtung Hafen übriggeblieben.

Gerade um den *Hafen* von Durrës war es Ende 1944 nicht viel besser bestellt als unter osmanischer Herrschaft: Die *Wehrmacht* hatte vor ihrem Abzug alles gesprengt. Doch das neue Albanien setzte seinen Ehrgeiz daran, nicht nur den Hafen aus-, sondern auch eine eigene *Hochseewerft* aufzubauen. 1989 konnten in Durrës Schiffe bis 16 000 Bruttoregistertonnen ein- und auslaufen, unter ihnen seit 1983 das italienische *Auto-* und *Personenfährschiff* «Tiepolo». In erster Linie dient der Hafen aber dem *Export der albanischen Bodenschätze.* Von der neuen Werft liefen in ihrem ersten Betriebsjahr 1947/48 nur Holzschiffe bis 500 Bruttoregistertonnen vom Stapel, heute werden schon bis zu 3000-Tonnen-Frachter gebaut. Weitere *Industriezweige* in Durrës, die aber im Unterschied zu Hafen, Werft und Zigarettenfabrik am

Stadtrand an der Straße nach Tirana angesiedelt sind, dienen dem Maschinenbau sowie speziell der Herstellung von Radios und Fernsehempfängern, chemischen Produkten, der Lederverarbeitung und der Nahrungsmittelerzeugung.
Ein würdiges Denkmal des *Nationalen Befreiungskampfes* im Zweiten Weltkrieg, der die Voraussetzungen für dieses fortschrittliche Albanien und Durrës geschaffen hat, liegt in einem kleinen Park am Ende der nach Westen verlängerten Bahnhofstraße: Das **Partisanenmuseum.**

Kavaja - auf Alexander Moissis Spuren

Wichtigster Ort im *Bezirk Durrës* neben der gleichnamigen Hafenstadt ist **Kavaja** (25 500 Einwohner). Obwohl es von **Durrës-Plazh** aus sowohl mit der Bahn wie mit öffentlichen Bussen zu erreichen ist, war es bei Drucklegung dieses Führers Ausländern noch nicht gestattet, auf eigene Faust dorthin zu fahren. Einzige Möglichkeit bleibt daher vorerst der organisierte Gruppenbesuch (Trip 4) mit Abfahrt um 9 Uhr (halbtägig) vom **Hotel Adriatiku,** meist einmal wöchentlich am vorher dort angekündigten Tag.
Die Straße nach Süden verläuft noch immer auf der Route der römischen *Via Egnatia.* Anhand neuester Funde sind die albanischen Urgeschichtler immer stärker davon überzeugt, daß dort schon lange vor den marschierenden Legionen in der *Eisenzeit,* bereits seit dem 10. Jahrhundert vor Christus, Händlerzüge zwischen Adriaküste und innerbalkanischem Hinterland unterwegs waren.
Beim ersten größeren Dorf, **Kryemedhej,** verläßt auch unsere schmale, aber gepflegt asphaltierte Straße das Meer, läuft am Fuß

der Hügelzüge entlang durch die *Fusha e Kavajës,* die Ebene von Kavaja, fast immer gesäumt von schattigen Alleebäumen.
Vor einer weit nach rechts ausholenden Kurve der Umfahrungsstraße geht es geradeaus der Bahn entlang in das aufstrebende Industriestädtchen Kavaja hinein. Als ein Mittelpunkt von *Töpferei, Fell- und Pelzhandel* wird es erstmals im 16. Jahrhundert erwähnt. 200 Jahre später zählte es bereits 400 Häuser, mehr als doppelt so viel wie Durrës in jener Zeit. Weltbekannt bei allen Freunden des deutschen Sprechtheaters wurde Kavaja aber ab 1899, als am Wiener Hoftheater – dem heutigen Burgtheater – der Stern seines größten Sohnes zu steigen begann: von *Alexander Moissi* (1879–1935).
Obwohl Moissi nie auf einer albanischen Bühne – die es zu seinen Lebzeiten kaum gab – gestanden hat, ehrte ihn das neue Albanien 27 Jahre nach seinem Tod 1962 mit dem Titel «Künstler des Volkes», der höchsten Auszeichnung der Sozialistischen Volksrepublik für künstlerische Leistungen. Er stammte von der Familie Moisiu in Kavaja ab. Deren Stammbaum wird bis auf *Moisi Golemi Komninos* zurückgeführt, einen der bedeutendsten Mitstreiter des albanischen Nationalhelden *Skanderbeg* im 15. Jahrhundert, und weist weiter ins byzantinische Mittelalter. Heute sind Zweige der Familie Moisi über ganz Albanien verbreitet, dazu in Jugoslawien, im südlichen Österreich, in Istanbul und auf Zypern.
Der Vater Alexanders, *Moisi* (= Moses) *Moisiu,* handelte in Kavaja mit Häuten und Pelzen, die er vorwiegend aus dem südostalbanischen Kostur (heute Kastoria/Griechenland) bezog und über Durrës ausführte. Das Haus der Moisius in Kavaja ist heute ein Kindergarten. Es spricht für die einfachen Verhältnisse, aus denen sich Alexander Moissis Vater hocharbeiten mußte.
Um 1860 ging Moisi Moisiu zum Ausbau seiner Geschäftsbeziehungen mit dem österreichischen und deutschen Markt nach

Triest. Dort lernte er die Italien-Albanerin (Arbereschin) Amalia de Rada kennen und lieben. Aus ihrer Ehe wurde am 2. April 1879 als achtes und letztes Kind Alexander Moissi geboren. Im Alter von vier Jahren kehrte er mit seinem Vater und fünf Brüdern nach Albanien – diesmal nach Durrës – zurück, die Mutter blieb mit den beiden Töchtern in Triest. In Durrës ging Alexander in die – griechisch-orthodoxe – Volksschule, besuchte oft die Verwandten in Kavaja und wurde für immer von Albanien in seinen Bann geschlagen. Die Natur mit ihren Schönheiten, die tapferen, stolzen und unabhängigen Bewohner, das romantische Blau der Adria, das angenehme und milde Klima, das fröhliche Leben im Kreis seiner Freunde, die Liebe der Menschen um ihn, aber auch die tiefen sozialen Gegensätze des damaligen Lebens

An diesem ehemaligen griechisch-orthodoxen Seminar war Alexander Moissi (1879–1935) in seiner Jugend «Priesterstudent», ehe er die deutschen Bühnen eroberte

im feudal-osmanischen Albanien hinterließen im empfindsamen Temperament und Charakter Alexanders unauslöschliche Spuren. Er bewahrte diese frühen Empfindungen und Eindrücke für sein ganzes Leben als Mensch und Künstler.
1889 war der Vater mit seinem Jüngsten wieder nach Triest übergesiedelt. Anschließend wurde Alexander zu Verwandten nach Graz geschickt, um dort das Realgymnasium zu besuchen. Es zog ihn aber schon damals zur Bühne, und so ging er nach Wien. Moissis großer Vorgänger als Hamlet-Darsteller, *Josef Kainz* (1858–1910), war der erste, der sein Talent erkannte, förderte und leitete, bis ihn der Regisseur *Max Reinhardt* (1873–1943) unter seine Fittiche nahm. In Reinhardts Ensemble wurde Alexander Moissi nun der große Theaterstar seiner Zeit, der in Prag, Berlin, Wien, Stockholm, Zürich, Moskau oder Buenos Aires alle großen Rollen aus dem Repertoire der Weltliteratur spielte.
Der Höhepunkt seiner Bühnenlaufbahn steht aber erst bevor: als *Hamlet, Ödipus,* erster *Jedermann* der *Salzburger Festspiele.* Moissi wird vom Publikum bejubelt, von der Kritik hymnisch gefeiert. 15 Jahre ist er der alles beherrschende Theatermagier, feiert Triumphe im ganzen deutschen Sprachraum, bis er 1933 nach der Machtübernahme der Nationalsozialisten Deutschland verläßt und in verschiedenen europäischen Ländern gastiert.
Nachdem er seine zweite Heimat, Deutschland, verloren hat, bekennt sich Alexander Moissi erst recht zu seinem albanischen Vaterland. Jedes demokratische Kulturland hätte ihm damals die Staatsbürgerschaft verliehen, doch Moissi, der staatenlos geworden ist, will sie nur von Albanien.
Seine Anerkennung durch die albanische Heimat erlebte Alexander Moissi nicht mehr: Er starb im März 1935 in Wien; seine Urne wurde von einer Freundin der Familie in die Schweiz gebracht und auf dem idyllischen Friedhof von **Morcote** am Luganer See beigesetzt.

Die Schauspielkunst Moissis hat sich fern von seinem Vaterland entwickelt, und es blieb ihm verwehrt, in albanischer Erde seine letzte Ruhe zu finden, dennoch hatte seine vitale Darstellungskraft dort ihren Ursprung, und wenigstens sein Andenken kehrte zu diesen Ursprüngen zurück. In der Nachkriegszeit, als Moissi an den Stätten seines Ruhmes nur noch den Älteren ein Begriff war, räumte das sozialistische Albanien dem größten Schauspieler der Nation endlich den *gebührenden Platz* ein. Über sein Leben und Wirken werden nach wie vor Artikel, Aufsätze und Monographien geschrieben, Jubiläumskonferenzen und Gedenkfeiern veranstaltet, Dokumentarfilme gedreht und Fernsehsendungen ausgestrahlt. Sein Kopf und seine Figur sind von den namhaftesten albanischen Bildhauern in Bronze gegossen worden. Alte und junge Darsteller eifern seinem Spiel und seiner meisterhaften Beherrschung aller stimmlichen und mimischen Nuancen nach. Auch außerhalb von Albanien wird die Erinnerung an ihn heute wieder lebendiger: An einer seiner wichtigsten Wirkungsstätten, dem *Volkstheater* in **Wien,** ist der Künstler am 2. April 1989, seinem 110. Geburtstag – spät, aber doch – mit einer Büste im Foyer geehrt worden.

Einziges herausragendes Bauwerk von Kavaja ist heute der quadratische Uhrturm aus der späten Türkenzeit. Schon unter den Türken hatte der Ort seinen damals einzigartigen Aufschwung der *Töpferei* zu verdanken. Poröse und glasierte Wasserkrüge, alle in freundlichen Brauntönen, meist mit schwarz/dunkelbraun-weißen Ornamenten und den typischen *Kavaja-Henkeln,* die zu beiden Seiten des Halses senkrecht vom Bauch des Gefäßes hochgezogen sind, um sich dann halbbogenförmig mit dessen Öffnung zu verbinden, aber auch tönerne Salzbehälter wurden in die ganze damalige europäische und asiatische Türkei geliefert. Heute gibt es neben der keramischen Industrie ein für seine *Glä-*

ser und *Karaffen* bekanntes Glaswerk, dazu eine Nagel- und Schraubenfabrik.

Beim obligaten Besuch der Teppichweberei, wo die *Kavaja-Kelims* mit traditionellen Mustern und Fabkompositionen in Handarbeit angefertigt werden, können Sie die Weberinnen bei der Arbeit beobachten. Auf eine *Kette* von Baumwollfäden, die in einem senkrechten Rahmen hochgespannt sind, wird mit Schafwolle fein und dicht gewoben (mehr darüber auf S. 429).

Für den Besuch von zwei Sehenswürdigkeiten, die nicht immer ins Kavaja-Programm aufgenommen werden, sollten Sie Ihren Betreuern auf Trip 4 gleich von Anfang an in den Ohren liegen: Fast ein «Muß» ist die Burg von **Bashtova** mit ihren durch Rundbogen verstärkten Mauern, ein wichtiges Glied im Befestigungssystem von Skanderbeg aus dem 15. Jahrhundert. Sehenswert ist auch Albaniens einzige erhaltene Kirche mit *gotischen* Anklängen aus dem 13. Jahrhundert in **Çeta** im Osten von Kavaja.

Zwischen Skanderbegs Kap und dem Shkumbin-Tal: Kap Rodonit, Shijak, Rrogozhina

Der restliche Bezirk Durrës, der sich im westlichen Flachland an der Adria entlangzieht, ist hauptsächlich wirtschaftlich bedeutsam. Zusammen mit den schon erwähnten industriellen Produktionen in Durrës und Kavaja sind dort zehn Prozent aller albanischen Fabriken angesiedelt. Zur wichtigsten Agrarzone wurde das flache, ehemalige Sumpfgebiet nördlich und südlich des **Erzen**.

Eine geradezu paradiesische, touristisch noch kaum erschlossene Ecke ist der nördlichste Punkt des Bezirks, das zungenförmig in

die Adria leckende **Kap Rodonit.** Glauben Sie Reiseführern nicht, die vom völlig unberührten, zehn Kilometer langen *Sandstrand* dort schwärmen und dabei den Eindruck erwecken, daß Sie nur die Schwimmhose einzupacken und von Durrës hinzufahren brauchen. Sollten Sie nicht ein Geschäftsreisender mit Einzelvisum oder höheres Mitglied einer Freundschaftsgesellschaft für Albanien sein, werden Sie es nie bis Kap Rodonit schaffen, sondern schon bald von einer Streife aufgegriffen und freundlich, aber nachdrücklich in Ihr Hotel zurückeskortiert. Mein eigener Rekord, auf eigene Faust so einfach fröhlich querfeldein zu marschieren, liegt *unter zwei Stunden Alleingang!* Für jene vorerst wenigen Glücklichen, denen die traumhafte Halbinsel doch beschert wird, will ich noch auf die historischen Ereignisse hinweisen, denen Rodonit seine zweite Bezeichnung als *Kap Skanderbeg* verdankt. Schon dessen Vater *Gjon Kastriota* hatte dort 1417 einen Anlegeplatz für Schiffe der Republik Ragusa und des Königreichs Neapel eingerichtet. Das war ein erster Vorstoß der bis dahin in ihren Bergen hausenden Albaner ans Meer, dem die *venezianische Konkurrenz* sehr schnell ein Ende bereitete. Nur Skanderbeg konnte sich dann zwei Jahrzehnte lang am Kap mit seinem Haupthafen behaupten. Noch auf dem Sterbebett legte er ihn seinem Sohn ans Herz. Geblieben ist aber nur das von Skanderbegs Lieblingsschwester *Mamica* gestiftete Kloster **Shën Ndoit** (hl. Tychon), in dessen Kirche die geradezu expressionistisch wirkenden *Fresken* im *italo-byzantinischen* Stil des 17. Jahrhunderts faszinieren. Die Zerstörung des restlichen Klosters geht nicht auf das Konto der albanischen Kulturrevolution: Es stand schon seit einem Erdbeben um die Mitte des 19. Jahrhunderts leer.

Im Unterschied zu Kap Rodonit, wohin Gruppenausflüge beim Erscheinen dieses Führers noch nicht einmal in Vorbereitung

waren, werden Ihnen die landwirtschaftlichen Errungenschaften im Bezirk Durrës liebend gern gezeigt. Fast täglich um 9 Uhr (Trip 3) verläßt ein Albturist-Bus das Hotel Adriatiku in Durrës-Plazh, um Interessenten zu einer der größten staatlichen Musterfarmen Albaniens zu bringen, nach **Sukthi** auf beiden Seiten der Straße Durrës–Tirana, die parallel zur Bahnlinie verläuft. Gelegentlich wird das Programm auf das Städtchen **Shijak** (9000 Einwohner) ausgedehnt (Trip 44, Abfahrt 8 Uhr). Beides sind Halbtagsausflüge.

Die Fahrt führt nordöstlich ins **Erzen-Tal.** Freuen Sie sich über das bescheidene, aber asphaltierte Landsträßchen, indem Sie sich die schlechte und furchtbar staubige Verbindung vorstellen, die noch vor einem halben Jahrhundert dort hereinführte. Es konnte passieren, daß plötzlich ganze Kolonnen von Arbeitern auftauchten, darunter viele Frauen, die mit viel Eifer Berge von Sand und Schotter auf die Straße schleuderten und behutsam ausbreiteten. Das war immer dann der Fall, wenn *König Zogu* von seinem heute als Regierungsgästehaus dienenden Schloß bei Durrës zurück in die Residenz Tirana reiste. Und das war der Herrscher, der den bereits in den zwanziger Jahren begonnenen Eisenbahnbau von der Küste zur Hauptstadt «im Namen der Motorisierung» einstellte.

Der aus den wilden **Martanesh-**Bergen kommende Erzen ist einer der wenigen albanischen Flüsse, die noch nicht der Energiegewinnung dienstbar gemacht wurden und der seine Ursprünglichkeit bewahren durfte: gemächliche Schleifen *(Mäander)* um Schotterbetten und Sandbänke, Pappeln und Weidendickicht an den unberührten Ufern, wo sich an ausgetretenen Stellen ganze Herden sammeln, um über schwankende Hängebrücken das andere Ufer zu erreichen.

Das Agrar- und Agrarindustriestädtchen **Shijak** liegt an jener Stelle, wo 1466 an die 5000 albanische Gefangene während

der vergeblichen Belagerung von **Kruja** durch *Mehmed II.* (1451–1481) in dessen Anwesenheit gepfählt, zerwalzt und entzweigesägt wurden. Das war die beliebteste Hinrichtungsmethode dieses Sultans. Die durch Sägen halbierten Männer wurden in zwei Gräber geworfen, jede Körperhälfte in ein anderes Grab. Davon ist bis heute das albanische Sprichwort geblieben: «Sultan Mehmed schaufelt einem zwei Gräber.» Der Sage nach läßt gerade das Blut dieser nationalen Märtyrer in den 5000 Hektar *Weinbergen* um Shijak die Rotweine so gut geraten. Daß sie vorwiegend in *Eichenfässern* und bis jetzt nur selten in Betonzisternen gelagert werden, dürfte aber kaum weniger Anteil an Bouquet und Vollmundigkeit haben. Eine ausgiebige Weinprobe in der Bezirkskellerei, der *Kantina e Verës Durrës* pflegt am Abschluß des Programms beider Halbtagsausflüge zu stehen.
Weinberge und Kellerei sind Bestandteil des 44 Quadratkilometer großen Staatsguts von **Sukthi,** auf dessen Boden zwölf Dörfer liegen. Es trägt entscheidend zur führenden Rolle der Umgebung von Durrës für die albanische Landwirtschaft bei.

Rrogozhina (6000 Einwohner), am Südende dieses Fruchtlandes bereits im **Shkumbin-Tal** gelegen, ist ein typischer *Eisenbahnknotenpunkt.* Dort gehen die Strecken ostwärts nach Elbasan–Ochridsee und südlich nach Fier und weiter ins Erdölrevier auseinander. Auch fast alle Exkursionen von Durrës-Plazh nach Süd- und Südostalbanien führen durch Rrogozhina, gehalten wird nur auf Wunsch: Zu sehen gäbe es ein gemütliches Leben ohne Hast, Eselreiter und Bauernkarren, Familienszenen vor den Häusern und auf der Straße.

Tirana – Stadt der Museen

Viel besucht, doch kurz verweilt

Tirana hat etwas mehr als 234 000 Einwohner, das entspricht etwa der Größe von Augsburg oder Graz. Es ist seit 1920 die Hauptstadt Albaniens – ob Republik, Königreich, Demokratische oder Sozialistische Volksrepublik –, und so gut wie alle Rundreisen durch Albanien und die Kombinationen Badeferien/Rundfahrt beginnen und enden dort. Der Aufenthalt umfaßt aber nur eine, höchstens zwei Übernachtungen; der Mangel an Hotelbetten dürfte der Grund dafür sein. Relativ groß ist die Zahl der Tagesausflüge ab Durrës-Plazh, entweder nach Tirana allein (Trip 7) oder in Verbindung mit anderen Zielen (Kruja-Trip 11, Elbasan-Trip 29). Dazu werden Zweitagesausflüge angeboten: nach Tirana (Trip 8), Tirana und Kruja (Trip 12) oder Elbasan und Tirana (Trip 30).

Alles Geschichte und eine Bank rund um den Skanderbeg-Platz

Höchstwahrscheinlich werden Sie im **Hotel Tirana** einquartiert, einem der ersten Hochhäuser der albanischen Hauptstadt. Ein Blick aus dem Zimmerfenster genügt, um zu erkennen, daß Sie in einer relativ jungen Metropole sind, die sich allerdings zunehmend bemüht, die ebenso lange wie reiche Geschichte des Landes auch in ihr äußeres Erscheinungsbild aufzunehmen.
Am Anfang von Tirana standen keine Illyrer, Griechen, Römer und Byzantiner, sondern ein simpler Backofen, den der lokale Großgrundbesitzer *Suleiman Pascha Mulleti* 1614 an einer Kreuzung von Handelswegen aufstellen ließ, um Brot und Fladen an die vorüberziehenden Karawanen der Geschäftsleute zu verkaufen. Zur Säuberung und Erfrischung der Reisenden kam bald ein *Hamam* dazu, ein türkisches Dampfbad, für das Seelenheil mehr oder weniger frommer Pilger eine kleine Moschee. Als sich dazwischen ein bunter Basar auszubreiten begann, nannte der Pascha den Flecken *Teheran*, wohl in der Hoffnung, daß er bald mit dem berühmten und einträglichen Basar im fernen Persien wetteifern würde. Die Hoffnung erfüllte sich nicht, der Name blieb unverständlich und wurde von den Händlern zu Tirana verformt.
Zu seinem vorerst bescheidenen Aufschwung unter türkischer Herrschaft trugen wenig später die *Bektaschi*-Derwische bei, die dort eine Niederlassung ihres Ordens errichteten. Im späten 18. Jahrhundert wurde der Marktflecken dem *Toptani*-Clan in Anerkennung seiner Treue zum Sultan in der Auseinandersetzung mit dem nach Unabhängigkeit strebenden Pascha *Mehmed Bushati* von **Shkodra** zu Lehen gegeben.
Doch war Tirana immer noch ein ziemlich unbedeutendes Provinzstädtchen, als es ein Sproß derselben Familie, der mehr be-

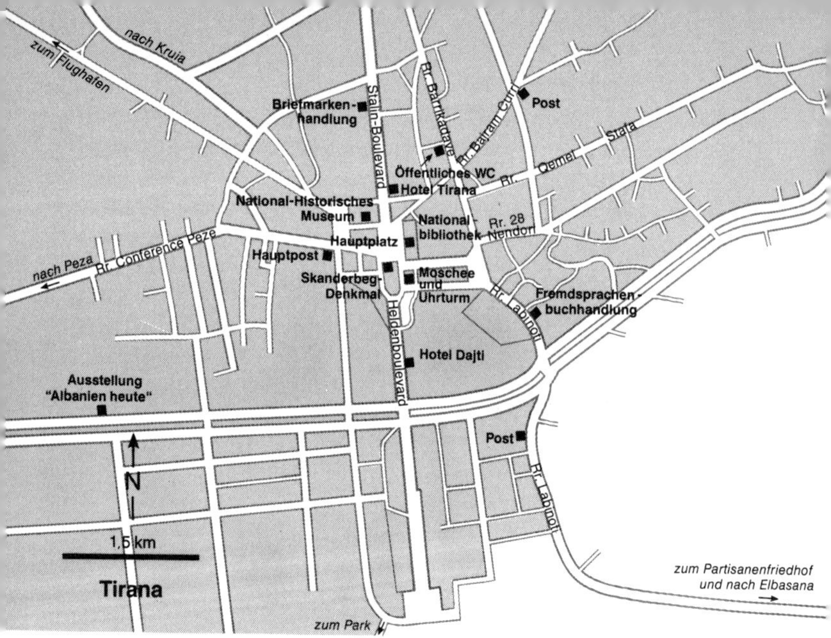

rüchtigte als berühmte *Essad Pascha Toptani,* 1915 zur Hauptstadt seines «Unabhängigen Mittelalbanien» machte. Es zählte auch nach über zwei Jahren als «Hauptstadt», nachdem die *Österreicher* 1916 dem Essad-Spuk ein Ende gemacht hatten, nicht mehr als 12 000 Einwohner. Für ihren Trinkwasserbedarf sorgten keine Leitungen in die Häuser, sondern *Wasserträger* von den öffentlichen Brunnen. Städtisches Gas oder gar eine Stromversorgung waren damals in Tirana Fremdwörter.

Wenn sich 1920 der *Kongreß von Lushnja* entschloß, Tirana nach Kruja und Durrës zur dritten Hauptstadt zu machen, war das nur in gewissem Sinne eine Reverenz an den Toptani-Pascha, der übrigens im gleichen Jahr in Paris von dem Patrioten *Avni Rustemi* erschossen wurde. Tatsächlich hatte sich in den Ereignissen des Ersten Weltkrieges auf albanischem Boden die sichere Lage

Tiranas bewährt. Davon abgesehen war die Entscheidung des Kongresses eine von *Fan Noli* (S. 54–55) angeregte demokratische Wahl: Keine der alten feudalen oder klerikalen Hochburgen wie Berat, Gjirokastra oder Shkodra sollte zum Zug kommen.

Etwas rechts gegenüber vom Hotel thront hinter dem runden **Skanderbeg-Platz** das *Reiterstandbild* des albanischen Nationalhelden, 1968 zu seinem 500. Todestag von *Odhise Paskali* (S. 130) in Bronze gegossen. Seine geradezu *symbolistische Ausdruckskraft* beweist, wie wenig es auf die Kunstrichtung und wie sehr es auf wahre Künstler ankommt, auch im bei uns so vielgeschmähten sozialistischen Realismus.

Links davon ein Stück «historisches Tirana»: Zunächst die zwischen 1797 und 1819 gebaute, 1985 restaurierte **Grabmoschee** des Mekkapilgers *Haxhi Ethem Bej* mit ihrem gerippten *(kannelierten)* Minarett, eine für die spätosmanischen Sakralbauten in der

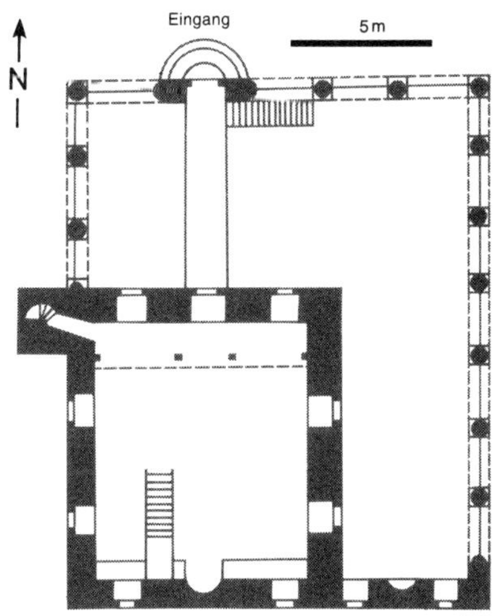

europäischen Türkei charakteristische Anlage. An einen quadratischen Innenraum mit flacher Kuppel schließt sich die überdachte Säulenvorhalle *(Sofat)* an, die auch die Ostwand der Moschee einbezieht. Die *Fresken* an den Wänden und in den Lunetten oberhalb der Säulen zeigen zwischen bunten Rankenmotiven medaillonartig Landschaften, Städtebilder und herrschaftliche Burgen. In vielem erinnern sie an die Wandmalereien der «Bunten Moschee» von **Tetova** im albanisch besiedelten Westteil des jugoslawischen Mazedoniens. Zu ihren Füßen ruht der Moscheestifter zwischen zwei Stelen mit zarten, geometrischen Motiven und einer kalligraphisch prächtigen *Grabinschrift* in arabischen Lettern.
Der quadratische, mit einem pyramidenförmigen Abschluß gedeckte **Uhrturm** ist keineswegs der «Campanile» einer 1967 angeblich abgerissenen römisch-katholischen Kathedrale, wie das albanienfeindliche Veröffentlichungen zu wiederholen nicht müde werden. Das alte, islamische Tirana hatte nie eine christliche, geschweige denn katholische Bevölkerung. Der Turm wurde 1830, wie der von Kavaja, zu dem einzigen Zweck gebaut, mit seiner Uhr dem ganzen Ort die Zeit anzugeben. Das galt in einem Jahrhundert, da Stand- oder gar Taschenuhren auf dem Balkan ein unerhörter Luxus waren, als gewaltiger Fortschritt.
Hinter Grabmoschee und Uhrturm lag ursprünglich der **Friedhof**. Er wurde Anfang der dreißiger Jahre eingeebnet und mit Steinplatten belegt, als *König Zogu* sich und seinen sechs Schwestern eine «würdige Residenz» auszubauen beschloß. Unangetastet steht in der Mitte der heutigen Anlage das achteckige *Säulenmausoleum* der Toptanis.

Auf dem Boden des Ostteils vom einstigen Basar, links vom Hotel, nimmt Tiranas **Kulturpalast** eine ganze Seite des Platzes ein. Dort sind *Nationalbibliothek, Oper* und ein *Kino* sowie ver-

schiedene Veranstaltungs- und Vortragssäle untergebracht. Normalerweise lassen die «Guides» das alles bei den Stadtführungen links liegen. Nur zum *Teatri i Operës dhe i Baletit* finden von Durrës-Plazh abendliche Theaterfahrten statt (Trip 6). Wer in Tirana übernachtet und für Musiktheater etwas übrig hat, findet kaum eine bessere Abendbeschäftigung, als in die Oper zu gehen. In dem Saal mit 1000 Plätzen werden wöchentlich durchschnittlich zwei – meist italienische – Opern und ein Ballett aufgeführt, dazu kommen zwei Konzerte und ein Liederabend.
Jenseits des Platzes steht das *Volkstheater,* wo das internationale Sprechtheater gepflegt wird. Da Sie die meisten Stücke kennen werden, können Sie auch ohne Albanischkenntnisse dem Gang der Handlung, der ziemlich naturalistischen Spielweise und den oft gewitzten Einfällen der Regie folgen. Das gleiche gilt für die fast ausschließlich *albanischen Filme* im Opernkino: Es wird so intensiv gespielt, daß der Zuschauer die Worte gar nicht zu verstehen braucht. Die albanische Filmkunst ist bei uns noch unbekannter als die albanische Literatur. Erst 1988 hat es in **Lausanne** eine mitteleuropäische albanische Filmpremiere mit dem Spielfilm «Saiten für die Geige» gegeben.
Für jeden Bücherfreund ist ein – eigenständiger und möglichst nicht zu hastiger – Besuch der *Nationalbibliothek* wirklich ein Muß. Einzigartig und kostbar ist die Sammlung von Handschriften und frühesten Erzeugnissen der Buchdruckerkunst vor 1500, den Wiegendrucken *(Inkunabeln).* Falls Sie auf der Schule noch mit Griechisch geplagt wurden, sollten Sie sich die *Tiranienses graeci* zeigen lassen, griechische Handschriften von größerer Bedeutung aus dem 14. und 15. Jahrhundert. Daneben kann der Besucher aber auch Pergamente aus dem 9. Jahrhundert und schöne Miniaturen bestaunen. Sie alle sind für unsere Kenntnis von sonst verschollenen Werken byzantinischer Autoren von höchstem Wert.

Die Nationalbibliothek hütet ferner die ältesten Bücher in der Landessprache, *Gjon Buzukus* Missale *Meshari* von 1555 (Kopie) und den zweiten und dritten Band von *Pjetër Budis* Katechismus *Doktrinë së Krishterë* (1618). Zu den Bibliotheksschätzen gehören auch die lateinischen Werke der *albanischen Humanisten,* an ihrer Spitze *Marin Barleti.* Seine erste Arbeit *De obsedione Scodrensis* (1504) beschreibt die beiden Belagerungen von **Shkodra** durch Sultan Mehmed II. 1473 und 1478/79. Doch seine bedeutendste Arbeit ist die *Historia de vita et gestis Scanderbegi Epirotarum principis,* die zwischen 1508 und 1510 erschien, 1577 in **Frankfurt** auf *Deutsch* gedruckt und später in viele andere Sprachen übersetzt wurde. Neben dieser ersten «Geschichte des Skanderbeg» finden Sie Hunderte von Büchern aus aller Welt, die den albanischen Nationalhelden zum Gegenstand haben. Eine andere Kollektion umfaßt klassische Autoren, die Aufschluß über die *illyrischen* Vorfahren der Albaner geben, angefangen mit einer *Plinius*-Ausgabe von 1516 und einem *Cäsar* von 1539. Die byzantinisch-osmanische Umwelt der Albaner behandeln die Sammelwerke *Chronicorum turcicorum* (1578) und *Historiae Byzantinae scriptores graeco-latini* (1615).
Mehr die Schaulust als den Wissensdurst befriedigen alte *Prachtausgaben* der Bibel und des Koran sowie Bände mit gleißenden Gold- und Silbereinbänden, in gediegener Filigranarbeit und mit Edelsteinen besetzt.

Rechts vom Hotel Tirana, über die Stalin-Straße, fällt der wuchtige Marmorbau (1982) des **National-Historischen Museums** auf. Das großflächige Mosaik an seiner Stirnseite über dem Portal beherrscht den ganzen Skanderbeg-Platz eigentlich mehr als das Denkmal des Helden auf der Seite gegenüber.
Dieses Museum fehlt bei keiner Stadtführung und wird für den Geschmack weniger geschichtswütiger Gäste fast zu gründlich

abgegrast, vor allem im Oberteil, wo nach 8000 Jahren illyro-albanischer Zeugnisse der jüngsten Historie von Partei, Partisanen und Popullore (Volksrepublik, Volksmacht, Volksarmee usw.) ein aus der Sicht des Ausländers allzu breiter Raum und Zeitaufwand bei der Besichtigung zugeteilt ist.

Gehen Sie also statt oder wenigstens nach dieser Massenabspeisung, bei der Sie fast unablässig mit Schulklassen, Enver-Hoxha-Pionieren, Fabrikbelegschaften und Bildungsurlaubern aus der Provinz zusammenstoßen, allein hin, und lassen Sie ein halbes Dutzend wirklich einmaliger Schwerpunkte auf sich wirken: die gelungene Rekonstruktion einer *prähistorischen Höhle,* das *illyrische Prinzengrab* von **Selca,** das aus Durrës dorthin gebrachte *Flora-Mosaik* (S. 165). Verweilen Sie vor dem rätselhaft schönen «Kopf von Butrint», und versuchen Sie für sich die Frage zu beantworten, ob Sie einer unbekannten Göttin oder dem *Apoll* aus der Schule des altgriechischen Bildhauers *Praxiteles* (um 370–330 v. Chr.) ins Antlitz schauen. Nicht einmal die Italiener waren sich darüber schlüssig geworden, obwohl sie den Statuenkopf lange genug in Rom zurückgehalten hatten, ehe sie ihn schließlich zähneknirschend wieder hergeben mußten.

Wählen Sie aus den überreichen Exponaten *mittelalterlicher Sakralkunst* ein Objekt aus, das gerade Sie besonders anspricht: eine Ikone oder den golddurchwirkten *Epitaf von Gllavinica* bei **Berat** von 1373; keine Grabinschrift im Sinne des deutschen Fremdwortes «Epitaph», sondern ein schweres Leichentuch für die symbolische Grablegung Jesu bei der *albanisch-orthodoxen Karfreitagsprozession* von einst.

Lernen Sie den Menschen Enver Hoxha anhand seiner liebevoll

Das National-Historische Museum in Tirana ist der beste Ort, um sich mit der albanischen Geschichte vertraut zu machen

zusammengetragenen Gebrauchsgegenstände kennen. Sehen Sie in dem schmalbrüstigen Anzug den für einen Hungerlohn schuftenden, von einer besseren Zukunft für sein Volk träumenden Lehrer in **Korça,** oder beobachten Sie den unruhigen Feuergeist, wie er auf der altmodischen Olivetti-Schreibmaschine die ersten Manifeste tippt, neben sich den Revolver von der Firma Rast & Gasser in Wien – immer gewärtig, sich gegen *Zogus* Gendarmen, italienische und griechische Häscher oder gar die *Gestapo* wehren zu müssen.

Keine Angst, die restliche Runde um den Skanderbeg-Platz fordert Ihnen weniger Geschichtsbeflissenheit ab. Abgesehen vom **Puppentheater,** das Sie Ihren mitreisenden Kindern nicht vorenthalten sollten, gibt es nur Fassaden zu besichtigen: die nüchtern und bieder wirkende **Staatsbank,** das ebenfalls schlichte **Parlamentsgebäude** der Volksversammlung und das schon genannte Volkstheater.
Auf so viel Sachlichkeit folgen weiter am Rund des Platzes entlang zurück zum Skanderbeg-Denkmal ein paar regelrechte *Zukkerbäckerbauten.* Sie beherbergen Behörden und Botschaften, erinnern daran, daß auch dort einmal ein Operettenkönig namens *Zogu* als Bauherr am Werk war.
Den Gesamteindruck des Skanderbeg-Platzes können Sie um so besser mitbekommen, je höher Sie im 13stöckigen Hotel Tirana logieren. Obwohl die Hauptstadt heute fast zehnmal so viele Einwohner wie bei Weltkriegsende zählt, scheint sie tagsüber für diesen riesigen Platz immer noch zu klein zu sein: Da und dort ein paar geschäftige Fußgänger, ein Fahrrad überholt gerade den gemächlich tuckernden Dienstwagen eines Ministeriums. Nur die Autobusse der Städtischen Verkehrsbetriebe kreisen fast pausenlos um die runde Fußgängerzone im Herzen des Gevierts der Repräsentationsbauten.

Vor Sonnenungergang wandelt sich schlagartig das Bild: Die sommerliche *Passeggiata* am Strand von Durrës-Plazh ist ein schütterer Auftrieb im Vergleich zu den nun dichtgedrängten Menschen, die den Skanderbeg-Platz am Feierabend überfluten. Aus allen Straßen, die sternförmig dort zusammenlaufen, quellen Massen hervor, die der Platz kaum, die Terrasse des «Tirana» und ein paar *Gartencafés* südlich gegenüber schon gar nicht fassen wollen.

An Väterchen Stalin vorbei zur Ausstellung «Albanien heute»

Vom Skanderbeg-Denkmal zieht sich der großzügig angelegte **Boulevard der Helden der Nation** nach Süden. Er ist die geradlinige Fortsetzung von Tiranas Nordsüdachse, die zwischen Bahnhof und Hauptplatz **Stalin-Straße** heißt, an gepflegten Geschäften, einfacheren Restaurants, Hotels für die Einheimischen sowie dem Redaktions- und Druckhaus des Parteiorgans *Zëri i Popullit* (Volksstimme) vorbeiführt.
Der Helden-Boulevard zeigt sich auf den ersten Blick als die vornehmere Gegend: auf der ganzen rechten – in südlicher Richtung – Seite bis zur ersten Querstraße der **Stadtpark,** an seinem Beginn die Bronzestatue von *Stalin.* Das ist heute eine Seltenheit auf der Welt. Doch seit dem Ende der achtziger Jahre hält die albanische «Partei der Arbeit» mit ihrer ideologischen Kritik an Gorbatschows Glasnost und Perestrojka Väterchen Stalin erst recht die Treue, in der frischen Auseinandersetzung mit den Belgrader Titoisten um die Albaner von Kosova, Mazedonien und Montenegro wird von neuem auf seine Rolle als «Freund Albaniens» in den Kriegs- und Nachkriegsjahren verwiesen.

Links stehen das **Lenin-Denkmal** und das ehemalige Stadtschloß von König Zogu, wo die von dem in Österreich und Deutschland ausgebildeten Professor *Aleks Buda* aufgebaute **Akademie der Wissenschaften** ihren Sitz hat. Auf den Gebieten der *Albanologie* und Byzantinistik (Internationaler Byzantinistenkongreß 1981 in Tirana), aber auch von Naturwissenschaften wie der Geologie genießt sie weltweit einen ausgezeichneten Ruf. Es folgt die **Kunstgalerie** mit den schönsten Werken der großen albanischen Maler aus dem 19. und 20. Jahrhundert (S. 128–130). Die allgemeinen Führungen eilen da meist vorüber, es lohnt sich aber, dafür mindestens eine Stunde Zeit aufzuwenden und auch ein paar neuere Gemälde anzuschauen, die landeskundliche Bedeutung haben, so *Naxhi Bakallis* «Nach der Vorführung» mit einer südalbanischen Trachtengruppe, deren bauschige Gewänder geradezu im Stil der «Paläologischen Renaissance» des 14. Jahrhunderts nachgezeichnet sind, oder *Harilla Dhimos* «Die Befreiung von Tirana». In lebensvoll-impressionistischer Technik ist darauf festgehalten, welche Zerstörung im November 1944 um den Skanderbeg-Platz geherrscht hatte.

Im anschließenden Garten fällt das nach dem Hausberg von Tirana benannte **Hotel Dajti** auf, in dessen Foyer sich die Kunstgalerie geradezu fortsetzt. Von den gut zwei Dutzend Exponaten haben mich die beredt expressionistischen «Häuser» von *Pandeli Kule* (S. 68) und die großflächige Stadtansicht von Gjirokastra aus einem Blickwinkel, den Touristen kaum zu sehen bekommen, besonders beeindruckt. Fesselnd ist zudem die gewittrige Stimmung, die das Malerkollektiv *Kutim Buza* und *Bujar Ahmeti* in den Schattierungen vielfältiger Grüntöne einzufangen wußte.

Das «Dajti» gilt als erstes Haus am Platz und steht in der Regel nur Einzelreisenden offen. Die *Deutsche Botschaft* hatte dort nach der Aufnahme der Beziehungen zwischen Bonn und Tirana ihr «vorläufiges» Domizil; «vorläufig» war in diesem Fall ein sehr

dehnbarer Begriff. Gruppenreisende haben manchmal das Glück, im «Dajti» absteigen zu dürfen, wenn das «Tirana» gerade ausgebucht ist.

Rechts um die nächste Straßenecke entlang dem **Lana**-Flüßchen in seinem Betonbett – der größere **Tirana-Fluß** bildet im Norden den derzeitigen Stadtrand – erreichen Sie den Ausstellungskomplex von **Albanien heute** und der **Volkskundlichen Exposition.** Unterwegs zu beiden Seiten *Arbeiterwohnblöcke* aus den fünfziger Jahren, damals sicher als Faust aufs Auge empfunden, doch nun in nostalgischem Rückblick schon wieder künstlerisch wirkend. «Shqiperia sot – Albanien heute» ist eine wirtschaftliche, vorwiegend industrielle Leistungsschau, die laufend ergänzt und keinem Besucher Tiranas erspart wird. Abgesehen von dort dokumentierten naturwissenschaftlichen Leistungen wirkt die Halle auf einen Mitteleuropäer aus einem hochindustrialisierten Land wie ein schon länger nicht mehr entrümpeltes technisches Museum. Ältere Albanerinnen und Albaner, die ihr halbes Leben noch im Zeitalter der Eselskarren und manueller Arbeit verbracht haben, sind hingegen von so viel Technologie ganz überwältigt, wie ihren verblüfft-begeisterten Ausrufen zu entnehmen ist. Die angeschlossene *Exportausstellung* ist für Geschäftsreisende gedacht, aber keineswegs nur für eventuelle Handelspartner interessant. Sie zeigt Albaniens eigentliche Stärke: die Bodenschätze, Mineralien und Heilkräuter sowie eine Fülle *kunsthandwerklicher Artikel.* (Die einheimische Industrie arbeitet fast ausschließlich für den Eigenbedarf.)

In der **Volkskundlichen Exposition** gleich um die Ecke wird wirklich Überdurchschnittliches geboten. Dazu kommt eine sachkundige Führung durch den Direktor, der es sich nicht nehmen läßt, grade deutschsprachige Gruppen persönlich zu betreuen. So erhalten Sie einen für Ihren gesamten Albanienaufenthalt und die

Auswahl von Souvenirs und Mitbringseln recht hilfreichen ersten Überblick über *Volkstrachten, Knüpfteppiche* und *Kelims, Messing- und Schnitzarbeiten* sowie *Schmuck* aller Art. Sie werden mit den traditionellen albanischen *Wohnformen* vom Hirtenzelt bis zum Kaufherrenpalais vertraut gemacht und können einen Blick in die «guten Stuben» der Landbevölkerung und Städter von einst werfen, die dort in Originalausstattung rekonstruiert sind. Ihrer besonderen Aufmerksamkeit empfehle ich die charakteristischen nordalbanischen Glockenröcke *Xhubleta,* ein mit Teppichen ausgelegtes, holzverkleidetes, von einem ebenfalls glockenförmigen Messingofen (der gleichzeitig für die Befeuchtung der Luft sorgt) erwärmtes Wohnzimmer aus **Shkodra,** wie auch die feinzieselierten, filigranen Silberarbeiten aus derselben Stadt und das holzgeschnitzte Portal der *Schönen Tür* einer Kirche in Südalbanien. Sie werden ähnliche Meisterwerke, an denen oft Generationen von Schnitzern gearbeitet haben, nur noch in den Kirchen auf der Burg von Berat zu sehen bekommen. Die «Schöne Tür» ist das mittlere Portal der Ikonenwand (Ikonostase), die in den orthodoxen Gotteshäusern den Altarraum vom Kirchenschiff trennt.

Wenn Sie an dem Ausstellungskomplex vorbei und an der nächsten großen Kreuzung links gehen, kommen Sie nach etwa 20 Minuten in den **Nationalpark,** der sich bis zu einem künstlich aufgestauten, dennoch idyllisch wirkenden See erstreckt. An dieser Stelle war nach dem Krieg der erste Partisanenfriedhof der albanischen Hauptstadt angelegt worden. Heute ruhen dort in einem Mausoleum die sterblichen Reste von zwei *Frashëri*-Brüdern, den Erneuerern albanischer Kultur und albanischen Nationalbewußtseins in der zweiten Hälfte des 19. Jahrhunderts (S. 43–44, 87–88, 137–138). Der dritte der Brüder, *Sami Frashëri,* liegt noch in **Istanbul** begraben, wo er die 1845 gegründete Universität vor der Jahrhundertwende erst dieses Namens würdig

gemacht hatte. Die Türken wollen sich daher nicht von seinen Gebeinen trennen, und die Albaner hoffen weiter, daß das für den Autor von «Albanien, wie es war, wie es ist und wie es sein wird» bereitgehaltene dritte Grab der Gedenkstätte nicht für immer leer stehen wird.
Im Nationalpark sollten Sie (besonders mit Kindern) den der einheimischen Fauna gewidmeten **Zoo** nicht versäumen und als Blumenfreund den nicht sehr großen, doch gepflegten **Botanischen Garten** besuchen.

Das Universitäts- und Regierungsviertel am Ende des Helden-Boulevards wird von den Besichtigungsbussen meist nur einer schnellen Runde gewürdigt. Sie haben Mühe, sich alles einzuprägen: Am Ende der Straße die **Enver-Hoxha-Universität,** überragt von einem waldigen Hügel, auf den sich der **Park der Jugend** hinaufzieht. Daneben ist das Oval des nach Enver Hoxhas Mitkämpfer *Qemal Stafa* (S. 63) benannten **Fußballstadions** nicht zu übersehen. Es dürfte für jeden zweiten Einwohner von Tirana das wichtigste Bauwerk der Stadt sein. Als es in Albanien noch die Türken, kaum Verkehrswege und noch weniger Schulen gab, wurde 1906 in Shkodra die erste Fußballmannschaft auf die Beine gestellt. Nach wie vor hält Albanien im Verhältnis zu seinen Einwohnern den *europäischen Zuschauerrekord* bei allen Begegnungen auf dem grünen Rasen.
Beim Stadtion fällt ein zweiter großer Rundbau auf, das **Kongreßhaus,** und wieder etwas weiter das Funkhaus von **Radio Tirana.** Mit einem 28stündigen Wochenprogramm in *deutscher Sprache* gewinnt es eine wachsende Hörergemeinde. Auch sonst halten *Albanischer Rundfunk und Albanisches Fernsehen* (RTVSH) den Weltrekord an internationalen Sendungen mit wöchentlich 80 Stunden Nachrichten in 20 Sprachen.
Auf die **Zentrale für Datenverarbeitung** schräg gegenüber folgen

die beiden wichtigsten politischen Schaltstellen: der Sitz des **Zentralkomitees** der *Partei der Arbeit Albaniens* (PAA), das **Amtsgebäude des Ministerrates** und ein **Enver-Hoxha-Museum.**

Wohin sonst noch in der Hauptstadt?

In den Resten von Tiranas **Altstadt** gleich hinter dem Kulturpalast, mit ihrem Menschengewühl zwischen kleinen Läden und fast nur von Männern besuchten Kaffeehäusern, ist der Geist des Backofenbasars von einst noch nicht ganz verweht. In diesem bunten Mischmasch zwischen der **Labinot-Straße** und dem **Neuen Basar,** nordöstlich davon, haben die Baumeister von heute das Planen sichtlich aufgegeben. Der auf nostalgisch getrimmte Westler ist dankbar dafür: vorsintflutliche Lebensmittelkrämer, über den Gehsteig auf die Gasse heraus schneidernde, schusternde, hobelnde und hämmernde Handwerker, volkstümliche Lokale und Eisdielen, Spielzeug- und Krimskramsläden, jede Menge Buchhandlungen – nicht einmal die Russen lesen so viel, gern und anspruchsvoll wie die Albaner – mit der **Buchhandlung für fremdsprachige Veröffentlichungen** und ihrem breiten Angebot politischer, literarischer und albanienkundlicher *Titel auf Deutsch* in der Auslage und auf den Regalen.
Der kleine, nach Errichtung der Monumentalbauten um den Skanderbeg-Platz übriggebliebene Teil des **Alten Basars** wurde als Ensemble unter Denkmalschutz gestellt und gewissenhaft restauriert – ebenso wie die Nachbarschaft des Hauses, wo Enver Hoxha 1941 die albanische KP gegründet hat, und einige Häuser an der **Rruga e Barrikadave** (Barrikaden-Straße). Im Unterschied zum stilechteren, doch kaum mehr benützten Basar in **Kruja** bildet er jetzt wieder ein *lebendiges Schaumuseum* des

traditionellen Handwerks: die letzten *Fesmacher* beim Filzpressen für die einst typisch albanische weiße Kopfbedeckung in Halbkugel- oder Zylinderform; Schuster fertigen traditionelle albanische Fußbekleidungen an: *Opinga* (Opanke), *Këpuça* und *Papuça* (Griechenlandfahrern als die Kepoutsia und Papoutsia in den Albanerdörfern und auf den -inseln im weiten Umkreis von Athen vertraut); dazu Pfeifendrechsler, Kupferziseleure, Holzschnitzer. Hinter dem Basar noch das Fragment eines *Wohnviertels* aus dem alten Tirana der Toptanis: einstöckige Häuser in kleinen Gärten. Ausgerechnet in dieser großväterlichen Umgebung hat *Enver Hoxha* vor einem halben Jahrhundert die Grundlagen des modernen Albanien gelegt: Die heutige Buchhandlung **Flora** war im Zweiten Weltkrieg ein Blumenladen gleichen Namens, wo sich der Lehrer von gestern und Staatschef von morgen unter falschem Namen seinen Lebensunterhalt verdiente.
Zum **Parteigründungs-Haus** (Shtëpia e Themelimit te Partisë), der Nr. 60 an der Rruga Formimi i Partisë, wohin nicht so leicht zu finden ist, wird Sie jeder Einheimische gern führen oder wenigstens weisen, dem Sie diesen Absatz mit den albanischen Bezeichnungen unter die Nase halten.

Nach diesem Altstadtbummel auf eigene Faust – im Stadtgebiet von Tirana sind Bewegungs- und Fotografierfreiheit voll gewährleistet – zum Schlußpunkt der obligaten Bustouren durch die albanische Hauptstadt, den anstelle des alten Partisanenfriedhofs vom Nationalpark im Südosten an der Straße nach **Elbasan** angelegten **Heldenfriedhof** mit dem **Denkmal der Mutter Albanien.** Auf diesem weithin sichtbaren Hügel hält die *Nëna Shqipëri* Wacht über die edelsten, tapfersten und fähigsten ihrer Söhne, die sich für Freiheit und Fortschritt auf dem Schlachtfeld, in Kerkern und Folterkammern oder in einem Leben rastloser Arbeit

aufgeopfert haben – in ihrer Mitte der am 11. April 1985 gestorbene *Enver Hoxha.* Unweit von seinem stets mit Blumen und Kränzen geschmückten, von einer militärischen Totenwache umgebenen Ehrengrab ruht sein Mitstreiter, der Partisanengeneral *Spiro Moisin.* Wenden Sie sich der gegenüberliegenden Seite der zum Friedhof führenden Straße zu. Dort steht das ehemalige *Winterpalais* von *König Zogu.* Heute dient es als Regierungsschloß für Staatsempfänge und zum Beherbergen offizieller Besucher. Allgemein ist es als **Brigadenpalast** bekannt, seit Moisi es mit seinen Partisanenbrigaden im November 1944 bei den dreiwöchigen Kämpfen um Tirana als Hauptquartier bezogen hatte. Da oben liegt Ihnen die albanische Hauptstadt zu Füßen, überragt vom 1812 Meter hohen **Dajti** im Osten. Im Norden sind die Berge von **Kruja** mit der zum Meer hin blauer und blauer scheinenden Ebene zu sehen. Gegen Süden verwehrt der Bergriegel von **Krraba** den Blick hinunter ins **Shkumbin**-Tal. Die *Ausflüge 29* und *30* kommen von dort herauf nach Tirana. Auf halbem Weg passieren Sie die mächtige Zwingburg **Petrela** (11. Jh.), einen fast quadratischen Bau mit gedrungenen Rundtürmen an den vier Ecken. So vielversprechend die Feste von außen mit den da und dort aus den Fugen zwischen den Steinen wachsenden Baumen und Büschen wirkt, so wenig bietet das zum Besichtigen freigegebene Innere. Man braucht viel Phantasie, um sich vorzustellen, daß dort vor 450 Jahren Geschichte gemacht wurde: In *Skanderbegs* Türkenkriegen diente die Burg als südliche Ecke des Festungsdreiecks, das sich nördlich vom heutigen Tirana auf Kruja und **Preza** stützte. Der Nationalheld wollte diesen neuralgischen Punkt, ursprünglich Stammburg des *Thopia*-Gschlechtes, niemand anderem als seiner Schwester *Mamica* anvertrauen, die sich dort als wirklich streitbare Schloßherrin bewährte – dieselbe Mamica, die uns als Klosterstifterin am **Kap Rodonit** begegnet ist (S. 184).

Petrela können Sie vom Heldenfriedhof aus nur erahnen. Ansonsten wird an dieser Stelle die starke Industrialisierung von Tirana und seiner ganzen Umgebung augenfällig – fast ein Fünftel aller *Fabriken* Albaniens ist da konzentriert: metallverarbeitende Industrie und Maschinenbau; an der Spitze das *Fahrzeugkombinat Enver Hoxha,* in dem der erste albanische Traktor vom Fließband ging; das *Kombinat Dinamo* und andere elektrotechnische Werke; das *Textilkombinat Stalin* mit angeschlossenem Wärmekraftwerk war einer der ersten größeren Industriebetriebe in der Nachkriegszeit; das ausgedehnte *Lebensmittelkombinat Ali Kelmendi;* ein Holzverarbeitungswerk des *Kombinats Misto Mame* oder die Fabrik für Fertigbauteile des *Kombinats Josif Pashko.*
Bei **Valias** im Bezirk Tirana liegt das größte *Steinkohlevorkommen* Albaniens. Sein «schwarzes Gold» wird nach modernsten Methoden gefördert. Weitere reiche *Kohlenreviere* gibt es im Süden an der Grenze zum Bezirk Elbasan im Raum **Krraba-Mushqeta.**
Die *Landwirtschaft* in der Ebene und dem Bergland von Tirana ist durch ihre vielzweigige Struktur gekennzeichnet.

Damenslipper, mit Goldfäden bestickt

Museumsstadt Kruja

«Heiliger Felsen» der Albaner

Nach **Kruja,** der *Hauptstadt Skanderbegs* und dem späteren *geistlichen Mittelpunkt* des vom *Bektaschi-Orden* geprägten, mehrheitlich islamischen *Arnavutluk* der Osmanen, entführen Sie die Ausflüge 11 und 12 (Durrës Tirana Kruja).
Nummer 12 ist als zweitägiger Trip für Kunstfreunde und Geschichtsbewußte besonders zu empfehlen. Noch mehr können Sie beim Ausflug 10 auf den Spuren der großen albanischen Vergangenheit wandeln, der Sie direkt für zwei ganze Tage nach Kruja allein bringt. Einen Tag Kruja bieten die Exkursionen 9 (Durrës–Kruja) und 20 (Durrës–Kruja–Shkodra; insgesamt zwei Tage).
Für Schnuppertouristen, die mehr den *Reiz des Bergstädtchens* erhaschen als sich mit den musealen Resten von Skanderbegs Erbe befassen wollen, schlage ich die Exkursion Nummer 18 vor, die Sie in einem Tag nach Kruja, anschließend weiter bis Shkodra und zurück bringt. Alle diese Ausflüge beginnen nach Vorankündigung um acht Uhr am Hotel Adriatiku in Durrës-Plazh.

Fush-Kruja, die blutgetränkte Ebene

Von dort führt Ihr Weg über das schon bekannte **Shijak** (S. 185) im Erzen-Tal nach einer Landpforte in dem nordwestlich zum Kap Rodonit hinaufziehenden Höhenzug, der die Küstenebene von Durrës gegen das Tiefland abgrenzt, das von Tirana unter Kruja vorbei wieder an die Adria und bis nach Lezha und Shkodra reicht. In der Enge liegt der sonst unbedeutende Bahn- und Straßenknotenpunkt **Vora,** wo die Wege nach Tirana und Nordalbanien auseinandergehen. Beherrscht wird diese schon im Mittelalter strategische Position von der nördlichen Anhöhe aus. Hoch oben grüßt der Bergfried von **Preza:** viereckig, mit schräg nach außen verstärktem Erdgeschoß und einem überdachten Ausguck, der nach Kruja hinüberblickt. Dort auf der Festung werden Sie einem von der Anlage her ganz gleichartigen Wehrturm begegnen, den die Türken später zum Uhrturm der Stadt umgebaut haben. Am waldigen Berghang von Preza hielt Skanderbeg in allen *Schlachten um Kruja* seine Reiterei im Hinterhalt. Jedesmal, wenn sich die Türken erschöpft von der Festung zurückzogen, donnerte die albanische Kavallerie in ihren Rücken hinein und tränkte die Ebene von Kruja mit Osmanenblut.
Auf der Weiterfahrt an der Bahnlinie nach Lezha, Shkodra und Jugoslawien entlang lassen wir Albaniens einzigen Zivilflughafen **Rinas** rechts liegen. Falls Sie von Tirana her kommen, sehen Sie den Flughafen links, umgeben von besonders dicht gestreuten «Maulwurfshügeln» aus Beton. Schon in der Umgebung von Durrës werden Ihnen diese *Einmannbunker* aufgefallen sein, die der Landesverteidigung dienen. Nach einer Art *Milizsystem* erhalten alle waffenfähigen Männer, die nicht beim Grenzschutz oder in Spezialtruppen eingeteilt sind, in ihrer Nachbarschaft je einen Bunker zugewiesen, den sie bei Alarm sofort zu besetzen haben.

Die Straßen von Durrës und Tirana treffen sich in **Fush-Kruja** (albanisch: Ebene von Kruja). Dort sind, um die gleichnamige Museumsstadt hoch am Berg darüber nicht zu verschandeln, die Industrien angesiedelt, die den Bewohnern beider Orte Arbeit geben. Stellen Sie sich vor, die Zementwerke würden ihre Nebel um die 600 Meter höher ins Tal schauende Skanderbeg-Burg legen, und Sie ziehen anerkennend vor der albanischen Planung den Hut.

Im «Nürnberg» der Skipetaren

Bald kurvt der Bus durch die Olivenhaine den Abhang des Burghügels nach Kruja (13 000 Einwohner) hinauf. Dieses «Nürnberg der Skipetaren» ist ein *nationaler Wallfahrtsort* für jeden Albaner, von wo er auch kommen mag.

Doch schon lange vor Skanderbeg und seinem heldischen 15. Jahrhundert hatten die *illyrischen* Vorfahren der Albaner auf diesen Felsen Feinden aller Art getrotzt. Leider wird ihre Befestigungsanlage *Alban* bei **Zgërdesh** in der Nähe von Kruja äußerst selten in die allgemeinen Besuchsprogramme einbezogen: Die rechteckigen *Zyklopensteine* der Mauerreste hätten Sie im äußersten Südalbanien an den Befestigungen von **Butrint** wiedergefunden.

Der antike Geograph *Ptolemäus* (um 140 n. Chr.) beschreibt eine Stadt *Albanopolis,* die mit dem frühgeschichtlichen Alban zusammenhängen dürfte.

An seinem heutigen Platz und unter jetzigem Namen – von albanisch *krua,* die Quelle - tritt die Burg im Frühmittelalter als eines jener byzantinischen Kastelle hervor, die zum Schutz gegen die Einfälle der Goten und Awaren errichtet wurden. Bereits im 7./

8. Jahrhundert hatte sich um die Feste eine Siedlung gebildet, die als Handelsplatz zunehmend wirtschaftliche und lokalpolitische Bedeutung gewann. Das wurde die Keimzelle für den hochmittelalterlichen, den ersten unabhängig albanischen Staat der *Arbëria.*

Die historischen Ereignisse um *Skanderbeg* in Kruja lesen Sie bitte auf den Seiten 28–37 nach.

Während der türkischen Herrschaft zwischen 1479 und 1912 zogen zunächst nur die *Bektaschi-Derwische* in das von seinen albanischen Einwohnern fast völlig verlassene Städtchen. Die Klöster des Ordens zählten bald zu den zehn größten im ganzen Osmanischen Reich. Erst nach 1826, als die Bektaschia mit ihrer Verfolgung durch Sultan Mahmud II. (1808–1839) von einer gesamttürkischen zu einer geradezu exklusiv *albanischen Religionsform* wurde, begannen sich ihre skipetarischen Anhänger aufs neue in Kruja zu sammeln. Damals wurden die typischen *Steinhäuser* mit hölzernen Veranden gebaut, wie sie – mit wenigen Ausnahmen in der Altstadt – nur noch auf der Burg erhalten geblieben sind. Auch der berühmte *Basar* stammte ursprünglich aus dieser Zeit der «Heimkehr nach Kruja».

Gegen Ende des Zweiten Weltkriegs wechselte der gut zu verteidigende Platz wiederholt zwischen Italienern und Partisanen, Partisanen und Wehrmacht, Deutschen und Hoxha-Brigaden die Besitzer. Die Folge war eine fast totale Zerstörung. Der erste Wiederaufbau nach dem Krieg scheint nach dem Motto «je proletarischer, desto besser» erfolgt zu sein. Erst Mitte der sechziger Jahre hat sich Enver Hoxhas als Kunsthistorikerin und Architektin ausgebildete Tochter *Pramvera* Krujas angenommen und restaurierend gerettet, was noch zu retten war.

Nach Wohn-, Schul- und Parteikästen aller Geschmacksverirrungen geht die Fahrt an einem der ersten Denkmäler (links) vorbei, die *Skanderbeg* vom sozialistischen Albanien gesetzt wurden: ein

1959 von *Janaq Paço* geschaffenes **Reiterstandbild** dynamischer Komposition. Der Held steht wie ein Wellenbrecher des türkischen Ansturms in den Bügeln, ja fast am Boden, während sein Streitroß abwehrend mit dem rechten Vorderhuf ausschlägt. Beim **Albturist-Hotel** nebenan oder beim **Partisanenfriedhof** samt Monument – von dort schöner Blick und Fotoaspekt auf die Burg – heißt es «alles aussteigen»; das historische Kruja ist erfreulicherweise Fußgängerzone.

Damen mit Stöckelschuhen werden diese umweltfreundliche Maßnahme auf dem *Kopfsteinpflaster* der Basarstraße und des Burgwegs bald verwünschen. Dieses Pflaster ist das einzige, was vom ursprünglichen Basar unbeschadet übriggeblieben war. Als Gassenpflasterer waren die Albaner früher im ganzen «Reiche des Großherrn» (Karl May) berühmt und gesucht. Allein in Istanbul haben sie Tausende Quadratmeter Kopfsteinpflaster gelegt, das dort noch immer *Albanerpflaster* heißt.

Nach seiner sachkundigen Wiederherstellung 1965 bis 1967 sieht der **Basar** von Kruja, fast ganz in Holz und mit weit vorgezogenen Dächern, baulich wieder so aus, wie ihn noch der «großdeutsche» Berichterstatter *Lutz Koch* 1940 erlebt hat: «In Kruja, der Skanderbeg-Stadt, umfängt uns der Zauber des alten, unverfälschten albanischen Lebens. Die Hauptstraße ist ein einziges Nebeneinander von Basarläden, wo alles zu haben ist, was zum albanischen Leben gehört.»

Die beiden letzten Nebensätze treffen heute aber nicht mehr zu. Der Restaurierung des Basars von Kruja ist keine wirkliche Neubelebung gefolgt. Zwar sind alle Läden vergeben, doch selten geöffnet, die paar Handwerker scheinen kaum Arbeit zu haben, stehen meist in der Tür und schauen den Touristengruppen nach, die zur Burg hinaufziehen. Die heutigen Menschen von Kruja ziehen vermutlich einen sicheren Arbeitsplatz unten in den Fabriken oder Staatsfarmen der Ebene dem Balanceakt einer klein-

bürgerlichen Erwerbstätigkeit unter staatlicher Aufsicht vor. Ich muß noch einmal Koch zitieren, um die ebenso schöne wie öde Basarstraße wenigstens in Ihrer Phantasie zu beleben:
«Die Handwerksmeister sitzen mit untergeschlagenen Beinen auf dem Boden, um ihre Kunstfertigkeit unter den kritischen Augen der Zuschauenden unter Beweis zu stellen. Meist aber sind es Händler, die ihre Ware feilbieten. Steigt man über das Gewirr der Dächer höher in die Stadt zur Burg Skanderbegs hinauf, dann übersieht man aus der Vogelschau, wie die Häuser in Kruja eng zu einem Wehrgang aneinandergedrängt sind.» Was Sie allerdings nach wie vor im Basar und in manchen Straßen des modernen Kruja sehen können, sind die für diese Gegend charakteristischen *Männerhosen Tirq;* in der albanischen, wörtlichen Bedeutung: Strumpfhosen. Sie sehen fast aus wie Großvaters lange, weiße Unterhosen von einst. In dieser Gegend dienen sie als Oberbekleidung, ihre Säume und Taschen sind mit schwarzen Streifen besetzt.

Sobald Sie den Basar durchquert haben, führt der ansteigende Burgweg zunächst an einem überdachten **Brunnen** vorbei. Er stammt aus der ersten Zeit der türkischen Herrschaft über Kruja vom späten 14. Jahrhundert bis zum Auftreten Skanderbegs. Bei seiner letzten Erneuerung wurde 1813 eine osmanische Inschrift angebracht, die auf *Ghazi Evrenoz* als Stifter des Brunnens verweist, einen Großwesir zur Zeit von Skanderbegs Vater *Gjon Kastriota.* In Kruja war Evrenoz ein Vorgänger von *Ghazi* (= heiliger Krieger, patriotischer Kämpfer, ein Titel, den als letzter Atatürk führte) *Oglu Omur Bey,* dem Skanderbeg Kruja in der Nacht zum 8. November 1443 wieder abnahm.
Das geschah durch List und nicht mit Gewalt; denn die Burg von Kruja war für die damaligen Verhältnisse uneinnehmbar. Auch im Januar 1479, als Sultan *Mehmed II.* Kruja nach einjähriger

Belagerung zurückgewinnen konnte, mußte es sich allein dem Hunger beugen.
Die westliche Seite des felsklippenartig vorspringenden Burgberges, die Sie weiter bergan gehen, ist der einzige, deshalb einmalig stark befestigte Zugang. Ein mit Türmen bewehrtes und von rechts durch eine vorspringende Bastion gesichertes **Tor** führt ins Innere der Festung. Sie hat jetzt, seit dem Umbau durch die Türken, einen nahezu elliptischen Grundriß. Mauern und Türme rundum haben fast 800 Meter Umfang.
Das Innere der Burg beherrscht zunächst einmal links oberhalb der Pforte der 1983 von *Pramvera Hoxha* als *Nationale Gedenkstätte* wiederaufgebaute ehemalige Palas von Skanderbeg, ein majestätisches, aus dem Grau der übrigen Schloßruinen und späteren Bauten weiß herausleuchtendes Gebäude. Dieser Eindruck wird durch den Hintergrund einer wilden Felsenszenerie noch verstärkt, in der im Lauf der Jahrhunderte immer wieder Verfolgte und Freiheitskämpfer, aber auch Räuber willkommenen Unterschlupf gefunden hatten.
Auf einem hohen Grat über Skanderbegs erneuertem «Hauptquartier» können Sie bei klarer Sicht die Reste des heute vereinsamten Bektaschi-*Teqe* (= Kloster) von *Sari Saldik* erkennen. Dieser legendäre Jünger des Ordensstifters *Hadschi Bektasch Weli* an der Wende vom 12. zum 13. Jahrhundert, wahrscheinlich aber erst ein Zeitgenosse des Bektaschi-Reformers *Balim Sultan* zu Anfang des 15. Jahrhunderts, hat die Bruderschaft von Anatolien nach Albanien verpflanzt. Wie das *Maghawiri*-Felsenkloster in Kairo war auch der «Hohe Teqe» von Kruja unter der Hand

---

Die Skanderbeg-Gedenkstätte auf der Burg von Kruja wurde von der Architektin Pramvera Hoxha, einer Tochter des ehemaligen Staats- und Parteichefs, entworfen

dafür bekannt, daß dort bis dahin unfruchtbaren Frauen zur Nachkommenschaft verholfen wurde. Die in diesem Zusammenhang einem heiligen Stein zugeschriebene Wunderkraft dürfte die eine oder andere schöne Pilgerin tatsächlich der sehr irdischen Nachhilfe der Derwische zu verdanken gehabt haben.

Der Besuch der *Skanderbeg-Gedenkstätte* ist Hauptanliegen jeder geführten Burgbesichtigung. In den Innenräumen gilt striktestes Fotografierverbot, wohl weniger wegen seltener Exponate – die meisten Originale sind im **National-Historischen Museum** von **Tirana** – als aus dem einzigen Grund, den geradezu weihevollen, mit Wandgemälden, apsisartigen Nischen, Gewölben und Kuppeln fast an eine Kirche erinnernden sakralen Charakter des ganzen Komplexes nicht durch ständiges Blitzen zu profanieren. Dort ist alles zusammengetragen, was heute noch an Skanderbeg erinnert: Bücher, Bilder, Landkarten und Nachbildungen zeitgenössischer Möbel, Teppiche und Hausgeräte. Im Mittelpunkt sollte natürlich der *Prunkhelm* des Helden mit dem Ziegenkopf der alten illyrischen Fürsten von Epirus stehen, den sich Skanderbeg um 1460 anfertigen ließ, sowie sein sagenumwobenes *Schwert* aus Damaskus mit arabischer Inschrift und goldeingehämmerten *(tauschierten)* Laubornamenten. Doch das, was da aus der Vitrine gleißt, sind nur Imitationen. Die *albanischen Nationalkleinodien* liegen in der Waffensammlung des **Kunsthistorischen Museums** von **Wien,** das bisher alle Bemühungen aus Tirana ignoriert, sie wenigstens einmal als Leihgaben wieder in Kruja zur Schau stellen zu dürfen.
Die für diese Gedenkstätte eingeplante Zeit ist bei so gut wie allen Gruppenbesuchen einfach zu lang. Einziger weiterer Programmpunkt auf der Burg ist eine ebenfalls ausgedehnte Kaffee- und Raki-Pause im – allerdings architektonisch und mit seiner Innenausstattung wirklich sehenswerten – **Café Shtama** in der

höher gelegenen Nordostecke der Festungsellipse. Machen Sie sich daher bald einmal selbständig und halten Sie Umschau, was Skanderbegs Felsennest sonst noch alles zu bieten hat:
Beim Verlassen des Palas sehen Sie unter sich genau dem Burgtor gegenüber den Sockel eines **Minaretts.** Neben einigen Grundmauern ringsum ist das heute alles, was von der durch Sultan *Mehmed II.* in eine Moschee umfunktionierten alten Schloßkirche, den islamischen Anlagen für rituelle Waschungen und der Residenz des türkischen *Kaimakam* (= Bezirkshauptmann) von Kruja übrigblieb.
Von den Ruinen geht schräg links abwärts ein Weg in die bei den Führungen völlig vernachlässigte, dabei in ihrer Ursprünglichkeit unbedingt besuchswürdige Unterburg. Sie ist das nach wie vor lebendige Wohnviertel in der Festung: etwa 20 schöne alte *Patrizier-Häuser,* zwei- bis dreigeschossig mit gedeckten *Holzveranden,* kunstvoll geschnitzten Geländern, Tür- und Fensterstöcken. Lassen Sie sich von den freundlichen Bewohnern ins Innere winken, um die noch prächtigeren *Zimmerdecken* zu bewundern. Machen Sie zum Dank für alles einfach ein Foto von den Kindern. Auf einem aus dem nächsten Schulheft gerissenen Zettel drücken Ihnen die braven Leute ihre Postanschrift in die Hand: Vergessen Sie bitte nicht, das Bild dann wirklich zu schikken; sonst sind diese selbst ehrlichen und deshalb vertrauensvollen Menschen für immer enttäuscht. Ihnen nachfolgende Reisende könnten das zu spüren und keine Holzdecken mehr zu sehen bekommen!
In einem dieser charakteristischen Kruja-Häuser links ist das **Volkskundliche Museum** des Bezirks untergebracht. Falls Sie die Ethnographische Exposition in Tirana besucht haben, können Sie sich diese Wiederholung ersparen, es sei denn, das vorbildlich restaurierte Gebäude als solches zieht Sie an – oder Sie sind noch keinem Träger der Tirq-Strumpfhosen in natura begegnet

und wollen sie wenigstens an einer Puppe sehen und auf Ihren Film bannen.

Welchem Weg auch immer Sie weiter burgabwärts durch das Gewirr der Gassen folgen, wo bis tief ins 19. Jahrhundert hinein die halbe Bevölkerung von Kruja gelebt hatte: Alle Wege münden in die Südwestspitze der Festung mit ihren drei Türmen. Von dort führt eine versteckte **Ausfallpforte** zu den **Taslloi-Quellen.** Sie dürften Kruja seinen Namen «Zu den Quellen» gegeben haben, die mit ihrer Sommer wie Winter kräftigen Schüttung allein die Burg durch Belagerungszeiten mit ausreichend Wasser versorgten und heute noch dem Wohnviertel hinter den Mauern ihr lebenswichtiges Naß spenden. Fließwasser ist in der Unterburg von Kruja ein unerreichbarer Luxus geblieben.
Die steinerne, gewundene **Treppe,** auf der die Mädchen der Burg wie in Skanderbegs Tagen auch heute morgens und abends mit den gefüllten Wassergefäßen auf dem Kopf und nie verklingenden Volksweisen in der Kehle hinaufsteigen, überragt ein Schatz islamischer Sakralkunst aus dem *Osmanischen Barock* des 18. Jahrhunderts: das zweite Bektaschi-Kloster von Kruja mit dem Heiligengrab *(Tyrbe)* seines Gründers *Baba Mustafa Dolma*, nach ihm **Dolma Teqe** genannt. Die Restaurierung seiner *Fresken* und ihre kunsthistorische Auswertung sind zur Zeit im Gange und versprechen völlig neue Einsichten in die Wechselbeziehungen zwischen christlicher und islamischer Wandmalerei in der europäischen Türkei.
Bei einer der ersten Aktionen von Pramvera Hoxha zur Rettung des alten Kruja ist das **Hamam** westlich über den Quellen schon in den sechziger Jahren restauriert worden: Zum Teil aus roten Ziegeln, teils in Stein noch ganz im byzantinischen Stil gebaut, mit dicken Mauern und Gewölben sowie verfliesten Wasserrinnen ist es vermutlich das älteste *Türkische Bad* Albaniens.

Inzwischen wird es aber schon höchste Zeit sein, einmal nachzuschauen, ob die Reisegefährten noch immer beim Raki sitzen oder dem Kaffee auf Skanderbegs Burg einen oder mehrere Weinbrände Marke *Skënderbeu* folgen lassen und nicht gar schon zurück zum Bus unterwegs sind. Das fragliche Lokal, **Café Shtama,** ist rechts vom einzigen Pflasterweg zur Oberburg nicht zu verfehlen.
Bestürmen Sie die Gruppe, noch ein Getränk lang auf Sie zu warten, denn die Oberburg mit Skanderbegs **Bergfried** sollten Sie unbedingt noch aus der Nähe gesehen haben.
Der Turm am höchsten Punkt des Festungsgeländes ist wohl der älteste Teil der Burg. Auf byzantinischen Fundamenten der Völkerwanderungszeit ruhend, gehen seine Untergeschosse ebenso wie die ursprüngliche **Bischofskirche** von Kruja dahinter ins 9. Jahrhundert zurück. Die Türken haben ihn im 18. Jahrhundert zum Uhrturm umgebaut. Skanderbeg leitete von der Brüstung alle seine Türkenschlachten um Kruja, wobei ihm bei günstiger Witterung der weit über Ebenen und jenseitige Hügel bis ans Meer reichende Ausblick zustatten kam. Mit Feuerzeichen wurden Signale und Kommandos hinüber nach **Preza** und bis nach **Petrela** tief im Süden hinunter gegeben.
Als Ausguck für das wiederholt normannenbedrohte Durrës soll der Bergfried schon in den Tagen des Fürstentums Arbëria im 12. Jahrhundert gedient haben. Aus dieser Zeit stammt auch die **Ringmauer** der ursprünglichen *Kleinen Burg.* Aus derselben Epoche wurden die Reste von zwei weiteren, übereinandergebauten Kirchen (sogenannte **Burgkapelle**) ausgegraben, auf die Sie durch die Fenster eines Hauses im traditionellen Kruja-Stil hinabschauen können.

Ein Picknick im **Bergwald** oberhalb von Kruja wäre nach all den Besichtigungen die ideale Fortsetzung dieses Ausflugs. Eine Ab-

wechslung, die vorerst leider wieder nur Geschäftsreisenden und mehr oder weniger offiziellen Gästen des Landes vorbehalten bleibt. Sollten Sie zu diesen VIPs gehören, so bringen Sie Ihren Fahrer und die Begleitung vom Dienst dazu, mit Ihnen auf der von Kruja über die **Skanderbeg-Berge** *(Malësia i Skënderbeut)* nach **Burrel** im **Mat-**Tal hinüberführende Straße bis zum Luftkurort **Shtama** hochzufahren, von der das Café auf der Burg seinen Namen hat.

Steigung folgt auf Steigung. An ungesicherten Abstürzen vorbei windet sich der Wagen um die Felsnasen, bis schließlich 1400 Meter hoch bei dem kleinen Luftkurort inmitten eines Hochwaldes halt gemacht wird. «Melone mit Ziegenkäse» ist das Standardmenu im einzigen Speiselokal. In der würzigen Bergluft schmeckt die einfache Kost wirklich köstlich.

Bei dieser Skanderbeg-Kette handelt es sich um die nördlichsten der albanischen *Kalkberge,* die sich weiter bis in den äußersten Süden des Landes hinunterziehen und das mediterrane Küsten-Albanien vom balkanisch-kontinentalen Inneren scheiden.

Die Räuber von Mamuras

Bleibt diese Bergeinsamkeit wohl noch auf Jahre hinaus einigen wenigen Auserwählten vorbehalten, so ist die von Fush-Kruja nordwärts am Rand der **Thumana-**Ebene sich dahinschlängelnde Straße schon jetzt einer der meistbefahrenen Touristenwege Albaniens. Alle Tages- oder Zweitagesausflüge (Nr. 13–20) nach **Lezha** und **Shkodra** führen dort lang. Das flache Land ist durch die Trockenlegung der ausgedehnten Sümpfe in der Nachkriegszeit fruchtbar, aber nicht unbedingt abwechslungsreicher geworden. Nur da und dort entdecken Sie draußen in der Ebene eines

Und viel, viel Albanisches

«Ein Stückchen Altertum, ein Stückchen Mittelalter, ein tüchtiger Fußstapfen Orient und viel, viel Albanisches – das ist Albanien.» (Albanologe Hugo Adolf Bernatzik, 1930)

---

der alten Bauernhäuser, die auf *Holzpfählen* in den Sumpf hineingebaut waren. Heute stehen sie mit ihren Stelzen wie aufgeblähte Riesenstörche auf dem Trockenen.
Einzige Begleiterin auf dieser eintönigen Fahrt bleibt die **Eisenbahntrasse** in Richtung Jugoslawien mit ihren häufigen Güterzügen. Als *Schmalspurbahn* war diese Linie von Shkodra her schon während des Ersten Weltkriegs von den Österreichern und der mit ihnen verbündeten «Albanischen Legion» gebaut worden, um Munition und Proviant in Richtung Tirana und Durrës zu transportieren. Unter *König Zogu* war daraus ein Eselspfad geworden, bis Ende der siebziger Jahre 7000 *Freiwillige,* unter ihnen über 3000 Mädchen, diese Nordbahn zunächst einmal bis an die Grenze des *Bezirks Kruja* am **Mat**-Fluß auf der alten Trasse, doch mit der international üblichen Spurweite (1,435 m) in Handarbeit ohne jede maschinelle Hilfe heranschoben.

Auf der Bergseite ein Olivenhain nach dem anderen, bis sich **Mamuras** mit den Resten seiner früher ausgedehnten und von den Reisenden bis ins 20. Jahrhundert hinein wegen der Räubergefahr gefürchteten **Eichenwäldern** in den Weg legt. Mamuras, oder in der alten Schreibung *Mamura,* galt geradezu als Paradies der Räuber; das albanische Königshaus in Ägypten benannte die dichten Palmenwälder zwischen Alexandria und Abukir in Erinnerung an den heimatlichen Mamuras-Wald als **Maamura**.

Heutzutage wird niemand Ihren Bus mit dem Ruf «Geld oder Leben» überfallen. Die übriggebliebenen Bäume bieten keinen Räuberbanden mehr Unterschlupf, das neue Albanien hat mit den letzten Resten des Bandenunwesens schon 1945/46 aufgeräumt. Doch will ich Ihnen auf der weiter monotonen Fahrt bis nach Laçi und Milot die Zeit mit einer Sage vom alten Räuberwald vertreiben, die Sie zugleich mit einem Beispiel der albanischen *Volksliteratur* vertraut machen soll:

Da reiste einmal durch das gefährliche Gebiet zwischen Mati und Kruja ein geiziger Kaufmann, der in Shkodra viele Ellen kostbares venezianisches Tuch erstanden hatte. Er zog mit seiner Karawane heim nach dem Süden. Denn er war ein Toske, ein Südalbaner. Jener toskische Kaufmann nun war zu geizig oder zu hochmütig, vielleicht auch zu faul oder zu dumm gewesen, die Freundschaft eines Wegelagerers zu erkaufen. Und als er hier mit reichen Schätzen seines Weges wanderte, da fielen die Räuber über ihn her und nahmen ihm alles ab, was er mitführte.
Er jammerte und weinte, er beschwor die Kerle, Mitleid mit ihm zu haben, er faselte von seiner Armut und Not und war in seinem Geiz und seiner Verzweiflung so komisch anzusehen, daß die Räuber beschlossen, sich mit diesem dummen Tosken einen Spaß zu machen.
Nachdem sie alles gut besprochen hatten, trat einer auf den Kaufmann zu und sagte: «Flenne nicht weiter wie ein Kind, das sich naß gemacht hat! Wir sind keine Bösewichte, wir sind ebenso gerecht wie du und alle toskischen Krämer miteinander. Siehst du die alte Platane dort? Ob du es glaubst oder nicht – dieser Baum kann sprechen. Er hat eine Seele. Und die ist ein weiser, gerechter Geist. Komm mit, wir wollen den Baum befragen, was wir tun sollen. Er wird uns sagen, was recht und billig ist.»
Der Toske war nicht wenig erfreut, als er diese schöne und beson-

nene Rede hörte, und er stimmte beglückt dem Vorschlag zu. Sie gingen also zu der alten Platane, und einer von den Räubern fragte das Orakel mit viel lustigem Hokuspokus, was zu geschehen hätte.
Da kam mit tiefer Stimme aus dem Baum die Antwort: «Gerechtigkeit muß sein. Gebt dem Kaufmann Elle um Elle für das feine Tuch grobes altes Tuch, für jede Elle feines Tuch eine Elle grobes altes Tuch!»
Die Räuber suchten zusammen, was sie an alten Lumpen finden konnten und beluden damit seine Tragtiere. Und wie der Toske, der felsenfest an das Baumorakel glaubte, mitansehen mußte, daß all sein kostbares venezianisches Tuch fortgeschafft wurde, während man seine Karawane mit scheußlichem, zerlumptem Zeug vollpackte, da rief er klagend aus: «O Orakel, was tust du mir an!»

Während dieser Lektüre haben Sie **Laçi** (12 000 Einwohner) erreicht, eine der jüngsten, erst in den sechziger Jahren entstandenen Städte Albaniens und wichtigster Industrieort im Bezirk Kruja. Man riecht es schon von weitem. Was da stinkt, sind aber nicht die Emissionen aus den Schornsteinen der *Superphosphat*-Fabrik, der *Kupferhütte* oder der *Glasindustrie,* sondern die **Schwefelquellen** am südlichen Stadtrand.
Das kleine **Milot** an der Bezirksgrenze gegen **Lezha** wurde schon in der Zwischenkriegszeit durch die **Achmed-Zogu-Brücke** über den **Mat** bekannt. Das vielbogige Bauwerk ist neben den zahlreichen Schlössern das einzige gemeinnützige Relikt aus der Königszeit. Es schmückt auch die albanischen Ein- und Zwei-Francs-Briefmarken der Ausgabe vom 30. September 1930. In Milot zweigen die Straßen ins **Mat-** und obere **Drin-**Tal sowie in die **Mirdita** ab und seit 1988 auch die neue *Eisenbahnlinie* in den mirditischen Bezirkshauptort **Rrëshën.**

Eine Reise in den Süden: Hauch von Hellas

Baumwolle statt Moskitos – Lushnja und die Myzeqa

Hinter **Rrogozhina** (S. 186) überqueren alle Reisen und Ausflüge nach Südalbanien (Trips 21 bis 28, 33 bis 40, 43) auf einer über die beiderseitigen Überschwemmungsgebiete hinausführenden, langgezogenen Brücke den **Shkumbin.** Seit altersher bildet der aus den Bergen westlich vom **Ochrid-See** herabkommende Fluß die Grenze zwischen dem nordalbanischen Sprachraum der *Gegen* und den südalbanischen *Tosken* – eine Dialektgrenze, die seit der Bildungsrevolution in den vierziger und fünfziger Jahren des 20. Jahrhunderts auf der Basis der gemeinalbanischen Schriftsprache weitgehend an Bedeutung verloren hat.
Am Fuß eines karstigen Hügels taucht **Lushnja** (28 000 Einwohner) auf, gekrönt von seinem weiß in die **Myzeqa-**Ebene hinausleuchtenden **Partisanenfriedhof.** Wie das ganze Land zwi-

schen Shkumbin und **Seman** im Norden und Süden, der Lagune von **Karavastasa** im Westen und dem «Seewinkel» von **Dumreja** im Osten war Lushnja ein malariaverseuchtes Fieberloch, als dort 1920 der *Kongreß von Lushnja* Tirana zur Hauptstadt des acht Jahre zuvor unabhängig gewordenen modernen Albaniens erklärte. Seit damals wurde die Stadt zum Standort für *Leicht- und Nahrungsmittelindustrie.* Daß sie nicht mehr das verschlafene Provinznest von einst ist, will sie auch mit der Tageszeitung *Shkëndija* (Der Funke) beweisen. Sie ist eine der ganz seltenen nicht zentralen, von Tirana aus verbreiteten Publikationen mit stark ausgebautem, kaum ideologisch verbrämtem Lokalteil für den ganzen Bezirk.

Ihre weitere Fahrt durch diese Region in Richtung Südwesten gestaltet sich wieder einmal eher eintönig. Vielleicht macht Ihnen das mehr Spaß, wenn Sie wissen, was da alles auf den schier endlosen Feldern rechts und links von der Straße angebaut wird, welche Bedeutung diese Region für ganz Albanien hat: Flächenmäßig gehört der Bezirk Lushnja zu den kleinsten administrativen Einheiten des Landes (712 km^2). Was die Bevölkerungsdichte angeht, steht er jedoch mit 134 000 Einwohnern (rund 180 Menschen pro Quadratkilometer) an fünfter Stelle.

116 Dörfer liegen heute im Flachland von Myzeqa, das früher völlig versumpft, für Malaria und endemische Syphilis berüchtigt, bestenfalls durch seine schönen Volkstrachten im positiven Sinn bekannt war. Der *Tërbufi-Morast* allein erstreckte sich über 8000 Hektar. Er ist inzwischen ganz in Nutzland verwandelt. Ein Auslandsalbaner, dessen Vorfahren vor 150 Jahren aus dieser damals gottvergessenen Gegend in die Ostalpen ausgewandert waren und ihm dort ganze 48 Hektar hinterlassen haben, bemerkt angesichts dieser Großleistung: «Es wird langsam Zeit, nach Albanien zurückzuwandern!»

Dic ganze Myzeqa ist jetzt ein landwirtschaftlich intensiv entwik-

keltes Gebiet. Dort gedeiht *Brotgetreide,* besonders Weizen, mit dessen Anbau der Bezirk Lushnja in Albanien an zweiter Stelle steht. Die weiten Kulturen mit *Sonnenblumen,* die zu beiden Seiten der Straße wogen, nehmen sogar an Ausdehnung wie Ertrag den ersten Platz ein. Dazu kommen Gemüse und *Baumwolle.*
In den **Ardenica**-Hügeln legen menschliche Reisebegleiter eine Zigarettenpause ein. Die können Sie gleich zum Pflücken der dekorativen Baumwollstengel mit den weißen Ballen frisch vom Feld nützen. Bei der Rückreise bitte gut verstauen: Die heimischen Zöllner kennen dabei aus mir unerfindlichen Gründen keinen Spaß!
Rechts oben liegt – statt der Baumwolle – ein säkularisiertes orthodoxes **Kloster** mit naturalistischen *Fresken* der *Korça-Schule* (S. 128) aus dem 18. Jahrhundert und Ikonen des Malers *Thanas von Elbasan,* die den Stiftervermerk auf einen Mäzen *Rouphetios* tragen. Viel älter ist das Fresko des Fürsten von Elbasan, *Karl Thopia,* es entstand an der Wende des 14. zum 15. Jahrhundert. Das Kloster war Ende der fünfziger Jahre als einziges in Albanien noch von Mönchen bewohnt. 1959 stürzte die linke Kirchenwand ein. Zwischen 1987 und 1989 hat man es wieder instand gesetzt, seine Ikonen und Wandbilder wurden restauriert. So können Sie dem großen albanischen Erneuerer der byzantinischen Kirchenmusik, *Gjon Kukuzeli* (S. 131), in der Gestalt begegnen, die ihm die Tradition der Mönchsmaler verliehen hat. Manchmal wird auch das fünf Kilometer südwestlich am **Seman** gelegene Kloster von **Kolkondasi** aufgesucht, eine Stiftung von *Ali Pascha Tepelena* aus dem zweiten Jahrzehnt des 19. Jahrhunderts. Zu bewundern ist dort eine **Ikonostase** aus dem Jahr 1835.
In Sachen *Viehwirtschaft* ist diese Gegend für ihre hochwertigen *Zuchtschafe* berühmt. Auf den Hügeln, die vom Shkumbin bis

südlich der Stadt Lushnja reichen, wird intensiver *Obstanbau* betrieben. In der Obstproduktion steht der Bezirk Lushnja in Albanien an führender Stelle.
Die Landwirtschaft nahm 1988 in der Myzeqa mit 56 Prozent der Gesamtproduktion den Hauptanteil vor der Industrie ein.

In den Bergen von Ballsh und Tepelena: Frische Luft, Erdölduft

Über den **Seman** geht es in den Bezirk von **Fieri** hinein; der Ort bleibt bei diesen Ausflügen in den äußersten Süden samt den Ausgrabungen am antiken **Apollonia** rechts liegen. Ohne Halt werden Sie durch **Patos** (15 000 Einwohner) gefahren, das petrochemische Zentrum des Landes, und von dort hinauf in das Hügelland von Fieri, die **Mallakastra,** auf deutsch «Burgenberg». Statt der Burgen ragen dort heute die Bohrtürme des albanischen *Erdölsegens* auf, der über 50 Jahre alt ist.
Auch an seinem Mittelpunkt **Ballsh** (12 000 Einwohner) erinnert heute außer geschichtsbeflissenen Lehrern in allen Schulen nichts Augenfälliges mehr an das Lokalgeschlecht der *Balsha,* von denen Albanien vor Skanderbeg und den Türken schon einmal im 14. Jahrhundert für kurze Zeit geeint werden konnte.
Wahrzeichen des Ballsh von heute ist die Ende der siebziger Jahre in Betrieb genommene erste albanische *Raffinerie,* die das Land seitdem vom Import fast aller Mineralölendprodukte unabhängig gemacht hat.
Die Mallakastra hält in ihren grünen Hügeln – außer den nicht gerade umweltfreundlichen, Augen und Nase beleidigenden Erdölinstallationen – von der Paßhöhe hinter Ballsh an schöne Ausblicke hinunter ins mittlere **Vosja**-Tal und auf die sich im

Hintergrund bis zu einer Höhe von über 2000 Metern aufbauenden Berge des **Kurvelesh** bereit.
Schluß mit der Idylle ist gleich unten an der Vjosa in der schwarzüberstaubten Bergwerksstadt **Memaliaj** (6000 Einwohner). Sie ist ein Schwerpunkt der Förderung und Anreicherung von *Steinkohle.* Von der Brücke, die den grünschäumenden Fluß kurz hinter dem Ort überquert, sehen Sie in der warmen Jahreszeit die Kumpel und ihre Familien beim Baden und Sonnen.
Nach einigen Kilometern am linken Vjosa-Ufer tauchen auf einem massiven Felsplateau mächtige Mauerreste auf. Beim Näherkommen entdecken Sie ein schmuckes Landstädtchen, das sich halbkreisförmig um diese Mauern zieht: **Tepelena** (7000 Einwohner), sommerliche Haupt- und Residenzstadt von *Ali Pascha Tepelena* (1741–1822; S. 40–42). Von ihm stammen neben dieser Festung noch viele andere Burgen auf dem Gebiet des heutigen Süd- und Mittelalbanien. Sie werden Ihnen in Gjirokastra, Libohova, **Mahallaja** bei Saranda, Butrint und Berat begegnen. Hier handelt es sich um eine ursprünglich albanische Feste, die erst 1492 von den Türken genommen und verwüstet, im 17. Jahrhundert wieder aufgebaut wurde. Ihre heutige Gestalt nach dem Ausbau durch Ali Pascha hatte beim Erdbeben von 1920 schwer gelitten. Seit Mitte der achtziger Jahre wird an der Wiederinstandsetzung des historischen Bauwerks gearbeitet; fertig sind die Kasernen im Nordwestteil, die Getreidespeicher, die *Zisterne.* Ihre 20 Kilometer lange Zuleitung aus **Bënça** überquert in kühnen *Doppelbögen* mehrere Bergtäler.
An *Lord Byron* (1788–1824), der dort 1809 Ali Paschas Gast war und ihm wie den Albanern in «Ritter Harolds Pilgerfahrt» ein dichterisches Denkmal gesetzt hat, erinnert eine schlichte Gedenktafel. Albturist hält Tepelena bei den Rundfahrten keiner Besichtigung für wert, wenn Sie nicht nachdrücklich danach verlangen. Meistens bleibt das höchste der Gefühle eine kurze Foto-

grafierpause angesichts der **Hängebrücke,** die tief unten im Tal die grüne Vjosa und ihr weißes Schotterbett überspannt. Jenseits liegt *Ali Paschas Geburtsdorf* **Dragot** in der *Pforte von Antigonaea,* wo 198 vor Christus die Makedonier den römischen Vormarsch auf der Balkanhalbinsel im Blut zu ersticken versuchten. An ihrer Spitze stand König *Philipp V.* (221–179) aus dem Haus der *Antigoniden.* Seinen Stammsitz vermuten einige Archäologen in dieser Gegend. Dort gegenüber bricht jedenfalls die Vjosa in enger Schlucht durch die Berge von **Shëndëlli** und **Lunshëri,** um etwas oberhalb der Hängebrücke den Drino in sich aufzunehmen. Seinem zunächst waldschluchtartigen Lauf entlang führt unser Weg in Albaniens äußersten Süden.

Der *Bezirk Gjirokastra,* in seiner Gesamtheit mit dem Titel eines «Helden der Sozialistischen Arbeit» geehrt, zeigt sich sofort von seiner schönsten Seite: Über den Drino wölbt sich die von Ali Pascha für seine Verbindungsstraße zwischen Tepelena und Janina gebaute **Bogenbrücke von Subashi,** an der leider nur selten gehalten wird. Doch kein Touristenbus fährt am Rastplatz des **Kalten Wassers** (albanisch: Ujë i Ftohtë) vorbei, wo sich ein romantisches Café – mit mehr als gemächlicher Bedienung – zwischen Quellen und Wasserspielen in den Laubwald schmiegt. Trinken Sie das frische Bergwasser aus einem der plätschernden Brunnen, verzichten Sie auf die schleppende Bewirtung, und steigen Sie in der Fahrtpause lieber zum Drino hinunter, der durch das sommerliche Grün oder das herbstliche Farbenspiel des Waldes glitzert. An sonnigen Tagen gibt es dort unvergeßliche Lichteffekte zu erhaschen.

Kein Wunder, daß die Bewohner dieses Landstrichs, der **Lunxhëria,** seit je als Meister im Bau von Wasserleitungen und Bewässerungsanlagen berühmt sind. Die Türken bedienten sich ihrer – wie anderweitig der albanischen Pflasterer – für den Bau der Leitungen zur Trinkwasserversorgung des osmanischen *Stambul;*

zum Teil werden jene auch jetzt noch in **Istanbul** genauso wie damals verlegt, weil es einfach keine besseren Trassen gibt.
Während Sie in der Ferne auf den Felsriffen des **Mali i Gjerë,** des «Breiten Bergs», schon Burg und Stadt Gjirokastra erkennen, mündet zwischen jenem und dem Kurvelesh ein steiniges Bergtal: Nach **Golem** zeigt der Wegweiser, der Heimat von *Moisi Golemi,* dem ebenso tapferen wie eigenwilligen Mitkämpfer, doch auch Machtrivalen von Skanderbeg. Nachdem er zweimal die Fronten zwischen Albanern und Türken gewechselt hatte, wurde ihm als Verräter in Stambul bei lebendigem Leib die Haut abgezogen. Die Familie *Moisiu* in unseren Tagen führt ihren Stammbaum bis auf ihn zurück.
Kurz vor Gjirokastra bricht hinter der Ujë i Ftohtë eine weitere Karstquelle aus der Tiefe hervor, die **Königsquelle** (albanisch: Viroi i Ri). Der Damm, über den die Straße führt, hat aus dem Trichter, randvoll mit kristallklarem Wasser, einen gefälligen See entstehen lassen: Ruhebänke unter Bäumen, geebnete Wege, eine Betonplattform zum Sonnen. Als bisher einzige Balkanbewohner haben die Albaner einen Sinn für Verschönerung wiederentdeckt, der in Südosteuropa wie im angrenzenden Orient in den Jahrhunderten von Blutrache und härtestem Überlebenskampf zu überflüssigem Luxus geworden war.
Links im Dorf **Kodër** sehen Sie Reste eines orthodoxen *Klosters* aus dem 16. Jahrhundert. Seine zeitgenössischen *Fresken* sind nur schlecht erhalten und harren noch der Restaurierung.

Gjirokastra, die «silberne» Stadt

Gjirokastra (25 000 Einwohner) hieß früher griechisch *Argyrokastron,* deutsch «Silberburg» oder «Silberstadt». Als Geburtsort

von *Enver Hoxha* wurde ihm gleich nach dem Krieg die besondere Fürsorge gezielter Forschungs- und Restaurierungsarbeiten zuteil. Bald erkannte man, daß Gjirokastra zu den bedeutendsten Zentren von architektonischem und städtebaulichem Wert gehört, die ein Licht auf Substanz und Entwicklung der spätmittelalterlichen albanischen Stadt werfen. Ganz Gjirokastra wurde darauf unter *Denkmalschutz* gestellt.

Die Stadt erstreckt sich auf einem recht unwegsamen Gelände, in einem Knick am Fuß des Mali i Gjerë mit Anhöhen und kleinen Tälern, Abhängen und sehr wenigen ebenen Plätzen. Auf diesem bewegten Terrain voller Kontraste liegt fast genau im Mittelpunkt ein Hügel mit scharfen Konturen und abschüssigen Seiten, auf dem die **Burg** errichtet wurde: der historische und architektonische Kern des Ortes. Den Wohnvierteln gegenüber behielt die Burg immer ihre erstrangige Bedeutung für das Stadtbild, während ihre Rolle als Verteidigungszentrum seit der zweiten Hälfte des 19. Jahrhunderts abgenommen hat.

Den archäologischen Ausgrabungen zufolge war diese Gegend schon in der Antike dicht besiedelt. Unweit von Gjirokastra werden seit den sechziger Jahren des 20. Jahrhunderts Reste einer *illyrisch-griechischen Stadt* – Wohnviertel mit einem schönen Säulen*(Peristyl)*haus, Kanalanlagen, Kirchen aus christlicher Zeit – freigelegt. Die neuere albanische Forschung vertritt die Hypothese, daß dort, und nicht bei Tepelena, das alte *Antigoneia* gestanden hat.

Wie diese Stadt auf dem Plateau oberhalb **Saraginishta,** Gjirokastra gegenüber, geheißen haben mag: Schon in der Römerzeit liefen da die *Straßen* aus der Bucht von Vlora (antikes *Aulon*) und dem Delvina-Becken mit *Buthrotum* (Butrint), *Onchesmus* (bei Saranda) und *Phoinike* (Finiq) sowie die Verbindungen zwischen den Berggegenden von Kurvelesh, Pogoni, Zagoria, Dropulli und Lunxhëria zusammen.

Zum erstenmal wird Gjirokastra unter seinem heutigen Namen in dem Geschichtswerk erwähnt, das der byzantinische Kaiser *Johannes VI. Kantakuzenos* (1347–1354) nach seiner Abdankung im Kloster verfaßt hat: Er erwähnt Argyrokastron im Zusammenhang mit einem Albaneraufstand 1336. In der zweiten Hälfte des 14. Jahrhunderts hatte die Lokaldynastie der *Zenebishi* dort ihren Sitz, 1419 fielen Stadt und Burg an die Türken, die es zur Hauptstadt des *Sandschaks* (= Provinz) Albanien machten. Nicht einmal Skanderbegs Nationalstaat erstreckte sich so weit nach Süden.

Nach dem ersten *osmanischen Steuerregister* von 1431/32 bestand Gjirokastra zu dieser Zeit aus 163 Wohnhäusern. Auf eine erste Zeit des Niederganges (1507: 143 Häuser) setzte im 16. Jahrhundert der große Aufschwung zur *Handwerks- und Handelsmetropole* des ganzen Westens der europäischen Türkei ein. Damit gingen allerdings Ausbeutung und Verfall der albanischen Dörfer und Einzelhöfe in dem gesamten Raum einher. Vor der Willkür osmanischer Lehensherren *(Spahis)* flohen die früher freien Bauern in das mit weitreichenden Stadtrechten ausgestattete Gjirokastra. 1583 hatte es mit 434 Häusern beinahe seine heutige Größe erreicht. Damals wurden auch die Grundlinien seiner städtebaulichen Gestaltung festgelegt. Am intensivsten und reichsten blühte die Bautätigkeit im 18. und frühen 19. Jahrhundert: Nach und nach entstand das Bild der Stadt, das sich Ihnen im wesentlichen heute bietet.

In der städtebaulichen Entwicklung Gjirokastras hat das besondere Gelände eine bedeutende Rolle gespielt. Es führte dazu, daß die Wohnviertel mehr oder weniger in sich geschlossene Einheiten blieben. Doch diese Einheiten sind nicht so voneinander losgelöst, daß sie den einheitlichen Charakter der Stadt zerstükkeln. Die für Gjirokastra charakteristischen und zugleich besonders malerischen Ensembles sind die Viertel **Alter Markt, Pllaka**

– das übrigens der lange von Albanern bewohnten **Athener Altstadt** *Plaka* den Namen gegeben hat – und **Hazmurat.** Alle drei sind auf zwei fast parallel verlaufende Höhenrücken gebaut; sie sind die Stadtteile mit größter *Geschlossenheit der Bauten* unter den grauen *Schieferdächern,* der gelungengsten Anpassung an das Gelände, der größten *Vielfalt der Fassaden.* Die weitläufigen Komplexe von **Palorto** und **Manalat,** an sanft abfallenden Hängen des Breiten Berges errichtet, sind anders: Sie stellen sich als Blöcke aus einem einzigen *architektonischen Guß* dar, lassen den Umfang ihrer Einzelhäuser gut hervortreten, zeichnen sich in ihrer Gesamtheit ebenso durch Monumentalität wie Uniformität aus. Die wiederum meisterhaft in das Gelände gestellten Ensembles des Viertels **Dunavat** sind offener gestaltet, die Einzelbauten verraten ausgeprägte Individualität, was das Gesamtbild bunter macht, ohne seine Einheitlichkeit zu beeinträchtigen. Der freiesten und zugleich reizvollsten Gestaltung begegnen Sie im Stadtteil **Çfake:** Er wirkt im reichen Grün wie ein Schmuck der Landschaft, die beherrschend bleibt.

Gjirokastra gehört zu jenen Städten, die im abschüssigen Gelände unter einer Burg gewachsen sind. Es läßt sich nicht mit einem einzigen Blick erfassen; das stellen Sie sofort fest, wenn Sie am Hauptplatz aus dem Bus gestiegen sind und die ersten Schritte getan haben: Gjirokastra verbirgt sich gern dem Beschauer, um an einem anderen Standort, nur wenige Meter weiter, in seiner ganzen Einmaligkeit wieder aufzutauchen. Das Naturgegebene ist dort in höchstem Grad mit dem von Menschen Geschaffenen verschmolzen.

Eines der großartigsten Bauwerke der Stadt ist zweifellos die **Burg,** zu der Sie vorerst steil hinaufschauen müssen. Samt ihren drei Haupttoren ist sie so gut erhalten wie keine andere in Albanien. Ihre Anfänge gehen in die zweite Hälfte des 13. Jahrhunderts zurück. Die heutige Form läßt zwei Bauabschnitte erken-

nen: die ursprünglich albanische und später osmanische Feste auf dem vorderen, nordöstlichen Teil der den Hauptplatz überragenden Felsnase und die von *Ali Pascha Tepelena* 1811/12 vorgenommene Erweiterung in südwestlicher Richtung. Weniger gut als die Umfassungsmauern hat das Burginnere seinen anfänglichen Zustand bewahrt, es liegt zum Teil in Ruinen. Abgeschlossen ist die Restaurierung des *Tonnengewölbe-Systems,* das sich über eine große Fläche erstreckt. In ihm sowie dem anschließenden Freigelände ist das **Nationalmuseum** der albanischen Waffen untergebracht, der Rest der Anlage dient alle fünf Jahre als grandiose Kulisse für das *Folklore-Festival* von Gjirokastra, das Volkstanz- und -musikensembles aus allen albanischen Landschaften und dem Auslandsalbanertum anzieht.
Erwähnenswert, leider aber nicht mehr zu sehen, ist die zehn Kilometer lange *Wasserleitung,* die das auf der Burg benötigte Trink- und Nutzwasser von einer starken Quelle am Berg Sopoti heranführte. Der Bau dieses Aquädukts fiel 1811/12 mit dem Ausbau der Befestigungen zusammen. Nur noch alte Stiche und Drucke zeigen die hohe Brücke, wie sie sich in zwei Bogen vom **Çeribashi-Felsen** zur Burg spannt – abgerissen in der traurigen Zogu-Ära, um Baumaterial für einen Palast samt Kaserne der königlichen Gendarmen zu gewinnen.
Der zweitbedeutendste Gebäudekomplex von Gjirokastra ist der **Basar.** Urkunden zufolge lag er zunächst näher an der Burg, wo das Wohnviertel noch den Namen **Alter Markt** trägt. Etwa zu Beginn des 17. Jahrhunderts begannen die Bauarbeiten für einen neuen Basar im Zentrum der Stadt, wo er heute noch zu finden ist. Wie in allen albanisch-osmanischen Händler- und Handwer-

---

In diesem Patrizierhaus von Gjirokastra wurde Enver Hoxha 1908 als Sohn gutbürgerlicher Eltern geboren

kerstädten jener Zeit präsentiert er sich als eine von den Wohnvierteln getrennte, architektonisch abgehobene Einheit. Aus dem 17. und 18. Jahrhundert sind nur mehr seine Gassenzüge und Fundamente erhalten: Es liegt eine Mischform zwischen dem einzeiligen Straßenbasar, wie Sie ihn in **Kruja** kennengelernt haben, und der kreisförmig um einen Hauptmarktplatz gezogenen Anlage, wie wir ihr in **Korça** begegnen werden, zugrunde. Die heutigen Gebäude stammen aus dem späten 19. und frühen 20. Jahrhundert, als dieser Neue Markt nach einem verheerenden Brand neu aufgebaut werden mußte. Bei diesem Wiederaufbau wurden auch die Straßen erweitert; ihr ursprünglicher Verlauf blieb jedoch erhalten. Parallele Reihen von zusammengebauten Läden bildeten Geschäftsblöcke. Typisch ist die breite Verwendung von behauenen Steinen, mit denen Säulen und flache Wandpfeiler (Pilaster) bekleidet, Einfassungen gebildet oder Fenster eingerahmt wurden. Bei diesen Bauten herrscht die gerade Linie vor, doch gibt es auch Bogen.

Der **Neue Basar** zeichnet sich nicht nur durch den einheitlichen Baustil aus, er wirkt besonders dadurch, daß sich sein Stil gleichzeitig mit der Formung des spät-gjirokastrischen Wohnhaustypus herausgeprägt hat. Das paßt den Basar als Ensemble so gut in das Gesamtbild der Stadt ein. Außerdem ist er im Unterschied zu Kruja – und weitgehend auch Korça – ein lebendiger Markt geblieben.

Gjirokastra hat in früherer Zeit eine Reihe *islamischer Sakralbauten* hervorgebracht, die über verschiedene Stadtviertel verteilt sind. Die Ausmaße, die Fassadengestaltung und der auffallend monumentale Charakter der Wohnhäuser führen dazu, daß diese *Moscheen* das Stadtbild nicht wie anderswo beherrschen. Die älteste ist die Moschee von **Meçite** aus der ersten Hälfte des 17. Jahrhunderts, sehenswert der **Brunnen** am Fuß des Minaretts.

1757 wurde die **Moschee am Markt** errichtet, an der bald Ihr Weg auf die Burg vorbeiführt. Kuppel, Minarett und Lage wären einmalig – hätte der Grund nicht nachgegeben und das heute säkularisierte Gotteshaus einsinken lassen. Seine Funktion als Beerdigungsinstitut hat es sich mehr als 20 Jahre nach der Religionsrevolution von 1967 bewahrt: Sie erkennen das an den schwarzgeränderten Anschlägen mit der Aufschrift *Lajmerim* (Todesanzeige) ringsum.

Weitere kleine Moscheen wurden in den meisten Vierteln von Gjirokastra gebaut. Im Vergleich zu den Prachtmoscheen anderer albanischer Städte haben sie keine hervorragenden Merkmale. Typisch für sie sind eher bescheidene Abmessungen und spärlicher Fassadenschmuck: Alles ist monochrom, das *Grau des Steins* allein gibt den Ton an.

Dasselbe gilt für die beiden orthodoxen *Kirchen* der Stadt, *dreischiffige Basiliken,* wie sie in Albanien nicht nur für die frühchristliche, sondern ebenso für die osmanische Zeit charakteristisch sind. Die **Kathedrale** des griechischen Metropoliten von Argyrokastron wurde 1784 am höchsten Punkt des Alten Marktes errichtet, eine kleinere im Viertel **Varosh** 1833 nach einem Brand wiederaufgebaut. Beide sind heute «Kulturdenkmäler».

Das einzige **Hamam,** das öffentliche Türkische Bad von Gjirokastra, entstand neben der Moschee von Meçite und wie sie Anfang des 17. Jahrhunderts.

Das architektonische Element aber, von dem die Stadt geprägt wird, ist eindeutig das *Gjirokastra-Wohnhaus.* Ungeachtet seiner verhältnismäßig vielen Spielarten nimmt es mit den klaren Merkmalen seiner Formgebung, dem unverkennbar monumentalen Charakter und seinen ureigenen bautechnischen Grundbestandteilen den führenden Platz unter den Typen albanischer Stadt- und Patrizierhäuser ein.

Dieses Gjirokastra-Haus machte im Lauf der Zeit, von seinen

spätmittelalterlichen Anfängen bis etwa Anfang des 20. Jahrhunderts eine Entwicklung durch, während der es seine Hauptmerkmale beibehalten, aber immer wieder neu variiert hat. Drei dieser Gesichter schauen Sie in seiner Heimatstadt von überall her an: Das (perpendikulare) *Turmhaus*, das *Ein-* und das *Zweiflügel-Haus*. Daneben stehen im Umkreis noch besondere Typen, die sich keiner dieser Grundformen zuordnen lassen, doch in ihrer Anlage darauf zurückgehen.

Die *perpendikulare* Variante ist der einfachste Typ des Gjirokastra-Hauses und zugleich die Grundlage seiner weiteren typologischen Entwicklung. Es hat auf einem rechteckigen Grundriß die Form eines prismatischen Blocks und ist zwei bis drei Stockwerke hoch. Die beiden unteren Geschosse sind an der Außenseite durch eine *Steintreppe* verbunden. Diese Art Wohnhaus zeichnet sich durch geschlossenen Charakter aus, der durch seine primäre Verteidigungsaufgabe bedingt ist. Dazu kommt die schlichte, gedrungene Form – trotz der oft beachtlichen Höhe –, die das Turmhaus wie einen Monolithen neben den natürlichen Felsrippen von Gjirokastra aus dem Gelände ragen läßt.

Das *Einflügel-Haus* treffen Sie in der Stadt am häufigsten an. Es war die von den Volksbaumeistern zwei Jahrhunderte lang bevorzugte Hausform. Als seine klassische Periode kann die Zeit zwischen 1800 und 1830 angesehen werden. Damals begann man, höher zu bauen, *viergeschossige* Häuser mit einem zusätzlichen *Halbstock* zwischen Erdgeschoß und erster Etage kamen in Mode. Die früher aus Verteidigungsrücksichten unbewohnten unteren Stockwerke wurden bezogen, ihre Fassaden – das gilt besonders für den Seitenflügel – bereichert.

Mit dem *Zweiflügel-Haus* – das sich fast nur in Gjirokastra findet – und seiner sowohl monumentaleren wie verfeinerten Gliederung erreicht die traditionelle albanische Wohnkultur ihre höchste Stufe. Nach den bisher bekannten Unterlagen hat sich dieser

Typ Anfang des 18. Jahrhunderts durchgesetzt, Anfänge dürften beachtlich früher anzusetzen sein.
Für alle Typen der Gjirokastra-Häuser gilt der Grundsatz, das alles gerade so und dort ist, wie und wo es aus praktischen Gründen sein muß. Noch mehr als beim Äußeren gilt dieses Prinzip für die *Innenarchitektur.* Im **Geburtshaus von Enver Hoxha** haben Sie Gelegenheit, das nachzuprüfen. Das Innere ist reich an Einbauten: *Wandschränke* verschiedenster Größe, *Nischen, Polsterbänke.* Diese Einbauten ermöglichen, daß die Zimmer nahezu unverstellt bleiben. Durch nichts wird der Blick gestört, nichts hindert die Räume, ihre ganze Gemütlichkeit auszustrahlen. Die *Holzelemente,* mit geschnitzten oder gemalten Mustern verziert, spielen die wichtigste Rolle im Gesamtkonzept, die Gästezimmer, und darin wieder ihre *Schnitzdecken,* sind die schönsten. Das gilt sogar noch heute für die kommerzielle Gastlichkeit: Die *Bar* des **Hotels Çajupi** am Hauptplatz ist ein wunderschönes Beispiel dafür. Die *Winterräume* der Familien lagen im Zwischengeschoß, die *Sommerwohnungen* einen Stock höher.
Die Erbauer dieser Häuser waren keine studierten Architekten, sondern Baumeister aus dem Volk. Sie arbeiteten mit einem Trupp von 15 bis 20 Arbeitern und stammten selbst nicht aus Gjirokastra. Sie kamen aus den armen, südostalbanischen Berggegenden von **Kolonija** und **Dangëllia.** Jahrhundertelange Erfahrung, von Meister zu Meister weitergegeben, und die besondere Begabung einer spontanen Intuition ließ sie aus den beiden einzigen Baustoffen Stein und Holz Gebäude aufführen und einrichten, die heute bei der Restaurierung mit allen Mitteln der Technik kaum nachvollzogen werden können.
Damit sind Sie wirklich ausreichend «vorgebildet», um sich auf eigene Faust ins «Häusergewühl» zu stürzen oder der Gruppenführung anzuschließen, die in künstlerischer Hinsicht für diese Stadt viel zu wenig bietet. Alle Führungen, an denen ich

teilgenommen habe, gipfelten im Waffen-Museum beim antifaschistischen Kampf und bei politischen Ausführungen im Hoxha-Haus. Alles andere kam viel zu kurz, so daß Sie sich auch in der Gruppe besser an den Walter-Reiseführer als an Ihren Fremdenführer halten.

Am **Hauptplatz,** wo die ausgedehnte Fußgängerzone beginnt, dominiert das Hotel Çajupi, benannt nach dem hier geborenen ersten albanischen Bühnenautor von Rang, *Andon Zako Çajupi* (1866–1930; S. 138–139). Ein Denkmal von *Odhise Paskali* stellt den Freiheitskämpfer *Çerçiz Topulli* dar, mit seinem Bruder *Bajo* Anführer des Aufstandes gegen die Türken von 1908. Schräg gegenüber neben einer Linde ein weiteres Denkmal, das zwei junge Frauen zeigt: *Bule Naipi* und *Persefoni Kokedhima* fielen als Partisaninnen 1944 in die Hände der Gestapo. Nach brutalen Folterungen in den Verliesen der Burg wurden sie an diesem Baum gehängt.

Vom Haupt- oder **Topulli-Platz** zieht sich die Hauptstraße des **Neuen Basars, Markt-Paß** genannt, an der **Moschee am Markt** vorbei ins Viertel Varosh. Bevor Sie sich nach links zur Burg hinauf wenden, sehen Sie vor sich eines der schönsten Gjirokastra-Häuser, das **Zekater-Haus** aus der Zeit von Ali Pascha Tepelena. Es steht auf einer den ganzen südwestlichen Teil der Stadt beherrschenden Anhöhe. Mit seinen vier Außentoren und drei Innenhöfen ist es die meistentfaltete Variante des Haustypus von Gjirokastra.

Am **Burgtor** erinnert eine Gedenktafel daran, daß die Anlage bis in den Sommer 1944 hinein eine Hochburg von Hoxhas rechtsextremen Gegenspielern vom *Balli Kombëtar* war, die sich oben noch verschanzt hielten, als die Wehrmacht bereits abgezogen war. Die im Partisanenkrieg von 1942 an erbeuteten italienischen und deutschen Maschinengewehre und Geschütze bilden den Hauptbestand im *Nationalmuseum der albanischen Waffen,* der

Ihnen des langen und breiten erklärt und kommentiert wird. Wer damals nicht mit dabei war, weder Waffenfan noch weltkriegsbegeistert ist, wird interessantere Exponate finden: das geradezu expressionistische *Gemälde* «Albanische Marine auf Feindfahrt» und die zum Thema der ebenso heldenhaften wie mütterlichen albanischen Frau als bildhauerisches Gegenstück zu *Ismael Kadares* Roman «Der General der toten Armee» geschaffene und passend (in der hinteren linken Ecke) des künstlerischen Schauraumes plazierte *Plastik.*

Im anschließenden **Burghof** stürzt sich die Führung sofort auf nach dem Zweiten Weltkrieg abgefangene westliche «Spionageflugzeuge». Genießen Sie besser vorher links die prächtige Vogelschau über fast ganz Gjirokastra, das Viertel **Alter Markt** liegt nie mehr so verlockend zu Ihren Füßen.

Weitere Schritte wert ist auf jeden Fall das Freilichttheater hinter den Flugzeugen. Mit dem schwermütigen Bergland der Lunxhëria im Hintergrund dient es nicht nur dem *Nationalen Folklorefestival* (nächste Termine: Herbst 1993 und 1998), sondern ebenso sommerlichen Aufführungen verschiedener albanischer Theaterensembles. Regelrechte *Burgfestspiele,* die Çajupi und modernen Autoren seiner Schule gewidmet sein sollen, werden für die frühen neunziger Jahre vorbereitet.

Nach der Burgbesichtigung steuern alle Führer das **Geburtshaus von Enver Hoxha** an, in dem auch ein kleines *Museum des Nationalen Befreiungskampfes des Bezirks Gjirokastra* untergebracht ist. Auf dem Weg von Varosh hinüber ins **Palorto-**Viertel kommen Sie unterhalb vom **Gymnasium Lirija** (Freiheit) vorbei, einer der ersten albanischen Schulen, die noch unter türkischer Herrschaft ums Überleben der albanischen Sprache und nationalen Bildung gekämpft haben. Etwas weiter rechts unten das Haus der Brüder Topulli, heute **Historisches Museum.** Es hat wenig zu bieten, um so mehr das Haus als solches, das in Anleh-

nung an den Kruja-Typus auch über eine hölzerne Veranda *(Çardak)* verfügt.
Das **Hoxha-Haus** zur Linken prunkt mit noch reicherer Innenausstattung, mögen es auch nicht die Originalräume sein, in denen der kleine Enver vor dem Ersten Weltkrieg aufwuchs – die sind, wie so oft im alten Gjirokastra, einer Feuersbrunst zum Opfer gefallen. Während eine führende Genossin – ein Genosse ist mir dort nie begegnet – Leben und Leistungen des «unvergeßlichen Enver Hoxha mit dem unvergänglichen Werk» mit spürbarem Sendungsbewußtsein und dem Reisebegleiter als Dolmetscher den Fremden aus dem kapitalistischen Westen herunterspult, haben Sie mehr als genug Zeit, sich in dem Haus umzusehen: Schlafzimmer und gute Stube, Aufenthaltsräume, Kinder- und Gästezimmer – alles in *freundlichem Holz.*

In der Umgebung harrt jenseits vom Drino, am beginnenden Abhang der Lunxhëria eine byzantinische Köstlichkeit auf ihre touristische Entdeckung: Die *Kreuzkuppelkirche* von **Labova.** Obwohl nur 14 Kilometer in südöstlicher Richtung von der Stadt entfernt, bleibt sie vorerst Geschäftsreisenden und offiziellen Besuchern mit Einzelvisum und von Albturist zur Verfügung gestelltem eigenen Wagen, Fahrer und Begleiter vorbehalten.
Die kleine Kirche mit der fast zu schweren *Tonnenkuppel* erinnert an das **Große Meteoron** jenseits vom Pindus im griechischen Thessalien; der Gesamteindruck mit dem verblassenden Purpurrot der *byzantinischen Kaiserfarbe* im dunklen Grün der Zypressen über den an den Berghang geduckten Feigenbäumen gemahnt an **Mistras** auf der Peloponnes. Hätte *Goethe* Labova gekannt, wäre es gewiß zu einem der Schauplätze des *Faust II* gemacht worden!
Nach albanischen Untersuchungen stammt die Kirche aus dem 13. Jahrhundert, dafür spricht auch diese Art Kreuzkuppelanlage

mit den *tonnengewölbten Umgängen* und der ungewöhnlich hohen *Kuppeltrommel.* Der deutsche Byzantinist Guntram Koch hingegen, dem das Verdienst gebührt, Labova 1986/87 international wiederentdeckt zu haben, geht sogar bis ins 10. Jahrhundert zurück.

Im Vergleich zum äußeren Gesamteindruck und dem reichen *Einzeldekor* der *Außenmauern* enttäuscht die Kirche innen: Ikonenwand *(Ikonostase)* und Kanzel sind späte, manieristische Arbeiten aus dem frühen 19. Jahrhundert.

Noch abgelegener als in Lubova wartet weiter östlich, fast schon an der griechischen Grenze, die *dreischiffige Kirche* von **Peshkëpija** – nicht zu verwechseln mit Peshkopia im Tal des Schwarzen Drin – aus der *Komnenenzeit* (11./12. Jh.) auf ihre ersten Besucher.

Ionisches Meer hinter allen Bergen: Baden in Saranda und Ksamil

Die Gruppenfahrten gehen aber – noch – nicht nach Labova und Peshkëpija, sondern auf der Straße zwischen Drino und Breitem Berg in südöstlicher Richtung weiter. Am kahlen, sich wie der Körper eines Riesenfisches nach oben rundenden Abhang kleben allerlei Dörfer: Das ist die Landschaft **Dropull** mit ihrer *griechischen Minderheit.* Die Parteiparolen beginnen dementsprechend nicht wie sonst in ganz Albanien mit *Rrofte* (Es lebe! Hoch!), sondern in bestem Hochgriechisch mit *Zito!* Eine karge Gegend, wo aber *Marmorbrüche* und die links schräg gegenüberliegende *Mineralquelle* von **Glina** – sie liefert das einzige Heil- und Tafelwasser Albaniens – die kargen Einkünfte aus der Schafzucht am Berg und den Äckern des Drino-Tals aufbessern.

Zwölf Kilometer vor dem Grenzposten **Kakavia,** dem griechischen **Ktismate** gegenüber, zweigt die Straße ans Meer ab. Der Ort heißt **Jergucat** und verfügt über *Hügelgräber* aus dem ersten Jahrtausend vor der Zeitrechnung, die aber wieder einmal nicht gezeigt werden.
Schleife um Schleife kämpft sich der Bus bergan. Weit anstrengender war es für die *österreichischen* und *deutschen Kriegsgefangenen* der Entente-Truppen, die diese Verbindung an die Küste im Ersten Weltkrieg in Sonnenglut und Wintersturm aus dem Karst pickeln mußten. Kein Grab erinnert an jene, denen diese Straße zum Verhängnis geworden ist!
Auf halber Höhe biegt die Trasse in eine wilde Schlucht ein. Auf ihrem Grund sehen Sie den alten *Pflasterweg* von Gjirokastra herüberkommen, mit dem *Ali Pascha* die Stadt und ihren Hafen Saranda verbinden ließ. Hirten mit Schafherden sind heute wie damals ihre Benützer.
Am **Muzina-Paß** (570 m) liegen unsere Asphaltstraße und der Saumpfad auf gleicher Höhe. Jenseits vom Paß geht es wieder in Serpentinen abwärts, doch ist die Landschaft weniger schroff und abweisend als auf der Nordseite. Das Dorf **Muzina** ist eine schmucke Streusiedlung mit der einstigen Kirche als Mittelpunkt: Die *einschiffige Basilika* aus grauem Stein mit etwas dunklerem Schieferdach wird seit 1967 als Scheune verwendet – so bleibt sie jedenfalls erhalten. Ähnlich verhält es sich in den meisten orthodoxen Dörfern von Südalbanien.

Auf der weiteren Fahrt noch hoch oben das **Bistrica-**Tal abwärts ragen rechts aus dem almartigen Gelände mächtige, gelbrötliche **Erdpyramiden** auf, wie sie zwischen Lengmoos am Bozener Ritten und dieser südlichsten Ecke Albaniens nicht ihresgleichen haben.

Bei der Turbinenstation des **Doppelkraftwerks Stalin,** das 1966 gebaut wurde, erreicht die Straße nach Saranda die ersten, künstlich bewässerten Obstkulturen und führt der kanalisierten Bistrica entlang in einem Bogen um **Delvina** (8500 Einwohner), das der österreichische Levante-Konsul *Johann Georg von Hahn* 1857 als den Ort mit den *schönsten albanischen Frauen* gerühmt hat. Mir wurde leider keine Gelegenheit gegeben, das für Sie nachzuprüfen. Jedenfalls ist Delvina Heimatort des bedeutendsten Skanderbeg-Biographen der Gegenwart, des 1929 geborenen *Sabri Godo.*

Links hinter Delvina taucht bald eine jener albanischen Sehenswürdigkeiten auf, die Sie nur aus der Ferne sehen und dabei hoffen können, daß sie bis zur nächsten Auflage dieses Führers zugänglicher sein wird: das byzantinische Kloster **Mesopotam** mit der *größten erhaltenen Kirche* ganz Albaniens. Sein vom Griechischen abgeleiteter Name bedeutet «Zwischen den Flüssen» (Bistrica und **Kalasa**); diese Lage hat eine anhaltende Versumpfung, oft sogar Überflutung zur Folge. Nach Mesopotam können Sie bis zur Absicherung des Klosters und dem Bau einer ordentlichen Straße so nicht einmal als stolzer Besitzer eines Einzelvisums kommen, es sei denn als Gast der Albanischen Akademie der Wissenschaften mit einem kunsthistorischen Forschungsauftrag. Dabei ist die Klosterkirche mit ihrer einzigartigen Konstruktion um einen gewaltigen *Mittelpfeiler,* zwei parallelen Schiffen und einer beide abschließenden Apsis mehr als sehenswert. Das einst *Shën Koll* (Hl. Nikolaus) geweihte, von einer großen *Kleeblattkuppel* gekrönte Gotteshaus geht in dieser Form auf das 11. bis 13. Jahrhundert zurück. Dank seinem Wehrkirchen-Charakter entwickelte es sich in den folgenden unruhigen Jahrhunderten samt dem anschließenden Kloster in dem Sumpfland «zwischen den Flüssen» zu einer Art Wasser-

burg, zu der auch die Bischöfe des nahen Phoinike-Finiq häufig ihre Zuflucht nahmen. Schon in frühchristlicher Zeit hatte dort eine *Basilika* gestanden, die vom Germanen- bis zum Slaweneinfall der Bevölkerung der ganzen Umgebung Schutz bot. Die *Tierplastiken* an der heutigen Außenmauer dürften noch von jenem ursprünglichen Sakralbau stammen. Im Zusammenhang mit dieser Rolle Mesopotams als *Wehrkloster* stellt eines der schönsten bisher freigelegten *Fresken* des Kircheninneren den kriegerischen Schutzpatron der Schwachen und vom Feind Bedrängten dar, den heiligen *Dimitrios von Thessaloniki.*

Bis auf weiteres können Sie von diesem Dornröschengemäuer versteckter byzantinischer Pracht nicht mehr als einen schnellen Schnappschuß mit dem Teleobjektiv durchs Busfenster machen – denn schon geht es in die **Vurgu-Ebene** hinein, den nördlichen Teil des Beckens von Delvina. Auch der nächste Ort, **Finiq,** auf einem langgestreckten Felsrücken mitten im Flachland, wird – wohl aus Rücksicht auf sein militärisches Sperrgebiet – nordwestlich umfahren. Wieder kann ich Ihnen nur erzählen, daß dort oben in illyrischer Zeit die Stammesburg der *Chaonen* thronte, eines für seine Tapferkeit und Kriegskunst berühmten Ahnenvolks der ihm darin sichtlich nachgeratenen Albaner. In fruchtbarer Symbiose mit Hochkultur und Handelsgeist hellenischer Kolonisten entstand zu ihren Füßen im 4. vorchristlichen Jahrhundert die illyrisch-griechische Stadt *Phoinike.* Ihre *Akropolis* gehörte bis zum Einfall der Römer 200 Jahre später zu den größten der antiken Welt. Zu sehen wäre davon die auf illyrische Zeit zurückgehende Umfassungsmauer mit ihren *Gigantenquadern* in den Abmessungen drei mal drei mal zwei Meter.

Noch einmal steigt die Straße, um die auslaufenden Küstenberge zu überwinden, dann öffnet sich der Blick auf das **Ionische Meer,** jenseits liegt **Korfu** und zu Ihren Füßen die **Albanische Riviera,** mitten drin die Perle dieser Fels- und Steilküste, das oleanderum-

wachsene Flitterwöchnerparadies *Saranda* (14 000 Einwohner). Die Reste des mittelalterlichen **Klosters,** dem es seinen Namen verdankt, sind auf der Paßhöhe zu sehen. Wie in manchen Alpentälern, wo die 40 Märtyrer von Sebaste nach wie vor als Wetterheilige hoch in Ehren stehen und ihr Fest am 9. März als Lostag für einen schönen Frühlingsanfang oder harten Spätwinter in den folgenden 40 Tagen gilt, waren diese Soldatenheiligen bei den orthodoxen Albanern lange besonders beliebt. Im gesamten Siedlungsraum der Skipetaren zeugen davon Klöster dieser *Tessarakonta Martyres* bis ins südgriechische **Sparta** hinunter. Aus der neugriechischen Namensform *Ayii Saranda* hat sich die heutige albanische Bezeichnung für das antike *Onchesmus,* den Hafen von Phoinike, entwickelt.

In Saranda dient die einstige Moschee heute nicht kulturellen, sondern «vernünftigen» Zwecken: als Malerwerkstatt für den angebauten Arbeiterwohnblock

Von der großen Vergangenheit dieses – nach Durrës – führenden Seebads, wo viele von Ihnen eine ganze Woche im modernen und gepflegten **Hotel Butrint** an der Bucht südlich der Stadt verbringen werden, ist noch einiges erhalten. Gleich beim Hotel eine **römische Zisterne,** drinnen in der Stadt an der parallel zur Uferpromenade verlaufenden Hauptstraße mit **Post** und Buchhandlung das kleine, aber um so sehenswertere **Archäologische Museum.** Es steht über dem *Bodenmosaik* eines antiken Hauses und zeigt außerdem Grabungsfunde aus dem 4. bis 1. Jahrhundert vor Christus mit einer sehr gefälligen *Artemis* aus Phoinike.

Zwischen dem zentral gelegenen Kulturhaus und dem **Biergarten** – ich empfehle ihn trotz einfachster Ausstattung dank ausgesprochen zuvorkommender Bedienung und guter albanischer wie westlicher Stimmungs- und Tanzmusik als Alternative zur ebenfalls einladenden Taverne des Butrint – wird seit 1987 eine *byzantinische Basilika* aus dem 6. Jahrhundert ausgegraben. Bisher schönster Fund ist ein 14 × 8 Meter großes *Fußbodenmosaik* mit Fischen, Vögeln, Ochsen, Hunden und anderen Tieren.

Zurück auf der Promenade Richtung Hotel fällt links das einzige *osmanische Baudenkmal* der Stadt auf, eine Rundkuppelmoschee, die ihr Minarett bei den Ereignissen von 1967 eingebüßt hat und selbst in einen Arbeiterwohnblock eingebaut wurde. Der Gebetsraum dient jetzt als Malerwerkstatt «einem vernünftigen Zweck», wie schon *Joseph II.* gesagt haben könnte ...

An einem einfachen Haus weist eine Gedenktafel darauf hin, daß dort der später berühmte *Naim Frashëri* (S. 87 und 137) 1874 bis 1876 als einfacher Zollinspektor lebte – damals wurde der heute aus strategischen Rücksichten «tote» Hafen von Saranda zweimal wöchentlich vom *Österreichischen Lloyd* aus **Triest** angelaufen – und an der Begründung einer albanischen Literatursprache arbeitete.

Sarandas größter Sohn ist zweifellos der *Astronom* und Philosoph

Hasan Tahsini (1811–1881). Der klare Sternenhimmel seiner Heimatstadt – 2900 Sonnenstunden im Jahr – regte ihn schon früh zu astronomischen Studien und der autodidaktischen Erfindung von Geräten zum Beobachten und Messen von Sternen und Planeten an. Später erhielt er in Paris beim Neptun-Entdecker *Urbain Leverrier* (1811–1877) eine fundierte wissenschaftliche Ausbildung und beschloß seine Tage – wie viele führende Albaner seiner Zeit – in **Istanbul** als *erster Rektor* der dortigen Universität.

Auch Sie werden die schönen Abende und lauen Nächte von Saranda zum Wandeln unter Palmen verlocken. Solange Sie sich dabei im *bebauten Gebiet* bewegen, wird es keine Probleme mit Miliz oder Grenzschutz geben. Kritisch allerdings ist sogar tagsüber die **Nordwestecke** der Stadt, wo Sie sich dem Arbeitslager für Strafgefangene nähern. Dort kann es zu jeder Tages- und Nachtzeit passieren, daß Ihnen Ordnungshüter in Zivil höflich, aber bestimmt das Umkehren nahelegen.

Da der früher völlig vernachlässigte Bezirk Saranda zu einem der wichtigsten landwirtschaftlichen Entwicklungsgebiete des neuen Albanien wurde, können Sie dort öfter als anderswo neben Freiwilligen von Schulen und Universitäten beim Ernte- oder Meliorationseinsatz auch Zwangsarbeitern, Wachtürmen und Wachmannschaften mit Maschinengewehren begegnen. Das wäre ein Aha-Erlebnis für alle, die an die Greuelmärchen vom Sklavendasein religiöser Bekenner und politisch Andersdenkender in Albanien glaubten. Tatsächlich ist der gesamte Strafvollzug auf Arbeit aufgebaut. Das gilt für Abtreibungshelfer, Verkehrssünder und korrupte Beamte ebenso wie im Fall von religiös-politischer Propagandisten oder «Konterrevolutionären»: Sie alle erhalten Gelegenheit, ihre Vergehen an der Gemeinschaft durch Arbeit wiedergutzumachen.

Keine Schwierigkeiten bekommen Sie, falls es Ihnen nach ein,

zwei Tagen am schmalen Strand vor dem Hotel Butrint zu eng werden sollte und Sie nach einer «Bucht für Sie allein» Ausschau halten: *Ein Badeplatz nach dem anderen,* bald mit *seichtem Kieselgrund* oder *schroffen Klippen,* die zum Springen einladen, folgt an der bewaldeten Küste südwärts.

Zum allerschönsten, **Ksamil,** sind Sie auf Schusters Rappen gut drei Stunden unterwegs, bis Sie ihn auf der Landenge zwischen Meer und **Butrint-See** erreichen. Ein Busausflug dorthin samt Mittagessen in dem **Fischrestaurant** über der Bucht mit den flachbuckeligen, mit immergrünem Unterholz bewachsenen Inseln gehört aber zum Standardprogramm aller Gruppenreisen nach Südalbanien.

Der Badestrand am Ende der gemauerten Treppe, die durch Terrassenkulturen ans Meer hinabführt, ist jedem Individualisten sicher wieder zu voll und eine Stätte der Platzangst. Da weiß ich einen Rat: Gehen Sie nach rechts den schmalen Pfad am Ufer weiter, bis Sie der küstennächsten Insel gegenüberstehen (20 Minuten). Dann schwimmen oder waten Sie hinüber, der schmale Meeresarm ist seicht.

So werden Sie für ein paar unbeschwerte Stunden Herr eines weißen *Robinson-Strandes* mit feinen Kieseln. Gute Schwimmer können auch die nordöstlich liegende, zweite, größere Insel erreichen und erforschen – Achtung bei der dritten und vierten in Richtung Korfu: Die gehören dem *Grenzschutz,* der nicht das erste Mal durch scharfe Schüsse auf sich aufmerksam machen würde!

Apollinisch und Dionysisch in Butrint

Sieben Kilometer südöstlich von Ksamil am **Vivar-Kanal,** der den See von Butrint zum Meer hin entwässert, liegt Albaniens

umfassendste und auch bestgeführte antike Ausgrabungsstätte **Buthroton:** ein lorbeerumrankter *Kalksteinhügel* mit Kulturzeugnissen vom *6. vorchristlichen bis zum späten 18. Jahrhundert,* als 1796 der letzte venezianische Gouverneur von **Butrint** die Flagge mit dem Markus-Löwen auf der die Anlagen aus dem Altertum beherrschenden mittelalterlichen **Burg Vivarit** einholen mußte.

Kraftstrotzende illyrische Bauten mit im wahrsten Sinne des Wortes animalisch wirkenden Tierreliefs stehen in dynamischem Kontrast zu schlanken griechischen Säulen und weiß durch das Grün leuchtenden Statuen voll Zucht und Ebenmaß. In seiner Gesamtheit wirkt Buthroton/Butrint wie die steingewordene Veranschaulichung von *Friedrich Nietzsches* (1844–1900) Axiom, das er an den Beginn seines genialen Frühwerks «Die Geburt der Tragödie» gestellt hat:

«Wir werden viel für die ästhetische Wissenschaft gewonnen haben, wenn wir nicht nur zur logischen Sicherheit, sondern zur unmittelbaren Sicherheit der Anschauung gekommen sind, daß die Fortentwicklung der Kunst an die Duplicität des *Apollinischen* und *Dionysischen* gebunden ist; in ähnlicher Weise, wie die Generation von der Zweiheit der Geschlechter, bei fortwährendem Kampfe und nur periodisch eintretender Versöhnung, abhängt.»

Das antike Buthroton entstand an dieser geschützten Lage zwischen See, Berg und Meer auf dem Stammesgebiet der schon aus Finiq bekannten Chaonen, einer Unterabteilung des illyrischen Volkes der *Prassaiben,* die um 550 vor der Zeitrechnung das ganze Küstenland am Ionischen Meer bewohnten. Im Unterschied zu anderen Städten des klassischen Albaniens mit einer illyrisch-griechischen Mischkultur – so dem nahen Phoinike – blieb in Buthroton immer das bodenständige Element vorherrschend, auch dann, als die Stadt zwischen 250 und dem Beginn

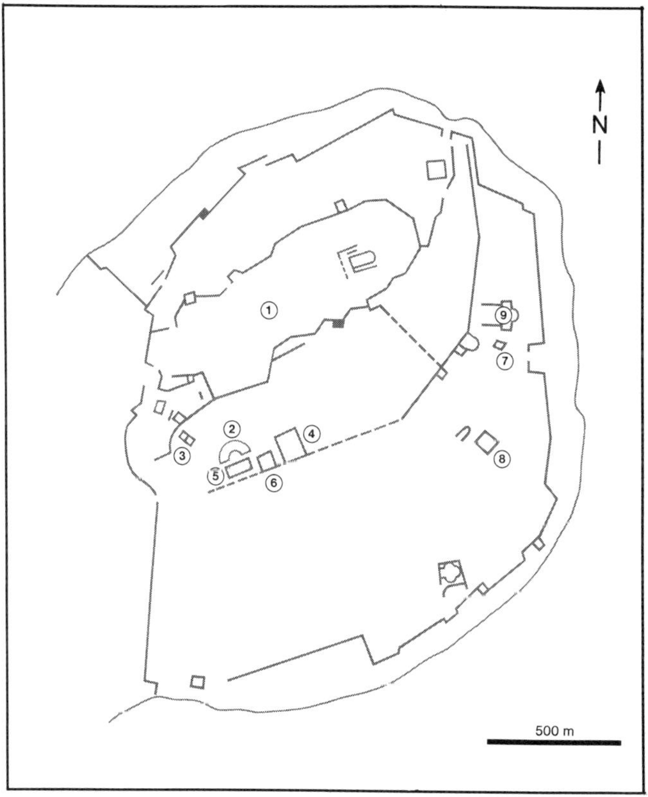

Ausgrabungen von Butrint

1 Akropolis
2 Griechisches Theater
3 Apollo-Säule
4 Haus mit Thermen
5 Heilungstempel des Asklepeios
6 Löwentor
7 Nymphenbrunnen (Nymphaion)
8 Taufkapelle (Baptisterium)
9 Frühbyzantinische Basilika

der römischen Besetzung vom Jahr 168 vor Christus an ihren *wirtschaftlichen* und *kulturellen Höhepunkt* erlebte.
Aufgrund von *Inschriften* an den Resten des antiken Theaters und an einem Turm der Umfassungsmauer, dem **Turm der Inschriften,** sind wir im Fall von Buthroton viel besser als anderswo unterrichtet, was für ein Leben in seinen zu Ruinen gewordenen Mauern einmal geherrscht hat. Mit dieser Stadtburg als Zentrum bildete der Stammesbund der illyrischen Prassaiben den Staatstyp einer föderativen Republik, der auf der Grundlage von Völkerschaften aufgebaut war und mit dem staatlichen Rahmen des klassischen wie hellenistischen Hellas nicht übereinstimmte. Darüber können auch die griechischen Bezeichnungen für seine politischen Institutionen nicht hinwegtäuschen: Wenn zum Beispiel die illyrische Föderation von Buthroton *Koinon* genannt wurde, so bedeutete das ebensowenig eine griechische wie unser Ausdruck «Republik» eine römische Vorherrschaft.
Zweitens zeigen die Inschriften von Butrint als in Stein gemeißelte Botschaften aus ferner albanischer Vergangenheit, daß über das Privateigentum nach *illyrischem Gewohnheitsrecht* nur die ganze Familie verfügte. Bei den alten Griechen – und später den Römern – hatte nur das Familienoberhaupt das Sagen, der *pater familiae.*
Vor allem geht aus diesen Aufzeichnungen der alten Bürger von Buthroton hervor, daß ihre Gesellschaft weitgehend *mutterrechtlich* organisiert war, wie das dem Urzustand der Illyer (S. 14) entsprach. In der Gemeinschaft der Prassaiben nahm die Frau einen besonderen Platz ein, der sich bei allen Völkern des Altertums sonst nur annähernd bei den Germanen, aber auf keinen Fall bei den Hellenen findet: Die alleinstehende Frau verfügte über volles Besitzrecht, in der Familie konnte sie an deren Spitze stehen, ebenso in der städtischen, Stammes- und Volksgemeinschaft.

Bevor diese Inschriften im Lauf der letzten 40 Jahre entdeckt und entziffert wurden, war die frühe Geschichte von Buthroton ziemlich sagenumwoben. Im dritten Buch seiner *Äneis* berichtete der römische Dichter *Vergil* (70–19 v. Chr.), wie der Held Äneas nach der Zerstörung von Troja auf seiner langjährigen Irrfahrt Hektors Witwe *Andromache* auf der meerbeherrschenden Burg von Buthroton wiederfindet, eine Überlieferung, die bis zum französischen Bühnendichter *Jean-Baptiste Racine* (1639–1699) nachwirkte, der seine Tragödie «Andromaque» in *Buthrote, ville d'Epire* spielen läßt.

Den ersten historisch brauchbaren Hinweis gab Cäsar in seiner Darstellung des Bürgerkriegs gegen Pompejus «De bello civili»: Er hatte die Stadt zum Getreidelager gemacht. Verschiedene römische Kaiser schmückten Buthroton mit Bauwerken, Bögen und Statuen. Obwohl im Theater der Stadt während der Christenverfolgung des *Decius* (249–251) ein christlicher Märtyrer das Blutzeugnis abgelegt haben soll, dürfte sich das Heidentum in Buthroton bis in die Tage des Christengegners *Julian* (361–363) gehalten haben, der den Ort noch einmal ausbaute. Das gleiche geschah 300 Jahre später im christlich-byzantinischen Sinne mit der mächtigen **Pfeilerbasilika.** Im Frühmittelalter war die Lagune von Butrint wegen ihres Fisch- und Muschelreichtums berühmter als die Stadt selbst. Der heutige See hat sich diesen Ruf bewahrt: Wenn Sie über die Höhe von Ksamil fahren, sehen Sie unten im Wasser die ausgedehnten Anlagen zur *Muschelzucht.*

Als Balkan-Brückenkopf des angiovinischen Königreichs Neapel erlangte Butrint im 14. Jahrhundert neue strategische Bedeutung, ehe es 1386 mit dem gegenüberliegenden Korfu an Venedig fiel. Die Venezianer errichteten im 17. Jahrhundert die **Burg** in der Südwestecke der Akropolis. Sie beherbergt heute das **Museum.** Aus der gleichen Zeit die *Wehrtürme* zu beiden Seiten des Kanals, wo jetzt die Fähre in die **Vrina-Ebene** hinüberführt.

Nach der Liquidation der Republik Venedig durch Napoleon Bonaparte gehörte Butrint – wie Korfu – bis 1814 zu dessen Empire, dann geriet es in den Machtbereich von *Ali Pascha Tepelena.* Er benutzte die Befestigungen weiter, gab aber immer seiner schon Ende des 18. Jahrhunderts tiefer im Hinterland bei **Grava** gebauten **Burg von Mahallaja** den Vorzug.
1992 soll die Straße dorthin fertig sein und für Touristen ein Besuchsprogramm organisiert werden.
Mit dem Ende von Ali Paschas südalbanischem «Reich» zogen auch in Butrint Einsamkeit und Verfall ein. Wiederentdeckt wurde es 1928 vom italienischen Archäologen *Luigi Ugolini.* Seit dem Ende des Zweiten Weltkriegs haben die Albaner die *Ausgrabungen und Restaurierungsarbeiten* übernommen.
Wenige Schritte nach dem Betreten des eingezäunten Geländes schaut Sie von links oben ein Kopf an: Es ist eine Kopie des Marmorhauptes der **Venus von Butrint,** die von *Praxiteles* (370–330 v. Chr.) stammen soll. Einige Forscher wollen in dieser «Venus» oder – allgemeiner – «Göttin» trotz hochaufgesteckter Frisur und weicher Gesichtszüge einen *Apoll* erkannt haben. Diesen Kopf hatte *König Zogu* 1929 *Mussolini* geschenkt, da ihm dessen Sammlerleidenschaft für antike Kunstgegenstände wohlbekannt war. Nach dem Krieg dauerte es Jahrzehnte, ehe der wertvolle Kopf an Albanien zurückgegeben wurde. Heute ist das Original eine der Kostbarkeiten des **National-Historischen Museums** in **Tirana** (S. 194).
Unter den zu Füßen des Burgfelsens folgenden griechisch-römischen Bauten sticht besonders das **Theater** aus dem 3. Jahrhundert vor der Zeitrechnung hervor: nicht besonders groß, aber mit guterhaltenen Sitzreihen, Orchestergraben, Skene und Bühnenhaus. Aus dem Steilhang links über dem Theater grüßt als einziger Rest des einstigen **Apollo-Tempels** eine in ihrer Verlassenheit stolz wirkende Säule herunter. Unterhalb davon wurden

1982 Gebäudefundamente aus dem 3. Jahrhundert nach Christus freigelegt, Räume, um einen Innenhof gruppiert. Unter den Kleinfunden waren Geräte für den Fischfang wie Angelhaken, Blei- und Tongewichte sowie Nadeln für die Netze. Deshalb wurde diese Fundstelle **Haus des Fischers** benannt. Ein großes römisches **Atrium-Haus** mit Thermen liegt auf der anderen Seite des Theaters, daneben Überbleibsel einer frühchristlichen **Kirche** und, unmittelbar vor dem Theater, das Gotteshaus für den heilenden Tempelschlaf, das **Asklepeion.**

Etwa 500 Meter entfernt am Abhang entlang nordöstlich ist das schönste und vielleicht bedeutendste Relikt des frühbyzantinischen Butrint zu sehen: ein Rundsaal aus dem 4. Jahrhundert, der Ende des 5. Jahrhunderts zu einem **Baptisterium** umgebaut wurde. Der Fußboden dieser Taufkapelle ist mit einem *Mosaik* in Form von sieben konzentrischen Feldern ausgelegt. Fünf dieser Felder sind mit *geometrischen Mustern* und *Pflanzenornamenten* geschmückt; die beiden anderen zeigen 64 Medaillons, in denen verschiedene Tiere, vorwiegend Vögel, abgebildet sind. Warme rötliche Farben herrschen vor.

Die beiden schönsten Motive sind für mich ein Henkelgefäß mit Trauben, nach denen ein Pfauenpaar pickt, sowie ein *griechisches* Kreuz (mit gleichlangen Balken), umrahmt von Zypressen, Tauben und Hirschen. Leider ist dort, wie auch sonst in Albanien üblich, der größte Teil des Mosaikbodens zum Schutz vor der Witterung mit Sand bedeckt.

Das Baptisterium hat gut 14 Meter Durchmesser. Seine 16 Säulen, die sternförmig um die Vertiefung des ehemaligen **Taufbek-**

Von den großen Römern waren besonders Gajus Julius Cäsar (100–44 v. Chr.) und der späte Kaiser Julian (361–363) Butrint zugetan. Römische Grabsteine künden von diesen Zeiten.

FELIO
LARCIA·NICEM

kens angeordnet sind, sollen nach Ansicht albanischer Kunsthistoriker eine von Rundbogen getragene Kuppel gestützt haben.
Wenige Schritte weiter kommen Sie zu den ersten Resten der alten **Stadtmauer** von Buthroton, dem mit zwei Türmen bewehrten **Süd- oder Turmtor.** Dort wurden die 36 *Dekrete* entdeckt, denen wir unser Wissen über Leben, Rechts- und Gesellschaftsordnung der Stadt verdanken. Sie sind – wie auch jene, die kurz nach dem Krieg im Theater freigelegt wurden – in die Stirnseite von Blöcken einer Plattform eingemeißelt, die später an den Turm der Umfassungsmauer angebaut worden war.
Rechts vor diesem Tor verdient das Bassin eines **Brunnenheiligtums** *(Nymphäum)* Beachtung. In den Nischen einer Bogenmauer standen Skulpturen der Wassergottheiten und -geister. Darüber ragen besonders eindrucksvoll die Außenmauern der **Pfeilerbasilika** aus *justinianischer* Zeit (6. Jh.) auf, ein Kirchentypus, wie er sich sonst vor allem im heutigen **Jordanien** und bei der *Johanneskirche,* der heutigen **Omajaden-Moschee** von Damaskus, wiederfindet.
Diesen frühbyzantinischen, bis ins 9. Jahrhundert blühenden Stadtteil südöstlich der Mauern des antiken Buthroton verlassen wir entlang der 900 Meter langen und dreieinhalb Meter breiten **illyrischen Umwallung**. Sie ist aus wuchtigen, behauenen Kalksteinblöcken in Form von Parallelogrammen und Trapezoiden aufgeführt. Insgesamt fünf Tore sind in den mächtigen Mauern eingelassen. Das erste mit dem Inschriftenturm haben Sie schon passiert.
Jetzt führt der immer schmaler werdende Weg am früheren Haupteingang von Buthroton vorbei, dem **Seetor.** Es heißt zu Recht so: Rechts durch die Ginsterbüsche öffnet sich ein bukolischer Ausblick auf die Südwestecke des Butrint-Sees, der damals noch seinen illyrischen Namen *Pelod-See* trug. Ins Innere des zeitgenössischen Butrint treten wir durch das **Ost-** oder **Löwen-**

tor: In seinem oben abschließenden Steinblock *(Architrav)* das archaische Relief eines Löwen, der einen Stier verschlingt. Die Angeln seiner längst nicht mehr erhaltenen *Türflügel* drehten sich – wie bei den anderen vier Toren – in Mauervertiefungen, in denen zwei Männerfäuste Platz finden.
Steil hinauf, an weiteren Aussichten auf den See vorbei, führt nun der Weg auf den **Burgberg.** Eine **illyrische Zisterne** für Belagerungszeiten wurde in römischer Zeit von einer, wie die Weiheinschrift (Dedikation) festgehalten hat, *Iunia Rufina,* den Nymphen anvertraut.
Von der Akropolis links eine schöne Vogelschau auf das Theater und die anderen Ausgrabungen am Fuß des Steilhangs. Vor sich haben Sie jetzt das 1988 restaurierte venezianische **Kastell.** In den Räumen des heutigen Museums hatte in der Zwischenkriegszeit das italienische Team des Archäologen Ugolini Quartier bezogen. Zurückgelassen hat es nichts, da nicht nur der Venus-Kopf, sondern auch seine anderen Funde – vor allem Keramiken – mit Zustimmung Zogus aus dem Land gebracht werden konnten. Doch haben die Albaner auch in den letzten 30 Jahren noch bedeutende *Kleinfunde* entdeckt, die hier in meist konservierter Form ausgestellt sind.
Auf der Plattform des Kastells sind die **venezianischen Kanonen** wie einst auf die Straße von Korfu hinaus gerichtet.

Die Mühe lohnt sich: Rückweg auf der Küstenstraße über Vlora

Die albanische Riviera: Zypressen, Steinhäuser, Meer und Paß

Die große Rundreise «Albanien von Süd bis Nord», der mit Durrës kombinierte einwöchige Badeaufenthalt in Saranda und alle mehrtägigen Ausflüge an den Südteil der Albanischen Riviera nehmen auch auf dem Rückweg die Route über Gjirokastra–Tepelena–Ballsh–Lushnja, einzige Ausnahme ist der viertägige *Trip 37*. Er führt durch die «Nördliche Albanische Riviera» auf der Küstenstraße Saranda–Vlora zurück und erreicht Lushnja nach Besichtigungen von Apollonia und Fieri. Da es sich um eine enge Straße mit niedrigen Tunnels handelt, wird mit Kleinbussen oder einem Konvoi von Personenwagen gereist und die Fahrt dementsprechend *selten angeboten*. Manche Urlauber kommen erst beim fünften, sechsten Albanienaufenthalt in den Genuß dieser landschaftlich einmaligen Strecke. Sollte sich Ihnen auf Anhieb diese Möglichkeit bieten, schlagen Sie daher ohne viel zu überlegen sofort zu!

Einen gewissen Ersatz – wenigstens den Nordteil der Küstenroute – bieten die Ausflüge 25 (Durrës–Vlora; eintägig), 26 (Durrës–Vlora; zweitägig), 27 (Durrës–Fieri–Vlora; eintägig), 28 (Durrës–Fieri–Vlora; zweitägig) und 43 (Durrës–Berat–Fieri–Vlora; zweitägig).
Haben Sie es glücklich geschafft, am Höhenzug hinter Saranda nicht Richtung **Finiq** gebracht zu werden, sondern nach links auf die knapp 150 Kilometer, aber wegen der Straßenverhältnisse einen Tag lange Route nach Vlora abbiegen zu dürfen, so ändert sich zunächst noch nichts an der von **Ksamil** und **Butrint** her *vertrauten Gegend:* Sattes Grün ausgedehnter Obstbaumkulturen liegt über Berg und Tal. Dazwischen glitzert aus weitverzweigten Kanälen und Rinnsalen das alles befruchtende Wasser. Da und dort erinnert eine Betonsäule an jene jugendlichen Freiwilligen, die dieses Karstland Sommerferien für Sommerferien in einen blühenden Garten verwandelt haben. Bei **Lukova,** das im Herzen dieses Paradieses in die nach Norden immer schmaler werdende Küstenebene hingebreitet liegt, erreicht die Straße Meeresnähe.

Vor **Borsh** gilt es wieder, eine fast bis an die See reichende Anhöhe zu überwinden. Oben weitet sich der Blick zu den Zypressen von Qeparo und dem für einen Jachthafen der Zukunft wie geschaffenen Porto Palermo hinüber. Unten im Tal, das sich nach rechts tief in den Karst hineinzieht, taucht Borsh auf. Ein stimmungsvoller Ort, wo die Zeit seit den Tagen von Ali Pascha scheinbar stillsteht.
In dem altväterlichen *Han von Borsh* unter den von hier an *karstigen, macchiabedeckten Hängen* gibt es eine erste Verpflegungspause. Versuchen Sie, Begleiter und Fahrer zu überreden, mit Ihnen während dieses Aufenthalts einen Abstecher nach **Sirikat** zu machen, dem Dorf mit den typischen «Südküsten»-Häusern

zwischen knorrigen Oliven: Ein weißgetünchtes, fensterloses Erdgeschoß aus Ziegelmauern mit einer einzigen, rundgewölbten Tür; der Oberstock mit unbeworfenen Ziegeln aufgesetzt. Nur um die vielen Reihenfenster – war hier vielleicht Appenzeller Einfluß vorherrschend? – geht der weiße Verputz bis unter das leicht vorspringende Dach hinauf. Es wird von je zwei Trapezen und Dreiecken gebildet, ist höher als anderswo in Albanien und mit hellroten, halbröhrenförmigen Dachziegeln gedeckt.

Wo die Straße die nächste Höhe nach Qeparo hinaufklimmt, beginnt der *Bezirk Vlora.* Mit Ausnahme seines kleinen, nördlichen Anteils an der Ebene von **Myzeqa** umfaßt er ausschließlich Hügel- und Bergland, darunter den Großteil der **Albanischen Riviera.** Vlora hat auch Anteil am Erdölgebiet, baut aber in erster Linie *Bitumen* und *Dolomite* ab.

Qeparo mit seinen schmucken, sauber getünchten Häusern krönt einen Felshügel zwischen zwei Tälern. Seinen aus dem Griechischen *(Kyparissia)* entlehnten Namen «Zu den Zypressen» hat es einer stattlichen Schar jener dunkeln «Fackeln» zu verdanken. Ortsnamen mit griechischer Wurzel sind an dieser Küste nicht selten: Beim wie ein kleines Gjirokastra wirkenden Dorf **Vuno** (neugriechisch: *vouno* = Berg) oder dem nächstgelegenen Himara (neugriechisch: *cheimarra* = Wildbach).

Bis dorthin bildet die *Landschaft* zwischen Berg und See ein abwechslungsreiches, buntes Bilderbuch: Steilabstürze wechseln mit sandigen Buchten, Schluchten öffnen sich zum Meer, schneeweiße Schotterstreifen säumen wie zierliche Spitzen das grüne Kleid der Steilhänge. Mit gischtigen Zungen lecken die Wellen an löchrigem Kalkfels. Bis tief in den Juni hinein ist die *Macchia* überhaucht vom leuchtenden Gelb des blühenden *Ginsters, Zitronenblüten* schaukeln im Wind, knittrig wie alte Seide, darüber sturmgekrümmte *Krüppelkiefern* und immer wieder das Schwarzgrün der *Zypressen.*

Unten am Meer die fast kreisrunde Bucht von *Panormus,* seit der Venezianerzeit **Porto Palermo** genannt. Dieser antike Hafen in der gut geschützten Bucht – er wird von zwei Halbinseln wie von Krebsscheren in die Zange genommen – entwickelte sich im Mittelalter nochmals zu einem wichtigen Umschlagplatz. Selbst zur Zeit *Ali Paschas* war er so bedeutend, daß ihn der Tepelener durch eine Festung schützen ließ, die sich gut erhalten hat.

Vor Himara muß jetzt der **Pilur-Paß** bezwungen werden – trotz Straßenverbreiterungen 1986 nach wie vor ein richtiger «Engpaß» auf der Riviera-Route. Die Gegend ringsum ist nur mit Buschholz bestandenes Ödland. Auf der Höhe sieht man bestellte, von Steinmauern fast wie auf **Malta** umgebene Äcker zwischen verlassenen Häusern, die Hirten als Unterstand dienen.

Das alte **Himara,** griechischer Abkömmling des illyrischen *Chimaera,* liegt in grausilbernen Ölbergen hoch am Hang. Aus seiner Mitte ragt der Glockenturm von Albaniens ältester ganz erhaltener Kirche, *Hagios Sergios* (albanisch: **Shën Sergjit**), 1018 gebaut. In früheren Zeiten besaß der verhältnismäßig kleine Ort nicht weniger als 62 Kirchen, er war eine *Hochburg der griechischen Orthodoxie* – und des hellenischen Chauvinismus – in Südalbanien.

Das moderne Himara wurde am *göttlichen Sandstrand* entlang gebaut. Die Errichtung eines *Hotels für ausländische Gäste* ist vorgesehen.

Beim schon als *Ensemble weißer Steinhäuser* selbst sehenswerten Dorf **Vuno** schlägt die Natur eine neue Seite ihres Bilderbuches auf: eine Schlucht in diesem **Roterdegebiet** mit *Erdpyramiden,* nicht so mächtig wie zwischen Saranda und Gjirokastra, doch ungleich vielfältiger in ihrem Formen- und Farbenspiel. Da entdecken Sie Säulen und Pfeiler, Orgelpfeifen, Pyramiden und Kegel zwischen Braunrot und allen Nuancen der Purpurfarbe.

Wieder unten am Meer entfaltet **Dhermi** noch einmal die schon

von Himara gebotenen Alternativen nachdrücklich: Von seinem im Ersten Weltkrieg weitgehend zerstörten *Marienkloster* ist die dem *Entschlafen der Gottesmutter* am 15. August geweihte **Kirche** gerettet worden. Ihre *Fresken* stammen aus der *kretischen Schule* des 16. Jahrhunderts, der Anbau wurde 200 Jahre später in dem auf den **Ionischen Inseln** gepflegten Stil mit Wandgemälden geschmückt.
Das neue Dhermi ist eine albanischen Werktätigen vorbehaltene *Badekolonie*. Dieser «kleinste, aber schönste Küstenort» Albaniens soll auch in Zukunft vor dem internationalen Tourismus und seinen bekannten Schattenseiten bewahrt bleiben.
Am Abhang des **Çika-Gebirges** (2045 m), dem die Albanische Riviera ihre vor Nordwinden und balkanischen Kälteeinbrüchen geschützte Lage verdankt, erreichen Sie **Palasha,** das *Palasa* des römischen Bürgerkriegs zwischen *Cäsar* und *Pompeius*. Die Wahl dieses überraschenden Landeplatzes hatte dem Ahnherrn der Cäsaren von vornherein die militärische Überlegenheit über seinen Machtrivalen gesichert.
Hinter Palasha sperrt die fast senkrecht ins Meer abfallende **Rrëza e Kanalit**-Kette die Weiterfahrt an der Küste. Ein unvergeßlicher *Bootsausflug* – vorerst nur für Einzelvisum Inhaber – entführt in die **Grammata-Bucht,** einen nur von der See her zugänglichen Ankerplatz der Korsaren, aber auch der vor Stürmen Zuflucht suchenden Kaufsegler von einst.
Einen Weg durch die Berge wollten im Ersten Weltkrieg *österreichisch-ungarische Pioniere* dem Vormarsch der Mittelmächte in Richtung **Saranda** erzwingen. So entstand die *Llogara-Paß-Straße,* Ihr restlicher Weg nach Vlora. Er ist heute in kaum besserem Ausbauzustand als damals und fordert Autos wie Fahrern so gut wie alles ab. Unterdessen können Sie von einer Serpentine zur anderen, vom Meeresniveau bis zum 1030 Meter hohen Paß auf kürzester Strecke die *Vielfalt der albanischen Vegetationsfor-*

men von der mediterranen Flora bis zum alpinen Nadelwald bestaunen.
Am Gegenhang sind Reste der **Römerstraße** zu erkennen, die Legionäre von *Pompeius dem Jüngeren* (78 bis 45 v. Chr.) gebaut haben sollen, als er den Krieg seines Vaters gegen Cäsar fortzusetzen versuchte. Der **Llogara-Paß,** beliebter Ausgangspunkt für albanische Bergwanderer und Kletterer, bietet Ausflüglern ein «Berglager» mit *bunten Ferienhäuschen.*
Wie sehr dieser Paß eine Wetterscheide ist, zeigt sich bald im jenseitigen **Dukat-Tal:** Zwischen den abwärtsführenden Serpentinen ist der Waldboden mit einem dichten Teppich aus *Farnen und Moosen* bedeckt, *Flechtenbärte* an den Ästen verraten die kühle Feuchtigkeit dieser Gegend. Die ersten Häuser des Dorfes **Dukat,** die von rechts oben heruntergrüßen, sind ebenfalls von ganz anderer, winterfester Bauart als die leichten Ziegelhöfe an der Südküste: schwere, unverputzte *Steinbauten mit kleinen Fenstern* und ohne Balkone. Nur die einst wohlhabenden Grundbesitzer haben sich einen unter das Dach *zurückversetzten Säulengang* vor «guter Stube» und Gastzimmer im ersten Stock geleistet. Schlicht und einfach hingegen ist das «Museumshaus» des Freiheitshelden *Hysni Kapo* vor dem Hintergrund der schroff aufsteigenden, bis in den Frühsommer hinein verschneiten **Lungara** (1830 m).
Bald spiegelt durch den talwärts anschließenden Mischwald die **Bucht von Vlora** herauf, links begrenzt von der gebirgigen Halbinsel **Karaburun.** Das Meeresniveau erreicht die Straße wieder in der fast dreieckigen Ebene im Süden der Bucht, Schwemmland, das früher ebenfalls unter Wasser lag. Die antike Stadt **Oricus** breitet sich hoch darüber auf einem Felsen aus, der Verlauf der Stadtmauern ist mit bloßem Auge zu erkennen. Südlich davon wurde im 13. Jahrhundert die Marmorkirche **Kisha Marmiroit** im frühen Kreuzkuppelstil gebaut. Sie war in den späten sechziger

Jahren eine der ersten, die gleich nach dem Kirchensturm von 1967 als Kulturdenkmal vor dem Verfall gerettet und sorgfältig restauriert wurden.

Wo die Frischen Quellen sprudeln – Uji i Ftohtë

Die **Frischen Quellen** vor Vlora (*Uji i Ftohtë;* nicht zu verwechseln mit der Einzahl *Ujë i Ftohtë* zwischen Tepelena und Gjirokastra) sind ein ebenso interessantes wie malerisches Stück Küste. Sie liegen im südlichen Teil der Bucht von Vlora, dort, wo die steilen, bizarren Berge von Dukat mit ihren feucht-grünen Wäldern in die weite Küstenniederung übergegangen sind. Der breite Strand, das milde Adria-Klima, die von Freiwilligen gepflanzten Grünanlagen und die Harmonie des himmelblauen Wassers der Bucht tragen dazu bei, die Landschaft mit einem *Hauch von Entspannung und tiefer Ruhe* zu umgeben. Strandpromenaden, Erholungsheime, Hotels und Sportanlagen stehen dort schon seit den fünfziger Jahren einem bisher ausschließlich einheimischen Publikum zur Verfügung.
Der Name Uji i Ftohtë rührt von den kühlen Quellen dieses Landstrichs her: Auf einer Fläche von etwa zwei Quadratkilometern entspringen nicht weniger als 40 *Süßwasserquellen,* viele von ihnen auf dem *Grund des Meeres,* nicht weit entfernt vom Strand. Die meisten haben eine Schüttung von fünf bis sieben Kubikmetern in der Sekunde. Ihr Wasser ist angenehm kühl und enthält je Liter 150 bis 250 Gramm Mineralstoffe. Die Quellen im Meer verraten sich durch eine hellere Färbung ihres Wassers, was *prächtige Farbenspiele* – besonders schön bei sinkender Sonne – zur Folge hat.
Das Auftreten dieser Frischen Quellen ist durch die *wasserdurch-*

lässigen Gesteinsschichten des östlichen Hügelzugs bedingt, eines Ausläufers der Lungara. Es handelt sich um Karstkalk, der besonders zur Zeit der Schneeschmelze die Frischen Quellen mit unerschöpflichem Wasser speist. Sie sind aber auch im Herbst und Winter so kräftig, daß sie nicht nur zur *Trinkwasserversorgung* und als *Industriewasser* für die ganze Umgebung, sondern auch zum Speisen von *Bewässerungsanlagen* genutzt werden. Quellen am Meeresgrund von entsprechender Stärke werden nach dem bei Offshore-Erdölvorkommen entwickelten Verfahren vom Salzwasser abgedichtet und in Rohren an Land geleitet. Schon seit altersher sprechen die Bewohner Vloras von den Uji i Ftohtë als ihrem «Weißen Gold». Es ist geplant, das vorzügliche *Tafelwasser* in Flaschen abzufüllen und in alle Welt zu *exportieren.* Für seinen Versand liegt der Hafen von Vlora – im Unterschied zu der abgelegenen Mineralquelle **Glina** im Drino-Tal – geradezu vor der Nase!

Vlora – Stadt der albanischen Unabhängigkeit und der Sonnenuntergänge

Wo das Lunara-Bergland in die Ebene von Myzeqa ausläuft, die **Lagune von Narta** mit ihren *Salinen* im Jahr 200 000 Tonnen Salz abwirft und die Insel **Sazani** die Bucht vor stürmischer See und feindlichen Mächten schützt, liegt inmitten riesiger Glashäuser für den *Frühgemüseanbau* Albaniens neben Durrës zweitwichtigste **Hafenstadt Vlora** (70 000 Einwohner).
Im Altertum *Aulon* genannt und vom römischen Epigrammdichter *Marcus Valerius Martial* (um 40–102) wegen der Lasterhaftigkeit und Verlogenheit seiner Oberschicht gegeißelt, blühte es ähnlich wie *Dyrrhachion* nach der römischen *Reichsteilung* als

Handelsplatz erst recht auf. Diesem wirtschaftlichen Aufschwung wurde im 5. Jahrhundert auch kirchlich mit Erhebung der Stadt zum *Bischofsplatz* Rechnung getragen. Völkerwanderung und Slaweneinfall setzten Aulon, inzwischen *Valona* genannt, besonders schwer zu.

Eine neue Blüte folgte – wie bei Butrint und Porto Palermo – erst wieder im Hoch- und Spätmittelalter unter ständig wechselnden Herren: Normannen, Venezianer, der *Staufer* Manfred von Sizilien, dessen Gegenspieler Karl von Anjou, sein Geschlecht der Angiovinen und das der *Acciajuoli* sowie ein *florentinisches Handelshaus,* das an der Wende vom 14. zum 15. Jahrhundert die Herzöge von **Korinth** und **Athen** mit dort mehrheitlich albanischen Untertanen stellte und sich ab 1386 auch in Vlora und dessen Hinterland südlich der Vjosa breitmachte. Schließlich richteten die *Türken* 1418 den Halbmond über der Stadt auf. Doch in diesen über acht Jahrhunderten der Fremdherrschaft blühten in Vlora Handel und Gewerbe. Die *Seidenwebereien* der Stadt und ihre *Waffenschmiede* hatten Kunden und feste Handelsverbindungen weit über den südosteuropäischen Raum hinaus.

Hier wurde am 28. November 1912 die *Unabhängigkeit* des modernen Albanien ausgerufen und dessen erste nationale Regierung unter *Ismail Qemali* (S. 45–46) gebildet. Während und nach dem Ersten Weltkrieg besetzten die *Italiener* die Stadt, aus der sie erst 1920 in blutigem Volksbefreiungskrieg vertrieben werden konnten; Sazani blieb jedoch als *Flottenstützpunkt* in ihrer Hand. In der Zwischenkriegszeit entwickelte sich das nationalistisch-fortschrittliche Vlora zu einem Zentrum des Aufbegehrens gegen das Regime von *König Zogu,* später hatten dort die Partisanen ihren wichtigsten städtischen Rückhalt. Am 15. Oktober 1944 räumte die *deutsche Wehrmacht* Vlora samt Sazani unter dem Druck der Befreiungsarmee *Enver Hoxhas.*

Vom antiken Aulon gibt es heute fast nichts mehr zu sehen.

Einige *illyrische Fundstücke* sind in der ehemaligen Moschee im Rahmen einer Dokumentation über die archäologische Struktur des Bezirks Vlora ausgestellt.

Diese **Muradia-** oder **Bleimoschee** wurde nach albanischen Angaben Ende des 15. Jahrhunderts gebaut. Bei einer Überlieferung, daß sie zwischen 1538 und 1542 vom damals größten osmanischen Baumeister *Mimar Sinan Hoxha* (1491–1587), dem «Dichter der Steine» und Erbauer der schönsten Moscheen von Stambul, entworfen und errichtet wurde, war wohl nur der Wunsch der Vater des Gedankens.

An Albaniens Unabhängigkeitserklärung erinnert ein klobiges, vielleicht gerade deswegen eindrucksvolles **Denkmal.** Das Haus, in dem das freie Albanien ausgerufen wurde, dient heute als **Museum der Unabhängigkeit.** Ihr Vater Ismail Qemali fand in der Zwischenkriegszeit seine letzte Ruhestätte fünf Kilometer südöstlich von Vlora auf dem Friedhof des Derwischklosters von **Kanina,** zu Füßen der 400 Meter höher liegenden Ruinen der gleichnamigen Burg. Auf ihr hatten in den Germanen-, Awaren- und Slawenstürmen die Bischöfe von Vlora Zuflucht gesucht. Deshalb führte noch bis 1967 der letzte albanisch-orthodoxe Bischof der Stadt den Titel «von Aulon und Kanina».

Das moderne Vlora mit seinen wie am Reißbrett gezogenen Straßen und Häuserblöcken reicht heute westlich bis an ein anderes einst berühmtes Heiligtum der *Bektaschi-Derwische* heran, den 100 Meter hohen Klosterhügel des **Kusbaba.** Inmitten knorriger Ölbäume lag hier das Grabheiligtum von *Kusum Baba,* der – wie so manche Geister unserer alten Sagen – sein abgeschlagenes Haupt unter dem Arm dort hinauf getragen haben soll. Heute ist das Kloster in ein **Restaurant** mit weitem Rundblick über Stadt und Bucht von Vlora verwandelt. Gehen Sie, sofern Sie in Vlora übernachten **(Hotel Adriatiku),** vor Sonnenuntergang auf den Kusbaba: weit geschwungen der Bogen der blauen Bucht, ge-

säumt von schon dämmernden Kiefernwäldern. Nach Nordwesten dehnt sich die Ebene endlos bis zur **Halbinsel von Zvernec** und ihren kleinen Inseln. Mit scharfen Augen oder einem Feldstecher können Sie im Gegenlicht die Umrisse eines orthodoxen Klosters erkennen. Rechts davon glitzern silbrig die brackigen Wasser der **Lagune von Narta.**

Nach Südwesten hin wird die Bucht von Vlora durch den mächtigen Wall der **Halbinsel Karaburun** abgeschlossen; das Wort ist eine Verballhornung der alten türkischen Bezeichnung *Karaburnu* (= Schwarzes Kap). Auf die alten Griechen muß es genau so finster gewirkt haben, sie nannten es *Keraunion,* das Vorgebirge der Blitze, und sahen darin den Eingang zum Strafort ihrer mythischen Unterwelt *(Tartaros).*

An das im **Kap i Gjuhezës** steil ins Meer abfallende Karaburun schließt sich nach Westen eine nicht allzu breite Linie offenes Meer an. Im goldenen Glast verabschiedet sich die doppelhöckrige **Insel Sazani.**

Zum Besuch von Vlora gehört unbedingt eine *Betriebsbesichtigung.* Für deutschsprachige Gruppen wird die gleich in der Nachkriegszeit aufgebaute und nach dem deutschen Altkommunisten *Ernst Thälmann* (1886–1944) benannte **Fischkonserven-Fabrik** bevorzugt.

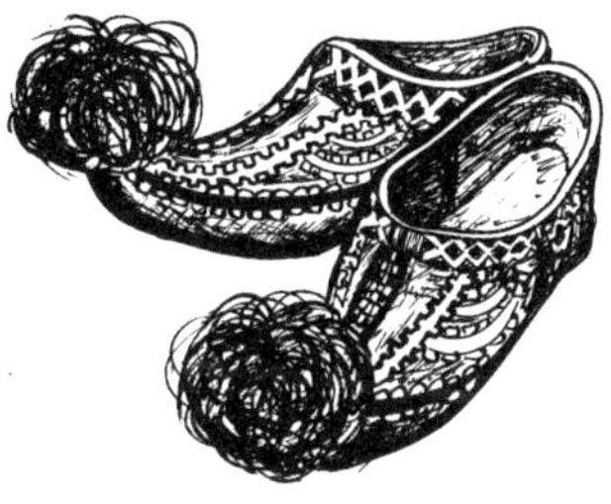

Frauen-«Opingas» aus der Gegend von Vlora

Nur noch fünf Säulen künden von der Stadt Apolls

Fieri – junge Stadt der Jugend

Je mehr sich unter Reisenden herumspricht, daß Albanien eine Art *zweites Griechenland* oder *Italien* für Freunde antiker Ausgrabungsstätten ist, desto dichter wird das Angebot von Albturist für Exkursionen zu den Resten der schönsten und reichsten *klassischen Stadt* auf illyrischem Boden: **Apollonia.** Dorthin können Sie von Durrës-Plazh aus mit den folgenden Besichtigungsfahrten kommen:

Trip 21 Durrës–Fieri–Apollonia (Tagesausflug)
Abfahrt etwa zweimal wöchentlich nach Ankündigung um 8 Uhr
Trip 23 Durrës–Berat–Fieri–Apollonia (Tagesausflug)
Abfahrt jede Woche nach Ankündigung um 8 Uhr
Trip 24 Durrës–Berat–Fieri–Apollonia (Zwei Tage)
Abfahrt 14tägig nach Ankündigung um 8 Uhr
Trip 33 Durrës–Fieri–Apollonia–Gjirokastra–Saranda–Butrint
(Drei Tage) Abfahrt 14tägig nach Ankündigung um 8 Uhr

Trip 34 Durrës–Gjirokastra–Fieri–Apollonia (Zwei Tage)
Abfahrt jede Woche nach Ankündigung um 8 Uhr
Trip 35 Durrës–Berat–Fieri–Apollonia–Gjirokastra–Saranda–Butrint (Vier Tage)
Abfahrt 14tägig nach Ankündigung um 8 Uhr
Trip 36 Durrës–Berat–Fieri–Apollonia–Gjirokastra–Saranda–Butrint (Drei Tage)
Abfahrt 14tägig nach Ankündigung um 8 Uhr
Trip 37 Durrës–Fieri–Apollonia–Gjirokastra–Saranda–Butrint–Vlora (Vier Tage)
Abfahrt gelegentlich nach Ankündigung um 8 Uhr
Trip 38 Durrës–Fieri–Apollonia–Gjirokastra–Saranda–Butrint (Zwei Tage)
Abfahrt jede Woche nach Ankündigung um 8 Uhr
Trip 39 Durrës–Fieri–Apollonia–Gjirokastra–Saranda–Butrint (Vier Tage) Abfahrt 14tägig nach Ankündigung um 8 Uhr

Ausgangspunkt für den Besuch einer der ältesten Stätten Albaniens ist seine jüngste größere Stadt **Fieri** (42 000 Einwohner). An ihrem heutigen Platz stand jahrhundertelang nur eine Feldkapelle des heiligen Georg. Dort sammelten sich Jahr für Jahr an seinem Fest, dem 23. April, die *aromunischen Wanderhirten* mit ihren Herden, um aus den Winterquartieren in der **Myzeqa** zu den sommerlichen Hochweiden und Almen in den Bergen um **Korça** aufzubrechen. 1782 vergrößerte ihr *Voievoda* (= Stammesfürst) *Ghiga* die Kapelle zu der bis 1967 vielbesuchten Wallfahrtskirche. Für den Ikonenschmuck gewann er einen der bekanntesten Sakralmaler der Zeit, *Gjon von Grabova.*
Weniger als 100 Jahre später beschloß der um Albaniens wirtschaftliche Gesundung bemühte und später als Mitgründer der *Liga von Prizren* verdiente Großgrundbesitzer *Mehmet Vrioni,* einen *bodenständigen Markt* für das Getreide und die anderen

Agrarprodukte der Küstenebene ins Leben zu rufen, von denen bis dahin die Basare von **Berat** und **Vlora** profitiert hatten. Vrioni wählte dafür den Sammelplatz der Aromunen, wo schon seit altersher am Georgstag und nochmals im Herbst (26. Oktober: Hl. Dimitrios) Kirch- und Markttage stattfanden, und beauftragte den französischen Architekten *Barthélemy,* die Stadtanlage zu planen und zu bauen. So wurde zwischen 1864 und 1870 Fieri geboren: gerade, breite Straßen, schon damals mehrstökkige Wohnblöcke, das überall gleiche Gesicht einer modernen Stadt. Die Baumeister des «Neuen Albanien» brauchten da nur anzuknüpfen und in die Mitte das **Hotel Apollonia** hineinzustellen: mit seiner vorzüglichen «Wiener Küche» kulinarischer Zufluchtsort aller Albanienfahrer, die sich nach dem ewigen Salat und Gemüse mit Olivenöl, Schafskäse, gegrilltem Fleisch, gefüllten Paprikas, Tomaten und Auberginen endlich wieder an Suppen, Soßen und Torten laben möchten.

Die heutige *Fabrikstadt* Fieri ist Verwaltungszentrum eines ebenfalls weitgehend industrialisierten Bezirks, Mittelpunkt der früher tonangebenden Landwirtschaft **Roskovec** südlich vom Seman-Fluß.

Das Gelände des Bezirks besteht hauptsächlich aus Flachland. Nur in seinem südöstlichen Teil ragen die Hügel von **Mallakastra** auf. Dank der schon durch die Vrionis eingeleiteten Aufwärtsentwicklung, die sich im letzten halben Jahrhundert beschleunigte, gehört der Bezirk Fieri vor der Jahrtausendwende zu den industriell wie landwirtschaftlich *höchstentwickelten Gegenden* in Albanien.

Zu ihrer Gesamtproduktion leistet die Industrie mit 73 Prozent den weitaus wichtigsten Beitrag. Über ein Zehntel der industriellen Produkte Albaniens kommen aus diesem Bezirk. Den größten Anteil haben *Erdölförderung, -verarbeitung* und *petrochemische Fabriken.* Darauf folgen die Nahrungsmittelindustrie,

chemische Fabriken, *Energiewirtschaft* und Metallwerke. Die *Chemiefabriken* liefern über 20 und die *kalorischen E-Werke* mehr als 25 Prozent der gesamtalbanischen Produktion in diesen Bereichen. Schwerpunkt ist die Stadt Fieri mit einem der größten thermischen Kraftwerke des Landes, *Gogo Nushi,* das mit Erdgas betrieben wird. Dazu kommen Werke für Stickstoffdünger und Harnstoff sowie eine *Rohölraffinerie.*
Fällt in ganz Albanien der hohe Bevölkerungsanteil der *jungen Generation* sogar dem flüchtigsten Beobachter auf, so gilt das für Fieri in extrem verstärktem Maße. Am einstigen Sammelplatz der Aromunen und der Getreideerträge versammelt sich heute vom Herbst bis Frühsommer die Schuljugend aus der gesamten Myzeqa. An der Stadtausfahrt Richtung Apollonia stehen die *Bildungsanstalten* und *Internate* zu beiden Seiten der Straße aufgereiht: Allgemeinbildende Gymnasien und Lyceen, landwirtschaftliche, handwerkliche und technische Fachschulen.

Antiker geht es nicht mehr: Apollonia

Ein Mittelpunkt *klassischer Bildung* war schon das zwölf Kilometer westlich gelegene Apollonia, Albaniens bedeutendste archäologische Ausgrabungsstätte nach **Butrint.** Nicht, daß hier weniger zu finden wäre: Apollonia wird dem alten Buthroton bald den Rang ablaufen, wenn seine Wiederentdeckung so zügig wie bisher fortgeführt wird. Die in ihren Methoden (S. 51) nicht unumstrittenen *österreichischen Archäologen* des Ersten Weltkriegs mußten im Herbst 1918 fluchtartig das Weite suchen – 1924 setzte der Franzose *Léon Rey* die Grabungen für die Siegermächte fort, konnte aber nie mit den von Zogu protegierten Italienern in Butrint Schritt halten. Erst die *Albaner* haben für

Byzantinische Marienkirche

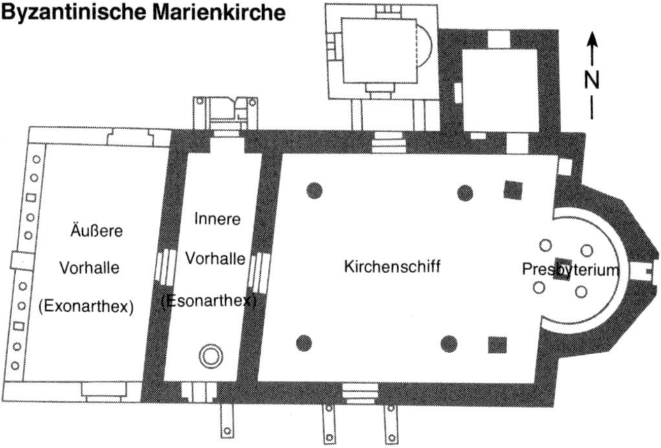

die Wiederentdeckung der dem schönen Gott Apoll geweihten Stadt in den letzten 40 Jahren kontinuierlich Entscheidendes geleistet.

Anfang des 6. vorchristlichen Jahrhunderts war Apollonia von *griechischen Kolonisten,* die über **Korfu** aus **Korinth** kamen, am Abhang eines Hügels gegründet worden, dessen Rund sich wie ein überdimensionales antikes Theater zur Adria hin öffnet. Mit der illyrischen Urbevölkerung der *Byllionen* und *Parthiner,* die bereits um diesen durch seine gut zu verteidigende wie landschaftlich reizvolle Lage ausgezeichneten Platz siedelten, pflegten die Griechen bald einen schwunghaften Handel. Langsam entwickelte sich Apollonia aufgrund dieser außerordentlich günstigen Faktoren zu einem der wichtigsten *antiken Handelszentren* an der östlichen Adria.

Doch seinen besonderen Ruf verdankte Apollonia seit der hellenistischen Zeit seiner Bedeutung als *Stätte hoher Bildung* sowie der Flüsterpropaganda von seinen bunten, die ausgefallensten

Wünsche zufriedenstellenden *Vergnügungen.* In lebendigem Austausch mit dem unteritalienischen und sizilianischen Griechentum *(Magna Graecia),* dem die Stadt mehr zugewandt war als dem klassischen Hellas rund um die Ägäis, lehrten an ihren Schulen bedeutende *Philosophen* aller nachsokratischen Richtungen, wirkten berühmte *Künstler* und wortgewaltige *Redner.* Der spätere Kaiser Augustus und sein Vertrauter *Gaius Cilnius Maecenas* (um 69–8 v. Chr.), der als freigebiger Kunstfreund unsterblich wurde, haben in Apollonia ebenso formende und anregende wie fröhliche Studienjahre verbracht.
Seine ursprünglich auf die im Süden dem Meer zufließende **Vjosa** (altgriechisch *Aoos*) gegründete günstige Verkehrslage wurde in römischer Zeit durch die *Via Egnatia* verstärkt, deren südlicher Zubringer in Apollonia begann. In ihrer Blütezeit erstreckte sich die Stadt über 140 Hektar, von denen nach wie vor nur ein kleiner Teil in die Ausgrabungen einbezogen ist. Am weitesten sind bereits die fünf Kilometer langen **Stadtmauern** aus behauenen Kalksteinen freigelegt. Alles spricht dafür, daß sie in gewissen Abständen mit Türmen befestigt und mit spitz zulaufenden Toren versehen waren. Einen guten Überblick haben wir schon über Apollonias *Kanalsystem.* Für die auf Terrassen angelegte Stadt war dies – ähnlich wie im modernen Teheran – lebensnotwendig, um eine Überflutung und Verseuchung der tiefer gelegenen Viertel zu verhindern. In Abständen von rund 60 Metern waren die Mauern durch Kanalaustritte untertunnelt. Wer von Ihnen zu den Normal- oder gar Idealgewichtigen zählt, kann dort durchschlüpfen.
Formell wurde die auf dem Papier selbständig gebliebene *Polis* (Stadtstaat) erst im Jahr 229 unserer Zeitrechnung ins römische Reich eingegliedert. Als im 4. Jahrhundert ihr Hafen versandete, begann der Niedergang der Stadt, in der unter dem Schutz Apollos Handel und Wandel, Kunst und Wissenschaft geblüht

hatten – zu einer Zeit, als der Aufstieg von Dyrrhachion und Butrint erst richtig einsetzte.
Sobald Sie vor der Pforte des heute als Museum für die Funde von Apollonia dienenden orthodoxen Klosters aus dem Bus steigen, weist sie links eine mächtige, uralte **Eiche** zum Ruinenfeld. Schon von weitem sichtbar ist der von den Archäologen wieder aufgerichtete Säulenvorbau *(Portikus)* des **Rathauses** *(Bouleuterion)* der «freien Stadt» aus dem 2. nachchristlichen Jahrhundert. In der Stiftungsinschrift wird es als Haus der *Agonotheten* bezeichnet, also jener, die «Kampfspiele anordnen». Wie der Inschrift weiter zu entnehmen ist, wurden gleich zur Eröffnung des Rathauses solche Kampfspiele angeordnet, bei denen nicht weniger als 50 Gladiatoren ihr Blut vergießen mußten. Von einem Kämpferpaar wurden auch die **Grabsteine** gefunden. Sie sind im Klostermuseum ausgestellt. Die Art dieser senkrechten Grabplatten *(Stelen)* erinnert an **Tarent,** ein weiterer Fingerzeig für die enge Verbundenheit von Apollonia mit der *Magna Graecia.*
Der freigelegte Grundriß des Rathauses zeigt einen Raum mit Vestibül, daneben einen *Sitzungssaal* mit – kleinem – Zuhörerraum für an der Lokalpolitik interessierte Bürger und die 19 mal 15 Meter große Säulenhalle, deren Portal mit seinen sechs *korinthischen* Säulen samt Giebelabschluß *(Architrav)* und Eingangstreppen vor dem halbrunden Bau das heute beliebteste Fotomotiv von Apollonia ist.
Gegenüber steht das 229 zur Feier des «Anschlusses» von Apollonia ans Römerreich errichtete **Gesangs- und Konzerthaus** *(Odeion)* mit seinem rechteckigen Grundriß für etwa 200 Sitzplätze, rechts davon die Reste der **Stadtbibliothek.** Die kegelförmige *(konische)* **Säule** in ihrer Nähe war dem «Straßenbeschützer Apollo» *(Apollon agyieus)* geweiht.
Etwas weiter nördlich, am Fuß der Akropolis, sehen Sie eines der markantesten Bauwerke im Zentrum von Apollonia, die säulen-

Im ehemaligen Abt-Trakt des Marienklosters von Apollonia ist heute das Museum mit den ausgegrabenen antiken Funden untergebracht

geschmückte **Wandelhalle** *(Stoa)*. Im 4. – nach anderen Forschern erst im 3. – vorchristlichen Jahrhundert errichtet, umgab sie den **Marktplatz** *(Agora)* im Norden und Westen, eine fast noch großzügigere Anlage als die im alten **Athen.** Die 77 Meter lange und zwölf Meter breite Stoa war in der Mitte durch 36 gerippte *(kanellierte)* **Halbsäulen** *(Pilaster)* in zwei Galerien geteilt. Die Pilaster tragen die üblichen ionischen Säulenköpfe *(Kapitelle)* mit Blumen- und Blütenmustern, zeigen jedoch im Querschnitt die nur hier anzutreffende Gestalt eines Halbkreises. Die Rückwand der Säulenhalle, eine gegen die Akropolis angrenzende Terrassenmauer, enthält 17 ebenfalls halbkreisförmige Ni-

schen in den Abmessungen 2,60 mal 3,10 mal 1,75 (Radius) Meter. Sie erreichten die Größe kleiner, gewölbter Zimmer und dürften ganzen Statuengruppen Raum geboten haben.
Die eigentliche **Akropolis** lag auf den zwei kleinen Erhebungen über dem Rathaus. Ihr weites Panorama dürfte mit der frühen Entwicklung der Stadt zu einem *Heiligtum des Sonnengottes Apollo* zusammenhängen: Dort oben läßt sich die Bahn des Gestirns von seinem Aufgang über dem Berg Tomor im Osten bis zu seinem Untergang in der westlichen Adria ohne jedes Hindernis am Horizont verfolgen.
Die beiden Gipfel des **Tomor** (2416 und 2379 m) entwickelten sich später zu einem albanischen Nationalheiligtum der *Bektaschi-Derwische.* Auf dem niedrigeren Südgipfel verehrten sie das Grab von *Abbas Ali,* einem Stiefbruder des Schiitengründers *Imam Hussein* (628–680), der aus der Schlacht von *Kerbela* (680) auf wunderbare Weise nach Albanien entrückt worden sein soll. Ein zweites Abbas Ali geweihtes Heiligtum lag auf dem Nordgipfel (heute: **Çuka Partizane**). Bezeichnend für die Mischreligion der Bektaschis war es, daß ihre große Tomor-Wallfahrt jährlich am 15. August – also zu *Maria Himmelfahrt* – vom Kloster-**Teqe Dobrenje** im Nordosten die beiden Gipfel stürmte. Im Volksmund wurde der Berg für die Albaner jeder Religion – auch für die Atheisten von heute – zum «Vater Tomor».
Eine sechs Meter breite Straße führt vom Rathaus zum **Westtor** der Stadt. Links vor ihm sind die Fundamente **römischer Häuser** aus dem 2. bis 1. Jahrhundert vor der Zeitrechnung zu sehen. Berühmtheit hat das «Haus eines Reichen» (auch «Haus des Sklavenhalters» genannt) durch die prächtigen *Mosaikfußböden* seiner um einen **Innenhof** *(Atrium)* angelegten Wohnräume erlangt. Albanische Forscher datieren sie ebenfalls ins 2. vorchristliche Jahrhundert. *Norbert Stanek* hingegen schreibt sie erst dem 3. Jahrhundert nach Christus zu. Er weist darauf hin, daß die

Mosaiken von Apollonia anfangs nur aus schwarzen und weißen Steinen gefertigt und zu abwechslungsreichen ornamentalen Mustern zusammengesetzt wurden, die vielfarbigen Mosaiken aber erst im 3. Jahrhundert auftauchen, wie hier geometrische Figuren, Seepferdchen, Nymphen, Nereiden, Eroten und Szenen aus der *Amazonenschlacht.* Die lebendigste zeigt, wie *Achill* die verwundete *Penthesilea* vom Schlachtfeld trägt. – Doch leider ist fast alles auch hier mit einer Schutzschicht von Sand bedeckt.

Am Westabhang des Stadthügels fällt das große **Griechische Theater** für gut 7000 Besucher auf. Das Baumaterial war auch dort Kalkstein. Schön behauene Blöcke formen seine Stufen mit der Doppelfunktion als Sitzreihen. Der **Orchestergraben** (45 m lang) wurde erst Anfang der achtziger Jahre freigelegt.

Nicht weit davon entdecken Sie das eindrucksvolle **Nymphäum.** Dieses Brunnenhaus sammelte das Wasser von fünf Kanälen und zwei Staumauern in einem großen Speicher. Er bestand aus einer Filter- und einer Verteilerkammer, von der ein Röhrensystem in die Stadt führte. Die Fassade des monumentalen Bauwerks aus dem 3. Jahrhundert vor Christus war mit *dorischen* Säulen geschmückt. Von *Plinius dem Älteren* (24–79) wurde es noch in der «Naturalis historia» erwähnt, später bei einem Erdrutsch verschüttet; deshalb blieb es ganz erhalten und brauchte nur noch ausgegraben zu werden.

In der Nähe dieses Brunnenhauses lag der **Friedhof** *(Nekropole)* mit zahlreichen Gräbern aus griechischer wie *illyrischer* Zeit, die ältesten aus dem 6. vorchristlichen Jahrhundert. Die Leichen waren mit kostbaren oder zumindest aufschlußreichen *Grabbeigaben* in *Tonsärgen* oder *Aschenurnen* beigesetzt. Der bedeutendste Gräberfund wurde 1983 aufgespürt: bronzezeitliche Helme und Schilder und auch eiserne Schwerter, Äxte und Messer.

Von den *Statuenfunden* in Apollonia werden die wertvollsten als (Aus)«Beute» der österreichischen und französischen Grabungs-

kampagnen in Wien und Paris aufbewahrt: an der Donau der Kopf des *Ares Ludovisi,* im Louvre der Marmortorso des dem *Praxiteles* zugeschriebenen *Ruhenden Satyrs.* Im National-Historischen Museum von Tirana finden Sie die späteren großen Funde wie die mythische Gestalt des *Meleagros,* dem die Tötung des *Kalydonischen Ebers* in *Ätolien* zugeschrieben wurde – ein Meisterwerk des parischen Bildhauers *Skopas* aus dem 4. Jahrhundert vor der Zeitrechnung oder eine sehr gute Kopie davon. Jedoch ist es beim Ares und beim Satyr aus Apollonia umstritten, inwieweit es sich wirklich um die Originale oder vorzügliche Nachbildungen handelt. Ebenfalls in Tirana steht der *Stein der Phalakre* (der Kahlköpfigen), eine Stele in Tempelform. Auf ihrem unteren Teil sind kämpfende Löwen abgebildet; die Giebelfront enthält einen von Greifvögeln flankierten Stierkopf.

Pojani oder Klosterluft für klassische Statuen

In Apollonia ist mehr als genug zurückgeblieben, um das Museum im ehemaligen orthodoxen Kloster über dem Dorf **Pojani** zu füllen. Jahr für Jahr nach den neuen Grabungen vergrößert sich die Sammlung. Die Statuen sind im ehemaligen **Kreuzgang** aufgestellt, Torsos und andere Exponate im früheren Trakt des Abtes, wo bis 1967 auch der letzte orthodoxe Bischof der Gegend seinen Sitz hatte. Am stärksten beeindruckt haben mich der *Marmorkopf der Göttin Artemis,* deren volle Lippen eine zärtliche Aufforderung auszusprechen scheinen, und der Kopf des großen griechischen Redners *Demosthenes* (384–322 v. Chr.). Macht er in seiner geläufigen Darstellung einen trübsinnigen, geradezu verbitterten Eindruck, so leuchtet aus dem Demosthenes von Apollonia, dessen Künstler sich bei Haar- und Barttracht sonst

ganz an die überlieferten Normen gehalten hat, *innere Kraft,* ja abgeklärte Heiterkeit.
Von seiner heutigen und durchaus gelungenen Rolle als Antikenmuseum abgesehen hat das **Marienkloster** (albanisch: *Shën Meri*) von Apollonia seinen hochrangigen Eigenwert – nicht nur in Albanien, sondern für die ganze byzantinische Welt.
Das Herz des Klosters ist die **Konventskirche** *(Katholikon)* mit hochtrommeliger Kuppel, in der Mitte seines Hofes. Die Purpurfarbe weist auf einen Kaiser als Stifter hin. Wahrscheinlich war es *Alexios I. Komnenos* (1081–1118), dem die erste Bauphase architektonisch zuzuordnen ist und der auch auf dem *Stifterfresko* in der äußeren Vorhalle des einstigen Gotteshauses (S. 283) als erster Gründer der Abtei genannt wird.
Gegen Ende des 13. Jahrhunderts war der Bau von Kirche und Klosteranlagen abgeschlossen. Im 18. und 19. Jahrhundert gab es noch einige Zubauten und Erneuerungsarbeiten. Der **Glockenturm** stammt in seiner heutigen Form aus der Zeit unmittelbar nach dem Ersten Weltkrieg, in dem italienische Flieger Bomben auf die *Österreicher* in Apollonia abgeworfen und den freistehenden Klosterkirchtum getroffen hatten. Die *jüngste Restaurierung* von Kirche und Kloster erfolgte 1988/89.
Die *einschiffige Basilika* Shën Meri verfügt über einen quadratischen, leicht schiefwinklig verschobenen Innenraum *(Naos).* Über ihm thront die noch typisch *mittelbyzantinische* **Tonnenkuppel** mit dem flachen, nur im Inneren leicht gewölbten Dach auf vier *romanischen* Säulen. Vom Klosterhof aus gesehen zeigt das Kirchendach rund um die Kuppel vier aufgesetzte *Spitzgiebel* in Form eines gleichschenkeligen *(griechischen)* Kreuzes: eine Vorform der späteren *Kreuzkuppelkirchen,* bei denen die Kreuzform – je spätbyzantinischer, desto markanter – bereits vom Grundriß her angelegt wird.
In der Kuppel wurde die dort übliche Abbildung von Christus

als Weltenherrscher *(Pantokrator)* freigelegt. Es handelt sich jedoch um eine späte Arbeit vom Ende des 18. Jahrhunderts, als der Niedergang der orthodoxen Sakralmalerei auf dem Balkan hoffnungslos begonnen hatte. Vom *mittelalterlichen Freskenschmuck* konnte nur der Kopf eines bärtigen Heiligen an der Rückwand des Naos aufgespürt werden.
Der entgegengesetzt (östlich) an das Kirchenschiff anschließende Altarraum *(Bema),* der sich in eine **Apsis** fortsetzt, ist durch eine Stufe und die ostkirchliche, ebenfalls späte Bilderwand *(Ikonostase)* vom Naos getrennt, überdacht mit einem auf zwei Pfeilern ruhenden Tonnengewölbe.
Noch zu dieser anfänglichen, *komnenischen* Bausubstanz gehört die westlich dem Kirchenschiff folgende Vorhalle *(Narthex).* An sie grenzt eine äußere Vorhalle *(Exonarthex)* aus dem späten 13. Jahrhundert an. Gegen Westen hat sie statt der Wand eine auf Säulen ruhende Bogenreihe *(Arkaden).* Die **Dämonen- und Tiergestalten** der Kapitelle fallen wegen ihrer skurrilen Formen auf. Diese aus dem Rahmen des byzantinischen Ebenmaßes fallenden Fabelwesen haben schon viele Kunsthistoriker beschäftigt, vor allem deutsche. Die meisten ziehen Vergleiche mit Kirchen- und Klosterbauten jenseits der Adria in **Apulien** und sprechen von *normannischen* Arbeiten.
Die albanischen Forscher nehmen einheimische, nicht im Bann byzantinischer Eleganz stehende Künstler an, die Ähnliches 100 Jahre später auch in Dalmatien am Portal des Doms von **Trogir** geschaffen haben. Aus eigener Anschauung möchte ich dem hinzufügen, daß *skipetarische Steinmetzen* derartige Kapitelle, aber auch so phantastisch ausgestaltete Eckblätter zwischen Säulenbasis und -fuß *(Plinthe)* zu den schönsten «serbischen Nationalklöstern» in **Kosovo, Dečani** und **Studenica** beigesteuert haben.
Die weniger künstlerische als *historische Bedeutung* dieser Kirchenvorhalle liegt in einem großflächigen, aber schon arg vom

Zahn der Zeit angenagten **Wandgemälde.** Von den darauf abgebildeten mehr als sieben Menschen können Sie von links nach rechts noch erkennen: *Theodora Dukas,* die Gattin von Michael VIII., beider Sohn *Andronikos II. Paläologos* (1282–1328), Kaiser *Michael VIII. Paläologos* (1259–1282); rechts von ihm kniet sein Enkel, der Mitregent von Andronikos, *Michael IX. Paläologos* (1294–1320), ihm folgt die *Kirchenpatronin Maria* mit einem Modell des ihrem Entschlafen am 15. August geweihten Klosters in der rechten Hand, schließlich ein Kirchenmann, in dem die Byzantinisten einen Bischof von Apollonia oder den ersten Abt des unter so hoher kaiserlicher Protektion der Paläologen erneuerten Komnenen-Klosters vermuten. Das paläologische «Familienbild» wird in die letzten Jahre des 13. Jahrhunderts datiert, da Michael, mit *kaiserlichen Gewändern* gemalt, sich erst als Mitregent ab 1294 so kleiden durfte, andererseits noch in *jugendlichem Alter* dargestellt ist.

Wie beim *Chora-Kloster* von Konstantinopel (heute in **Istanbul:** Museum **Kariye Camii**), das ebenfalls von Kaiser Andronikos II. gestiftet wurde, kam in Pojani an Zubauten zur Marienkirche eine quadratische **Kapelle** (vor der Nordfront des Kirchenschiffs an die *komnenische* **Sakristei** westlich leicht versetzt angebaut) zu dem Exonarthex dazu. Allerdings haben sich in ihrem *Kreuzgratgewölbe* bisher keine Fresken oder gar Mosaiken wie bei dem Konstantinopler Gegenstück gefunden.

Um so eindeutiger sind – nach meinem Dafürhalten – die Zusammenhänge zwischen den Kunstwerken der *paläologischen Re-*

Das antike Apollonia war stolz auf seinen Beinamen «Stadt der Statuen». Was davon schon ausgegraben ist, können Sie im ehemaligen Abt-Trakt und Kreuzgang des nahen Marienklosters bewundern

naissance im Kariye Camii und dem *Freskenschmuck* des Pojaner **Refektoriums** *(Trapeza),* westlich gegenüber der Kirche, wie das für byzantinische Klosteranlagen bezeichnend ist. Dieser frisch restaurierte Speisesaal der Mönche kann sich jetzt rühmen, der *schönste seiner Art auf der Welt* neben dem vom **Berg Athos** zu sein. Allerdings fehlt im heutigen, musealen Pojani die lebendige Atmosphäre einer weltentrückten, dabei ebenso tafelfreudigen wie kunstsinnigen Männergemeinschaft. Diese Wandmalereien hier, die auch den kleinsten Fleck an den beiden Längsseiten und an der früher dem Abt vorbehaltenen südlichen Schmalseite füllen, sind aber viel älter als die Athos-Fresken *kretischer Schule* aus dem 16. und 17. Jahrhundert.
Die gesamte deutschsprachige Albanienliteratur ist sich darin einig, daß die Trapeza an der Wende vom 13. zum 14. Jahrhundert so bunt und vielgestaltig dekoriert wurde: mit Szenen aus dem Leben Jesu und monastischen Heiligen der orthodoxen Kirche. Ebenso einhellig werden die Fresken «der Malerschule des serbischen Königs Milutin, der zu Beginn des 14. Jahrhunderts einige Zeit über die Region Apollonia herrschte», zugeschrieben. Da muß ich leider widersprechen. *Stephan Uroš II. Milutin* (1282–1321) war ein Zeitgenosse dieser Wandgemälde, hat aber nicht über Apollonia, sondern nur bis nach Kruja im albanischen Land geherrscht. Dazu kommen *innere Merkmale* der Bilder wie der Faltenwurf der Gewänder, die Form von Bergen und die zyklische Aneinanderreihung von Fresken mit dem Stoff der Evangelien, die es im Gegenteil nahelegen, daß Kaiser Andronikos seine *Hofkünstler* in Pojani eine Probearbeit ausführen ließ, ehe er sie mit dem Meisterstück der Chora-Kirche in der Hauptstadt beauftragte. Dem steht nicht entgegen, daß auch Parallelen zur serbischen Kirchenmalerei der damaligen Zeit vorhanden sind: Die Serben-Zaren taten alles, sich in Titel, Hofhaltung und staatlich geförderter Hochkultur noch byzantinischer als ihre

Machtrivalen um den Balkan in Byzanz zu gebärden. Auch die südslawische Malerei war nur eine Facette am funkelnden Juwel der paläologischen Renaissance.

Normannengrab auf illyrischer Burg – Byllis und Nikaia

Bei den so kunstgeschichtlich befrachteten Besuchen des Bezirkes Fieri bleibt fast nur im Rahmen des Zwei-Tages-Ausflugs Trip 24 – und auch da nicht immer – Zeit für eine Rückblende aus dem klassischen und byzantinischen ins frühe illyrische Albanien. Das ist schade, denn in den Mallakastra-Hügeln südöstlich von Fieri haben Archäologen eine der großen Illyrerstädte entdeckt: **Byllis** – und in ihrer Nähe gleich eine zweite, die stärker griechisch angehaucht war und sich mit dem hellenischen Namen **Nikaia** schmückte.

Südlich von **Ballsh** (S. 225), hoch über dem **Vjosa-Tal** und an klaren Tagen mit einer hinreißenden Fernsicht gesegnet, liegt in der Nähe des Dorfes **Hekal** das Grabungsgelände von Byllis. Gewaltige *Mauerreste* zeugen von seiner Bedeutung als *illyrische Festungsstadt; Amphitheater, Hippodrom* und *Agora* künden vom Eindringen *griechischer Lebensformen* im 3. Jahrhundert vor der Zeitrechnung. Mit 5500 Sitzplätzen im Theater und 4500 an der Rennbahn konnte sich Byllis fast mit Butrint und Apollonia messen. Seine Blüte dauerte bis in frühchristliche Zeit, wie die *Mosaikböden* in den freigelegten Fundamenten seiner *Basiliken* deutlich zeigen.

Im Mittelalter und bis in die türkische Zeit mußten die Ruinen von Byllis als bequemer Steinbruch herhalten. Aus einem dieser «Bruchsteine», auf dem sich 866 der bulgarische Zar *Boris I. Mi-*

chael (852–889) verewigt hatte, wurde 1108 dem auf der strategisch beherrschenden Anhöhe gestorbenen (gefallenen?) normannischen Grafen *Robert von Montfort* der Grabstein gesetzt.
Hat Sie ein Bus oder Regierungswagen – bei Einzelvisum-VIPs – glücklich bis Byllis gefahren, so sollten Sie die schwache Stunde Fußweg talaufwärts nach **Nikaia** oberhalb des **Vjosa-Knies** nicht scheuen. Jetzt heißt es Klos und ist eine der seltenen nach wie vor *bewohnten Ruinenstätten.* Die Albaner von heute haben einfach die bis zu drei Meter langen Giganten-Blöcke ihrer illyrischen Vorfahren als Grundmauern für die bescheidenen Häuser verwendet.
Das *Griechische Theater* aus dem 3. vorchristlichen Jahrhundert liegt idyllisch in einem Ölberg. Aus der Nähe betrachtet, gibt es in Nikaia-Klos formvollendete Säulenköpfe *(Kapitelle)* im *ionischen* Stil und zum Teil noch immer benützte *illyrische Zisternen* zu bestaunen.

Silberne Gürtelschnalle
aus Südalbanien

Als Fenstergucker in die Stadt der tausend Fenster

Ohne Berat haben Sie Albanien nicht gesehen!

Falls Sie glauben, nach alledem geradezu ein Albanien-Spezialist zu sein, so täuschen Sie sich gewaltig: Sie haben **Berat** (42 000 Einwohner) noch nicht gesehen. Es wirkt sogar geschlossener und reizvoller als seine Museumsstadt-Schwester Gjirokastra. So ist das vom illyrischen und klassischen ebenso wie vom byzantinischen, osmanischen und neuen Albanien zeugende Berat – obwohl so abgelegen – die Reise von Durrës wert. Sie haben fast eine so große Qual der Wahl wie bei den Exkursionen nach Apollonia, doch ist die Zeit in Berat für meinen Geschmack meist zu kurz bemessen. Daher rate ich Ihnen lediglich zum Tagesausflug Durrës–Berat (Trip 22) oder zur zweitägigen Exkursion Durrës–Berat–Gjirokastra (Trip 40), die Ihnen zudem Gelegenheit bietet, die beiden als Ensembles unter Denkmalschutz gestellten «Altstädte» albanischer Kultur miteinander zu vergleichen. Ein voller Nachmittag, Übernachtung und ein Vormittag in Berat werden Ihnen im Rahmen der Rundreise «Albanien von Süd nach Nord» – beziehungsweise umgekehrt – geboten. (Weitere Möglichkeiten auf S. 409).

Abseits von den Ihnen bisher bekannten Routen führt ab **Luschnja** die Straße nach Berat zunächst in südöstlicher Richtung zu den *Mäandern* des **Seman.** Der Fluß bildet die Grenze zwischen den beiden Bezirken.

Der größte Teil des *Bezirks Berat* liegt im Hügel- und Bergland. Seine höchste Erhebung ist der Ihnen schon vom «Sonnenpanorama» auf der Akropolis von Apollonia (S. 277) her bekannte Doppelgipfel des «Vater Tomor». Flachland sind das **Osum-Tal** zwischen Berat und der Einmündung dieses Flusses in den Seman und ein kleiner Anteil an der Ebene von **Myzeqa.**

Berat ist zu zwei Dritteln (66 Prozent) von der Industrie geprägt und nur noch zu 34 Prozent Agrarregion. Das *Textilkombinat* der Stadt hat daran den Löwenanteil: Hinter der von den Illyrern bis zu Enver Hoxha im Zweiten Weltkrieg militärisch wichtigen Burg steht das Werk, das ein Drittel der industriellen Gesamtausschüttung des Bezirks und ein Zehntel aller albanischen Textilprodukte erzeugt – mit einer von der Raumpflegerin bis zur Generaldirektorin ausschließlich weiblichen Belegschaft.

Ob Sie von Lushnja oder über Fieri/Patos Richtung Berat fahren: beide Straßen treffen sich bei **Poshnja** in der Seman-**Osum-**Ecke. Vom Ost- auf das Westufer des Osum bringt Sie nach wenigen Kilometern die «Erdölbrücke» (albanisch: **Ura Vajgurore**). Der gleichnamige, an Straße und Flußufer langgezogene Ort, hatte diesen Namen zunächst von *Schwefelquellen* im Osum-Bett erhalten. Dort badeten früher abergläubische Frauen, um Kindersegen und Wunderheilungen zu erwirken. Das magische Datum des *15. August,* das sich im alten Albanien quer durch alle Religionen zog, spielte dabei die Schlüsselrolle.

Auf der rechten Osum-Seite liegt Albaniens ältestes Erdölrevier, das schon in der Zwischenkriegszeit von den Italienern erschlossen und ausgebeutet wurde. Mittelpunkt ihrer Installationen war nordöstlich von Ihnen am Hügelrand *Kuçovo,* das heutige **Qyteti**

Stalin (22 000 Einwohner), das allerletzte in der kommunistischen Welt übriggebliebene «Stalingrad». Südöstlich von Stalin-Stadt, am Dorfende von **Perondi,** eine *Shën Koll,* dem Heiligen Nikolaus, geweihte dreischiffige *Basilika* aus dem 10. bis 13. Jahrhundert.

Im Schatten der Alleebäume – *Espen,* wie fast überall an Albaniens Straßen – geht die Fahrt gemütlich das immer noch breite Osum-Tal aufwärts. Langsam rücken die Hügel näher an den Fluß heran, wachsen höher und höher, bis Straße und Wasser eng zusammengedrängt werden: durch den Felsen der Burg von Berat. Vor der Schlucht des **Osum-Durchbruchs** zu beiden Seiten des Flusses – die alten Griechen nannten ihn *Apsos* – moderne

Nach einer Phase revolutionärer Zukunftsbegeisterung besinnen sich die Albaner jetzt wieder auf ihre vorrevolutionäre Vergangenheit. Auch die Ruinen der Burg von Berat wurden restauriert

Industrieviertel. Früher lag dort die türkische Vorstadt *Murat Çelebiyâ;* heute werden die Quartiere in ihrer Gesamtheit nach dem Komplex der – noch von den Chinesen aufgebauten – Textilfabriken als **Kombinat** bezeichnet.

Kaum haben Sie die Felsnase umfahren, schachteln sich auf beiden Hängen der Schlucht die weißen Patrizierhäuser des alten Berat vor Ihnen auf. Ein überwältigender Anblick: Alle Gesetze der Ästhetik scheinen unbewußt befolgt zu sein. Ohne jeden störenden oder auch nur ablenkenden Effekt sind die Gebäude in das schroffe Gelände eingebunden, naht- und fugenlos wirkt die Geschlossenheit der aufeinander abgestimmten Viertel, Gassenzüge, Kirchen und Moscheen. Die gepflasterten Straßen winden sich scheinbar schwerfällig und ziellos den Berg hinauf, um vor einem architektonischen Höhepunkt zu enden – vor Erkern, die sich hellweiß von dem düsteren Mauerwerk der Burg abheben, in ihrem Blumenschmuck verlorenen Balkonen, einer hochherrschaftlich dekorierten Toreinfahrt. Sie werden es *Norbert Stanek* nachempfinden, wenn er schreibt: «Alexander von Humboldt zählt Rio de Janeiro und Salzburg zu den schönsten Städten der Welt, Berat scheint er nicht gekannt zu haben, sonst wäre möglicherweise sein Urteil anders ausgefallen! Für mich ist Berat sicher eine der schönsten Städte Albaniens, sicher eine der schönsten des ganzen Balkans und bestimmt eine der schönsten der Welt.»

Touristischer Stützpunkt für Ihr «Erlebnis Berat» ist das **Hotel Tomori** am rechten Osum-Ufer. Hatte Fieri mit «Wiener Küche» geglänzt, so sind hier albanische Köstlichkeiten zu Hause: gegrillte Fleischstücke und -ballen, alle Arten von mit Hackfleisch, Reis und Gewürzen gefülltem Gemüse, Joghurt, als Nachtisch Süßigkeiten vor allem aus Nüssen und Blätterteig, von denen Honig oder Sirup nur so heruntertropft.

Das «Salzburg am Osum»

Das den Platz gegenüber vom Hotel beherrschende *Halbrelief* ist ein **Denkmal;** es erinnert an die Ausrufung der *Demokratischen Regierung Albaniens* durch den im damals schon befreiten Berat vom 20. bis 23. Oktober 1944 tagenden Antifaschistischen Rat der Nationalen Befreiung. Der Schauplatz dieser Sternstunde moderner albanischer Geschichte, ein würfelförmiges Haus fast ohne Fenster, beherbergt heute das **Städtische Museum.**

Berats Geschichte hat aber gut 2500 Jahre vor Enver Hoxha begonnen. Die Existenz einer *illyrischen Wehrsiedlung* auf dem Burgfelsen ist spätestens für das 4. vorchristliche Jahrhundert nachgewiesen. Wenn Sie später unter den Mauern der Festung stehen, sprechen zu Ihnen die *zyklopischen* Steinblöcke an der Basis der Umwallung von Verteidigungswillen und baulichem Geschick dieser Ahnen der Albaner. Ähnlich wie in Kruja und Gjirokastra wurde aus der Burg an diesem das obere vom unteren Osum-Tal, das südalbanische Bergland von der Myzeqa absperrenden Punkt eine befestigte Stadt. Ob es sich dabei um das spätere illyrisch-griechische *Antipatrea* gehandelt hat, ist noch ebenso umstritten wie die genaue Lage von Antigonaea zwischen Tepelena und Gjirokastra.

Im Zuge der Eroberung des hellenistischen Südosteuropa durch die Römer wurde die Vorgängerin des heutigen Berat Anfang des 2. Jahrhunderts vor Christus gestürmt und fortan als Albanerstadt *(oppidum Albanorum)* bezeichnet. Es blieb ein lateinisch dominiertes Bergfort, bis es der frühbyzantinische Kaiser *Theodosios II.* (408–450) nach der Reichsteilung aus- und umbaute, zu Ehren seiner Schwester- und Mitkaiserin Pulcheria in *Pulcheriopolis* umbenannte.

Kaiserin *Pulcheria,* noch zu Lebzeiten ihres Bruders die eigentliche Machthaberin in Byzanz, hat auch durch die Einberufung

des *Konzils von Chalzedon* 451 Kirchengeschichte gemacht. Sie dürfte dafür gesorgt haben, daß «ihre» Stadt Mittelpunkt einer Kirchenprovinz wurde, die später nach dem Slaweneinfall im 7. Jahrhundert als Metropolis *Belegradon* (Weiße Burg) weiter Bestand hatte. Aus dieser Bezeichnung dürfte der spätere Name Berat entstanden sein. Sitz eines orthodoxen Oberhirten blieb es bis 1967, was zur reichen Ausgestaltung der Burg und aller Viertel mit Kirchen, Ikonen und anderen Werken sakraler Kunst beigetragen hat.

In den Stürmen der Kreuzfahrerzeit erneuerte der Herr des byzantinischen Teilreiches von Epiros, *Michael I.* (1204–1215), die Befestigungsanlagen der Stadt. Berat blieb lange uneinnehmbar, bis es in der ersten Hälfte des 14. Jahrhunderts den *Serben* anheimfiel.

Seine große albanisch-nationale Zeit erlebte es anschließend bis 1450 unter dem Fürstengeschlecht der *Balsha. Theodor II.* trat 1444 Skanderbegs Liga von Lezha bei und vermachte, da er selbst ohne Erben geblieben war, Berat den Kastriota. Als jedoch Fürst Theodor 1450 auf der Burg im Sterben lag und bereits ein Abgesandter Skanderbegs eingetroffen war, um die Stadt zu übernehmen, kamen ihnen die Türken von Vlora her in einem kühnen Vorstoß zuvor. Vergeblich versuchte der albanische Nationalheld fünf Jahre später, die Stadt zu befreien: Berat blieb bis 1912 türkisch.

Im 17. Jahrhundert hat der osmanische Reiseschriftsteller *Evliyâ Çelebi* ein «Fahrtenbuch» *(Seyahâtnâmesi),* eine Art ersten «Führer» von Berat, geschrieben. Die Stadt zählte damals 30 Viertel, davon zehn für die Christen und ein Getto der Juden. Das Glockenspiel auf dem Uhrturm war das Werk eines *sächsischen Meisters* aus Siebenbürgen. Berat zählte bereits um 1680 drei Derwischklöster, sechs Kaffeehäuser, sechs Junggesellenheime und drei Armenküchen. Wie ein moderner Reiseführer-

autor gab Çelebi abschließend noch 77 (!) Ausflugsmöglichkeiten in die Umgebung bis hinauf zum **Tomor** an.

1809 geriet Berat in den Machtbereich *Ali Paschas.* Dann schlummerte es mehr oder weniger abseits der großen albanischen Wiedergeburt dahin, bis Enver Hoxha es aus seinem Dornröschenschlaf weckte. Heute ist die tausendfenstrige Stadt ein blütenweißes Museum zwischen dem schäumenden Osum und seiner Burg, die die Farben des Berges angenommen hat, doch ein Museum, in dem das Leben der Wende vom 20. zum 21. Jahrhundert gelebt wird: Ruhig, beschaulich wie sonst in Albanien, doch ebenso fortschrittlich!

Hinter dem 1944er-Denkmal ragt über dem Busbahnhof (samt vereinzelten Taxis) die **Bleimoschee** *(Xhamië e Plumbit)* auf. Ihre grauen Kuppeln überragt das Minarett. Der harmonisch wirkende Sakralbau wurde Mitte des 16. Jahrhunderts aufgeführt. In seine Hauptkuppel sind hohe Tonzylinder als Schallkörper eingebaut – die Moschee war für ihre *Akustik* berühmt. Heute gibt es keinen Imam (Vorbeter) oder Freitagsprediger mehr, an dessen Stimme sich das beurteilen ließe. Doch bietet eine in der Xhamië e Plumbit untergebrachte *Architekturausstellung* eine gute Einführung in die Anlage der Museumsstadt Berat und die Restaurierungsarbeiten im ganzen Bezirk.

Die Standardführung durch Berat trottet weiter schräg links in Richtung Burgberg an der **Markthalle** vorbei zur rechts liegenden **Königsmoschee** (Xhamië e Mbretit). Sie ist eines der ältesten islamischen Gotteshäuser Albaniens und wurde zwischen 1490 und 1495 auf Geheiß von Sultan *Bayasid II.* (1481–1512) durch einen vermutlich christlichen Baumeister aus Stambul gebaut: Der Grundriß beruht auf einem *griechischen Kreuz,* als Baumaterial wurden, ganz nach byzantinischer Art, behauene Steine und Ziegel verwendet. Obwohl die Moschee nach 1967 lange als Tischtennishalle herhalten mußte, ist die bemalte *Holzempore*

erhalten geblieben, auf der die islamischen Frauen ungesehen ihre Gebete verrichten durften. Jetzt ist in der Xhamië e Mbretit eine *Volkskunst-Ausstellung* mit ausgesucht schönen Exponaten aus Berat und Umgebung sowie seinem gebirgigen Hinterland *Skrapar* untergebracht. Den Hang aufwärts folgt das ehemalige **Derwisch-Kloster** *Teqe Sheh Hasan* mit seinen an die Vergänglichkeit dieses Lebens erinnernden Grab-*Tyrben*. In dem Grab ohne dekorierte Stelen ruht der Erbauer der Osum-Brücke zwischen dem Basar-Viertel und dem Stadtteil Gorica, *Kurd Pascha* (S. 310). Von den ursprünglich drei Derwisch-Konventen in Berat ist der im 18. Jahrhundert errichtete **Helveti-Teqe** noch erhalten. *Stanek* meint, daß er wegen seines «Beinamens Helveti zu allerlei Rückschlüssen Anlaß gibt», womit er offenbar auf das fast gleiche Schriftbild wie «Helvetia» anspielen will. Dennoch haben dort, in der Nähe des vorher beschriebenen Bektaschi-Klosters, keine Schweizer Derwische gehaust, sondern die Brüder von der *Chalwatia,* einem auf islamische Exerzitien (arabisch: *chalwa*) spezialisierten Orden. Über die türkische Schreibung *Helwetiye* ist daraus das albanische Helveti geworden.

Die nächste Schnaufpause beim Aufwärtskeuchen durch die steile Gasse zur Burg wird links vor einem gefällig eingefaßten und reich verzierten **Portal** eingelegt. Das Tor aus der Zeit von *Ali Pascha Tepelena* gibt den Blick auf eine Schule mit Turnplatz und das frei, was vom ehemaligen Palais *(Konak)* der türkischen Statthalter von Berat übriggeblieben ist. Von seinem Konak hatte bis zur Zerstörung im 18. Jahrhundert bei einer Janitscharenrevolte die von Çelebi beschriebene Uhr geschlagen, die eine damalige Tagreise weit im Umkreis zu hören gewesen sein soll! Vollständig erhalten blieb nur die **Konak-Moschee,** ein kubischer Bau aus behauenen Steinen mit Säulenvorbau.

Ein vor allem am späten Nachmittag zauberhafter Ausblick nach Südosten entschädigt Sie für die Mühen des Aufstiegs: Dort

schwebt die feine Linie eines riesigen Gebirgszuges zwischen grünen Hügeln in der Abendsonne und verlöschendem Himmelsblau: der Ihnen schon von Apollonia her vertraute **Tomor** (S. 277).
Nach der Rast gehen wir links ins Burgviertel **Kala** (arab./türk./albanisch: «die Hohe», Bergfeste) hinein. Von rechts grüßt das 1988 errichtete **Denkmal** des Ikonenmalers *Onufri* (S. 128). Es gehört zu den scheinbar paradoxen Tatsachen im Albanien von heute, daß es die areligiöse Sozialistische Volksrepublik war, die diesem größten nach-byzantinischen Sakralkünstler des Balkans nicht nur dieses Standbild gesetzt, sondern ihn Anfang der fünfziger Jahre überhaupt erst entdeckt hat. Seine Werke werden

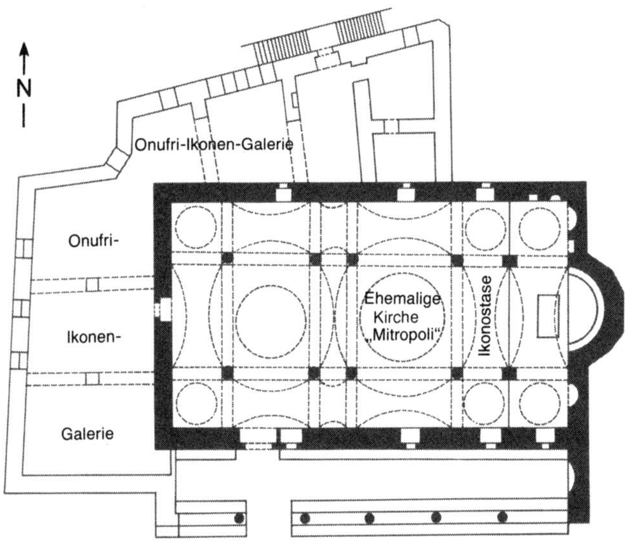

Onufri Museum

297 Blick vom Buallit-Paß, dem Übergang vom Mat- ins Drin-Tal, auf die **Suka-Bergkette**. Im Vordergrund türkische Gräber

298 Alle albanischen Bräute träumen von Flitterwochen an der Bucht von Saranda, wenn der Oleander blüht

Am südlichsten Punkt der albanischen Küste bei **Ksamil** schieben sich Badebuchten ins Land, denen in der Straße von Korfu kleine Inseln vorgelagert sind

299 **Berat** war als erste albanische Stadt unter türkische Herrschaft geraten und hat den osmanischen Charakter am stärksten bewahrt

300 Im Ikonenmuseum von **Berat** sind Werke des größten albanischen Ikonenmalers zusammengetragen: von Onufri aus dem 16. Jahrhundert. Typisch für sein Schaffen sind dunkle Rottöne

301 Die frühbyzantinische «Pfeilerbasilika» (6. Jh.) von **Butrint** ist das schönste erhaltene Beispiel dieser Bauform in Europa

Die spätbyzantinische Dreifaltigkeitskirche in **Berat** ist einer der besterhaltenen Kreuzkuppelbauten aus der Ära des letzten oströmischen Kaiserhauses der Paläologen zwischen dem späten 13. und der Mitte des 15. Jahrhunderts

302 Die Zitadelle und die Halle des Skanderbeg-Grabs in **Lezha** am Drin. Im Vordergrund eine Fischreuse

303 Die Kiri-Brücke von **Mes** bei Skhodra aus dem 18. Jahrhundert zeigt, daß es auch in der Türkenzeit Abschnitte gab, in denen Handel und Wandel blühten

Berat am Durchbruch des Osum-Flusses durch die Berge zur Ebene ist nicht nur eine der baulich, sondern auch landschaftlich schönsten Städte Albaniens

304 Blick von der Burg Rozafat über **Skhodra** nach Norden in die albanischen Alpen

Albaniens reichstes antikes Ausgrabungsgelände, das von **Apollonia**, ist erst zu einem kleinen Teil erschlossen. Der aus den Fundstücken wiederaufgerichtete Portikus des «Rathauses» (Bouleuterion) beherrscht die kleine, archäologisch ausgewertete Ecke

heute stolz als «nationales Kulturgut» vorgezeigt. Auch unsere Albturist-Führung schlängelt sich durch das Gassengewirr des Festungsviertels zuerst einmal zum **Onufri-Museum** im ehemaligen Amtssitz des orthodoxen Metropoliten *(Mitropoli)*.

Auf Onufris Namen stießen die albanischen Kunsthistoriker 1951 in einer Inschrift der Kirche **Shën Koll** (Hl. Nikolaus) in **Shelcan** (Bezirk Elbasan). Dort hatte sich der Meister als «sündiger und unbekannter Maler Onufri» verewigt. Die Fresken des Gotteshauses wurden in die Mitte des 16. Jahrhunderts datiert. Bald fanden sich genauere Zeitangaben, die den großen Unbekannten der albanischen Kirchenmalerei immer bekannter werden ließen: Seine Fresken in der Kirche **Shën Premtja** (Hl. *Paraskevi,* nicht: «Karfreitagskirche») in **Valësh** (ebenfalls Bezirk Elbasan), waren mit der Jahresangabe 1554 versehen. Bald meldeten auch griechische Byzantinisten aus **Kostur** (heute: *Kastoria*), daß sie in der dortigen **Apostel-Kirche** Wandgemälde Onufris mit der Datierung 1547 und einem Hinweis auf seine Werkstatt in Berat entdeckt hatten.

Dieses «Atelier» Onufris in den später bischöflichen Amtsräumen zwischen der **Marienkirche** *(Theotokos)* und der **Kapelle der heiligen Theodoren** (Theodoros Tiron und Stratilatis; albanisch: *Shën Todri*) bildet den Rahmen des heutigen, dem Schaffen des Malers gewidmeten Museums. Die ausgestellten Ikonen sowie die teilweise freigelegten Fresken in der Theodoren-Apsis beleben den sonst schon in der zweiten Hälfte des 15. Jahrhunderts masken- und klischeehaft erstarrten Stil der byzantinischen Sakralkunst durch realistische Darstellung und lebhafte Farben. Der Begründer der *Malschule von Berat* bevorzugte als Kontraste zum traditionellen Gold eine Palette, die von dem für ihn typisch gewordenen satten Rot *(Onufri-Rot)*, Zinnober, Kirsch, Türkis und Lila über Kastanienbraun (Maron) und kräftiges Dunkelgrau zu Violett und Orange führt. Die albanischen

Onufri-Forscher nehmen an, daß der Meister in seiner Jugend mit der Renaissance-Malerei des venezianischen *Dalmatien* oder *Italiens* selbst in eine Berührung gekommen ist, die ihn ebenso tief geprägt hat wie sein albanisch-byzantinisches Erbe. Wenn ich aber die Fresken und Ikonen des Mitropoli-Museums mit den Wandmalereien des Refektoriums von Pojani in **Apollonia** (S. 284) vergleiche, drängt sich der Schluß auf, daß die bodenständige *paläologische Renaissance* in Onufri einen späten Nachfahren und Vollender erhalten hat. Von allen Exponaten möchte ich besonders auf zwei hinweisen und an ihnen diese Theorie kurz erläutern: Auf die ausgeprägt mütterliche Marien-Ikone mit dem Jesus-Knaben Wange an Wange, wo Onufri das byzantinische Leitbild der *Panagia glykophilusa* mit menschlicher Wärme aufgehellt hat. Eine Spätwirkung der paläologischen Renaissance verraten die bauschigen Ärmel beider Gewänder und der reiche Faltenwurf am goldenen Oberkleid des Jesuskindes. Dasselbe gilt für die Ikone von Christus dem Weltenherrscher *(Pantokrator),* die sonst mit ihrem weniger hoheitsvollen, als geradezu mitleidigen Antlitz und durch die Ausdruckssprache der segnenden Rechten beeindruckt.
Von den Museumsräumen im Norden und Westen (ehemaliger *Narthex*) umfangen wird die **Marienkirche** (*Theotokos;* albanisch: *Shën Meri* oder auch *Kisha e Madhe,* Große Kirche), eine dreischiffige Basilika aus dem späten 18. Jahrhundert, gekrönt von zwei Kuppeln. Nach dem Brand des alten Bischofsdoms auf der höchsten Stelle der Burg 1852 war sie bis 1967 orthodoxe Kathedrale der Stadt. Dort wurden auch die jetzt in **Tirana** ausgestellten besonderen Schätze aufbewahrt: heute in der Nationalbibliothek (S. 192) die *Codices Beratini,* früheste griechische Pergamenthandschriften des Matthäus- und Markus-Evangeliums, und der *Epitaf von Gllavinica* (S. 194). Die Wandmalereien und der Kuppel-Pantokrator stammen aus dem Baujahr (1797),

sind ebensowenig wie die Ikonen der Bilderwand von besonderem Wert oder Interesse und zudem an vielen Stellen vom Kerzenrauch geschwärzt. Prunkstück des durch die Atmosphäre eines weltentrückten Halbdunkels andächtig stimmenden Kirchenraums die **Ikonostase** selbst, ein üppiges Schnitzwerk aus Eichenholz, an dem mehrere Generationen von Kunsthandwerkern bis in die Mitte des 19. Jahrhunderts gearbeitet hatten.

Die meisten Gruppen wenden sich von hier gleich dem **Aussichts-Café** am anderen, nordwestlichen Ende der Burg zu. Wem der Sinn nach weiteren einmaligen Kulturdenkmälern statt einer Gasthaus-Rallye steht, sollte sich unbedingt selbständig machen: Auf der Burg von Berat gibt es noch so viel zu entdecken!

Zunächst ist da die **Blachernenkirche** in der unmittelbaren Nachbarschaft, doch in dem Winkelwerk der Gäßchen ohne die Hilfe von Einheimischen nicht zu finden. Prägen Sie sich daher ihren albanischen Namen ein: *Shën Meri Vllachernës*. Dieses zweite Marienheiligtum des alten Berat hatte nichts mit den *Vllahen* zu tun, wie die aromunischen Mazedorumänen albanisch genannt werden. Es beherbergte früher eine Kopie der Marien-Ikone aus dem *Blachernen-Palast* im byzantinischen Konstantinopel (Panagia ton Blachernon; in neugriechischer Aussprache: Vlachernon). Auch der Kern des um 1300 errichteten Gotteshauses stammt aus byzantinischer Zeit und entspricht dem Muster einer Kreuzkuppelkirche; das ist nach vielen Um- und Zubauten aber nur noch dem geübten Blick zu erkennen. Doch das Wichtigste kommt erst: 1578 wurde die Kirche von Onufris Sohn *Nikolla* (S. 128) mit biblischen Fresken geschmückt, die mit zum Besten gehören, was die Berater Malerschule hervorgebracht hat.

Lassen Sie sich von dort zur **Kisha Vangjelistra** (Maria Verkündigung, nicht: Evangelisten-Kirche) weiterweisen, die wieder lebensvolle Wandgemälde von *Onufri* selbst bewahrt. Folgen Sie

von dort einem der ins freie Gelände zwischen unterer und oberer Burgmauer führenden Wege. Rechts weitet sich der Ausblick hinunter aufs Industrieviertel Kombinat und weit übers Osum-Tal und seine Feigenhügel bis zu den Berghängen gegenüber. Schräg links vor Ihnen wächst das Prachtexemplar einer spätbyzantinischen Kreuzkuppelkirche aus dem Berghang, die von der Wende des 13. zum 14. Jahrhundert stammende **Heilige Dreifaltigkeit** (Shën Triadës). Den Türken auf der Burg mußte sie – wie der Parthenon auf der Akropolis – als Pulvermagazin dienen, so daß von ihren Fresken und der sonstigen Innenausstattung fast nichts übrig ist.
Um so bezaubernder der Gesamteindruck des mit seiner Apsis in den Burgfelsen gebohrten, unten in leuchtend weißem Stein aus einem Distelfeld ragenden, filigranen Baus, der nach oben zu immer dichter mit in Ornamenten geordneten Ziegeln durchsetzt ist. In der Überdachung der Vorhalle weisen die mit Tonnen gedeckten Eckräume darauf hin, daß dieser *Narthex* ursprünglich überkuppelt werden sollte. Aber auch so ist Shën Triadës eine der schönsten erhaltenen «Miniatur-Kirchen» aus allerletzter byzantinischer Blütezeit geblieben.
Durch ein schmales Tor, mehr eine Ausfallpforte, treten Sie oberhalb der Kirche in das «Hohensalzburg» von Berat, die **Innere Burg.** Drinnen ist es aber wüst und leer. Halten Sie sich immer rechts in nordwestlicher Richtung, so kommen Sie am geborstenen Minarett und den sonstigen Resten der Moschee von *Bayasid II.* (1481–1512) vorbei, der **Xhamië Fethije,** zum Café-Restaurant mit der **Panorama-Terrasse,** wo die restliche Reisegesellschaft in oft schon feuchtfröhlicher Runde versammelt ist. Meist wird der Rückweg fast auf der gleichen Route wie der Aufstieg zur Burg über das **Tor** mit dem *Monogramm* des Berater Festungserneuerers *Michael I. Komnenos* von Epirus und das **Mangalem-**Viertel angetreten. Besser ist es, direkt vom

Café den abschüssigen Steig in die **Osum-Schlucht** zu nehmen. Sie kommen dort an einer weiteren herrlichen spätbyzantinischen Minikirche vorbei, den **heiligen Erzengeln** *(Ton Archangelon)* gewidmet, von den Beratern auch einfach *Shën Mihellit* (St. Michael) genannt. Diese entzückende Kleinausgabe von Shën Triadës ist auf eine Stufe des dort steil zum Fluß abfallenden Burgfelsens geklebt. Das ursprüngliche Heiligtum war die noch jetzt erkennbare **Höhlenkapelle** dahinter, neben die man im 14. Jahrhundert das ganz auf seine Kuppel hinstrebende Kirchlein gestellt hat. Seine Wandmalereien wurden in der Türkenzeit übertüncht und waren Ende der achtziger Jahre noch nicht freigelegt. Der niedrige, freistehende Glocken-«Turm» östlich von der Apsis ist eine viel spätere Zutat.

Am Osum-Ufer führt Ihr Weg ins Hotel zurück durch den ehemaligen **Basar der Kesselschmiede** am **Xhamië e Beqarëvet** vorbei, der Moschee der unverheirateten jungen Männer. Ob sie ein Janitscharen-Heiligtum oder etwa die Zunftmoschee der Handwerksburschen war, ist noch ebenso umstritten wie die Bestimmung ihres Alters mit dem Jahr 1492, dem 16. oder gar erst dem 18. Jahrhundert. Das rechteckige, kuppellose Bauwerk mit dem flachen, weit vorspringenden Ziegeldach und den Arkaden an der Vorder- und Rückseite legt eher ein spätes Entstehen nahe; noch mehr die **Fresken** an den Außenwänden um die obere Fensterreihe, die ebenso an die *Bunte Moschee* von **Tetova** im albanischen Teil des heute jugoslawischen Mazedonien wie an die *Ethem-Bei-Moschee* von **Tirana** (S. 191) erinnern und damit auf jeden Fall ins 18. Jahrhundert verweisen. Die Moschee-Gemälde von Berat zeichnen sich durch ihre ruhige, ausgeglichene Farbkomposition und großflächige Darstellungsweise von Blumenmustern, Landschaften und osmanischen Prachtbauten aus. Ich würde sie ins frühe 18. Jahrhundert vor Tetova und Tirana ansetzen.

Im Innenraum der Jungmänner-Moschee ist eine Ausstellung von Berater *Kunsthandwerk* untergebracht. Einiges davon bietet ein Souvenirladen unter den Arkaden auch zum Kauf an.
Letzte Sehenswürdigkeit dieses Rundgangs ist das **Denkmal** der größten Frau Berats, der Freiheitsheldin *Margarita Tutulani* (1924–1943).

Auf sieben Bögen nach Gorica

Verwenden Sie die übrige Zeit oder, wenn Sie in Berat übernachten, den folgenden – üblicherweise freien – Vormittag zu einer Promenade durch den **Stadtpark** in die Osum-Schlucht und über die osmanische Brücke in den Stadtteil **Gorica** am linken Ufer des Flusses. Den gleichen Weg pflegen knapper am Ufer die letzten albanischen *Zigeuner* zu ziehen, die noch nicht seßhaft geworden sind: mit Kind und Kegel, hochbepackten Eseln, die Frauen in farbenfrohen Gewändern.
Berats **Stadtpark** wurde am rechten Osum-Ufer zwischen Hotel Tomori und der Schlucht auf dem Schwemmland angelegt, auf dem auch die restliche Neustadt steht, die **Kasaba** (von arab.-osman. *Kasbah* «Stadt»). Von den Parkanlagen haben Sie den schönsten Blick auf Berat. Hinter dem Basar der Kesselschmiede und der Erzengelkirche, dort, wo neben dem Burgfelsen und dem Fluß nur für die Straße und ein paar Bäume Platz bleibt, führt eine noch immer benutzte osmanische **Bogenbrücke** südlich über den Osum. Gebaut wurde die siebenbogige Steinbrücke 1780 vom Berater Statthalter *Kurd Pascha. Eine Legende* berichtet, daß der Pascha in den Mittelpfeiler eine seiner Haremsschönen einmauern ließ, um der Brücke mehr Standfestigkeit zu verleihen. Alle Sagen pflegen auf einem wahren Kern zu beruhen:

Auch hier fand sich immerhin in einem Hohlraum ein hölzerner Frauenkopf, als die Brücke 1920 in ihrer alten Gestalt erneuert wurde.
In der Vorstadt **Gorica** am anderen Osum-Ufer wohnten früher die minderbemittelten Bürger von Berat und auch die Minderheiten der *Aromunen, Griechen* und *Juden.* Das hat spätestens aufgehört, seit sie nach dem Zweiten Weltkrieg in *Partizani* umbenannt wurde, ein Name, der sich in Berat aber nicht recht durchgesetzt zu haben scheint. Von den Griechen erzählt noch die dem Heiligen von Korfu, dem *Hagios Spyridon,* geweihte einschiffige **Basilika** in der Ortsmitte. Schon lange soll sie samt ihrem Garten in ein «Botanisches Museum» umgewandelt werden. In Gorica wirken die altmodischen Häuser mit den typischen, übergroßen Berater Fenstern noch gar nicht museal, sondern einfach selbstverständlich. Dort ist die Zeit wirklich stehengeblieben. Jeden Moment könnte aus dem Bergwald des **Quru,** der die weißen Häuser von Gorica und ihre roten Ziegeldächer so fest umschließt, *Skanderbeg* samt seinen Helden hervorbrechen, mit denen er dort oben bei der vergeblichen Belagerung von Berat auf der alten *Asylstätte* dieses Waldes und der *Sauenwiese* darüber sein Hauptquartier bezogen hatte.
Berats Hinterland am oberen Osum ist, ungeachtet seiner landschaftlichen Schönheit, für den Ausländertourismus überhaupt noch nicht erschlossen.

Wo Gegen und Miriditen wohnen – Kreuz und quer durch den «lateinischen» Norden

Lezha: Am Grab Skanderbegs und in Graf Cianos Jagdhaus

Nachdem Sie dem Nationalhelden *Skanderbeg* am nach ihm benannten Hauptplatz von Tirana als Reiterstandbild und Mittelpunkt des National-Historischen Museums, am Ort seiner siegreichen Schlachten um Kruja und zuletzt am Schauplatz seiner einzigen größeren Niederlage durch die Türken vor Berat begegnet sind, sollten Sie noch **Lezha,** die Stadt seiner «Liga» und seines *Grabes* aufsuchen, vielleicht auch die Stätten seiner frühen *Jugend* im **Mat-Tal.** Das um so mehr, als Sie nach dem *modernen, byzantinischen* und *klassischen* sowie *osmanischen Albanien* der südlichen und mittleren Landesteile dabei zugleich auch den nicht weniger interessanten «lateinischen» Norden des albanischen Sprach- und Kulturraumes kennenlernen: jene Städte und Gegenden, die nicht von Byzanz und Stambul, sondern von **Rom**

und dem gesamten *Abendland* mitgeprägt, religiös vom römischen Katholizismus, den Orden der *Franziskaner* und *Jesuiten* bestimmt worden waren – wo in der Neuzeit zunächst sogar die Wiege der nationalen und geistigen Wiedergeburt des Albanertums gestanden hatte, bis sich die geistliche Gewandung dieses *Risorgimento* auf die Dauer als eine Zwangsjacke entpuppen mußte und die islamischen wie orthodoxen Albaner Schulter an Schulter die Führung im Unabhängigkeits-, Bildungs-, Emanzipations- und Klassenkampf übernommen haben.
In dieses vormals katholische *Nordalbanien* führen von Durrës-Plazh eine ganze Reihe von *Albturist*-Exkursionen:

Trip 13 Durrës–Lezha (ein Tagesausflug pro Woche nach Ankündigung) Abfahrt 8 Uhr
Trip 14 Durrës–Shkodra (ein Tagesausflug pro Woche nach Ankündigung) Abfahrt 8 Uhr
Trip 15 Durrës–Shkodra (Zweitägiger Ausflug bei genug Interessenten) Abfahrt 8 Uhr
Trip 16 Durrës–Shkodra–Vau i Dejës (Drin-Stausee; wöchentlicher Tagesausflug nach Ankündigung) Abfahrt 8 Uhr
Trip 17 Durrës–Lezha–Shkodra (wöchentlicher Tagesausflug nach Ankündigung) Abfahrt 8 Uhr
Trip 18 Durrës–Kruja–Shkodra (zweiwöchentlicher Tagesausflug nach Ankündigung) Abfahrt 8 Uhr
Trip 19 Durrës–Lezha–Shkodra (Zweitagesausflug bei genug Interessenten) Abfahrt 8 Uhr
Trip 20 Durrës–Kruja–Shkodra (Zweitagesausflug bei genug Interessenten) Abfahrt 8 Uhr
Trip 41 Durrës–Kruja–Lezha–Shkodra (wöchentlicher Tagesausflug) Abfahrt 8 Uhr
Trip 42 Durrës–Kruja–Lezha–Shkodra (Zweitagesausflug alle zwei Wochen nach Ankündigung) Abfahrt 8 Uhr

Ins **Mat-Tal** und das des **Schwarzen Drin** kommen Sie vorerst ausschließlich mit der schon vor Antritt Ihres Albanien-Urlaubs zu buchenden Rundreise *Albanien von Süd nach Nord* (oder umgekehrt). Die **Albanischen Alpen** berühren Sie nur – und auch dann nur wieder am Rande –, wenn Sie nicht nach Albanien *fliegen,* sondern eine *Busreise* über Jugoslawien vorziehen, bei der Sie aus Montenegro auf dem *Landweg* einreisen. Bis auf weiteres bleiben die landschaftlich schönsten und historisch/kunstgeschichtlich sehenswertesten Regionen Nordalbaniens den Besitzern von *Einzelvisa* vorbehalten.

Den Großteil der Strecke von **Durrës–Plazh** Richtung **Lezha** kennen Sie schon (S. 207–208 u. 218–221). Hinter dem **Mat-Fluß** beginnt dann der *Bezirk Lezha,* durch den Sie, weiter die *Nordbahn* entlang, am Westrand der Küstenebene den Abhang des Berglands von Lezha **(Malësia e Lezhës)** nach Norden fahren.

Der Bezirk Lezha liegt hauptsächlich in der Tieflandzone, dem Norden von Albaniens *Westlichem Flachland.* Höchste Erhebung des Berglandes ist die 1172 Meter hohe **Vela,** der Hausberg der Stadt Lezha.

Vor der politischen und sozialen Befreiung der Albaner 1944 war die Küstenebene *Sumpfgebiet.* Heute ist sie mit einer idyllischen Ausnahme trockengelegt und nach zusätzlicher Flurbereinigung in eine Zone intensiver Landwirtschaft verwandelt.

Nach diesmal kürzerer, aber auch nicht gerade überwältigender Fahrt, grüßt Sie am südlichen Stadtrand von **Lezha** (8500 Einwohner), der nach Kruja zweiten «Skanderbeg-Stadt» Albaniens, ein 1968 zu dessen 500. Todestag von *Odhise Paskali* (S. 130) gestalteter Gedenkstein an die *Liga von Lezha* 1444 mit der Inschrift «Der Treueid».

Vom historischen Lezha blieb nach dem verheerenden *Erdbeben von 1979* fast nichts mehr erhalten. Andererseits hat das Erdbeben Teile der mehr als zwei Kilometer langen und mit 14 Tür-

men bewehrten **Stadtmauer** des ursprünglichen, antiken *Liss* zutage gefördert. Es lag am Abhang des heute kahlen Hügels *(Mal e Shëlbumit)* östlich über der heutigen Stadt, gekrönt von der *schönsten illyrischen Burg Albaniens.* Zeit, sie zu besteigen, wird nur – und auch da nicht immer – im Rahmen der Trips 13 und 19 geboten. Ich würde Ihnen raten, für den Besuch dieser verlassenen Märchenburg aus dem 5. vorchristlichen bis zum 16. Jahrhundert unserer Zeitrechnung sogar den obligatorischen Schmaus im ehemaligen Jagdhaus von Mussolinis Schwiegersohn und Außenminister des faschistischen Italiens, *Galeazzo Ciano Conte di Cortellazo,* fahrenzulassen!

Der mühsame Aufstieg lohnt sich allein schon vom *Ausblick* her: Im Westen glänzt an der Adria der feine Sandstrand von **Shengjin,** Lezhas nur sieben Kilometer entferntem Badeort. Schon die Venezianer hatten ihn geschätzt und *San Giovanni di Medua* genannt. Zur Zeit ist Shengjin für einheimische Badegäste reserviert.

Auf dem noch höher als der Burgberg gelegenen Karstplateau im Osten haben die albanischen Prähistoriker Mauerreste einer *eiszeitlichen Siedlung* entdeckt. Später finden sich dort aus der Bronzezeit eindeutige Spuren *illyrischer Seßhaftigkeit.* Als im 5. Jahrhundert vor Christus mit dem Bau der wuchtigen Mauern begonnen wurde, in denen Sie jetzt stehen, und die neue Siedlung den Namen *Liss* erhielt, der von den altgriechischen Geographen und Geschichtsschreibern zu *Lissos* hellenisiert wurde, bekam die ältere Hoch-Siedlung die entsprechende Bezeichnung *Akrolissos.*

Lange verbreiteten Sagen die Überlieferung, daß in diesen Mauern mit den breiten Toröffnungen – acht auf der Burg sowie in der Unterstadt – der Geist von *Dionysios I.* von **Syrakus** (um 432–368/67 v. Chr.) gewandelt sei, nachdem er Burg und Stadt im Rahmen seines *sizilianischen Kolonialreiches an der Adria* 385

gegründet habe. Nach neuesten Funden haben aber die Forscher den Ihnen wahrscheinlich noch von der Schulbank her bekannten «Tyrannen Dionys» (aus Schillers «Bürgschaft») als ersten Gründer von Lezha gestrichen.

Wenn Sie jetzt auf dessen gleichförmige Wohnblöcke und Straßenzeilen inmitten von **Glashäusern** und Fabriken hinunterschauen, müssen Sie alle Phantasie zusammenkratzen, um sich lebendig zu vergegenwärtigen, daß diese heute unbedeutende Provinz- und architektonische Eintopfstadt lange einem Durrës den Rang an der südlichsten Ostküste der Adria streitig gemacht und in ihrer bis zur türkischen Eroberung 1478 hochfliegenden Geschichte ebenfalls drei Namen geführt hat: Liss/Lissos – *Alessio* – Lezha.

Schon aus dem dritten vorchristlichen Jahrhundert liegen historische Angaben über die Illyrer von Liss vor: Spätestens ab 229 wird es als Hochburg des Stammes der *Ardier* genannt, von denen die damals noch am Meer liegende Stadt zu einem an der ganzen Adria gefürchteten Piratennest gemacht wurde. 167 vor der Zeitrechnung bereiteten römische Legionen diesem Spuk ein Ende, und gegen Ende des 4. Jahrhunderts übergaben die Legionäre «ihr» *Lissus* unbeschadet und unerobert an den oströmischen Nachfolgestaat. In der folgenden, fast tausendjährigen byzantinischen Ära wechselte Lezha ebenso oft die Herren wie das übrige Albanien, bis es im 14. Jahrhundert an das gegische Fürstenhaus *Dukagjin* kam und von ihm 1392 an *Venedig* abgetreten werden mußte.

Seine größte historische Bedeutung für jeden Albaner erlangte das damalige Alessio 1444, als Skanderbeg dort fast alle Teilfürsten des Landes in der *Liga von Lezha* zum Kampf gegen die Türken und zur Bildung eines *albanischen Nationalstaates* zusammenschweißte. Als er seine «Eidgenossen» 1468 ein zweites Mal versammelte, erlag Skanderbeg dem Sumpffieber. Wenigstens

die Fundamente seiner Grabeskirche **Shën Koll** (Hl. Nikolaus) haben Türkensturm und Erderschütterungen überdauert.
In ihrer heutigen Rest-Gestalt wurde die **Burg von Lezha** durch die Osmanen des 16. Jahrhunderts geprägt: Auf die mächtigen, ohne Verputz fast fugenlos ineinandergefügten *Quaderblöcke der Illyrer* aus verschiedenen Gesteinen und frühgeschichtlichen Jahrhunderten sind die typischen Kalksteine *türkischer Befestigungsweise* in den Balkanländern aufgemörtelt. Über den verbröckelten Zinnen versunkener Weltmacht der Sultane öffnet sich der Blick in Albaniens erdgeschichtliche Beständigkeit bis hinauf zum nordöstlichen **Vela-Rücken.** Die Burg von Lezha ist ein Symbol dafür, wie von den Illyrern bis zu den Albanern von heute und morgen Wahrheitsliebe und Freiheitssinn immer wieder den Sieg über von West wie Ost aufgedrängte Gewaltherrschaften und Ideologien davontragen ...
Skanderbegs Grab unten am Drin-Ufer, wo jede Reisegruppe unbedingt verweilt, ist in Lezha der zweite Brennpunkt dieses «Ewigen Albanien»: Kulturelles Erbe und zeitgemäße Form sind dort in einem Guß zusammengeflossen.
Durch das *Ausgrabungsgelände* an der nördlichen, unteren Stadtmauer kommen Sie zur tempelähnlichen modernen **Gedenkhalle.** Von ihrem Pfeilervorraum führt eine Zweiflügeltür aus Bronze mit *Halbreliefs* des Doppeladlers der Kastriota, dem Helm Skanderbegs und einem Lorbeerkranz ins Innere der Kirchenruine. Ihr eingestürztes Dach ist durch eine Stahl-Glas-Konstruktion ersetzt, die fast pietätlos nüchtern wirkt. Sie bewirkt ein beschauliches, fast mystisches Halbdunkel, das mit so weltlichen Mitteln den sakralen Charakter des Ortes bestens unterstreicht. An den Seitenwänden halten die *Wappen* aller in der Liga von Lezha vereinten albanischen Teilfürsten an der Gruft ihres «primus inter pares» Skanderbeg Wacht. Nachbildungen von seinem Helm und Schwert zieren die marmorne *Grabplatte* vor der Bron-

zebüste des Nationalhelden. Aus der ehemaligen *Apsis* dahinter leuchtet das Rot der albanischen Nationalfarbe mit nochmaligem kastriotischen Doppeladler, wie ihn sogar die Volksrepublik in Fahne und Wappen belassen und nur um ihren Roten Stern vermehrt hat.

Es tut der weihevollen Stimmung keinen Abbruch, wenn Sie erfahren, daß Skanderbegs *sterbliche Reste* bei der Erstürmung Lezhas durch die Türken zerstückelt und in Mörsern zu Pulver zerstampft wurden. Von diesem Zaubermittel versprachen sich die osmanischen Streiter für ihren persönlichen Bedarf die Tapferkeit, Siegesgewißheit und angebliche Unverwundbarkeit des albanischen Nationalhelden in allen seinen Schlachten, bis ihn die heimtückische Malaria bezwingen sollte. Daß wenigstens seine leere Gruft in der darauf zur Moschee gemachten Kirche unzerstört blieb, war wieder einmal den *Bektaschi*-Derwischen zu verdanken, die in ihrer weltreligiösen Offenheit den christlichen Streiter bald in den bunt zusammengewürfelten Olymp ihrer Ordensheiligen aufnahmen.

Der Besuch von Graf *Cianos* (1903–1944) einstigem **Jagdhaus** fünf Kilometer südwestlich von Lezha ist als *kulinarischer Höhepunkt* jedes Abstechers nach Nordalbanien gedacht. Die gemütliche Atmosphäre des holzgetäfelten Speisesaals geht noch auf dieses Prachtexemplar des Typus «der Lebemann als Diplomat» zurück. Mit Hilfe *Mussolinis* – von dem er sich 1943 wieder lossagte, nach Deutschland floh und schließlich doch noch als Verräter in Verona erschossen wurde – hatte er sich diese Domäne als seinen ganz privaten Anteil am kurzlebigen italienischen Königreich Albanien gesichert.

Die bekannt und durch Jahre bewährt gute Küche im Jagdhaus kommt hingegen auch den Touristen erst wieder zugute, seit dort die *albanischen Spitzenfußballer* regelmäßig ihre Trainingslager abhalten. In Nordalbanien sind die Fußballklubs – so *Shkodra*

1906 – sogar der nationalen Unabhängigkeit von 1912 um einige Jahre vorausgegangen.
Wer in Cianos Jagdhaus nicht ganz im Essen und Trinken aufgeht, den möchte ich zu einem Verdauungs- und Ausnüchterungsbummel durch die unberührte Natur im Umkreis einladen; zunächst geht es ein Stück die Straße in Richtung Lezha zurück bis zu der schmalen, seit Jahrhunderten immer im gleichen Stil erneuerten **Hängebrücke** an einer Viehtränke am **Drin.** Sie führt über dessen seit dem Bau der großen Stauseen am Oberlauf kaum noch Wasser führenden **Lezha-Arm** ins Weideland des nördlichen Ufers.
Auf allen anderen Seiten wird das Jagdhaus vom immergrünen Rest jener *Wald-, Schilf- und Wasserwildnis* umgeben, die früher das ganze Küstenland bedeckt und als das Jagdrevier Cianos und seiner ausgelassenen Gesellschaften gedient hatte. Hier werden auch heutzutage gelegentlich noch für besondere Besucher Albaniens – so *Franz Josef Strauß* selig – *Jagdpartien auf Sumpfvögel* veranstaltet.
Dem Normaltouristen bleibt da nur die Jagd auf die reichlich vorhandenen zweibeinigen Hasen – das heißt eine flüchtige, aber herzerfrischende Begegnung mit jugendfroher albanischer Weiblichkeit: Backfische, von der Erwartung getrieben, einen ihrer Fußballstars aus der Nähe zu erspähen und ihm ein Autogramm abzulächeln, bevölkern den Naturpark von einem Ende zum anderen. Einem Paar-Minuten-Flirt auf Distanz mit Touristen – doch auf keinen Fall mehr – sind die Schönen ganz und gar nicht abgeneigt.

Einst «Rom des Balkans» – Shkodra

Der weitere Weg in die Metropole des albanischen Nordens **Shkodra** (81 000 Einwohner), drittgrößte Stadt nach Tirana und

knapp hinter Durrës, einst wegen seiner vielen katholischen Kirchen und Klöster das «Rom des Balkans» genannt oder, weniger klerikal und auf seine schmucken Cafés geschaut, als «Wien Albaniens» bekannt, führt fast ganz durch das ebenso langweilige wie schwermütige Tiefland der heute weitgehend trockengelegten **Zadrima-**Ebene. Während die Nordbahn ihrem östlichen Teil folgt, zieht sich die Straße scheinbar endlos durch das noch immer nur mit sauren Wiesen bestandene Nadelöhr zwischen den Hügelzügen des **Barbullush** und des **Rrenc.** Um Ihnen die Zeit zu vertreiben, will ich schon hier etwas von der Vergangenheit Shkodras vorausschicken, das früher im deutschen Sprachraum *Skutari* genannt wurde.

Shkodra soll eine der ältesten Städte Europas sein. Wie bei Athen, Rom oder Byzanz steht an ihrem Anfang, der **Burg Rozafati,** eine *Gründungssage:* Etwa um das Jahr 1000 vor der gängigen Zeitrechnung waren sieben Brüder an der Arbeit, um die Mauern der Feste auf dem Hügel über dem heutigen Shkodra aufzurichten. Doch was immer sie bei Tag bauten, brach in der Nacht wieder zusammen und rollte den Abhang hinunter. Da holten sie sich schließlich bei einem weisen Seher Rat. Der trug ihnen auf, die erste von ihren Frauen, die am nächsten Mittag das Essen brächte, lebendig einzumauern, um durch dieses Menschenopfer die zerstörerischen Geister zu besänftigen und der Burg Bestand zu geben.

Die Brüder versprachen sich gegenseitig, keiner Frau etwas von diesem harten Spruch zu sagen. Aber sechs von ihnen warnten heimlich ihre Gattinnen, nur der Jüngste hielt sich an die Abmachung. Seine Frau erschien als einzige und damit erste auf dem Bauplatz der Burg Rozafati. Als er den Verrat seiner Brüder durchschaute, war es zu spät, gegen die Überzahl konnte er seine Frau nicht retten. Sie fügte sich in ihr grausames Schicksal. Als einzige Gunst bat sie sich aus, daß eine ihrer Brüste nicht zuge-

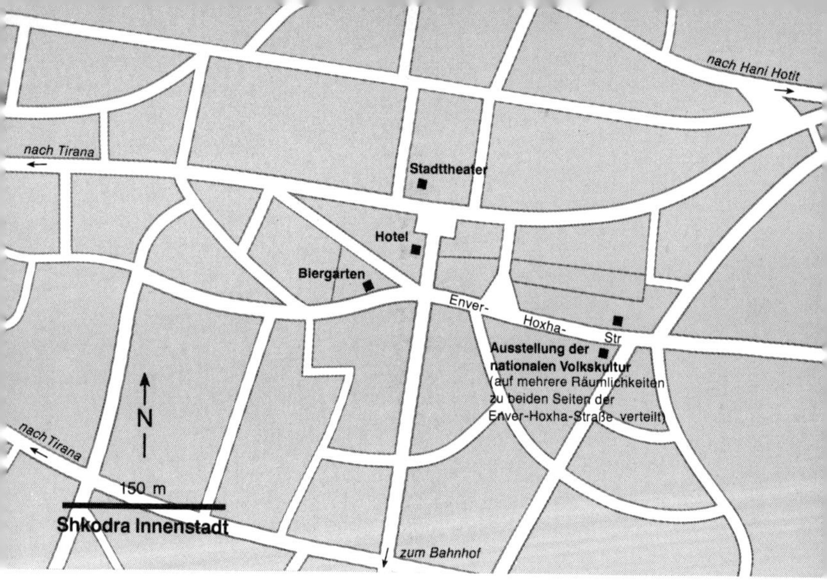

mauert werde, damit sie ihren Säugling noch länger stillen könne, was ihr auch gewährt wurde.

Bis in die jüngste Vergangenheit pilgerten viele Frauen und Mädchen aus Shkodra und den Dörfern seiner Umgebung zum Burghügel von Rozafati, um «weißes Wasser» aus einer *kalkhaltigen Quelle* zu schöpfen – in dem Aberglauben, es ströme wie Milch aus der Brust der eingemauerten Frau und besitze wundermächtige Kräfte.

Tatsächlich sind aus Shkodras Ur- und Frühgeschichte auf diesem Hügel die *Grundmauern* einer illyrischen Burg aus unregelmäßig behauenen Blöcken erhalten. Auch einige hundert *Bronzemünzen* mit dem Namen *Scodra* wurden gefunden.

Vom 3. bis ins 2. vorchristliche Jahrhundert war Shkodra der Stammsitz des illyrischen Stammes der *Ardier*. Wie dann der römische Geschichtsschreiber *Titus Livius* (59 v.–17 n. Chr.) berichtet, wurde 168 vor der Zeitrechnung auf Rozafati der letzte

illyrische König *Genthius* von den Legionen des Prätors *Anicius* belagert. Nachdem er sich der Übermacht und dem Hunger ergeben hatte, wurde er als Gefangener nach Rom gebracht.
So kam Shkodra unter die Herrschaft Roms, was jahrhundertelange Ausbeutung, doch ebenso die Segnungen der *Pax Romana* bedeutete, bis vor den Toren des antiken Scodra 324 wieder eine Schlacht geschlagen wurde, diesmal im Bürgerkrieg zwischen Kaiser *Konstantin dem Großen* (306–337) und seinem Mitherrscher im Osten, *Licinius,* der dem anschließenden Siegeszug des Christianisierers der römischen Welt nicht standhalten konnte.
Bei der Teilung des Römerreichs unter Konstantins Nachfolgern kam Shkodra wie ganz Albanien zur östlichen, *byzantinischen Hälfte,* der es bald straffer, bald lockerer bis ins 14. Jahrhundert zugehörte. Zwischen 1393 und 1396 erwarben die *Venezianer* die Stadt und hielten sie fast 100 Jahre. Zuvor war der türkische Feldzug von 1478, der für Kruja und Lezha das Ende brachte, vor Shkodra noch einmal tapfer zurückgewiesen worden.
Nach zwei Jahrhunderten des Verfalls begann Shkodra ab 1700 im Zuge der Auflösung des osmanischen Feudalsystems *(Timar)* auf dem Balkan wieder wirtschaftlich und kulturell aufzublühen. Unter der Lokaldynastie der *Bushati* war es Anfang des 19. Jahrhunderts Mittelpunkt des vom Sultan praktisch unabhängigen nordalbanischen *Paschaliks.*
Das war eine für alle Belange der Albaner entscheidend mitbestimmende Rolle, die Shkodra seitdem nie mehr aufgegeben hat. Söhne der Stadt haben bei der nationalen albanischen *Wiedergeburt* in den Jahren 1876 bis 1880 sowie bei den der Unabhängigkeit Albaniens vorausgehenden *Aufständen* zwischen 1910 und 1912 führend mitgewirkt. Dann wurde Shkodra neben **Korça** und **Gjirokastra** das wichtigste Zentrum der albanischen *Arbeiterbewegung* in der Zwischenkriegszeit. Nachdem schon 1905 dort die *erste 1.-Mai-Feier* auf albanischem Boden organisiert und zwei

Jahre später die ersten *Arbeitervereine* gegründet worden waren, bildete sich 1936 die erklärt *kommunistische Shkodra-Gruppe* heraus. Sie war dann 1941 an der Gründung der gesamtalbanischen Kommunistischen Partei durch Enver Hoxha wesentlich beteiligt. In den folgenden Kriegsjahren entwickelte sich Shkodra trotz großer Sympathien des nordalbanischen katholischen Klerus für die italienische und – etwas weniger ausgeprägt – auch für die 1943/44 folgende deutsche Oberherrschaft zu einem der wichtigsten Zentren von *Widerstand* und *Befreiungskampf.* Seit 1985 steht ein gebürtiger Shkodraner, *Ramiz Alia,* an der Spitze der Volksrepublik und Partei der Arbeit Albaniens.

Die Stadt Shkodra hat sich im nördlichen Vorland des im Osten vom **Drin,** im Westen von der **Buna** und im Süden von deren Zusammenfluß umspülten Burgberges entwickelt. Sie wächst heute mit ihren *Industriezonen* weiter nach Norden. Anstelle der meisten früheren *Altstadt-Viertel* nach osmanisch-orientalischem Typ breiten sich heute neue Wohnviertel mit mehrstöckigen Häuserblöcken, breiten Straßen und Parks aus. Noch zu Beginn des Zweiten Weltkriegs hatten Reisende, die Albanien in Richtung Montenegro verließen, Shkodra mit seinen engen Basargassen und dem wirbelnden Marktgetriebe als eine «Abschiedsschaustellung des albanischen Lebens» beschrieben. Was heute vom alten Shkodra erhalten und liebevoll restauriert ist, steht mit seinen farbenfrohen Stukkaturfassaden im Zeichen des altösterreichischen und nicht des türkischen Einflusses.

Bald erreicht die Straße den heutigen Hauptarm des **Drin,** der im Zuge der Trockenlegung der **Zadrima**-Ebene größtenteils nicht mehr über Lezha in die Adria fließt, sondern gleich unterhalb des vorläufig letzten großen Stauwerks **Vau i Dejës** in nordwestlicher Richtung umgeleitet wurde. Wo jetzt beide Flüsse – der Drin mit seinen beiden Quellflüssen aus Kosova und dem Ochrid-See und die Buna aus dem Skutari-See – zusammen-

strömen, fahren Sie in den kleinen Ort **Bahçallek,** einem Symbol des albanischen Willens, mit Schicksalsschlägen aus eigener Kraft fertig zu werden, seit er beim *Erdbeben* vom April 1979 völlig zerstört und schon im folgenden Herbst von 20 000 Freiwilligen ohne jede Geld-, Material- oder Arbeitshilfe aus dem Ausland wiederaufgebaut war – diesmal erdbebenfest. Eine **Gedenkstätte** erinnert an diese außerordentliche Leistung.

Da die meisten Ausflüge nach Shkodra mit dem Besuch der schon erwähnten Festung **Rozafati** beginnen, soll auch hier ihre Beschreibung dem Besuch der Stadt vorausgehen: Von dem Sattel zwischen dem eigentlichen Burgberg und seiner nördlichen Verlängerung sehen Sie nochmals zum Drin hinunter. An seinem flachen Nordufer steht inmitten von Feldern eine verlassene **Moschee** mit mächtiger Kuppel. Die Zellen des um einen quadratischen Innenhof angebauten **Derwisch-Klosters** *(Teqe)* sind mit 14, allerdings viel kleineren Kuppeln überdacht. Von dem Minarett blieben, ähnlich wie auf den Burgen von Kruja und Berat, nur mehr die Grundmauern erhalten. Im Volksmund heißt der Komplex wegen des für die Kuppeln verwendeten Materials genauso wie in Berat und Vlora *Blei-Moschee;* etwas origineller ist die Bezeichnung *Tauben-Moschee.*

Ob Blei oder Tauben: Die Klosteranlage wurde 1773 als Stiftung des *Mehmet Bushati* errichtet, hatte aber ständig unter den Überschwemmungen des Drin zu leiden. Schon 1883 war eine grundlegende Renovierung notwendig, 1929 wurde der Teqe aufgegeben. Erst das neue Albanien hat ihn zum Kulturdenkmal erklärt und 1987 mit seiner Restaurierung begonnen.

Reißen Sie sich vom ersten Ausblick auf Moschee, Teqe und Drin-Ebene los: Er wird noch schöner, je höher Sie auf dem gewundenen Pflasterweg zur **Festung** hinaufsteigen. Auf *illyrischen,* antiken und byzantinischen Fundamenten wurde die weitläufige Anlage im 15. Jahrhundert von den *Venezianern* errichtet

und 1473 wie 1478 gegen die zum zweiten- und drittenmal anstürmenden Türken gehalten, die vor Shkodra schon einmal 1393 aufgetaucht waren. Obwohl Burg und Stadt im folgenden Frieden doch von Venedig an das Osmanische Reich abgetreten werden mußten, schienen die militärischen Leistungen dem Großen Rat der «Königin der Meere» noch im folgenden Jahrhundert bedeutsam genug, um einen Künstler vom Rang des *Paolo Veronese* (1528–1588) mit ihrer Verewigung auf einem Monumentalgemälde im Dogenpalast zu beauftragen.
Der nächste Kampf um Rozafati fand 1831 statt, als türkische Regierungstruppen den eigenmächtigen *Kara Mahmud Bushati Pascha* nach rund sechsmonatiger Belagerung in die Knie zwangen und das Paschalik von Shkodra wieder unter die Zentralgewalt der *Hohen Pforte* stellten. Ihre Statthalter residierten bis 1865 nicht in der Stadt, sondern auf der Burg. Sie wurde nach einer durch nichtgeerdete Blitzableiter 1874 gezündete Explosion der Pulvermagazine um die Jahrhundertwende nochmals als türkische «Balkanfestung» ausgebaut und besonders gegen Artilleriebeschuß abgesichert. So kam es, daß im Frühjahr 1913 schon längst die albanische Unabhängigkeit ausgerufen, Shkodra dank Rozafati aber immer noch in türkischer Hand war. Erst durch den Verrat von *Essad Toptani* (S. 50) wurde das Zentrum des albanischen Nordens im April 1913 der *montenegrinischen* Belagerungsarmee zugespielt.
Die heute teilweise restaurierten Bauten der Burg sind eindrucksvoll, doch im einzelnen nicht besonders interessant. Um so schöner und bemerkenswerter sind die Ausblicke, die sich von oben bieten. Gleich rechts hinter dem zweiten, **inneren Tor,** dort, wo nach Einschätzung albanischer Archäologen die alte *Illyrerburg* erst begann, öffnet sich von der Mauer und den vorspringenden Bastionen bei gutem Wetter ein herrlicher Rundblick über **Shkodra** bis weit in die **Albanischen Alpen** hinein.

Scheuen Sie dann nicht die Mühe, vom 1987 als **Burgmuseum** und **-schenke** (beide fast immer geschlossen) wieder instandgesetzten *Konak* der Paschas – später *Walis* – von Shkodra schräg links abwärts durch Disteln und Gestrüpp zu einem der **Spitzbogenfenster** in der Mauer über dem Steilabsturz des Burgfelsens zum **Drin** zu gehen: Der Durchblick auf Inseln, Sandbänke, das blaue Band des sich langsam in die Ebene gegen **Vau i Dejës** hin verlierenden «Nationalflusses» der Albaner ist einzigartig. Trotz seiner Länge und starken Wasserführung ist der Drin wegen vieler, gefürchteter Schluchten nie ein schiffbarer Fluß gewesen. Erst die modernen Stauseen könnten, ergänzt durch ein entsprechendes Schleusensystem, daran etwas ändern.

Die zwischen Skutari-See und Adria nur knapp 30 Kilometer lange **Buna** wurde hingegen schon in der ersten Hälfte des 19. Jahrhunderts von *Dampfschiffen* befahren, die den Warenverkehr zwischen **Ulqin** als Umschlaghafen am Meer und Shkodra besorgten, in dem damals viele reiche *Levante-Kaufleute* ihren Sitz oder Niederlassungen hatten. In den ersten sechs *Karl-May-Bänden,* die zwischen Algerien und Albanien spielen, dient eine solche Kaufmannsfamilie («Galigné») als roter Faden, der sich durch die weitgefächerte Handlung zieht. Von der westlichen Spitze der Burg sehen Sie steil auf den Zusammenfluß von Drin und Buna hinunter, können dem Lauf der Buna bis zum **Skutari-See** folgen, für den sich der alte europäische Name von Shkodra noch als gängige Bezeichnung erhalten hat. Jenseits vom Tal der 630 Meter hohe **Tarabosh,** von dem Albaniens beste *Orienttabak*-Sorte ihren Namen trägt, der ebenfalls in den Kämpfen von 1912/13 eine wichtige, blutige Rolle spielte.

Schauen Sie sich vor allem den Skutari-See gut an, der teilweise zu Jugoslawien gehört. Sie werden ihn von der Stadt nicht wiedersehen, denn das moderne Shkodra liegt fünf Kilometer östlich vom Ufer dieses «Bodensees des Balkans». Auch dort hat das

Erdbeben 1979 das meiste vernichtet, was noch an Bausubstanz und ganzen Vierteln aus der Türkenzeit vorhanden war. Der heutige Ort, ganz im Zeichen «neuer Sachlichkeit», hält daher keinen Vergleich mit den Museumsstädten von Mittel- und Südalbanien stand, mit Kruja, Gjirokastra oder gar Berat. Was hier das Besondere blieb, ist die lebendige Präsenz der außerhalb von Nordalbanien in die volkskundlichen Ausstellungen geflüchteten *Volkstrachten* auf Straßen und Märkten.

Schon von den klassischen Autoren waren die farbenfrohen, weiß, schwarz, blau und rot gehaltenen *Trachten der Illyrer* aus Filz, Wolle oder Seide gerühmt worden. Der in Südalbanien bis um die Jahrhundertwende allgemein getragene knielange *Faltenrock* findet sich schon an Statuen aus dem 5. Jahrhundert vor der Zeitrechnung. Obwohl in osmanischer Zeit die *schwarze Farbe* vorzuherrschen begann – was nachträglich als Zeichen der Trauer nach dem Tod von Skanderbeg gedeutet wurde –, blieb eine perfekte *Farbharmonie* erhalten. Ursprünglich hatte nicht nur jede Region oder Talschaft – wie in den Alpen –, sondern jedes albanische Dorf seine eigene, unverkennbare Tracht. Bei der ersten ethnographischen Erfassung von Albaniens Volkstrachten um 1900 wurden noch 140 verschiedene Trachtenarten mit rund 5000 Varianten gezählt.

Heute ist die albanische Tracht als Arbeits-, Alltags- und Festkleidung in den Norden zurückgedrängt. Vielleicht begegnen Ihnen schon bei der Fahrt von Rozafati ins **Stadtzentrum von Shkodra** Frauen, die den typisch nordalbanischen *Glockenrock (Xhubleta)* aus schwarzem Filz hochgekrempelt tragen, um mit den weißen «Knickerbocker-Pluderhosen» darunter rüstiger ausschreiten zu können. – Weiß drückt in der Farbensprache der albanischen Volkstrachten Glück aus.

Das **Albturist-Hotel Rozafat** an der Bahnhofstraße im Stadtzentrum wird für ein paar Stunden oder eine Übernachtung zu Ihrem

Heim in Shkodra. Manche Reiseführer lassen an ihm wenig Gutes. Ich glaube, das ist reine Geschmacksache, wie schon im Süden bei Berat und Fieri: Wer italienisch angereicherte «Wiener Küche» bevorzugt, wird natürlich den Forellen, Schnitzeln und Saltimbocche des «Jagdhauses» bei Lezha den Vorzug geben. Schätzen Sie aber den bodenständig *südosteuropäischen Zweig der albanischen Küche*, wird Ihnen im Rozafati nichts abgehen. Spezialitäten seines Küchenchefs sind das aus Kosovo stammende Gericht «Skipetaren-Leber» und mit Hackfleisch sowie vielen anderen Zutaten *gefüllte Melanzani* (Auberginen), die köstliche albanische Variante der griechischen «Papoutsakia» oder des türkischen «Imam Bayíldí».
Dem Hotel gegenüber finden Sie das alte **Historisch-Ethnographische Museum** mit dem zinnenbewehrten **Uhrturm** von Shkodra. Die geschichtlichen Exponate stammen im wesentlichen aus

---

Kochen wie die Albaner:
Hausmannskost aus Berat: Skipetarisches Lamm

Zutaten (für 4–5 Personen): 1 kg nicht zu fettes Lammfleisch, 4 EL Butter, 4 Eier, 6 (kleine) Becher Joghurt, 4 EL Mehl, 4 EL Reis, nach Geschmack Salz, Pfeffer, Petersilie und Dill.
Zubereitung: Fleisch in dünne Scheiben schneiden, in Butter anbraten, nach Belieben Fleischbrühe zugießen. Unterdessen das Mehl in Butter anrösten, dann mit dem Bratensaft und eventuell noch etwas Brühe strecken und kochen lassen. Vom Feuer genommen und ausgekühlt Joghurt, Eier, Pfeffer, Salz und gehackte Kräuter einrühren. Darauf wird mit dem nicht zu weich gekochten Reis der Boden einer eingefetteten Kasserole belegt, zweite Lage Lammfleisch, dritte die Joghurt-Kräuter-Mischung. Obenauf Butterstückchen, im Rohr bis zum Bräunen der Butter und der Joghurtoberfläche brutzeln lassen.

der Sammlung des ehemaligen *Jesuitenkollegs* und sind nicht gerade überwältigend, um so schöner die Gästezimmer aus ehemaligen Patrizierhäusern mit ihren prunkvollen *Schnitzdecken*. Sie sind von einem Rahmen umgeben; an den vier Ecken schließt er dreieckige Muster ein, die sich entweder diagonal oder parallel gleichen. Feine Seitenrahmen unterteilen die Decken mit kleinen symbolischen Figuren, die oft wie Sonnenstrahlen gebündelt aus den in mehreren Kreisen angelegten, besonders reich verzierten Mittelornamenten kommen, von denen Messing- oder Kristallüster herabhängen. Andere Decken haben ein sternförmiges Gesamtmuster und sind in acht Dreieckskompositionen gegliedert.
Hinter dem **Stadtpark** führt in rechtem Winkel zur Bahnhofsstraße der «Hoxha-Boulevard» **(Rruga Enver Hoxha)** nach Norden, Shkodras von den *Großbügerhäusern* bis zu den Gehsteiglaternen ganz in der Atmosphäre eines *altösterreichischen Fin de Siècle* frisch herausgeputzte Nostalgie-Straße. Zu ihren beiden Seiten ist im Erdgeschoß mehrerer Häuser die neue **Ausstellung der nationalen Volkskultur** untergebracht, sicher die gefälligste ihrer Art im ganzen Land. Sie finden sowohl historische wie eben erst angefertigte Prunkstücke, die zum besseren Verständnis der wirtschaftlichen Hintergründe des alten und gegenwärtigen Shkodra beitragen. Der Bezirk Shkodra hält mit über 4000 staatlich bestallten *Kunsthandwerkern* – neun Zehntel davon Frauen – mit Abstand den albanischen Rekord auf diesem exportträchtigen Sektor. Zarte Brautkleider aus Seide, mit einer Unzahl Silberfäden geradezu protzig bestickt, erzählen vom Wohlstand der einstigen Oberschicht und der auf dem ganzen Balkan wie rund um die Adria berühmten *Seidenraupenzucht* um die Stadt – ein Erwerbszweig, der noch um die Mitte des 19. Jahrhunderts über 1000 Familien ernährt hatte. Auf zwei Gruppen von Ausstellungsobjekten, die Sie nur hier antreffen, möchte ich besonders hinweisen: die silbernen Purim-Teller der ehemaligen jüdischen

Gemeinde von Shkodra mit einziseliertem Davidsstern und anderen mosaischen Ornamenten, auf denen am Purim-Fest, dem jüdischen «Fasching», Früchte und Süßigkeiten angeboten wurden; zweitens eine Kollektion historischer Bilder von Trachten, Persönlichkeiten und den Erdbeben oder der neuen Zeit zum Opfer gefallenen romantischen Ecken und Winkeln, aufgenommen mit vorsintflutlichen Kameras von dem nordalbanischen *Foto-Pionier Kolë Idromeno* (S. 128) und dem *Studio Marubi,* einer Familienfirma, deren Mitglieder von *Pjetër Marubi* (1834–1903) bis *Gegë Marubi* (1907–1984) unermüdlich hinter dem Sucher und am Auslöser standen.
Die in keinem Exkursionsprogramm fehlende Sehenswürdigkeit aus der Umgebung von Shkodra spannt sich acht Kilometer nordöstlich beim Dorf **Mesi** über den **Kiri-**Fluß: Diese **Ura e Mesit,** wie sie die Albaner nennen, zeugt mit ihren zwölf Bögen von der Meisterschaft alter skipetarischer Brückenbaukunst, die jedem Hochwasser zu begegnen wußte: Der Mittelbogen über das Schotterbett des Kiri ist zwölf Meter weit und 18 Meter hoch. Als Erbauer der Brücke gilt *Mustafa Bushati Pascha* in der zweiten Hälfte des 18. Jahrhunderts. Es dürfte sich aber damals um die Erneuerung einer alten Brücke aus dem 17. oder gar dem venezianischen 15. Jahrhundert gehandelt haben.
Das fünf Kilometer weiter talaufwärts liegende ehemalige Derwisch-Kloster von **Drishti** mit dem Grab des Bektaschi-Heiligen *Kamberi Baba* – einem Verwandten des gleichnamigen Dichters – wird nur auf besonderen Wunsch besucht.
Eine Pflichtvisite gilt hingegen auf dem Hin- oder Rückweg von der Ura e Mesit im Industrieviertel von Shkodra der **Draht- und Kabelfabrik.** Dort wird einheimisches Kupfer verarbeitet. Vier Fünftel der Produktion gehen in den Export. Von der tausendköpfigen Belegschaft des 1966 in Zusammenarbeit mit der VR China errichteten Werkes sind 65 Prozent Frauen. Nach dem

Bruch zwischen Tirana und Peking war der technisch-maschinelle Nachhol- und Überholungsbedarf in den späten achtziger Jahren immer dringlicher geworden. Daher wurde 1988 die Anschaffung neuer Maschinen aus der BRD im *albanisch-deutschen Kooperationsabkommen* vorgesehen.

Für die verbleibende Freizeit in Shkodra empfehle ich Ihnen einen Stadtbummel zu den drei schönsten noch aus der alten Zeit erhaltenen Häusern. Fragen Sie Passanten, oder zeigen Sie ihnen die folgenden Worte: **Shtëpi Muze e P. Vasos, L. Gurakuqit dhe Migjenit.** Auf Deutsch bedeutet das «Museumshäuser von Pashko Vaso, L. Gurakuqi und Migjeni». *Pashko Vaso Pascha* (S. 93) sind wir bereits als Vorläufer des atheistischen Albanien von heute begegnet. *Luigj Gurakuqi* (1879–1925) war einer der Unterzeichner der albanischen Unabhängigkeitserklärung vom 28. November 1912 in Vlora, nachdem er zuvor als Schulbuchautor, Direktor der ersten albanischen Oberschule in Elbasan und 1908 auf dem *Rechtschreibungskongreß von Manastir,* dem heutigen Bitola in Jugoslawisch-Mazedonien, zur Festlegung eines einheitlichen albanischen Alphabets mit lateinischen Buchstaben größte Verdienste um die Wiedergeburt von albanischer Schriftsprache und albanischem Schulwesen erworben hatte. Als erster *Unterrichtsminister* des freien Albanien hat Gurakuqi vor dem Ersten Weltkrieg an die *200 Grundschulen* geschaffen. Als Mitarbeiter Fan Nolis in dessen kurzlebigem Reform-Kabinett von 1924 mußte er vor der Machtergreifung *Zogus* nach Italien flüchten, wo er von dessen Agenten 1925 ermordet wurde. Der dritte der literarisch-volksbildnerischen Nachbarn in der Altstadt war *Milosh Gjergj Nikolla,* genannt *Migjeni* (1911–1938), Begründer der modernen albanischen Poesie, den die heutigen albanischen Lyriker als unmittelbaren Vorläufer ihres «sozialistischen Realismus» betrachten.

Mindestens ebenso beachtenswert wie ihre einstigen Bewohner

sind die heute unter Denkmalschutz stehenden Häuser: Es handelt sich um *Çardak*-Bauten, eine der verbreitetsten Hausformen von Shkodra und Umgebung aus dem 18. und 19. Jahrhundert. Der Çardak ist eine Wohnveranda im ersten Stock, die bis zur Hälfte der Fläche des Bauwerks einnimmt und nach zwei bis drei Seiten hin offen blieb. Ihr Dach wird von massiven Balken getragen, deren Zwischenräume ein hölzernes Geländer füllt. In der warmen Jahreszeit diente der Çardak als «Mädchen für alles»: Wohn-, Empfangs-, Arbeits- und sogar Schlafzimmer in besonders heißen Nächten, zur Veranstaltung von Familienfesten und regelrechten Parties. Die abgeschirmte Holzempore in einer Ecke ist beileibe kein Haremswinkel aus islamischer Vergangenheit, sondern der *Trapezan* aller gutbürgerlichen Häuser im alten Shkodra: Da konnten sich die Damen des Hauses unbemerkt aufhalten, den Gesprächen der Männer lauschen oder einen Bräutigam in spe selbst ungesehen unter die Lupe nehmen.

Falls Sie in Shkodra übernachten, gibt es außer einem Kinobesuch zwei andere Möglichkeiten, den Abend zu verbringen: an dem Platz links vom Hotel das heute nach Migjeni benannte **Stadttheater** mit seiner großen Vergangenheit aus der Zeit des *albanischen Risorgimento* vor 100 Jahren. Frauen durften dort allerdings erst 1919 auftreten. Bis dahin waren sich die Mullahs, Popen und Patres von Shkodra einig, daß auch die weiblichen Rollen von Männern zu spielen seien. Auf dem Spielplan stehen albanische Autoren von Çajupi bis zur Moderne, Klassiker der Weltliteratur, zu denen hier vorrangig Bertolt Brecht zu gehören scheint, und musikalische Darbietungen.

Finden Sie an Ihrem Abend nichts, was Sie vor die Bühne zieht, so versuchen Sie es mit dem **Biergarten Teuta,** in dessen Namen die legendäre nordalbanische Illyrerkönigin fortlebt. In dem Lokal gegenüber von der Café-Terrasse des Rozafati wird es schon am späteren Nachmittag bei Arbeitsschluß lebendig. Bald schaut

es so aus, als ob kein Tisch mehr frei wäre, doch die gewandten Kellner verstehen es immer, für Einzeltouristen oder ganze Gruppen eine Ecke freizuzaubern. Das Essen schmeckt – sofern Sie sich auf Fleisch vom Grill beschränken – ganz vorzüglich, zu trinken gibt es im «Biergarten» auch albanischen Wein, Raki und Kognak sowie alkoholfreie Getränke. Bis spät in die Nacht sorgt ein Trio für ganz passable einheimische und internationale Stimmungsmusik.

Albanisches Alpenland

Der *Bezirk Shkodra* ist mit neun Prozent Anteil an Albaniens Gesamtfläche der größte des Landes. Zugleich hat er den höchsten Anteil an den **Albanischen Alpen,** der gebirgigsten, wildromantischen Erholungsgegend für die Albaner, die leider noch kaum für den Ausländertourismus erschlossen wurde.
Dennoch ist Shkodra heute eine schon vorwiegend *industrialisierte Region.* Die *Kupferverarbeitung* und das Kupferdraht- und -kabelwerk in Shkodra stehen an erster Stelle, dann folgen mit Abstand andere metallverarbeitende Fabriken, Elektroindustrie, Holzverarbeitung und Papierfabriken.
Auch die schwächere Landwirtschaft zeichnet sich durch viele Zweige aus. An erster Stelle liegt der Getreideanbau mit Weizen als Schwerpunkt, es folgen Gemüse- und Obstkulturen. Einen ausgezeichneten Ruf genießen die Orient-Tabake *(Dschebeli)* aus der **Mbishkodra-Ebene** nordöstlich vom Skutari-See um Koplik sowie die *Trauben* und *Weine* der bis Shkodra folgenden **Shtoi-Ebene.** Im Tiefland gegen die Adria zu unterhalb von Shkodra **(Nënshkodra)** herrschen Feigen-, Aprikosen- und Ölbäume vor. Die anschließende **Zadrima-Ebene** bildet seit ihrer

Entwässerung durch die Umleitung des Drin das Hauptviehzuchtgebiet des Bezirks Shkodra. Für die übermenschlichen Leistungen seiner Bewohner beim Beseitigen der Verheerungen des Erdbebens vom 15. April 1979 sind diese in ihrer Gesamtheit zu «Helden der sozialistischen Arbeit» erklärt worden.

Am meisten von den Gegenden nördlich von Shkodra sehen Sie, wenn Sie Ihren Albanienurlaub mit dem Bus über Jugoslawien antreten. Sie überschreiten die montenegrinisch-albanische Grenze bei **Han i Hotit,** der «Herberge von Hot», dem Bergrükken hinter der schmal auslaufenden Bucht des Skutari-Sees, in deren Mitte sich der Grenzverlauf fortsetzt. Seit Sommer 1986 ist Han i Hotit auch *Grenzbahnhof* an der Eisenbahnlinie Shkodra–Titograd – eine Verbindung, auf der seitdem ein Großteil von Albaniens *Güterverkehr* mit dem Ausland abgewickelt wird, auf der aber noch immer keine Personen befördert werden, seit 1986 der erste und bisher einzige Sonderzug unterwegs war.

Die 35 Straßenkilometer bis Shkodra führen am Ostufer des nur 13 Meter tiefen, fischreichen **Skutari-Sees** entlang; er ist mit fast 380 Ouadratkilometern etwa gleich groß wie der Gardasee und das größte Binnengewässer Albaniens.

Die Ebene von **Mbishkodra** («Über Shkodra») liegt zwischen dem flachen, sumpfigen Seeufer und dem steil aufragenden Alpenmassiv des Großen Berglands (**Malësia e Madhe,** 2232 m). Von **Koplik** ginge es durch das schluchtartige **Thatë-Tal** in diese Bergwelt hinauf: eine rauhe, unzugängliche Gebirgslandschaft, wo die Wasserläufe sich tief in das Kalkgestein eingeschnitten haben. Durch diese atemberaubend wilden und engen Täler winden sich schmale Schotterstraßen bis ins Herz der Albanischen Alpen. Dunkle Nadel- und lichte Buchenwälder wechseln mit grünen Almen, rauschende Bäche und «staubende» Wasserfälle tosen um den Höhenluftkurort **Thethi** (1000 m); sonst liegen Einzelgehöfte und kleine Siedlungen oft kilometerweit auseinander.

In dem dünn besiedelten Gebiet wird hauptsächlich Weidewirtschaft betrieben. Die unberührte Natur, die typisch alpine Landschaftsform und das angenehm kühle Sommerklima machen gerade diesen Landstrich zu einem der beliebtesten und begehrtesten Erholungsgebiete der Albaner.
Der ausländische Gruppentourist kann da vorläufig weiterbohren und hoffen: Obwohl Thethi von jeder zweiten albanischen Ansichtskarte und jedem dritten Plakat der Fremdenverkehrswerbung prangt, bleibt es für fast alle Nicht-Albaner unzugänglich. Wem doch die außerordentliche Auszeichnung zuteil wird, den **Përroi i Thate,** den «ausgetrockneten Wildbach» hochgefahren zu werden und durch die über 20 Meter tiefe, an den engsten Stellen nur zwei Meter breite Klamm bis Thethi zu kommen, sollte dort unbedingt nicht nur die grandiose Naturschönheit bewundern, sondern im Hochtal zum verlassenen «Bergkloster» der *Franziskaner* hinüberwandern. Die ganze schlichte Anlage zeigt, daß dort die Jünger des heiligen Franz von Assisi bis zum Abschied, den ihnen 1956 ihr Glöckchen vom heute auf halbe Höhe «geköpften» Turm bimmelte, im Geist echt franziskanischer Gemeinschaft, Armut und Hilfsbereitschaft gelebt haben. Noch mehr als in Bosnien und der Herzegowina war unter der Türkenherrschaft im Herzen der Albanischen Alpen der braune Habit vom 15. bis ins späte 19. Jahrhundert ein Symbol des Durch- und Zusammenhaltens wie der Hoffnung auf eine bessere Zukunft.
Dorthin, wo der Drin den Südfuß der Alpen umspült, können Sie mit Trip 16 **(Vau i Dejës)** kommen. Er bietet Gelegenheit, zusammen mit einem der größten Stauwerke Albaniens und des Balkans, den Schauplatz eines weiteren skipetarischen Heldenepos und die einzige romanische Kirche im ganzen Land zu betreten. Das *Wasserkraftwerk* von Vau i Dejës ist die bislang unterste von drei großen Aufstauungen des vereinigten Drin, denen in der nächsten Zukunft eine weitere Staustufe bei Shkodra und die

Hochstaumauer in der Schlucht von Skavica am Schwarzen Drin folgen sollen. Vau i Dejës wurde zwischen 1971 und 1975 gebaut und liefert 250 MW elektrische Energie.

Im gleichnamigen Ort gilt die aus dem 13. Jahrhundert stammende frühere **römisch-katholische Kirche** deshalb als Seltenheit in ganz Albanien, weil sie allein im *romanischen* und nicht einem der byzantinischen Stile errichtet wurde.

Als Insel aus dem Stausee ragt das römische Kastell von **Shurdahu,** dem antiken *Sarda.* Aufzeichnungen über heldenhaften Widerstand der byzantinisch-albanischen Besatzung gegen den ersten *Slaweneinfall* zu Ende des 6. Jahrhunderts sind inzwischen durch Ausgrabungen bestätigt: Als Archäologen aus Tirana, bevor die Wasser des Stausees stiegen, die ganze Gegend zum erstenmal gründlich durchackerten, fanden sie auf dem Felsrücken von Shurdahu viele Skelette von Gefallenen, die unter den Trümmern der Festung begraben worden waren.

Das übrige Bergland zu beiden Seiten des vereinigten Drin ist für ausländische Urlauber fast ebenso unerreichbar wie Thethi im Nordwesten. Trotzdem hier das Wichtigste über die Gebirgsregionen von Puka und Tropoja: Der *Bezirk Puka* liegt südlich vom Drin in dessen großem Knie. Er ist durchweg gebirgig, reich an Erzen und Wäldern. Dort arbeiten die *größten Sägewerke* Albaniens. Die bedeutendsten Bodenschätze sind Kupfer, Magnesit sowie Ton- und Porzellanerden *(Kaolin).* Trotz ihrer Abgeschiedenheit ist diese Region heute zu 60 Prozent industrialisiert. Seit 1986 ist bei **Koman** am Drin das Wasserkraftwerk «Enver Hoxha» in Betrieb, mit einer Leistung von 600 Megawatt das größte ganz Südosteuropas. Die Landwirtschaft verteilt sich auf Getreideanbau, Viehzucht und Obstbau.

Nördlich vom Drin entfällt der östliche Teil der Albanischen Alpen auf den *Bezirk Tropoja.* Er ist – unter Einrechnung der Elektrizitätserzeugung – noch stärker industrialisiert als der süd-

liche Nachbarbezirk von Puka: 76 Prozent Industrie, nur noch ein knappes Viertel Landwirtschaft. Wieder ist es der in seinen Schluchten aufgestaute Drin, von dem dort man profitiert. Bis zum Bau von Koman war der *Stausee von Fierza* mit seinen 500 Megawatt der Rekord aller albanischen Rekorde, weshalb er stolz «Licht der Partei» getauft wurde.

Auf kühner Trassenführung, die das Autofahren noch zu einem Abenteuer macht, zieht sich die einspurige Straße ohne Leitplanken zur kleinen Bezirksstadt **Puka** (4000 Einwohner) hinauf. Wären nicht die Ruinen auf einem ihrer beiden bewaldeten Hügel, würde heute niemand mehr dort den Sitz des mächtigsten Fürstengeschlechts im albanischen Norden, der *Dukagjini,* und besonders von *Lek Dukagjin,* vermuten, einem Zeitgenossen von Skanderbeg. Er hatte mit seinem «Kanon» die mündliche Rechtsüberlieferung der Skipetaren reformiert; der Dukagjiner soll darin die strengen Satzungen der *Gjakmarrje* (Blutrache) nicht nur aufgezeichnet, sondern weiter verschärft haben. Jedenfalls trug fortan das gerade in Nordalbanien bis in den Zweiten Weltkrieg hinein vorherrschende, blutige «Gesetz der Berge» seinen Namen.

Über **Fuzhë-Arrëz,** den wichtigsten Standort der Holzindustrie, erreichen Sie den **Qafa e Malit,** den «Bergpaß» (740 m). Von ihm klettert nördlich eine kurvenreiche Strecke ins Drin-Tal nach **Fierza** hinunter, das der Staudamm des **Liqeni i Fierzës** beherrscht – keine Betonmauer, sondern ein mit Schotter und Kies um einen inneren Tonkern aufgeschütteter Naturdamm, 60 Meter hoch und an der Basis 200 Meter dick.

Die Straße nach Albaniens nördlichster Bezirkshauptstadt **Bajram Curri** (6000 Einwohner) folgt von Fierza dem Lauf der **Valbona** aufwärts. Das Städtchen wurde erst nach dem Krieg als Ausgleich für den Verlust des natürlichen Vorortes dieser ganzen Region an Jugoslawien, von Gjakova, gegründet und trägt den

Namen des gegischen Freiheitskämpfers und Fortschrittspolitikers, heute «Helden des Volkes», *Bajram Curri* (gest. 1925). Sein Denkmal dominiert am nach ihm benannten Hauptplatz der jungen Stadt, an deren Stelle früher nur eine Mühle mit ein paar Nebengebäuden stand. Bajram Curri, skipetarischer Volksheld der jüngsten Vergangenheit, hatte den für Albaniens Unabhängigkeit entscheidenden Gegenaufstand gegen die Jungtürken von 1912 angeführt, in der Folge den erst montenegrinischen, dann österreichisch-ungarischen Besatzern Widerstand geleistet, 1924 mit *Fan Noli* zusammengearbeitet. Nach der Vertreibung von dessen Revolutionsregierung blieb Curri als einer der wenigen progressiven Demokraten im Land, was er mit seinem Tod unter den Kugeln der Gendarmen *Zogus* bezahlen mußte.

Diese heroischen Phasen seines Lebens können Sie im **Historischen Museum** des Bezirks Tropoja an Fresken, Mosaiken, Landkarten, Dokumenten und Erinnerungsstücken nachvollziehen. Das Museum – ebenfalls am Hauptplatz von Bajram Curri – ist eine moderne Abwandlung der *traditionellen Einzelhofform* dieser Gegend mit hohem, holzschindelgedeckten Dach; die Erbauer haben auch im Inneren so gut wie keine Möglichkeit ausgelassen, den Holzreichtum der Albanischen Alpen zu unterstreichen. Neben Curri werden auch seine Mitkämpfer *Isa Boletini, Sulejman Vokshi* und besonders *Mic Sokoli* vorgestellt.

Hauptsehenswürdigkeit ist **Sokolis Turmhaus** bei **Bujan** etwa drei Kilometer südlich der Stadt. Dieser Wohnturm (albanisch: *Kullë*) mit seinen Schießschartenfenstern spricht beredt von einer Zeit, als sich jede Familie vor der Blutrache ganz allein helfen mußte. Auch der jetzt über eine Holztreppe zugängliche «Hauseingang» im ersten Stock war früher nur über eine Leiter zu erreichen, die Holzveranda unter dem Dach wurde bei Gefahr und Not mit schweren Holzläden verrammelt.

Vielleicht können Sie erwirken, bis ans Ende der Talstraße in

Valbona gefahren zu werden. Hier stehen Sie zu Füßen des höchsten Gipfels der Albanischen Alpen, der **Jezerca** (2694 m), vor Ihnen liegt nach knapp halbstündiger Wanderung der *Talabschluß*, bedeckt mit einem parkartigen, lichten Laubwald, darüber der steil ansteigende Kranz von dunklem Nadelholz unter den karstigen Kalkfelsen.

Skanderbegs Heimat – durch die Schluchten des Mati

Von den berühmtesten Berggegenden des nördlichen Zentralalbaniens, der **Mirdita** und den Schluchten sowie Hochebenen am **Mat-Fluß** ist wenigstens die Gegend am Mat-Fluß für alle zugänglich, die sich der großen Rundreise «Albanien von Süd nach Nord» (oder umgekehrt) anschließen. Am Mat-Fluß hatte Skanderbegs Vater seine Burgen und seine Hausmacht, und Skanderbeg selbst verlebte dort seine frühen Jahre, ehe er als Geisel an den osmanischen Sultanshof von **Edirne** gebracht wurde.
Nach dem Besuch von Shkodra und Lezha fährt der Bus nach Süden hinter der ehemaligen «Königsbrücke» über den Mati nicht Richtung Kruja und Tirana zurück, sondern biegt östlich am linken Ufer des **Mati** ein. Nach wenigen Kilometern mündet von Norden her der **Fani** in den Mati; dort führen die Straße und eine *Bahnlinie* in die **Mirdita** hinauf, das «Gute-Tag-Land» (von Albanisch: *Mirëdita* – Guten Tag). Aber einstweilen schlägt noch kein Touristenbus diese Richtung ein. Geschäftsreisende haben hingegen gute Chancen, als Metalleinkäufer, Maschinenlieferanten und Experten zu den «Miriditen» vorzudringen, die *Karl May* – obwohl selbst nie in Albanien – dank seinem hervorragenden

Einfühlungsvermögen in die Eigenart von damals für die Deutschen exotischen Völkern als den freiheitsliebendsten, unbändigsten und verwegensten aller Skipetarenstämme charakterisierte.

Der *Bezirk Mirdita* ist eine der *wirtschaftlichen Schwerpunktregionen* des ganzen Landes. Während es sich bei der Bezirkshauptstadt **Rrëshen** (5000 Einwohner) um das *Schul- und Verwaltungszentrum* handelt, ist in **Rubik** die auf seinen *Kupfervorkommen* basierende *Buntmetallurgie* angesiedelt, im östlicheren **Kurbnesh** wird ebenfalls *Kupfer* abgebaut und angereichert. Alle drei Städte wurden erst in den sechziger Jahren gegründet. «Die» Mirdita, wie das Gebiet meist genannt wird, erstreckt sich in den Tälern des **Großen** und **Kleinen Fan** sowie an deren vereinigtem Unterlauf und umfaßt auch die angrenzenden Berggebiete. Vorwiegend handelt es sich um Hügelland mit einer Durchschnittshöhe von 400 Metern. Der Bezirk ist so *stark industrialisiert,* daß Bergbau und Industrie heute über 80 Prozent seiner Gesamtproduktion ausmachen.

Sollten Sie geschäftlich in **Kurbnesh** zu tun haben, versuchen Sie unbedingt, einen freien Tag oder besser ein Wochenende an die östlich davon in den Bergen träumenden **Lura-Seen** zu kommen. Bis vor kurzem führte zu den elf verzauberten *Gletscherseen* nur ein Maultierpfad; heute gibt es dort ein Hotel und andere Erholungseinrichtungen, allerdings bis jetzt in der Regel nur für albanische Familien. Diese Landschaft des **Inneralbanischen Gebirges** trägt noch ausgesprochen alpinen Charakter, die kleinen Gletscherseen gelten als die eigenartigsten und stillsten des Landes. Die schönsten und größten dieser Seen liegen mitten in den **Lura-Bergen** mit Gipfeln bis zu 2121 Metern, grünen Almen in Mulden und Senken, durchflossen von klaren Bergbächen, umgeben von weitausgedehnten Laub- und Nadelwäldern. Manche der ruhigen Bergseen tragen ganz dichterische Namen: Blumen-

see, Kuhsee oder auch Plattensee. Die meisten sind untereinander verbunden, glänzen wie hellgrüne, tiefblaue oder dunkle Augen aus dem doppelten Kranz von Erlen, Kiefern und Tannen. Manche schmücken sich Anfang Juli mit *Seerosenteppichen,* alle bleiben kalt und frieren im Winter zu. Der Bergkamm im Westen hält alle warmen Winde vom Mittelmeer ab, die rauhen Oststürme aus dem Inneren des Balkans haben freien Zutritt und bedecken den Eisspiegel der Lura-Seen mit einer dicken Schneedecke.

Von **Rubik** oder **Rrëshen** aus sollten Sie sich zwei Kulturdenkmäler der Mirdita von gesamtalbanischem Format nicht entgehen lassen: die historische **Abtei von Orosh** und die *Turmhäuser* von **Perlat** bei Epërm am Oberlauf des Großen Fani. Die Abtei **Shën Liezhri i Oroshit** (St. Alexander von Orosh) hatte sich bereits in den Tagen des hochmittelalterlichen *Fürstentums Arbëria* zu einer Art *Nationalheiligtum* der römisch-katholischen Albaner entwickelt. In 1300 Metern Höhe sind die heute verlassenen oder zweckentfremdeten Anlagen von Orosh im Tal des Kleinen Fan etwas östlich von **Blinisht** zu finden, dort, wo sich der neueste Abschnitt der *Eisenbahn* Milot–Rrëshen–**Klos** zu seinem für 1992 angestrebten Zielbahnhof hinaufarbeitet.

Fast bis in die Tage der kommunistischen Volksmacht blieb die Abtei Orosh das Herz der Mirdita. Vor der Alexander-Kirche fanden in einer Art direkter Demokratie die *Stammesversammlungen* statt, um zu beraten und abzustimmen.

Bis in die Ära *Skanderbegs* war der Einfluß von Orosh und seinen Äbten ungebrochen. Wenn in Aufzeichnungen aus jener Zeit von «der Abtei» die Rede war, konnte nur Orosh gemeint sein. Während der *Liga von Lezha* trat der geistlich-politische Mittelpunkt der Mirdita hingegen in den Hintergrund, um unter der *Türkenherrschaft* nochmals zu erstarken. 1888 erhob Papst *Leo XIII.* (1878–1903) das Kloster zum Sitz einer *Territorialprälatur*

mit Gerichtsbarkeit für die umliegenden Dörfer, was die traditionell ebenso katholischen wie selbstbewußten Miriditen auch in kirchlicher Hinsicht eigenständig machte.
Der Weiler **Perlat** bei **Epërm** an der Höhenstraße von der Mirdita nach Puka hat einige der schönsten noch bewohnten *Turmhäuser* von ganz Nordalbanien. Ähnlich wie im Süden das Gjirokastra-Haus die Höchstentfaltung der volkstümlichen Baukunst jener Region verkörpert, sehen Sie in Perlat den *Kullë*-Wohnturm in seiner vollen Entwicklung: Der quadratische Hauptturm hat im Zeichen der Vornehmheit, aber auch als weiteren Ausguck und zusätzliche Sicherung ein drittes Geschoß erhalten, das in Friedenszeiten als Gastzimmer diente: Den Blutfehden der *Gjakmarrje* war in der alten Mirdita – wie ja bei allen Skipetaren – die Tugend der Gastfreundschaft (albanisch: *Mikpritje*) übergeordnet. Wer an die Tür eines Kullë klopfte, und mochte es der seines Blutsfeindes sein, erhielt nicht nur Speise und Trank sowie Obdach in dem – sichersten – Gastzimmer, sondern stand, solange er blieb, unter dem persönlichen Schutz des Hausvaters.
Der **Blutrache** wurde vom neuen Albanien endlich der gesellschaftliche Boden entzogen. *Gastfreundschaft* und die *Treue zum gegebenen Wort* sind jedoch – wie das der deutsche Albanologe *Hans Joachim Röhm* so treffend ausdrückt – «nach wie vor Tugenden, die dem Albaner viel gelten».
Die Gastzimmer der Türme von Prelat sind mit steinernen Erkern *(Çikma)* ausgestattet, mindestens mit einem über der Tür im ersten Stock. Der Çikma-Boden konnte geöffnet werden, durch ihn konnten die Bewohner auf Angreifer schießen oder sie mit kochendem Wasser oder siedendem Öl begießen.
An die meisten mirditischen Kulla sehen Sie ein rechteckiges *Nebengebäude* angebaut, das eine Etage niedriger ist. Dafür wurde es im ersten Stock mit noch mehr und größeren Erkern

bewehrt. Im untersten Gelaß brachte man bei Bedrängnis das Vieh in Sicherheit, das Obergeschoß diente teils als Speicher, teils zum Unterbringen entfernterer, doch ebenso in die Blutrache fallender Verwandter, die natürlich zur Stärkung der Verteidigung willkommen waren. Noch unmittelbar vor der albanischen Unabhängigkeit von 1912 waren in einzelnen Gegenden der Mirdita beinahe die Hälfte aller Männer eines *gewaltsamen Todes* gestorben – fast alle als Opfer der Blutrache. Weil es keine staatlichen Autoritäten gab, hatte die Gjakmarrje wohl schon seit der Völkerwanderungszeit in den unwegsamen Bergen das gesellschaftliche Zusammenleben zu regeln versucht. Was aber einst entstanden war aus der – vermeintlichen oder wirklichen – Notwendigkeit, die Gemeinschaft zu schützen, verselbständigte sich mit der Zeit und wurde bei fortschreitender Zivilisierung zu einer bösen Geißel.

Auch die *Frauen* waren in dieser *Stammesordnung* praktisch *rechtlos* und sogar von der Erbfolge ausgeschlossen. Ein Bild im «Ethnographischen Fundus» der Universität Tirana zeigt eine nostalgisch scheinende Szene aus dem Wohnraum eines mirditischen Kullë, wo eine Frau in Tracht am offenen Feuer neben der Wiege sitzt. Sie lacht dem Kind aber nicht zu, hadert eher mit ihrem eigenen Los und dem der kleinen Tochter: Mädchen wur-

---

Aus dem Versepos «Mein Paradies»:

Nicht lange mehr, Albanien, bleibst du geteilt,
arm, verlassen, verwaist, keine Wunde verheilt.
Scheinst du zu erlöschen wie der neue Mond,
gleichst bald du dem vollen, der am Himmel wohnt.
(Naim Frashëri, 1846–1900)

---

den meist noch im Kindesalter gegen einen Brautpreis an die Familie des künftigen Bräutigams regelrecht verkauft und hatten von Kindesbeinen an den größten und schwersten Teil der Arbeit in Haus und Hof zu tragen.

Nach diesem Abstecher ins mirditische Eldorado geht es wieder zurück an den *Mati* und an ihm entlang in den gleichnamigen *Bezirk*. Er ist einer der gebirgigsten Albaniens und liegt im Zentrum der nördlichen Landeshälfte mit der **Deja** (2246 m) als höchstem Gipfel. Auch in diesem Gebiet liegt der industrielle Anteil an der Gesamtproduktion mit 65 Prozent über dem albanischen Durchschnitt. Zwei Drittel davon gehen auf Rechnung der *Ferrochromhütte,* den Stolz des Bezirks. Eine Besonderheit der Mat-Region sind in ihrem hintersten und obersten Teil, dem von der **Martanesh-Kette** (2020 m) halbkreisförmig umzogenen Bergkessel, wo der Mati entspringt, die *Martanesh-Ziegen* mit ihrem geschätzten weichen und langen Haar.

Unsere Route, die sich durch die Berge in das felsige, untere Mat-Tal hineinschlängelt, wird «Straße des Lichts» genannt, ein Name, den auch die Lokalzeitung des Bezirks führt. Die Bezeichnung hängt damit zusammen, daß es zuvor in dieser ganzen Gegend kein elektrisches Licht gegeben hatte und man gerade hier in den fünfziger Jahren begann, die eigene Wasserkraft zur Stromgewinnung und Elektrifizierung zu nutzen. Heute erzeugen die beiden *Mat-Kraftwerke* «Friedrich Engels» und «Karl Marx» zusammen jährlich 210 Megawatt elektrischer Energie.

Während Sie auf vielen Kurven durch das gebirgige, schwierige Gelände von seltener Schönheit flußaufwärts fahren, sehen Sie immer wieder Spuren jener Jahre des Aufbruchs, als Straße und Stauwerke gebaut wurden: hier in den Felsen eingemeißelt der Name eines jugendlichen Freiwilligen, dort einer ganzen Arbeitsbrigade. Da ein Gedenkstein, drüben am Hang eine Quelle mit eiskaltem Wasser, eingefaßt mit behauenen Steinen. Noch

fesselnder wird die Landschaft mit der großartigen **Schlucht von Shkopeti.** Würdevoll wie Naturdenkmäler steigen die Felsen auf und lassen kaum einen Durchgang. Genau dazwischen liegt der Staudamm des unteren «Friedrich-Engels-Kraftwerks». Durch einen Tunnel kommen Sie auf seine Höhe und fahren weiter den grünen See entlang. Er füllt die ganze ehemalige Schlucht mit den früheren Mittelgebirgsplateaus als neuen Ufern, zwischen denen nur da und dort eine schmale **Hängebrücke** Fußgängern und Lasttieren den Übergang ermöglicht. Der fjordartige See reicht bis zum Damm des zweiten, größeren Stauwerks «Karl Marx» beim Ort **Ulza.** Die Turbinenhalle wurde in den Körper des Damms eingebaut. Seine Krone erreicht eine Seehöhe von 1285 Metern. Die Straße wechselt aufs linke Mati-Ufer und zieht in langen Kehren dort hinauf. Oben weitet sich Ihr Blick über den 13,5 Quadratkilometer großen **Liqeni i Ulzës** (Stausee von Ulza) mit seinen 40 Millionen Kubikmetern Wasser: eine technische Großleistung für das frühe Nachkriegsalbanien. Leider versank in den Fluten fast alles, was dort an *Gjon* und *Gjergj Kastriota* erinnert hatte. Wo in Atlanten der Jahrhundertwende die «Skanderbeg-Stadt» *(Qyteti Skendërbeu),* die Burgen *Stelush* und *Weißenstein* (Petralba) eingezeichnet sind, ist heute nichts als Wasser, Wasser und noch einmal Wasser. Nur im Martanesh-Kessel erinnert ein Flecken mit dem Namen **Gjon** daran, daß sich hier das zweite Hausmachtgebiet der Kastriotas zwischen ihren Ursprüngen bei **Dibër** im Tal des Schwarzen Drin und ihrer gesamtalbanischen Herrschaft auf Kruja erstreckt hatte.

Das *Hochland* von Mat hat die Form einer schüsselartigen Mulde mit dem heutigen Stausee an ihrem tiefsten Punkt. Weiter höher haben der Mati und seine zahlreichen Zuflüsse das Plateau in viele *Höhenrücken* zersägt. Über sie geht es nun ab Urza bald den Kamm entlang, bald bergauf/talab bis **Burrel,** das selbst auf einem solchen Gesteinsriegel liegt. Bis Anfang der fünfziger

Jahre war die Stadt (jetzt 8500 Einwohner), obwohl schon *Bezirkshauptort,* nicht mehr als ein kleines Dorf. Elektrifizierung, Bergbau und Industrialisierung haben es wachsen lassen, aber nicht verunstaltet. Traditionelle Volksbaumeister taten im Verein mit modernen Architekten ihr Bestes, um die landschaftliche *Steinbauweise* mit weißem oder geädertem Kalkstein, rotem Marmor und roten Kacheln auch in die modernen Zweckbauten herüberzuretten.

Die aus Shkodra kommenden Gruppen pflegen in Burrel vor der Weiterfahrt bis **Peshkopia** am Schwarzen Drin eine mehr oder weniger ausgedehnte Kaffeepause einzulegen: im Albturist-Hotel am **Hauptplatz** oder dem **Aussichts-Café** hinter dem **Stadtpark** am östlichen Abhang des Höhenriegels zum Mat-Tal hinunter – nicht selten auch in beiden Lokalen nacheinander. Besser nützen Sie diese Zeit, wenn Sie das 1988 eröffnete **Historische Museum von Mat** besuchen (vom Hauptplatz in südlicher Richtung bis zum Knick der Straße in Richtung Klos nach links).

Das schon von außen ansprechende Steingebäude im *Kullë-Stil* mit seinen schießschartenähnlichen Fenstern lädt Sie zu einem Rundgang von der Urgeschichte der Region bis in ihre jüngste Partisanenvergangenheit ein. Der erste Saal informiert über die illyrische sogenannte *Kultur von Mat,* von der Mittleren Bronzezeit (etwa 1400–1200 v. Chr.) bis ins 1. Jahrhundert unserer Zeitrechnung. Am besten sind vertreten Funde aus dem 7. bis 5. vorchristlichen Jahrhundert. Die um das heutige Burrel ausgegrabenen *illyrischen Hügelgräber* enthielten neben Arbeitsgeräten Waffen aus Eisen, Brustpanzer und Helme; das Prunkstück ist der *Kriegshelm von Mat,* den Sie vielleicht schon 1988 als Leihgabe auf der Illyrer-Ausstellung in Hildesheim bewundert haben. Ferner Frauenschmuck: Fibeln, Brustgehänge, Ketten, Armbänder, Ketten aus Bronzeperlen, Glaswaren und Bernsteinarbeiten von einheimischen Künstlern, die dem Illyrer-

stamm der *Dardaner* zugerechnet werden. Ihre Kultur dürfte sich damals von dem Stammland im heutigen Kosovo über den Zusammenfluß vom Weißen und Schwarzen Drin bis an den Mati ausgebreitet haben.
Die mittelalterliche Abteilung des Museums ist dem Widerstand der Bergler von Mat gegen die im 7. Jahrhundert vordringenden Slawen und die Wiederherstellung der byzantinischen Herrschaft in den folgenden Jahrhunderten sowie dem freien *Fürstentum Arbëria* zwischen dem 12. und 14. Jahrhundert gewidmet, dessen Kernland Mat bildete.
Der größte Teil der Dokumente und Ausstellungsstücke stammt aus den dunklen Jahrhunderten der Türkenherrschaft, die sich am Oberlauf des Mati nie ganz durchsetzen konnte, obwohl sie 450 Jahre dauerte. Schon im 17. Jahrhundert versammelten sich im **Dukagjini i Ri** am Mati 2656 albanische Delegierte, um einen ersten Plan zum Wiedererlangen der Unabhängigkeit auszuarbeiten und gegen die Kirchenpolitik Roms zu protestieren, das den katholischen Albanern südslawische Bischöfe aufgezwungen hatte. Ein Teilnehmer dieser Volksversammlung war der 1566 in **Gura e Bardhë,** einem Bergdorf vom oberen Mati, geborene, gelehrte Pfarrer *Pjetër Budi* (S. 137). Seinem Schaffen im Dienst der frühen albanischen Schriftsprache ist der nächste Abschnitt des Museums vorbehalten.
Auf Budis Katechismus, Meßbuch und Beichtspiegel folgen kriegerische Schlußexponate: Da sich die waffenfreien Skipetaren gezwungen sahen, ihre Munition selbst herzustellen, entwickelte sich Mat im 17. und 18. Jahrhundert zum größten Zentrum der *Schießpulverproduktion* in ganz Albanien. Ein Ruhmesblatt haben sich die Streiter von Mat zuletzt im *Nationalen Befreiungskrieg* gegen Italiener und die deutsche Wehrmacht erworben: Burrel wurde als erste Bezirkshauptstadt des albanischen Nordens schon am 31. Juli 1944 freigekämpft!

Zu den Obstgärten am Schwarzen Drin: Klos, Bulqize, Peshkopia

Durch den grünen Kranz der Weinberge und Apfelbaumgärten um Burrel geht die Fahrt weiter ins «Oberland» von Mat. Dort kommen endlich alle von Ihnen – und nicht nur wie in Tropoja und der Mirdita die auserwählten Einzelvisa-Reisenden – an die berühmten Wohntürme Nordalbaniens heran, die sogenannten Kulla (wovon auch das türkische kule/Turm abgeleitet sein dürfte). Der erste Kullë steht nur wenige Kilometer hinter Burrel vor dem Dorf **Suç** auf einem Hügel links von der Straße und ist einer der schönsten Vertreter dieser albanischen Hausform: ein steingemauerter Turm, im Erdgeschoß fensterlos, und auch in den oberen Stockwerken schießlukenartige Öffnungen. Zum Eingang im ersten Obergeschoß führt nur eine bei Gefahr einholbare Leiter. Innen sind die Stockwerke durch steile Steintreppen und Falltüren verbunden. Um den Gegner, der schon bis zu den Hausmauern vorgedrungen war, in Schach zu halten, hat das Turmhaus im obersten Stock, hoch über der Tür, einen steinernen Erker, die *Çikma,* oder – woanders – eine umlaufende, mit wuchtigen Holzläden verschließbare Veranda wie im Fall des Sokoli-Turms bei **Bajram Curri.**

Gegen **Klos** zu, beim früheren Marktplatz für ganz Mat, mehren sich diese Bauten. Ein ganzes Kulla-Dorf, **Dars,** grüßt jenseits vom Mati von einem steilen, mit schroffen Felsen gekrönten Abhang herunter. Auf halber Höhe der sich hinter Klos steil und kurvenreich den **Buallit-Paß** (900 m) hinaufziehenden Straße ist für alle Reisegruppen große Fotopause bei einem um den ursprünglichen Wohnturm rechteckig ausgebauten Wehrhaus, das unter Denkmalschutz steht.

In Mirdita war diese befestigte Wohnkultur der Berg-Albaner

hauptsächlich eine Folge der Blutrache, an dieser strategisch wichtigen Wasserscheide hängt sie jedoch mit den wiederholten *Einfällen der Türken* vom Drin-Tal her über den Buallit-Paß zusammen.

An der Paßhöhe beginnt nach Mat der *Bezirk Dibra.* Er breitet sich an der Ostgrenze Albaniens zu beiden Seiten des Schwarzen Drin aus, der aus dem Ochrid-See kommt. Der obere Teil seines Tals gehört jedoch, trotz rein skipetarischer Bevölkerung, zum jugoslawischen Mazedonien. Weiter nördlich folgt die Grenzziehung von 1913 dem **Korab-Gebirge** mit dem *höchsten Gipfel des Landes* (2751 m). Nach dem Zweiten Weltkrieg wurden hier *wichtige Bodenschätze* entdeckt, vor allem Chrom und Schwefel, und außerdem Marmorbrüche, *Thermal-* und *Mineralquellen* erschlossen. Zentrum des Chromabbaus ist heute die neuangelegte Bergarbeiterstadt Bulqiza, im Mittelpunkt von *Thermalbädern* und *Sanatorien für Trinkkuren* liegt die *Bezirkshauptstadt Peshkopia.* Im Moment dominiert in dieser Region noch knapp die *Landwirtschaft,* doch wird die industrielle Produktion auch in Dibra die Oberhand gewinnen, sobald einmal das oberste und *größte aller Drin-Stauwerke* in der Schlucht von **Skavica** seinen Betrieb aufgenommen hat.
Gleich jenseits vom Buallit-Paß erstrecken sich die Erzhalden und Bergarbeiterhäuser der Chrom-Stadt **Bulqiza.** Gepflegte Wohnbauten, zahlreiche Freizeitlokale und geradezu überfüllte Schaufenster beweisen, daß der schwer und oft unter Lebensgefahr arbeitende Kumpel dort wirklich in sozialer Hinsicht an der Spitze der «werktätigen Massen» steht.
Talabwärts wieder das Albanien von gestern: karge Bergweiden mit Schäfern und ihren Herden, ein blutgetränkter Boden. Zwischen diesen flachen Talstufen und Maqellara unten am Drin liegt das Durchzugsgebiet, in dem während der Ära Skanderbegs

die *meisten Feldschlachten* gegen die Türken in den Zwischenzeiten der drei Belagerungen von Kruja getobt hatten. Rechts von der Straße erinnert ein schlichter **Gedenkstein** daran. Jahr für Jahr kam der Feind von **Dibra** heraufgezogen, das Sie bald rechts unten jenseits vom **Schwarzen Drin** *(Drini i Zi)* mit seinen weißen Häusern, Moscheen und Fabriken heraufleuchten sehen. Dieses natürliche Zentrum der ganzen Region wurde Albanien schon auf der Londoner Botschafterkonferenz im Frühjahr 1913 entrissen und im Frühsommer 1944 von Hoxhas Partisanen befreit. Alle Hoffnungen auf seine künftige Zugehörigkeit zum neuen Albanien blieben nach dem Zweiten Weltkrieg unerfüllt. So wurde **Peshkopia** (10 500 Einwohner), 20 Kilometer nördlich, Bezirkshauptort. Sein Name entspricht dem deutschen «Bischofshofen». Ihre Fahrt dorthin geht über die Drin-Brücke zunächst nach **Maqellara,** wo eine **Erinnerungstafel** auf eine der blutigsten und *erfolgreichsten Skanderbeg-Schlachten* gegen Mustafa Pascha (1447) hinweist.

Peshkopia liegt in einer lieblichen Garten- und Hügellandschaft, hat aber nichts Aufregendes zu bieten. Auf der Rundreise «Albanien von Süd nach Nord/Nord nach Süd» dient es einfach als Übernachtungsplatz, zum *Besuch von Schulen, Kindergärten und Obstplantagen.* Wesentlich spannender wäre die Gegend drinabwärts, doch ist die schon wieder ein Reservat für die wenigen Einzelreisenden.

An der wildromantischen **Schlucht von Skavica** entlang, die spätestens im Jahr 2000 für ein weiteres Wasserkraftwerk zuzementiert werden soll, führt eine schmale Straße in Albaniens entlegensten und von Ausländern am seltensten besuchten Bezirk **Kukës.**

Obwohl sein gleichnamiges Verwaltungszentrum (12 000 Einwohner) am ehemaligen Zusammenfluß des Schwarzen mit dem aus Kosova kommenden **Weißen Drin** *(Drini i Bardhë)* samt sei-

nen steinernen Bogenbrücken *(Wezirs-Brücke)* im **Fierza-Stausee** (S. 337) versunken ist und in den siebziger Jahren völlig neu auf höherem Gelände weiter südöstlich wieder aufgebaut werden mußte, gibt es für den dorthin verschlagenen Ausländer noch immer einiges zu sehen.

Im **Bezirksmuseum von Kukës** wurde alles Historische und Kulturelle zusammengetragen oder wenigstens dokumentiert, was der Wasserkraft zuliebe den Fluten überantwortet wurde. Nördlich vom Drin-See schließt sich der albanische Westteil der historischen Landschaft **Has** an – auch dort geht die jugoslawische Grenze mitten durch die skipetarische Sprach- und regionale Volkstumsgemeinschaft – mit ihren besonders mächtigen und herrlichen *Turmhäusern* (vor allem in und um **Kostur**) sowie den charakteristischen Satteltaschen *(Hebe)* mit Gelb und Schwarz als Grundtönen.

Der landschaftlich und baulich schönste Ort von Kukës ist nach meinem Dafürhalten **Bicaj** östlich über dem Südzipfel des Fierza-Sees. Wer in Griechenland die Gegend der **Mani** kennt, wird über die verblüffende Ähnlichkeit staunen. Hier im Norden und dort am äußersten Südrand des albanischen Siedlungsraums auf dem Balkan die gleichen *Kulla,* fast dieselben Berge und bis vor wenigen Jahrzehnten – die nämliche Blutrache.

Der *Bezirk Kukës* ist fast ausschließlich Bergland mit der den Bezirkshauptort im Südosten überragenden **Gjalica** (2480 m) als höchstem Gipfel. Die Region verfügt über großen natürlichen Reichtum: *Wälder* an den Berghängen, unter der Erde *Kupfer* und *Chrom.* Das vergleichsweise milde Klima begünstigt eine intensive Landwirtschaft.

Entdeckungsfahrt in den südöstlichen «Seewinkel»

Wo alt und neu zusammenwohnen: Elbasan

Die Südostregion am Oberlauf des Shkumbin, an den Seen von Ochrid und Prespa sowie im Bergland an der griechischen Grenze südlich davon ist bisher vom Urlauberstrom fast stiefmütterlich behandelt worden. Dem entspricht ein noch etwas schütteres Exkursions-Angebot in diese Richtung ab Durrës-Plazh:

Trip 31 Durrës–Elbasan–Pogradec–Korça (Zweitagesausflug, einmal jede Woche nach Vorankündigung) Abfahrt 8 Uhr

Trip 32 Durrës–Elbasan–Pogradec–Korça (Dreitagesausflug, unregelmäßig nach Vorankündigung) Abfahrt 8 Uhr

Die Stadt Elbasan wird auch bei den Ein- (Trip 29) und Zweitagesausflügen (Trip 30) von Durrës nach Tirana «mitgenommen». Wachsender Beliebtheit erfreut sich der äußerste

Südosten mit seinen eindrucksvollen byzantinischen Kulturdenkmälern und Kunstschätzen sowie Naturschönheiten. Im Frühjahr 1989 ist daher erstmals die Querverbindung von Korça nach Tepelena über Erseka, Përmet und Këlcyra für den allgemeinen Touristenverkehr geöffnet worden. Bei Redaktionsschluß dieses Führers gab es noch keine numerierten Touren dazu, doch bereitete Albturist sowohl einwöchige Rundfahrten durch den gesamten albanischen Süden (Durrës–Elbasan–Pogradec–Korça–Përmet–Gjirokastra–Saranda–Gjirokastra–Fieri–Durrës) wie eine dreitägige Variante (Durrës–Fieri–Tepelena–Përmet–Korça–Pogradec–Elbasan–Durrës) vor.

Die Fahrt bis **Rrogozhina** habe ich im Durrës-Kapitel (S. 186) beschrieben. Beim Ausflug in den Süden überquerten wir südlich der Stadt den **Shkumbin,** diesmal fahren wir an seinem nördlichen Ufer aufwärts. Schon nach drei Kilometern beginnt der *Bezirk Elbasan.* Sein erster Ort, die Agrar- und Industriegemeinde **Peqin,** war im Altertum unter dem Namen *Claudiana* eine der Post- und Kurierstationen an der *Via Egnatia.* Die Region Elbasan, die vorwiegend aus der Talebene des Shkumbin und dem **Dumreja-Plateau** besteht, das Sie bald jenseits vom Fluß in einer Höhe zwischen 100 und 450 Metern aufragen sehen, ist stark industrialisiert. Schwerarbeiter aus dem ganzen Land finden in den *Heil- und Thermalbädern* von Elbasan Erholung und Linderung oder Heilung ihrer Berufsleiden.

Bald links hinter Peqin an den Ausläufern des **Krraba-**Riegels (ca. 1000 m), der die Ebenen von Elbasan und Tirana trennt, beginnt ein *Kranz von Ölbergen und Orangenhainen,* der sich nördlich vom Fluß bis **Labinot** hinaufzieht und die Gegend von Elbasan zum Mittelpunkt des Oliven-, Orangen- sowie Mandarinenanbaus von ganz Mittelalbanien macht.

Wo das **Dumreja-Plateau** rechts zurücktritt und sich der obere Teil der Shkumbin-Talebene öffnet, zweigen eine Straße und

eine Bahnlinie rechts über den Fluß nach Südosten ab. Die Geleise dienen einer Stichbahn, die nur zwei Kilometer bis **Cërrik** (10 500 Einwohner) führt, der zweitgrößten Industriestadt nach Elbasan im gleichnamigen Bezirk. Die Straße führt den **Devolli** aufwärts bis zu seinen Ursprüngen auf der Hochebene von **Bilisht,** hinter Korça an der griechischen Grenze. Das wäre eigentlich der schnellste und landschaftlich schönste Weg in den Südosten. Aber auch diese Route ist für Gruppenreisen nicht offen. Gern wird hingegen ein Abstecher bis **Banja** gemacht, wo im April 1988 die erste Baustufe für einen 70-Millionen-Kubikmeter-*Stausee* (zur Zeit mit 30 Millionen gefüllt) vollendet wurde. Das Projekt dient in erster Linie der *Bewässerung* der Shkumbin-Ebene und der ganzen **Myzeqa,** wird aber auch – so nebenbei – 60 Megawatt *elektrische Energie* erzeugen. Der 60 Meter hohe – das entspricht einem zwanzigstöckigen Hochhaus – Staudamm verfügt, wie am Drin bewährt, über einen *Tonerdekern.*

Hinter Albaniens jüngstem Stausee liegt der vorerst nur für Geschäftsreisende und andere Leute mit Einzelvisum zugängliche Bezirk *Gramsh* am Mittellauf des Devoll-Flusses. Dessen Unterlauf biegt scharf nach Südwesten um und vereinigt sich bei **Qyteti Stalin** (S. 289) mit dem **Osum.** Die Region ist eine *ausgesprochene Agrargegend.* Das zentral gelegene **Gramsh** (7000 Einwohner) bildet auch den Mittelpunkt von Verwaltung und Schulwesen.

Doch zurück aufs rechte Shkumbin-Ufer Richtung Elbasan! In **Bradashesh** zweigt links die Straße nach Tirana ab, die Sie bei den Trips 29 und 30 nach dem Besuch von Elbasan einschlagen. Die Straße steigt rasch zum **Krraba-Paß** (933 m). Von der Höhe gehen Ihre Blicke ungehindert in die vielgestaltige Bergwelt hinein: **Martanesh** im Norden, östlich die **Çermenika** und – zurückgewandt – nach Süden das Kalksandsteinmassiv des «Heiligen Berges» **Tomor.** In Richtung **Adria** setzen niedrigere, doch bizarre Bergtürme unübersehbare Akzente. Dann geht es in langen

Kehren ins **Erzen-Tal** hinunter. (Die restliche Strecke über **Petrela** nach Tirana schlagen Sie bitte auf S. 205 nach.)
Gleich hinter Bradashesh im Dorf **Shijoni,** etwa zehn Kilometer nordwestlich von Elbasan, sind die Reste des 1940 abgebrannten albanisch-orthodoxen **Klosters** zum *heiligen Johannes Vladimir.* Auf Trip 30 wird es gelegentlich aufgesucht. Gut erhalten blieb die *Stiftungsinschrift* von 1381 in lateinischer, griechischer und kirchenslawischer Sprache; sie verweist auf den Freund der damaligen Klöster, Fürst *Karl Thopia* (S. 224).
Kurz vor Elbasan endet das malerische Fruchtland. Albaniens früheste Fremdenverkehrswerbung in der Zwischenkriegszeit sprach von der «grünen Stadt am Shkumbin». In ersten Prospekten hieß es: «In Elbasan, das eingebettet in schöne, dunkelgrüne Zypressenhaine liegt, ist das stürmische Leben der modernen Zeit ohne Zeugen geblieben.» Jetzt wird es vom **Hüttenkombinat** «Stahl der Partei» mit rauchenden Schloten und rotbraunen Wolken, rußigen Hallen und glühenden Hochöfen «umrahmt», einem mehr als stürmischen Zeugnis der modernen Zeit, das schon einige Kilometer vor der Stadt nicht nur zu sehen, sondern auch zu riechen ist. Aus Sicht der Albaner eine besonders stolze Errungenschaft, deren ausgiebiger Besuch keinem Gruppenreisenden erspart bleibt. – Die Gegenrechnung sieht so aus, daß Elbasan dank «Stahl der Partei» vom 15 000-Seelen-Dorf des Jahres 1939 zur viertgrößten Stadt Albaniens (79 000 Einwohner) geworden ist und immerhin auch die *Glashäuser* ihrer näheren und weiteren Umgebung mit *Fernwärme* aus dem Hüttenkombinat beheizt werden! Für jeden modernen Albaner sind daher Elbasan und eigene Verhüttung der *Eisenerze vom Ochrid-See* untrennbar miteinander verbunden. Die Geschichte der heutigen Industriestadt geht jedoch viel, viel weiter zurück.
Wie andere albanische Städte hat auch Elbasan drei verschiedene Namen getragen: Illyrer und Römer nannten es *Scampa,* Byzan-

tiner tauften es nach Wiederherstellung seiner Festung im 9. Jahrhundert *Neon Kastron* (Neues Kastell), Sultan *Mehmed II.* gab ihm 1466 beim Ausbau zur Rückendeckung der Belagerungen von Kruja den bis heute gebliebenen türkischen Namen «Landbezwingerin».

Wie zahlreiche *Ausgrabungsfunde* belegen, war das antike Scampa eine vorwiegend *illyrische Stadt,* abgesehen von der Besatzung des befestigten römischen Feldlagers. Im Unterschied zu fast allen anderen albanischen Städten war ihre Keimzelle von Anfang an keine Burg auf einem Hügel oder Felsen, sondern ein *Wassergrabenkastell* in der Ebene. In der Völkerwanderungszeit, als die Goten über Südosteuropa hereinzubrechen begannen, wurde die Wasserburg von Scampa ausgebaut. Aus jenem 4. Jahrhundert stammt die älteste erhaltene Bausubstanz, ein Gußmauerwerk mit Ziegelbänder- und Kieselverkleidung *(opus mixtum).* Weitere Schichten der Festungsmauern stammen aus den Epochen gefestigter oströmischer Macht auf dem Balkan, der *justinianischen Zeit* (6. Jh.) und der Rückgewinnung Albaniens von den *Bulgaren* (9. Jh.). Seit damals führte Elbasan den Namen Neon Kastron. Bei dessen Wiederbefestigung in der *Ära Skanderbegs* griffen die Osmanen auf das antike und mittelalterliche Baumaterial zurück. Doch begann die mächtige Zwingburg Mehmeds II. gleich wieder zu verfallen, als im 16. Jahrhundert ganz Albanien der Hohen Pforte unterworfen und Elbasan zum friedlichen Hinterland geworden war. Erst *Ali Pascha Tepelena* kümmerte sich wieder um die Festung, die er zu seinem nördlichen Vorposten machte. Nach Alis Ende ließ die osmanische Zentralverwaltung daher die Mauern 1832 bis auf einen kläglichen Rest mit dem **Südtor** schleifen. Auf ihrem Gelände machten sich die Häuser der heutigen Altstadt breit.

Entgegengesetzt zum strategischen Niedergang Elbasans verlief seit dem frühen 18. Jahrhundert seine Aufwärtsentwicklung als

Handels- und Kulturzentrum. Die *Silberschmiede und Opankenmacher* seines Basars waren bis zu den Balkankriegen 1912/13 in der ganzen, damals erst fast ganz aufgeteilten Europäischen Türkei berühmt. In der zweiten Hälfte des 18. Jahrhunderts machte sich der Privatgelehrte *Todhri Haxhifilipi* (um 1730–1805) in der orthodoxen Gemeinde als Liturgiereformer verdient und ersetzte dabei die griechischen durch lateinische Buchstaben. Der nationalhellenisch gesinnte höhere Klerus unterdrückte die Reform, doch wurde das neue Alphabet für das Albanische von der Bevölkerung und vor allem in Händlerkreisen begeistert aufgegriffen. Es blieb im Raum Elbasan bis ins späte 19. Jahrhundert in Gebrauch, ehe es durch die verbesserte Schreibweise von *Zev Jubani* (S. 133) ausgetauscht wurde. Die Elbasaner haben ihrem «Lehrer Theodor» *(Dhaskal Todhri),* wie Haxhifilipi liebevoll genannt wird, bis heute ein treues Andenken bewahrt. So war es kein Zufall, daß die erste albanische *Lehrerbildungsanstalt* 1909 in Elbasan eröffnet wurde. Davon abgesehen galten die Bewohner der Stadt bis in die Gegenwart als recht unalbanisch fanatische Muslime, wurden jedoch ebenso für ihre *Gastfreundschaft* gerühmt.

Das 362 mal 327 Meter messende **Altstadtquartier** der ehemaligen Burg *(Qala)* und das Geburtshaus von Albaniens erstem kommunistischem Jugendführer Qemal Stafa bilden neben dem Hüttenwerk und den heißen Schwefelquellen von **Llixhat** im Süden der Stadt die obligatorischen Gruppenziele.

Falls Sie in Elbasan übernachten, gehen Sie vor Sonnenuntergang oder zeitig am Morgen in den obersten Stock des **Albturist-Hotels Scampa** hinauf, von wo Sie den schönsten Gesamteindruck der Stadt erleben und fotografieren können: gleich neben Ihnen die Kuppeln des restaurierten Türkischen Bades **(Hamam),** auf der anderen Seite die Reste der **Qala,** das Südtor mit den beiden Brunnen, flankiert von acht der ehemals 26 Türme,

überragt von einem **Uhrturm,** dahinter über dem Rot der Ziegeldächer die achteckige Kuppel der Moschee mit dem kopflosen Minarett, wie in Berat **Königsmoschee** *(Xhamija Mbretit)* genannt.

Elbasans pulsierendes Leben hat sich aus der Altstadt in die modernen Arbeiterwohnviertel rundum verlagert. Zwischen Südtor und Moschee, die Sie durch zwei sich zunächst gabelnde, dann aber wieder zusammenführende Gassen in gleicher Weise erreichen, eine Welt der Stille, der überlebten Vergangenheit. An verlassenen Häusern sind die Fensterläden geschlossen, vom bunten Treiben des einstigen Basars blieben nur die Barbierstuben und kleinen **Kaffeehäuser** übrig. Da und dort eine Bäuerin aus der Umgebung, die Produkte aus ihrem Hausgarten anbietet, die sie frei verkaufen darf: Eier, Obst, Gemüse, Kartoffeln, eine Korbflasche mit selbstgebranntem Raki. Die *Frauentracht* von Elbasan zählt zu den reichsten Albaniens: Vom straffen roten oder schwarzen *Mieder* baumeln Münzen, das *Seidenkopftuch* fällt bis auf den Busen nieder, das Prachtstück ist die breite *Schürze* mit teppichartigen Mustern in Weiß, Schwarz, Blau und Rot.

Auf cincn Bcsuch im **Museum des Befreiungskampfes** (linkc hintere Ecke des ursprünglichen Burg-Gevierts) folgt südöstlich der Burg das **Geburtshaus** des engsten Mitarbeiters von Enver Hoxha, *Qemal Stafa* (1921–1942). Hinter seiner gelben Fassade tut sich die mehr als bescheidene Welt der einfachen albanischen Stadtbevölkerung der Zwischenkriegszeit auf – ein bemerkenswerter Kontrast zu der Umgebung, in der im großbürgerlichen Gjirokastra der junge Hoxha aufgewachsen war.

Eine wieder völlig andere Atmosphäre herrscht 14 Kilometer südwestlich am Waldrand im «Karlsbad» der Skipetaren, **Llixha** (albanisch «das Bad»), mit seinen fast 60 Grad heißen Schwefelquellen. Das alte *Römerbad* – bei Ausgrabungen wurden Reste von

Thermen freigelegt – hatten die Österreicher im Ersten Weltkrieg wiederentdeckt. Es mauserte sich in den zwanziger und dreißiger Jahren zunächst als *Bauernbad* mit Holzbottichen und gemeinsamen Schlafsälen, bis es *König Zogu* zu seinem «Hofbad» mit Hotelsanatorium, Kurpark und Kasino ausbaute. Im Nationalen Befreiungskampf rückten dort die *Partisanen* ein, während in Elbasan noch die Wehrmacht stand. Heute sind die 450 Betten seines *Werktätigen-Rehabilitationszentrums* in zweiwöchigem, unentgeltlichem Turnus jahrein, jahraus voll belegt.
In der in Elbasan verbleibenden Freizeit können Sie rechts um die Qala herum zu ihrem nordöstlichen Ende schlendern, wo das Denkmal von *Konstandin Kristoforidhi* (1830–1895) steht, einem Vorkämpfer der auf dem toskischen Dialekt beruhenden einheitlichen albanischen Schriftsprache. Hier an der Dialektgrenze mit dem *Gegischen,* dem **Shkumbin,** lag die Vertretung eines solchen Anliegens besonders nahe. Immerhin hat sich dieses Hochalbanisch aus dem Süden erst 1972 endgültig gegen Versuche durchgesetzt, das Nordalbanische zum offiziellen Idiom im Land sowie im benachbarten Kosova und Mazedonien zu machen.
Eine Art Geheimtip ist die fast vergessene ehemalige Pfarrkirche der *Aromunen* in der Stadt, **Shën Koll** (Hl. Nikolaus). Noch im 19. Jahrhundert wurden in Elbasan neben 8000 islamischen und 200 albanisch-orthodoxen auch 120 *vlachische,* das heißt mazedorumänische oder eben aromunische Haushalte gezählt. Lassen Sie sich von Ihrer Reisebegleitung oder Passanten dorthin weisen. Das sonst schlichte Gotteshaus verfügt über eine meisterhaft geschnitzte **Bilderwand** *(Ikonostase)* aus dem 17. Jahrhundert. Ihr Ikonenzyklus dürfte gut 100 Jahre später gemalt worden sein, verrät aber Frische und künstlerische Kraft, die in der Heimatstadt eines *Onufri* (S. 128) viel später als sonstwo im vormals byzantinischen Kulturkreis nachließ.
Für den Abend haben Sie – wie in Shkodra – die Wahl zwischen

Theater oder **Biergarten,** die beide hintereinander schräg rechts gegenüber vom Südtor, das Theater direkt an Elbasans Hauptstraße, liegen.

Der Ochrid-See, Hoxhas liebste Ferienregion

Hinter Elbasan wird die Shkumbin-Ebene bis **Labinot-Fushe** (Ebene von Labinot) immer schmaler. In Labinot hatte Enver Hoxha 1943 die *Albanische Nationale Befreiungsarmee* gegründet.

Auf dieser Strecke sehen Sie meist von anderswo schon vertraute Motive: Am Ortsausgang von Elbasan links einen parkartigen **Heldenfriedhof,** etwa drei Kilometer weiter grüßt von einem Hügel ein vormaliges **Bektaschi-Kloster** *(Teqe).* Wo das Tal schon enger geworden ist, erheben sich Pfeiler und Bogen einer **osmanischen Brücke** über den Shkumbin. Sie ist nach *Haxhi Beqar* (wörtlich: Mekkapilger Junggeselle) benannt. Schon eine *Römerbrücke* der Via Egnatia soll an dieser Stelle den Fluß überquert haben, der noch durch keinen einzigen Staudamm verschandelt, pardon, reguliert ist. Das schmale Bächlein, das Sie in der warmen Jahreszeit zwischen Schotterbänken verrieseln sehen, schwillt während der Winterregen zu einer extremen Wasserführung von bis zu 500 Kubikmetern je Sekunde an!

Bald verlassen wir auch den *Bezirk* Elbasan und kommen nach *Librazhd,* einer Gebirgsgegend, die sich am oberen Shkumbin bis in die Hochebene von **Domosdova** fast zum Ochrid-See ausbreitet. Der Bezirk ist reich an den *Eisennickelerzen,* die in Elbasan zur Verhüttung kommen.

Die Straßenführung längs des Shkumbin ist kühn und großartig. Sie sehen es den Kehren und den Brücken über die Schluchten

geradezu an, was für eine Arbeit da von den Freiwilligen-Brigaden geleistet werden mußte, um das schier Unmögliche möglich zu machen. Noch sind die Eselskarawanen nicht ausgestorben, die Früchte des Landes oder Holz befördern. Daneben rollt auf der Bahn, etwa über die «Hohe Brücke» von **Fushtrica,** der Erzreichtum Südostalbaniens seiner industriellen Verwertung entgegen. So eine stolze wie zweckmäßige Brücke aus Eisenbeton kann nicht einmal das schlimmste Hochwasser bezwingen – das dürfte sich schon ein *Cäsar* gewünscht haben, als er vor etwa 2000 Jahren an der Via Egnatia beim Überschreiten eines albanischen Flusses, den das Schmelzwasser zu einem reißenden Strom gemacht hatte, beinahe sein Leben verloren hätte. Oft werden Sie den Eindruck haben, die Straße schleudere Sie regelrecht längs der Bergwand hoch über das Tal hinaus. Wie berauscht stehen Sie oben an einem Steingeländer und starren gebannt in die Tiefe, wo die Wasser der Berge brodeln und gischten, umflossen vom wogenden Grün der Wälder. Grandioses Schauspiel einer Landschaft!
Im Herzen dieser wildromantischen Gegend liegt das kleine **Librazhd.** Richtig großartig ist sein **Volkskunde-Museum,** das mit Grabungsfunden und Schaukästen zum Verlauf der Via Egnatia in diesem Bezirk bis in die Römerzeit zurückweist. Es ist ihm ein besonderes Anliegen, darzustellen, wie sich das karge Leben der Kleinbauern und Hirten, Holzfäller und Köhler in diesen Waldbergen, -schluchten und Tälern im letzten halben Jahrhundert mehr verändert hat als in den über 2000 Jahren zuvor: Im **Freigelände** des Museumsgartens zaubern Ihnen holzschindelgedeckte Almhütten, Getreide- und Pulvermühlen, eine primitive Walke zum Verfilzen des Lodens und ein Vorratshaus für den Mais mit geflochtenen Wänden und kegelförmigem Strohdach ein *traditionelles südostalbanisches Bergdorf* vor. Im Inneren des Museums geben alte *Stuben* und *Wohnküchen* einen hervorragend gestalte-

ten Einblick in das albanische Hausleben von einst. Die handwerklichen Fähigkeiten der Frauen und Männer während der da oben schon langen und schweren Balkanwinter dokumentieren *Trachten, Kessel, Kannen* und *Platten* mit gehämmerten oder einziselierten Mustern.

Hinter Librazhd bekommen Sie zwischen **Misaka** und **Qukës** endlich einmal am jenseitigen Shkumbin-Ufer die *Via Egnatia* selbst konkret zu Gesicht: Aus den Felsen gehauen ist dort die Trasse des Jahrtausende alten Verkehrsweges deutlich sichtbar, bevor die moderne Straße das Tal links hinauf zur Hochebene von **Domosdova** verläßt. Dort hatte *Skanderbeg* bei **Torvioll** 1444 in einer dreistündigen, zunächst völlig offenen Schlacht den ersten großen Sieg über die zahlenmäßig weit überlegenen Türken erfochten und damit den Grundstein für die Unabhängigkeit Albaniens – zu seinen Lebzeiten – gelegt.

Der rote Boden der Region verrät, daß er *Erz* enthält. Tatsächlich öffnet sich nach Nordosten das Tal von **Pishkesh,** wo die *Eisennickelgruben* liegen. Ihre Bodenschätze werden in dem

---

Monade des Balkans

«Albanien ist die Monade des Balkans, in welcher sich der ganze Balkankosmos mit allen seinen lateinischen, griechischen, römischen, byzantinischen, italienischen und slawischen Nuancen widerspiegelt, in welcher heute noch zahlreiche Kristalle des Ursprunges glitzern, in welcher noch diejenige ethnische Grundschicht der Balkanhalbinsel sichtbar ist, deren Beharrungsvermögen der balkanischen Sprachengemeinschaft eine einheitliche Physiognomie aufdrückte und auch bei der Bildung des einheitlichen Charakters der mittelalterlichen Balkanhalbinselkultur mitwirkte.»
(Balkanforscher Milan von Schufflay, 1916)

---

eher tristen Industrieort **Prrenjas** zu Eisen und Nickel aufbereitet, ehe sie auf Albaniens «Erzbahn» den Weg nach Elbasan antreten.
Auf der Strecke zum Ochrid-See fahren die Züge in einen drei Kilometer langen Tunnel, der unter dem **Thana-Paß** (993 m) hindurch führt. Bei seinem Bau sind zahlreiche ergiebige Quellen gefaßt und nach außen geleitet worden. Mit ihrem kühlen Naß wird seitdem der einst kahle Abhang hinauf zum Kirschenpaß (Thana = Kornelkirsche) bewässert. Während Ihrer Bergfahrt sehen Sie rundum dieses Musterbeispiel albanischer *Bewässerungs- und Aufforstungspolitik.*

Auf der Paßhöhe beginnt der *Bezirk Pogradec, Enver Hoxhas* bevorzugte Ferienregion, besonders in seinen letzten Jahren. Das 1984 postum – auch auf Deutsch – erschienene Spätwerk «Betrachtungen über den Nahen und Mittleren Osten» hat er dort im Dezember 1983, vier Monate vor seinem Tod, zu Ende geschrieben.
Dieser Bezirk legt sich bogenförmig im Westen und Süden um den **Ochrid-See** (albanisch: *Liqeni i Ohrit*) und bildet eine Senke, die auf allen Landseiten von Bergen umgeben wird. Bei all seinen landschaftlichen, klimatischen und wassersportlichen Reizen ist Pogradec in erster Linie ein Industriegebiet.
Gleich hiner dem Thana-Paß, wo links die Straße ins heute jugoslawische **Struga** – dort verläßt der **Schwarze Drin** den Ochrid-See – abzweigt, liegt das Zollhaus der Erben Titos nur einen Steinwurf entfernt. Am jenseitigen Seeufer steigen die **Petrina** und der **Istrok** wild bis zur **Goga** (1737 m), alles seit rund 70 Jahren verlorenes Skipetarenland. Diesseits führt die Straße zwischen Feigenbäumen in die **Bucht von Lini** hinunter. Vom Dröhnen des Motors abgesehen könnten Sie meinen, im unveränderten Paradies des Weltenschöpfers zu sein, so groß sind nach den lärmen-

den Bergwerksrevieren die Ruhe und Einsamkeit, die Weite der Wasser und die Majestät der Küstenberge. Wenn Sie dem Spiegel des Sees (360 km², 695 m ü. d. M., fast 300 m tief) nahe kommen, können Sie Haubentaucher erkennen, die unermüdlich hinter den *Ochrid-Forellen* her sind, einer Art (delikater) Lachsforelle, die Sie da und dort in der Sonnenglut aus dem silberhellen Wasser springen sehen.
Auf einer schmalen Halbinsel, die in den klaren Bergsee hineintaucht, drängen sich die ineinandergeschachtelten Häuser des Fischerdorfs **Lini**. Ob Sie die berühmten *Mosaiken* der nahen byzantinischen Basilika sehen werden, ist weitgehend ein Glücksspiel. Erwähnt habe ich diese feinen Arbeiten in gedämpften Rot- und Brauntönen schon im Zusammenhang mit dem *Flora-Mosaik* aus **Durrës** (S. 165) im **National-Historischen Museum** von **Tirana** (S. 194). Die Boden- und Mauerreste des **byzantinischen Klosters** von Lini liegen mitten im militärischen Sperrgebiet – schließlich ist die jugoslawische Grenze zum Greifen nahe. Es hängt vom Eifer Ihrer Begleitung und von der Lust oder Laune des Postenkommandanten ab, ob Sie sich durch Stacheldrahtverhaue zu den mit einer Sandschicht geschützten Mosaiken vorarbeiten dürfen. Lassen Sie sich dort wenigstens den Sand über jenem Fußbodenstück in den Fundamenten der südlichen **Taufkapelle** *(Baptisterium)* entfernen, wo – umkränzt von Weintrauben, Rebenranken und Vögeln ein doppelhenkeliges Gefäß zu sehen ist, in dem der albanische Kunsthistoriker *Skënder Anamali* einen *Abendmahlskelch* vermutet. Geben Sie nun nicht mehr auf, bis Ihnen auch im Hauptschiff der ursprünglich dreischiffigen *Basilika aus dem 6. Jahrhundert* die *muntere Mosaik-Szene mit Wasserpflanzen und -vögeln, Fischen und Krebsen* «enthüllt» wird, für die dem frühbyzantinischen Mosaikkünstler der Ochrid-See Pate gestanden haben dürfte.

Ob Lini-Mosaiken oder nicht: Bald bringt Sie der Bade- und Ferienort **Pogradec** (16 500 Einwohner) an der Südwestecke des Sees auf andere Gedanken. Wie ihr slawischer Name «Unter der Burg» besagt, stammt die mittelalterliche Stadt aus der Zeit der *zweiten Bulgarenherrschaft* über den Großteil des Balkans, als das «Makedonische Reich» der *Zaren Samuel, Gabriel* und *Johannes* seinen Mittelpunkt in diesen Winkel zwischen dem Ochrid- und den Prespa-Seen verlegt hatte (976–1018). Wie Ausgrabungen auf dem Burgberg zu ergeben beginnen, reicht die Geschichte von Pogradec jedoch weit über die erste nachchristliche Jahrtausendwende in früheste *illyrische Zeiten* zurück. Ein weit großartigeres und einleuchtenderes Belegstück dafür, gar nicht weit entfernt in einem Kessel der **Mokra-Berge** auf halbem Weg zwischen Lini und Pogradec, wird nur in den seltensten Fällen aufgesucht: die *illyrische Nekropole* von **Gradishta-Selca** mit *Grabkammern* hinter *Tempelfassaden* und regelrechten *Grabhäusern* – eine Miniaturausgabe des jordanischen **Petra** auf europäischem Boden. Immerhin haben Sie – hoffentlich – im **National-Historischen Museum** von **Tirana** das von dort stammende «Prinzengrab» gesehen.

Vom alten Pogradec mit seinen unten gemauerten, im Obergeschoß aus Holz gebauten Häusern haben die Zerstörungen zweier Weltkriege nicht viel übriggelassen. Das neue Stadtbild beherrschen geradezu klassizistische Bauten, vor allem Arbeitererholungsheime des albanischen *Gewerkschaftsbundes,* dem fast ganz Pogradec zu gehören scheint.

Auf der Dreitagestour (Trip 32) wird im Hotel Guri i Kuq Mittagsrast gehalten, willkommene Gelegenheit, selbst eine oder auch mehrere Ochrid-Forellen auf der Zunge zergehen zu lassen. Die Nachfrage ist immer so groß, daß Sie mit Ihrer Bestellung vielleicht zu spät kommen. Trösten Sie sich mit den ebenfalls vorzüglichen *Karpfen* oder *Aalen.*

Promenieren Sie dann am Seeufer zum **Drilon-Park,** halb Naturschutzgebiet und halb Freizeitzone. Am schönsten ist der Park im Mai und Juni, wenn die Bäume und Büsche farbenprächtig-duftmächtig blühen.

Sie haben die Wahl: Die Stadt Korça oder ihre Umgebung

Zwischen den Hopfenstangen von Bucimas rollt der Bus in Albaniens äußerste Südostecke hinein, die **Ebene von Korça** (800 m ü. d. M.). In keiner Gegend Albaniens sind auf so engem Raum so viele und reiche Zeugnisse für die früheste Vergangenheit, klassisches Altertum, byzantinisches Mittelalter und osmanische Neuzeit sowie das Überleben albanischer Eigenständigkeit durch alle diese Fremdherrschaften und überfremdenden Kultureinflüsse bis zur nationalen und sozialen Wiedergeburt des Skipetarentums in den letzten 125 Jahren vereint. Nicht einmal der dreitägige Trip, geschweige denn der Zweitagesausflug von Albturist reichen aus, um in und um Korça auch nur annähernd das Wichtigste und Schönste davon zu erleben.
Der *Bezirk Korça* ist nach dem von Shkodra der zweitgrößte in der Sozialistischen Volksrepublik Albanien und bedeckt acht Prozent ihrer Fläche. Von der Hochfläche im Mittelland steigen ringsum Berge auf und erreichen in der **Ostrovica** (2380 m) eine hier im Süden gar nicht mehr erwartete Höhe. So kommt es auch, daß das *Haupt-Skigebiet* der Albaner nicht in den nördlichen Alpen zu suchen ist, sondern südwestlich von Korça hiner **Voskopoja** beginnt.
Wie der ganze Südosten ist auch dieser Bezirk reich an Bodenschätzen. Trotz hochgradiger Industrialisierung blieb Korça ein

landwirtschaftlicher Produktionsraum von nationaler Bedeutung. In diesem «Seewinkel» liegt die eigentliche Kornkammer Albaniens. Bis nach dem Zweiten Weltkrieg dehnte sich auch dort ein 5000 Hektar weites Sumpfgebiet aus, das erst in mühsamer – freiwilliger – Arbeit trockengelegt und melioriert werden konnte.

Am unzugänglichsten waren die *Sümpfe von Maliq,* wo unsere Straße nach dem weiten Umweg über Librazhd und Pogradec wieder den **Devoll** erreicht. Mitten hinein wurde nach der Entwässerung 1951 die völlig neue Stadt Maliq gestellt, die mit ihrem *Zuckerrüben-Verarbeitungsbetrieb* «8. November» nun im ganzen Land als «Zuckerstadt» bekannt ist. Weit über Albaniens Grenzen hinaus ist Maliq jedoch durch die *prähistorischen Funde* berühmt, die 800 Meter von seiner Devoll-Brücke flußaufwärts 1948 bei Meliorationsarbeiten angerissen und in den folgenden Jahren von Archäologen freigelegt und ausgewertet wurden. Nach diesen Erkenntnissen hat es sich um eine *jungsteinzeitliche* (4000–1750 v. Chr.) Kultur gehandelt, die noch in die anschließende *Bronzezeit* hineinreichte. Die albanische Forschung unterscheidet heute zwei Schichten: *Maliq I* aus der frühen Jungsteinzeit, deren Träger Bewohner von einfachen *Schilfhütten* waren und von denen sich Tonscherben, Knochen und Feuersteinwerkzeuge erhalten haben. Charakteristisch für Maliq I ist seine *formenreiche, bunte Keramik.* Die Funde der Schicht *Maliq II,* einer *Pfahlbauer-Kultur,* reichen von der Jungsteinzeit über das Mittelglied der Kupferzeit bis in die Anfänge der Bronzezeit hinein. Ihre *Keramik* zeichnet sich durch *feine Arbeiten* in *schwarzgrauer Farbe* aus. Kupferäxte wurden gefunden, vom bronzezeitlichen Ausklang der Maliq-Kultur weibliche Terrakotta-Figürchen *(Idolplastiken)* mit auffälliger Betonung der Brüste und Schamteile, wie sie aus derselben Epoche auch aus Kreta, Thessalien, Bulgarien, Bessarabien und anderen Gebieten in Südost-

europa bekannt sind und Fruchtbarkeitsriten gedient haben dürften. All das bekommen Sie allerdings nicht in Maliq, sondern im **National-Historischen Museum** von **Tirana** zu sehen. Falls es Ihnen beim erstenmal entgangen war, lohnt sich allein dafür ein zweiter Besuch.

Zwölf Kilometer hinter Maliq verbreitert sich die Straße zu einer vierspurigen Stadteinfahrt: Wir sind in **Korça** (65 500 Einwohner), für jeden Albaner und erfahreneren Albanien-Fahrer als Heimat des *besten inländischen Biers* und der ersten, 1985 eröffneten *Ski-Fabrik* ein Begriff. Korça kann seinen Stammbaum nicht bis zu Byzantinern, Römern oder gar Illyrern zurückverfolgen. Sein Ursprung war im 15. Jahrhundert ein türkisches Dampfbad *(Hamam)* für staubige und verschwitzte Reisende an einer Straßenkreuzung. Moschee und Basar kamen dazu, vom 17. Jahrhundert an nahm der Ort als Handelszentrum einen so großen Aufschwung, daß er bald nur noch «die Reiche» genannt wurde. Reich war allerdings nur eine kleine Oberschicht. Von den Unter- und Mittelklassen mußten viele aus nackter Not auswandern. Rumänien, Ägypten und die USA waren für sie vor und nach der Jahrhundertwende die Länder der Verheißung. In der Fremde wurde ihnen ihre albanische Eigenart erst recht bewußt, und gerade diese Auslands-Korçaner waren begeisterte ideelle wie materielle Mäzene des skipetarischen Risorgimento. Die Heimatstadt lag ihnen dabei besonders am Herzen; ihre exponierte Lage als Objekt Nr. 1 aller griechischen Expansionspläne kam besonders drängend dazu. Kein Wunder, daß 1887 die *erste Grundschule mit albanischer Unterrichtssprache* in Korça eröffnet wurde. Im Ersten Weltkrieg rettete die Stadt nur die Ausrufung einer *eigenen Republik* unter französischem Schutz vor dem Anschluß an Griechenland. Das ihrem Führer *Todhri Gërmenji* 1930 von den alles andere als kommunistischen Großbürgern errichtete Denkmal (Anfang der **Rruga Republika**) steht daher

bis heute. Als 1940/41 tatsächlich die Griechen vorübergehend Korça besetzt hielten, erwuchs der Stadt ein neuer Verteidiger: *Enver Hoxha.*

Stützpunkt aller Gruppenreisen ist das **Hotel Iliria** am **Hauptplatz.** Andere Reiseführer lassen kein gutes Haar daran. Ich überlasse Ihnen das Urteil und meine, daß das ausschließlich eine Geschmacksfrage ist. Der allererste Gruppenbesuch ist meist dem **Museum für mittelalterliche albanische Kunst** gewidmet, dessen Exponate freilich bis ins frühe 19. Jahrhundert reichen. Neben *Onufri* (S. 128 u. 295) zugeschriebenen Ikonen ist eindeutiges Prunkstück des 1980 in der ehemaligen albanisch-orthodoxen Bischofskirche und den angebauten klerikalen Amtsräumen eingerichteten Museums die 1707 geschnitzte **Ikonenwand** *(Ikonostase);* die sechs Hauptikonen von Christus, Maria, dem Heiligen Johannes dem Täufer, dem Heiligen Nikolaus und Maria, der «lebenspendenden Quelle» als besonderer Kirchenpatronin, wurden 1755 von *Thanas von Korça* gemalt, dem letzten großen Vertreter sakraler albanischer Malerei.

Dazu kommen ein *Epitaph* (S. 194) aus dem 17. Jahrhundert, andere Kultgegenstände, Trachten und Hausrat, Waffen, alte Teppiche, *Modelle von typischen Wohnhäusern* aus **Korça, Kruja, Berat** und **Gjirokastra.** Das ist aufschlußreich, weil Sie so fast alle albanischen Hausformen – mit Ausnahme der nordalbanischen Kulla – vergleichen können.

Weiter geht es in die namhafte **Teppich-Manufaktur,** wo die gefragten *Korça-Teppiche* von Hand geknüpft und die nicht weniger schönen, doch erfreulich billigeren Kelims handgewebt werden. Aus heimischer Schafwolle entstehen dort unter den flinken Händen der Frauen Muster nach klassischen Vorbildern orientalischer Teppiche. In der **Kelim-Abteilung** herrschen albanische Motive und frohe Farben vor. Anders als in Kavaja wird in Korça am *waagrechten Rahmen* gearbeitet (s. a. S. 183).

Anschließend werden Sie zum **Heldenfriedhof** an die Flanke der **Morava-Berge** im Osten der Stadt hinausgefahren. Dort ruhen in einer treppenartigen Anlage unter den steinernen Schwingen eines riesigen skipetarischen Doppeladlers an die 8000 Frauen und Männer, die im Kampf für Albaniens Freiheit und Fortschritt ihr Leben gelassen haben. Vom Friedhof – oder dem **Erholungsheim** daneben – öffnet sich Ihnen das Panorama der Stadt Korça – doch ebenso der Schlote ihrer die weite Ebene blaßrot einnebelnden Fabriken.

Gern, aber nicht immer, besuchen darauf Ihre Begleiter(innen) mit Ihnen das gutbürgerliche Erkerhaus, in dem der junge Studienrat *Enver Hoxha* ab 1937 als «möblierter Zimmerherr» logierte, als er am *Lycée Francais* von Korça unterrichtete, das 1917 in der französischen Protektoratszeit gegründet worden war und als einzige Institution in der kurzlebigen «Stadtrepublik» länger bestand. In Hoxhas Zimmer scheint die Zwischenkriegszeit stehengeblieben zu sein: ein Diwan, ein Schreibtisch und Bücher, ebenso Mokkatasse, Pfeife und Spazierstock, alles noch am alten Platz. In den achtziger Jahren hat sogar die hochbetagte Zimmervermieterin, «Mama Teta», noch allen, die da kamen, von «ihrem» Enver viel Menschliches und manch Amüsantes zu erzählen gewußt.

Zum Schluß werden die Touristengruppen dorthin gebracht, wo Korça seinen Anfang genommen hatte: zur zwischen 1484 und 1496 gebauten **Mirahori-Moschee** (Moschee des Stallmeisters) im Herzen der Altstadt, zwischen dem Basar und dem ersten Wohnviertel, das wie in Berat **Kasaba** genannt wurde. Obwohl es sich um die *älteste Einkuppelmoschee* auf albanischem Boden handelt und sich ihr *Schachtelmauerwerk* noch an die byzantinische Bauweise anlehnt, kann der bleigedeckte, minarettlose Bau nach allem in Tirana, Vlora und vor allem Berat Gesehenen keine große Begeisterung mehr wecken. Dasselbe gilt für die

Bilder im Inneren aus dem 19. Jahrhundert. Im Moscheehof stand bis zu einem Erdbeben der sechziger Jahre ein alter **Uhrturm.** Sein Nachfolger mit der Digitalanzeige wirkt wie ein Beweis, daß eine öffentliche Zeitangabe nach wie vor gebraucht wird – und nicht unbedingt schön sein muß.

Das noch sehenswerte Korça läge dahinter zum Greifen nahe. Aber: In der Regel wird es jetzt schon dunkel. Was sich nach dem Abendessen noch für Ihren freien Abend anbietet, ist ein Stadtbummel die Lenin- und die Republik-Straße entlang.

Die **Rruga Lenin** können Sie vom Hotel in südöstlicher Richtung hinter dem Hauptplatz gar nicht verfehlen. Rechts, zwischen der Straße und dem überbauten **Morava-**Flüßchen, lag auf der kleinen Anhöhe früher **Qala,** die Burg von Korça, links gegenüber der **Kulturpalast.** Er ist nach Hoxhas Vorläufer *Ali Kelmendi* (1900–1936) benannt, dem Führer der *Korça-Gruppe* im albanischen Frühkommunismus. Bleiben Sie weiter auf der linken Straßenseite: Auf das staatliche Warenhaus MAPO folgt das Gebäude der **ersten albanischen Volksschule,** wenige Jahre vor der Unabhängigkeit von 1912 noch einmal von der türkischen Obrigkeit geschlossen und heute Museum. Nach links geht die **Rruga Republika.** An der Straßenkreuzung das schon erwähnte **Gërmenji-Denkmal** und – vor allem – vor dem Parteihaus die 1932 geschaffene Statue des **Nationalen Kämpfers,** mit dem der Bildhauer *Odhise Paskali* (S. 130) erstmals auf sich aufmerksam gemacht hatte. Beachten Sie im Licht der Straßenbeleuchtung den zu allem entschlossenen, aber nicht verbissen wirkenden «Kämpfer»-Kopf, und Sie werden etwas von der inneren Kraft spüren, die Paskali seinen Werken einzuhauchen verstand.

In der Rruga Republika hat sich die Atmosphäre dieser «Ringstraße» aus der Gründerzeit des großbürgerlichen Korça um die Jahrhundertwende erhalten: Einer mitteleuropäischen Kleinstadt nachempfundene Häuser – einige andere sind Ihnen viel-

leicht schon an der rechten Seite der Ruga Lenin aufgefallen – aus Stein mit mehreren Stockwerken, geradezu italienischen Loggias und Stuckfassaden bis unter die recht unalbanisch steilen Ziegeldächer. In einem der schönsten dieser vom *Historismus* beleckten, «dekadenten» Bürgerhäuser am linken Ende der Straße hat sich das **Café Valbona** einquartiert. Auf seiner Terrasse können Sie außer dem guten Bier von Korça auch härteren Getränken zusprechen, die in der Stadt und ihrer Umgebung destilliert werden: Albaniens bester, dem seifigen griechischen «Metaxa» ähnlichen und ihm nach meinem Gaumen ganz und gar nicht nachstehenden *Cognac Skënderbeu* und der Maulbeerschnaps aus **Drenova.** Das heutige Kohlerevier war früher – ähnlich wie Shkodra – eine Hochburg der Seidenraupenzucht. Heute wird dort aus Maulbeeren, der Raupennahrung, ein wohlschmeckender, recht kräftiger Raki gebrannt. Schauen Sie aber bitte nicht zu tief ins Glas, denn am nächsten Tag sollten Sie mindestens eine Stunde vor der allgemeinen Abfahrt aufstehen, um zu besichtigen, was mir von Korça am besten gefällt, aber weder von einer Gruppe besucht noch in der Literatur von Albturist, seinen Auslandsvertretungen oder deutsch-albanischen Freundschaftsgesellschaften erwähnt wird: den Basar und das alte Christenviertel Varosh.
Sie gehen am besten vom **Iliria** in südwestlicher Richtung am Busbahnhof vorbei, und schon tut sich das alte **Basar-Viertel** vor Ihnen auf, dem Korça seinen Reichtum verdankte, besonders seit der zweiten Hälfte des 18. Jahrhunderts, als es auch den Handel und Wandel von **Voskopoja** an sich ziehen konnte. Die meisten Gebäude rechts **(Shula Han, Han der Ägypter)** und links **(Han zum Kaffeehaus)** von der Haupt-Basar-Gasse sind daher etwa 200 Jahre alt, machen aber heute einen verlassenen und verwahrlosten Eindruck. Wie bei all seinen anderen Unternehmungen hält sich das neue Albanien eben auch beim Restaurieren an den Grundsatz «Eile mit Weile». Ein vielversprechender

Anfang ist bereits etwas weiter rechts, bevor sich die Gasse zum **Großen Markt** weitet, mit dem **Han Elbasani** gemacht, der Herberge der Kaufleute aus Elbasan: Das zweigeschossige Gebäude um den großen Hof zur Aufnahme der Lasttiere und Gespanne erstrahlt unter seinem roten Ziegeldach in frohem Weiß, das Holzgeländer und die Pfosten der im ersten Stock ringsum laufenden Balkone sind frisch gebeizt. Sogar neues Leben ist in das alte *landsmannschaftliche Handelshaus* eingezogen, das jetzt als eine Art *Romantik-Hotel* – leider nur für Albaner – dient, mit Zimmern im Obergeschoß und Aufenthaltsräumen zu ebener Erde, wo früher die von hier bis **Frankfurt** und **Leipzig** gehenden Waren lagerten. Auf diese Weise macht sich das Restaurieren nicht nur ideell bezahlt. Ich wünsche Ihnen, daß Sie bei Ihrem Besuch im Basar schon den einen oder anderen der Hanis mit den poetischen Namen in wieder gepflegtem Zustand antreffen: den lautmalerischen **Han zum Hahn,** den **Ali-Baba-Han,** jenen **zum Fisch, bei den zwei Toren** oder den **Han der Rotschwänzchen.**

Doch weiter ins Viertel **Varosh** zum malerischen Haus des Malers *Vangjush Mio* (S. 129). Sie sind seinen farbenfrohen, vom alten Korça inspirierten Bildern vielleicht schon in der **Kunstgalerie von Tirana** (S. 198) begegnet. Die Stätte seines Wirkens ist mindestens ebenso eine Begegnung wert. Tasten Sie sich aus dem Basar auf den Hauptplatz zurück und folgen Sie der Rruga Lenin bis zur Abzweigung der Rruga Republika. Hinter dem Platz mit den Denkmälern liegt das alte *albanisch-orthodoxe Viertel* von Korça, Varosh. In seinen nördlichen Teil haben Sie schon mit der Gruppe zum Besuch des *Mittelaltermuseums* hineingeschnuppert. Auch jetzt werden Sie sich nicht ganz auf eigene Faust durch die verwinkelten Gassen zwischen den dicht aneinandergedrängten ein- bis zweigeschossigen Häusern bis zu Mios unter Denkmalschutz gestelltem und restauriertem «Wohn-Atelier» durchfinden. Zeigen Sie daher Passanten die albanische Be-

zeichnung *Shtëpi Muze e Vangjush Miot.* Es wird Ihnen gern, geradezu stolz und erfreut weitergeholfen.
Das Museumshaus ist am Vormittag nicht geöffnet (falls Sie als Einzelreisender länger in Korça sind: Mittwoch, Freitag und Sonntag von 16 bis 18 Uhr), aber auch von außen als *typisches Korça-Haus* sehenswert: ein zweigeschossiger, weiß verputzter Steinbau mit flachem roten Ziegeldach, rechteckig, mit einem Erker an der Vorderfront über der Tür. Das Erdgeschoß hat nur kleine, vergitterte Fenster, doch lassen sich eine später vermauerte, runde Toreinfahrt und die Spuren von größeren Fensteröffnungen erkennen. In der Blütezeit von Korça waren seine Häuser noch ebenerdig bewohnt. Das änderte sich Mitte des 19. Jahrhunderts mit den *verheerenden Nationalitätenkämpfen* zwischen griechischen, bulgarischen und – als letzte – auch albanischen Freischaren. Da wurden die Erdgeschosse wie bei den Gjirokastra-Häusern und im nordalbanischen Kulla in kleine Festungen verwandelt.

Bei der Rückfahrt oder – auf der 1989 freigegebenen Südroute – der Weiterfahrt von Korça machen die Gruppen höchst selten Abstecher zu wenigstens dem einen oder anderen der überreichen Kulturdenkmäler in der Umgebung der Stadt. Halten Sie daher die jetzt folgende «Wunschliste» Ihrer Begleitung möglichst hartnäckig und beschwörend vor die Augen:
– **Voskopoja** (1150 m): Wintersport- und Luftkurort etwa 20 Kilometer südwestlich von Korça, jährlicher Austragungsplatz der albanischen *Alpinen Skimeisterschaften,* an denen bisher allerdings nie mehr als drei Mannschaften (Korça, Peshkopia, Kukës) teilgenommen haben. Das 700-Seelen-Dorf war im späten 17. und frühen 18. Jahrhundert mit 30 000 Einwohnern die größte Stadt Albaniens, im ganzen damaligen Südosteuropa eine regelrechte Großstadt. Eine Chronik berichtet, daß ihre Steinhäuser

so eng aneinander gebaut waren, daß einmal eine Ziegenherde über die Dächer getrieben werden konnte.
Voskopoja war schon im 14. Jahrhundert um eine heute in Ruinen liegende Kirche (**Shën Premte** – Hl. Paraskeve) religiöser Mittelpunkt und Marktplatz für die im Sommer mit ihren Herden auf Hochalmen weidenden *Aromunen* (S. 270). Bald gesellte sich das – in den Weltkriegen weitgehend zerstörte – **Johannes-Kloster** (Shën Gjon Paralajmërues = Hl. Johannes der Vorläufer/bei uns: der Täufer) dazu, das sich – wie **Orosh** für die katholischen Nordalbaner – zu einem Nationalheiligtum der Aromunen und Skipetaren orthodoxer Konfession entwickelte. Die kirchlichen Menschenansammlungen führten zur festen Niederlassung von Handelshäusern, die zwischen 1680 und 1769 so reich geworden waren, daß sie Voskopoja zur damaligen kulturellen und künstlerischen Hauptstadt der Europäischen Türkei machen konnten, mit Gymnasium und Hochschule *(Neue Akademie)*, einer polyglotten Druckerei und zwei Dutzend Kirchen, für deren Ausmalung sie die größten Meister der Zeit verpflichteten: *David Selenica* (S. 128) und die Brüder *Zografu.*
Über dem *plötzlichen Niedergang* der blühenden Handelsstadt liegt ein zweifellos tragisches Geheimnis: Voskopoja soll 1769 von Räubern überfallen und weitgehend zerstört worden sein, worauf die überlebenden Kaufleute nach Korça flüchteten. In der Folge verfielen die Stadt und die meisten ihrer zwei Dutzend Kirchen. Ihre Rolle war wieder auf einen Wallfahrtsort und Sommermarkt der Aromunen reduziert, der 1916 und 1943/44 obendrein zum *Schlachtfeld* wurde. Erst das Albanien von heute nimmt sich seiner übriggebliebenen Zeugen an, zunächst durch *Restaurierung* der vier noch erhaltenen, zwischen 1712 und 1724 gebauten Kirchen, eine erst bei **Shën Koll** (Hl. Nikolaus) vollendete Herkules-Arbeit, bei der ein *Freskenteppich* von nahezu 1000 Wandgemälden sachkundig erneuert werden mußte.

Von außen bietet die Kirche, eine *dreischiffige Basilika* mit zwei Kuppeln, keinen besonderen Anreiz, wie alle in der Türkenzeit entstandenen albanischen Gotteshäuser: Das islamische Recht verbot den Christen, äußerlich auffällige Kirchen zu errichten. Dafür hat *David Selenica* innen seine ganze Kunst entfaltet, alle Stoffe der Bibel und des orthodoxen Heiligenhimmels an einem Ort vereinigt. Wie die *Mönchs-Trapeza* von **Apollonia** (S. 284) als voll ausgemaltes orthodoxes Refektorium einzig dasteht, ist Shën Koll von Voskopoja als Kirche einmalig. Sie werden leider nicht die Zeit haben, sich einigermaßen mit den wichtigsten Fresken – angefangen beim *Stifterporträt* des Kaufmanns *Haxhi Gjorgji* – zu beschäftigen, die Selenica auf der Höhe seiner realistischen Kunst zeigen. Beachten sie aber wenigstens, wie sich der Meister dem *Lokalkolorit* anpaßt und in der *Weihnachtsszene* die Hirten in *aromunischer Tracht* abgebildet hat.

Die **Vorhalle** *(Narthex)* wurde erst zur Mitte des 18. Jahrhunderts von *Konstandin* und *Thanas Zografu* – wohl mit dem «Thanas von Korça» in dessen Mittelaltermuseum identisch – mit geistlichen Wandgemälden geschmückt.

Ganz von ihnen stammt der Freskenschmuck der Kirche **Shën Thanas** (St. Athanasius) im Südosten von Voskopoja. Dort ist er auch besser erhalten. Besondere Aufmerksamkeit verdient – wieder in der Vorhalle – die lebensvolle Darstellung des Jüngsten Gerichts. Ähnliches können Sie sonst nur auf dem **Athos** (Kloster **Dionysiou**) sehen. Sicher reichen die Brüder Zografu nicht mehr an David Selenica heran; sie stehen aber hoch über dem, was sich nach ihnen an Stereotypie und Schwäche im Detail breit macht.

Shën Mihellit (St. Michael) im Süden der ehemaligen Stadt ist immer noch ein beeindruckendes Bauwerk, hat aber besonders stark unter dem Ersten Weltkrieg gelitten. Seine Fresken sollen als nächste restauriert werden.

Größte Kirche (38 × 15,3 m) von Voskopoja – oder *Mos-chopolis,* wie es die Griechen nannten – ist seine ehemalige **Kathedrale zum Entschlafen Marias** (*Kisha Shën Meri;* nicht: Zum Schlaf der heiligen Maria). Sie war auch die Bischofskirche der ehemaligen Stadt und bot 1000 Leuten Platz. Obwohl von ihrem Freskenschmuck zur Zeit herzlich wenig zu erkennen ist, vermittelt ihr Inneres mit den mächtigen Säulen und Rundbögen einen überwältigenden Gesamteindruck.

– **Mborja:** Vier Kilometer südöstlich von Korça thront auf dem höchsten Punkt dieses sonst unbedeutenden Dorfes am Morava-Gebirge die spätbyzantinische **Kirche des Erlösers** (albanisch: *Ristoz*), nach einer Inschrift 1389 gebaut; im 16. Jahrhundert kamen eine Vorhalle und kleinere Anbauten dazu. Dort konnte sich die albanische Sakralarchitektur kurz vor dem Türkeneinfall ein letztes Mal auch nach außen entfalten: Das kleine, fast quadratische Kirchenschiff steigt geradezu in die alles beherrschende Kuppel hinauf. Umgekehrt ist in Mborja der nur kleine Schritt von diesem christlichen Bauwerk zu den *Einkuppelmoscheen* des osmanischen Albanien zu erkennen. Ristoz könnte bei den Moscheen von **Korça** und **Elbasan** ohne weiteres Pate gestanden haben.

Auch innen ist die ganz mit *Fresken* geschmückte Erlöserkirche ein wahres Kleinod. Allerdings sollten Sie wegen der äußerst schlechten Lichtverhältnisse eine starke *Taschenlampe* mitnehmen, um dem kompletten Zyklus der Wandmalereien folgen zu können. Sie sind weniger reich als die in Shën Koll von Voskopoja, dafür handelt es sich hier um viel frühere Meisterwerke aus der *Paläologischen Renaissance* (S. 284). Der Künstler ist unbekannt, doch vertrat er die gleiche Schule, die auch auf der Insel Maligrad im Großen Prespasee am Werk gewesen ist.

– **Prespa** ist der schwierigste Punkt auf unserer Wunschliste, weil der Große **(Liqeni i Prespës)** wie der Kleine Prespa-See **(Prespa e**

vogël) im albanisch-jugoslawisch-griechischen Dreiländereck liegen und eigentlich militärisches Sperrgebiet sind. Doch dann und wann werden Ausnahmen gemacht. Im Großen Prespa träumt auf der Insel **Maligrad** – von Liqenas aus im Ruderboot zu erreichen – eine außen und innen mit farbkräftigen, trotz ihres geistlichen Inhalts fast weltlich gestalteten *Fresken* aus der Paläologischen Renaissance der zweiten Hälfte des 14. Jahrhunderts geschmückte **Kapelle.**

Am Kleinen Prespa birgt die **Höhe von Blashtonje** eine Kapelle (13. Jh.) mit sonst auf albanischem Boden so seltenen Kunstwerken der byzantinischen *Komnenenzeit* (1081–1185). Schade, daß Sie dorthin noch schwerer als zum Inselkirchlein auf Maligrad gelassen werden. Ein kleiner Trost: Die schönste *Ikone von Blashtonje,* eine Muttergottes vom Typ der *Odigitria* (der Wegweiserin), hat Albturist als Ansichtskarte herausgebracht!

– **Boboshica:** 15 Kilometer südlich von Korça. Dort wartet die Johanneskirche **Shën Jovan** (14. Jh.) auf Sie, deren gleichzeitige *Fresken* noch nicht von den Übermalungen aus dem 18. Jahrhundert befreit sind. In der nahen Dimitrios-Kirche **Shën Dim** (17. Jh.) sind an der Südwand einige der alten Fresken aus dem *Gesamtzyklus* zu erkennen: ein Prophet, der ungläubige Thomas und der Heilige Nikolaus.

Am Gramoz entlang ins Weinland von Përmet

Bis 1989 war die wilde Sand- und Schotterpiste von Korça bis **Tepelena** an der Exkursionsroute nach Gjirokastra–Saranda–Butrint wegen ihres schlechten Zustands für Touristen nicht geöffnet. Heute fahren Sie bequem auf Asphalt oder mindestens Teer in eine fast *unberührte Wald- und Bergwelt* hinein, die neben

ihrer Naturschönheit auch historische und kulturelle Sehenswürdigkeiten und schließlich noch einen lukullischen Höhepunkt zu bieten hat.

Über den von einem *Schwarzkiefern-Wald* umrahmten **Qarra-Paß** (1195 m) geht es auf der Hochebene von Korça ins **Becken von Erseka** (über 1000 m). Dort entspringt der Ihnen schon aus Berat vertraute **Osum.** Dieser Hauptteil des *Bezirks Kolonja* ist eine Berggegend, wo die Vorherrschaft der Landwirtschaft (60 %) ungebrochen blieb.

Die Bezirkshauptstadt **Erseka** (4500 Einwohner) – und die meisten anderen Orte links von der Straße – schmiegen sich an den Abhang der **Gramoz-Kette** (2523 m). In dieser Bergeinsamkeit war es in den vierziger Jahren mehr als lebendig. Dort ging der *Partisanenkrieg* an der albanisch-griechischen Grenze erst 1949 zu Ende, weil die *Hellenische Volksbefreiungsarmee* (ELAS) ihre sozialrevolutionären Anliegen auch nach dem Abzug der Deutschen Wehrmacht gegen die bürgerlichen Regierungen in Athen weiterzuverfechten suchte. Ihr galten alle Sympathien der Albaner. Das Ende kam mit einem Großeinsatz der griechischen Armee, deren Waffen zuvor – nachweislich – von Priestern gesegnet worden waren, was die Kirche in Albanien noch weniger sympathisch machte und zum Sturz des orthodoxen Erzbischofs von Tirana führte (S. 89).

Das Dorf **Borova,** wenige Kilometer weiter, war 1943 Schauplatz einer der berüchtigten Vergeltungsaktionen im – von beiden Seiten – so hart geführten Partisanenkrieg auf dem Balkan. Ein **Mahnmal** und ein kleines **Museum** halten das Andenken der zivilen Opfer wach: 116 Männer, Frauen und Kinder.

Bei den weitgestreuten Häusern auf dem **Sattel von Barmash** ragt ein weiteres **Partisanendenkmal** auf. Dieser Übergang von der Kolonja-Senke zu den Ursprüngen der Vjosa war 1943 schwer umkämpft. Das folgende **Leskovik** gilt als eines der gesündesten

Thermalbäder Albaniens, hat aber bisher, weil es so abgelegen ist, nur lokale Bedeutung.

Nach einer Linkskurve hinter dem Ort beginnt schon der *Bezirk Përmet,* Südalbaniens Weinland. Es erstreckt sich im Hügel- und Bergland an den Flußauen der oberen Vjosa. Mit einem Anteil von 63 Prozent ist dort die Landwirtschaft noch etwas stärker vertreten als in Kolonja. Den Löwenanteil an der industriellen Produktion stellen die *Weinkellereien* in der Bezirkshauptstadt Përmet (Kantine e verës), die zweitgrößten Albaniens nach denen bei Durrës.

In **Përmet** (7000 Einwohner) wird Ihnen ein zünftiges Mittagessen serviert, durchwegs deftige Hausmannskost in diesem Neuland des Albanien-Tourismus: Hirnsuppe und gefüllte Schafsdärme *(Kokoreç)* sind aber nicht jedermanns Sache. Ich empfehle Ihnen dreieckige Taschen aus Blätterteig, gefüllt mit Hackfleisch, Käse oder Spinat *(Trikëndsche), Qomlek* (Ragout aus viel Zwiebeln und einigen Kaninchenstücken) und vor allem Tavllë Kosi (eine Art Reis-Joghurt-Auflauf mit Hammelfleisch), dazu den süffigen Rotwein aus der Gegend.

In Përmet wählte der *Nationalkongreß* am 24. Mai 1944 die erste (provisorische) *Regierung des befreiten Albaniens,* ein Datum, das bis heute das *Wappen* der Sozialistischen Volksrepublik ziert. Der damalige **Sitzungssaal** ist Pflichtpunkt bei Ihrem Besuch, ebenso das kleine **Historische Bezirksmuseum** daneben, hoffentlich auch die Weinkellerei.

Unbedingt sicherstellen sollten Sie einen Abstecher ins Dorf **Leusa,** dessen sonst unauffällige Kirche eine der eindrucksvollsten und in ihrem freundlichen Hellbraun auch gefälligsten **Ikonenwände** des ganzen Landes birgt. Der Bezirk Përmet war nicht nur die Heimat hervorragender Baumeister (S. 237), sondern auch von Schnitzern, die aus dem Kirschen- und Eichenholz der Gegend unvergängliche Werke des sakralen Kunsthandwerks

schufen. An den *Rosetten, Ranken* und *Vögeln* der Ikonostase haben drei Generationen gearbeitet.
Falls bis zu ihrem Besuch von Përmet die Straße ins **Frashëri-Tal** schon fertig sein sollte, lohnt sich ein Ausflug in die karge Bergheimat der nach ihr benannten, eigentlich *Durmellare* geheißenen drei *Brüder Frashëri* (S. 43, 87, 200).
Von Përmet talab winkt Ihnen rechts oberhalb der Vjosa-Mulde das Dorf **Kosina** zu. Es war so gut wie unbekannt, bis dort 1965 die Wiener Byzantinisten *Johannes Koder* und *Ernst Trapp* auf eine **Kreuzkuppelkirche** aus der *Paläologenzeit* (spätes 13. bis frühes 15. Jh.) aufmerksam machten. Obwohl darin so gut wie keine Fresken erhalten blieben und die – aus osmanischer Zeit stammende – Bilderwand nicht mit der Ikonostase von Leusa wetteifern kann, haben *Architektur* und *Ziegelschmuck* des Gotteshauses seitdem in der internationalen Kunstgeschichte starke Beachtung gefunden.
Am Vosja-Knie in Richtung Südwesten und Tepelena erreichen Sie **Këlcyra** (von griechisch: *Kleisoura,* Engpaß), eine kleine Industriestadt mit Lebensmittelfabriken, den Endpunkt dieser Rundfahrt durch Südostalbanien. Die **Sperrfeste,** die dem Ort ihren Namen gab und noch im Zweiten Weltkrieg beim griechischen Vorstoß ins damals italienische Albanien eine militärische Bedeutung erlangte, liegt heute verfallen im Dornröschenschlaf.

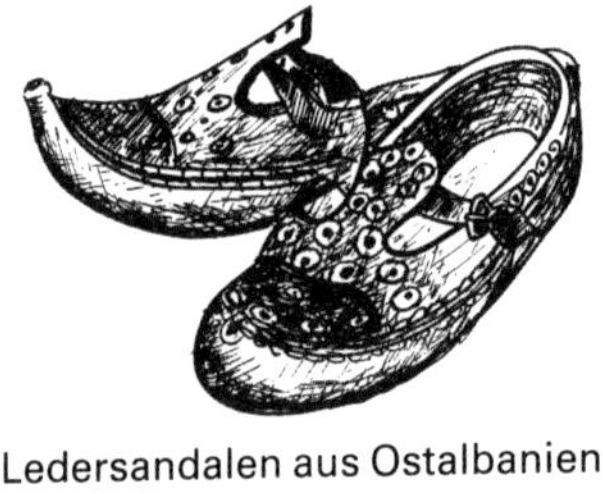

Ledersandalen aus Ostalbanien

Noch mehr nützliches Wissen

Zeittafel

Früheste Spuren

500 000–12 000 v. Chr.	*Paläolithikum (Altsteinzeit)* Feuersteinwerkzeuge von Xarra an der albanischen Südküste
etwa 4000–2500 v. Chr.	*Neolithikum (Jungsteinzeit)* Keramikscherben, Spuren von Viehzucht und Ackerbau bei Butrint und Finiq, in Nepravistha (Bezirk Gjirokastra), Rrëzha bei Tirana, Dukagjin und Gruemira (Nordalbanien), Höhlen von Prespa, Maliq I (bei Korça): Tonscherben, Knochen, Feuersteingeräte, bunte Keramik
etwa 2500–1500 v. Chr.	*Frühbronzezeit* Pfahlbauten von Maliq II: Schwarzgraue Keramik, Kupferäxte; Idolplastiken
etwa 1500–750 v. Chr.	*Bronzezeit* Früheste «Burgen» gegen Einfälle der Pelasger und Thraker

Eiserne Illyrer

ab etwa 800 v. Chr.	Ende der mutterrechtlichen Ordnung. Mit den eisernen Waffen treten militärische Führer an die Spitzen der Sippen und Stämme. Heldengräber (Tumuli) von Bajkaj bei Saranda und in der Mbishkodra-Ebene

7. Jh. v. Chr.	Stammesbund der Molosser im heutigen Südalbanien (Epirus)
6. Jh. v. Chr.	Illyrische Burgen mit großquadrigen Gigantenmauern: Butrint, Lezha, Rozafati bei Shkodra
5. Jh. v. Chr.	«Illyrischer Bund» der Taulantier in Nordalbanien
7. bis 4. Jh. v. Chr.	Griechische Kolonien bei den Illyrern: Epidamnos, Apollonia, Amantia, Byllis
319–272 v. Chr.	Pyrrhus «von Epirus» versucht vergeblich, dem drohenden Sprung der Römer über die Adria durch einen Gegenangriff in Italien zuvorzukommen

Von Römern erobert und von Byzantinern gehalten

229–168 v. Chr.	Römisch-illyrische Kriege. Als letztes fällt Scodra: Ganz Albanien unter Herrschaft der Römer
49–45 v. Chr.	Cäsar führt den Bürgerkrieg gegen Pompejus zunächst auf albanischem Boden
42–31 v. Chr.	Albanien Nebenkriegsschauplatz des Dritten Römischen Bürgerkrieges
6–9	Illyreraufstand gegen die Römer
3.–4. Jh.	«Illyrische Kaiser»: Decius, Aurelianus, Diokletian, Konstantin
397–400	Durchzug der Westgoten unter Alarich
440–446	Hunnenschwärme verheeren das heutige Kosovo
446	Ostgoten in Albanien
527–567	Justinian I. festigt die byzantinische Herrschaft an der Adria
7. Jh.	Einfall der slawischen Vojnitschen
9. Jh.	Neue Verwaltungseinheiten: Thema Dyrrhachion für Mittel- und Thema Nikopolis für Südalbanien
893–927	Bulgarenzar Symeon verheert die albanischen Siedlungsgebiete zwischen Dyrrhachion und Thessalonike
976–1014	Sein Nachfolger Samuel beherrscht von Prespa und Ochrid aus Mittel- und Südalbanien

1005–1025	Basileios II. der Bulgarentöter gewinnt ganz Albanien südlich vom Skutari-See zurück und vereinigt es im Dukat von Dyrrhachion
1043	Albanien byzantinisches Gegenkaiserreich unter Georgios Maniakes
1077	Nikephoros Byrennios, Dux von Dyrrhachion, bzyantinischer Kronprätendendent

Normannen, Staufer, Unabhängigkeit

1081	Der Normannenfürst Robert Guiscard erobert Dyrrhachion
1082	Die Normannen dringen tief ins bzyantinische Albanien vor. Mit venezianischer Hilfe vertrieben. Venedig erhält zum Dank Freihandelsprivileg in Alessio (Lezha), Dyrrhachion-Durazzo, Vlora und Butrint
1096	I. Kreuzzug beginnt in Dyrrhachion
1107	Normannen unter Bohemund besetzen Avlona, das heutige Vlora
12. Jh.	Freies Fürstentum Arbëria um Kruja, zweite normannische Besetzung von Dyrrhachion
1190–1197	Der deutsche Staufer-Kaiser Heinrich VI. beansprucht Albanien als Nebenland des normannischen Sizilien

Zersplittertes Albanien

1204	Aufteilung des Landes: Shkodra und Prizren gehen an Serbien, das Gebiet von Lezha südwärts geht an das Despotat Epirus, Dyrrhachion (Durazzo) wird erstmals kurz venezianisch
1214	Das Fürstentum Arbëria fällt an das Kaiserreich Nikaia
1230	Arbëria samt Mittel- und Südostalbanien kommt zum zweiten Bulgarischen Reich

1265–1285	Karl von Anjou versucht, Albanien als «normannisches Erbe» an sein Königreich Neapel anzuschließen
frühes 14. Jh.	Erste albanische Auswanderungswelle nach Thessalien
1340	Andronikus III. macht Albanien byzantinisch

Die Serben und Türken kommen

1348	Stephan Dušan herrscht über den gesamten albanischen Siedlungsraum zwischen Adria und Thessalien
1355	Nach seinem Tod zerfällt das Land in viele Kleinfürstentümer unter albanischen Geschlechtern
1360	Das Fürstenhaus Balsha eint das Land zwischen Ulqin im Norden und Gjirokastra im Süden
1384	Balsha II. unterliegt in der Schlacht von Savra gegen Karl Thopia und die mit Thopia verbündeten Türken
1386	Venedig sichert sich Korfu und Butrint, Florenz das Hinterland von Vlora
1388	Das Osmanische Türkenreich besetzt Zug um Zug fast ganz Albanien
Ende 14. Jh.	Albanische Auswanderungswelle nach Attika, Euböa, der Peloponnes und den Inseln im Saronischen Golf. Die Venezianer erwerben Durazzo, Alessio und Shkodra von albanischen Teilfürsten durch Kauf

Die Epoche Skanderbegs

1405–1468	Georg Kastriota, genannt Skanderbeg, Nationalheld
1444	Liga von Lezha, albanischer Fürstenbund unter Skanderbegs Führung
1468	Zweiter Fürstentag von Lezha, Skanderbeg stirbt
1479	Das ausgehungerte, zu Skanderbegs Lebzeiten vergeblich von den Türken berannte Kruja wird Sultan Mehmed II. übergeben

1479	Venedig tritt Shkodra und Lezha an die Türken ab
1481–1484	Vergeblicher Aufstand unter Skanderbegs Sohn Gjon Kastriota
1494–1506	Nach der Niederwerfung von Skanderbeg-Enkel Georg Kastriota durch die Türken fliehen viele Albaner nach Süditalien und Sizilien und begründen das eigenständige italo-albanische Volkstum der Arbereschen
1502	Durazzo/Durres wird von den Venezianern geräumt. Damit ist nun ganz Albanien mit Ausnahme von Butrint (venezianisch bis 1796) unter osmanisch-türkischer Herrschaft

Unter Halbmond und Krummsäbel

1565	Bauernaufstand gegen den «Knabenzins» zur Rekrutierung der Janitscharentruppe
1690	Der Großwesir albanischer Herkunft, Mustafa Köprülü, wirft den österreichischen Vormarsch auf dem Balkan hinter die Donau zurück
1822	Ermordung von Ali Pascha Tepelena, der Süd- und Mittelalbanien von der Hohen Pforte unabhängig machen wollte
1831	Sultan Mahmud II. löst das autonome Paschalik von Shkodra auf

Albanisches Risorgimento

10. 6. 1878	«Liga von Prizren» gegründet
1881	«Provisorische Regierung des autonomen Albanien» ausgerufen
7. 3. 1887	Erste Grundschule mit albanischer Unterrichtssprache in Korça
1899	«Liga von Peja» (serbisch: Peć)

1908	Der Kongreß von Manastir beschließt einheitliches albanisches Alphabet mit lateinischen Buchstaben
1. 12. 1909	Erste albanische Lehrerbildungsanstalt in Elbasan
1911/12	Volksaufstand gegen die türkische Herrschaft

Unabhängigkeit auf Widerruf

28. 11. 1912	Albanische Unabhängigkeitserklärung in Vlora
März 1913	Die Londoner Botschafterkonferenz legt die Grenzen fest: Ganz Kosovo und Albanisch-Mazedonien bleiben bei Serbien und Montenegro, der Großteil der südalbanischen Çamëria bleibt als «Epirus» bei Griechenland
13. 8. 1913	Der Hochstapler Otto Witte wird von Essad Pascha Toptani als «Otto I.» für ein paar Tage zum König von Albanien gemacht
7. 3. 1914	Wilhelm Prinz zu Wied tritt die Herrschaft an. Er einigt sich mit dem ebenfalls deutschstämmigen König Konstantin I. von Griechenland über die griechische Kontrolle von Korça und Gjirokastra
6. 9. 1914	Nach Ausbruch des Ersten Weltkriegs muß Fürst Wilhelm seine Residenz Durrës fluchtartig verlassen
1914–1916	Fremde Besatzungen: Österreicher und Deutsche, Bulgaren, Franzosen, Italiener. Österreich-Ungarn führt eine notdürftige Zivilverwaltung ein
26. 4. 1915	Die zweite Londoner Botschafterkonferenz verspricht Italien, Serbien, Griechenland und Montenegro die Aufteilung Albaniens
Anfang 1917	Die Republik Korça unter französischem Schutz
Anfang 1920	In der Konferenz von Lushnja wird Tirana zur neuen Hauptstadt erhoben
Sommer 1920	Die Italiener werden aus Vlora auf die Insel Sazan (Saseno) zurückgeworfen
März 1923	Hungerrevolten in Korça und Vlora

10. 6. 1924	Demokratisch-fortschrittliche Revolution; Fan Noli Ministerpräsident
Dezember 1924	Ahmed Zogu stürzt und vertreibt die Regierung Noli mit südslawischer und exilrussischer Waffenhilfe
21. 1. 1925	Die Monarchie wird abgeschafft und die Republik Albanien ausgerufen; die Anlehnung an das faschistische Italien beginnt
1. 9. 1928	Ahmed Zogu als Zog I. König von Albanien
3. 6. 1939	Albanien wird nach dem Einmarsch der Italiener im April vom Haus Savoyen in Personalunion an Rom angeschlossen

Wiedergeburt aus dem Partisanenkrieg

28. 10. 1940	Italien fällt von Albanien aus in Griechenland ein
November 1940 bis April 1941	Griechenland besetzt Süd- und Südostalbanien
8. bis 14. November 1941	Gründungsversammlung der Kommunistischen Partei Albaniens in Tirana
16. 9. 1942	Enver Hoxha ruft auf der Konferenz von Peza die Nationale Befreiungsbewegung ins Leben
4. 7. 1943	In Labinot bei Elbasan wird die Nationale Befreiungsarmee aufgestellt
8. 9. 1943	Nach der Italienischen Kapitulation übernimmt die deutsche Wehrmacht die Kontrolle Albaniens
Winter 43/44	Deutsche Winteroffensive gegen die Partisanen
24.–28. 5. 1944	1. Antifaschistischer Kongreß der Nationalen Befreiung Albaniens in Përmet: eine Provisorische Regierung unter Enver Hoxha wird bestellt
Juni 1944	Deutsche Sommeroffensive gegen die Partisanen
25./26. 6. 1944	Enver Hoxha löst «Generaloffensive» zum Verdrängen der Wehrmacht aus Albanien aus
20.–23. 10. 1944	2. Antifaschistischer Kongreß der Nationalen Befreiung in Berat

17. 11. 1944	Partisanengeneral Spiro Moisiu nimmt Tirana
18. 11. 1944	Kosovo zwischen Prizren und Peja befreit
29. 11. 1944	Nach der Räumung von Shkodra durch die Wehrmacht ist ganz Albanien wieder frei

Albanien heute

August 1945	Bodenreform: Grundbesitz über 40 Hektar aufgeteilt
2. 12. 1945	Wahlen zur Verfassunggebenden Versammlung
11. 1. 1946	Albanien wird Volksrepublik
8.–22. 11. 1948	1. Parteitag der albanischen KP: Bruch mit Tito
1952	2. Parteitag: Industrialisierung
1956–1968	Loslösung von den Sowjetinteressen
1956–1976	Enge Zusammenarbeit mit der Volksrepublik China
1967	Erster Atheistischer Staat der Welt
1971	Normalisierung der diplomatischen Beziehungen mit Griechenland
1981	Beginn der Kontroverse mit Jugoslawien um die Albaner von Kosovo, Mazedonien, Montenegro
7. 4. 1985	Enver Hoxha stirbt; Ramiz Alia übernimmt die Führung von Staat und Partei
1987	Tirana und Bonn nehmen diplomatische Beziehungen auf. Athen beendet formell den Kriegszustand: Endlich ist der Zweite Weltkrieg in Südosteuropa auch auf dem Papier zu Ende
1988	Abkommen für wirtschaftliche, technische und wissenschaftliche Zusammenarbeit mit der Bundesrepublik Deutschland
1988/89	Die albanische Initiative für eine «Arbeitsgemeinschaft aller Balkanstaaten» kommt zum Tragen

Mini-Sprachführer Albanisch

Obwohl die jungen Albaner in der Schule eine oder mehrere Fremdsprachen lernen, haben Deutschkenntnisse doch eher Seltenheitswert. Dazu kommt, daß alle Aufschriften, Bekanntmachungen und sogar Speisekarten – von einer Handvoll «Ausländerhotels» abgesehen – nur auf Albanisch abgefaßt sind. Sich ein wenig mit dieser Sprache zu beschäftigen, ist daher eine der Voraussetzungen für einen gewinnbringenden Albanien-Aufenthalt.
Wissenwertes über Geschichte und Verbreitung dieser eigenständigen und eigenartigen indogermanischen Sprache finden Sie auf den Seiten 132–135. Über die Aussprache informiert Sie das folgende albanische Alphabet, wie es zuletzt 1908 auf dem «Kongreß von Monastir» festgelegt wurde. Für die Betonung gibt es kaum allgemeine Regeln. Verlassen können Sie sich aber darauf, daß kurzes «e» (im Albanischen *ë* geschrieben) nie betont wird.
Für viel Verwirrung sorgt anfangs die Tatsache, daß jedes albanische Hauptwort – weil es keine Artikel gibt – verschiedene Endungen hat, ob es unbestimmt, bestimmt oder sonst abhängig gebraucht ist. Dies gilt auch für die Orts- und Eigennamen. Daher finden Sie nebeneinander Formen wie Mois*i*–Mois*iu*–Mois*iut,* Zog und Zog*u,* Tiran*ë*–Tiran*a*–Tiran*es,* Shkod*ër*–Shkod*ra*–Shkod*res,* Mirdit*ë*–Mirdit*a*–Mirdit*es.* Die Endungen *-ak, -an, -ar* und *-as* sowie *-jot* bezeichnen den Bewohner einer Stadt, einer Gegend oder eines Landes. Also *Durrsak,* Einwohner von Durrës, oder *Austriak,* Österreicher; *Shkodran,* Bürger von Shkodra, oder *Gjerman*/Deutscher und *Zviceran*/Schweizer; dann Shqiptar, Albaner, *Tiranas,* Bewohner von Tirana, *Sarandjot,* Bewohner von Saranda. Wer im exklusiven Gjirokastra wohnt, nennt sich speziell für sich: *Gjirokastrit.*
Im Register sind alle Ortsnamen in unbestimmter und bestimmter Form angegeben. Im Text überwiegt die bestimmte Form oder das Sprachgefühl.

Abetare, das albanische Alphabet und seine Aussprache

Buchstabe		*Aussprache*
A	a	a (kurz oder lang)
B	b	b
C	c	z
Ç	ç	tsch wie slawisches č oder türkisches ç
D	d	d stimmlos
DH	dh	d stimmhaft wie neugriechisches Delta
E	e	reines e (kurz oder lang)
Ë	ë	wie kurzes ö; entspricht dem semitischen Schwa
F	f	f
G	g	g
Gj	gj	gj
H	h	h
I	i	i (kurz oder lang)
J	j	j
K	k	k
L	l	l
Ll	ll	dumpfes l wie im Russischen
M	m	m
N	n	n
Nj	nj	nj wie russisch n'
O	o	o
P	p	p
Q	q	gezischtes tsch z. B. kuqe (kutsche) «rot»
R	r	Zungen-r
Rr	rr	Kräftiges Zungen-r wie neugriechisches Rho im Anlaut
S	s	ss
Sh	sh	sch (stimmlos)
T	t	t
Th	th	wie das englische, stimmlose Th oder das neugriechische Thita
U	u	u (kurz oder lang)

V	v	w
X	x	dz (stimmhaft)
Xh	xh	dsch (stimmhaft) wie italienisch giorno
Y	y	ü
Z	z	s (stimmhaft) wie französisches z
Zh	zh	sch (stimmhaft) wie französisches j

Ein paar Redewendungen

	Gesprochen	*Geschrieben*
Guten Morgen	mirömöngjés	Mirëmëngjes
Guten Tag	mirödita	Mirëdita
Guten Abend	mirömbréma	Mirëmbrema
Gute Nacht	nátön e mírö	Natën e mirë
Auf Wiedersehen	mirupáfschim	Mirupafshim
Glückliche Reise	údhö embárö	Udhë e mbarë
Bitte	ju lútem	Ju lutem
Danke	falemindérit	Faleminderit
Dankeschön	faldemindérit schúmö	Faleminderit shumë
Ja	po (mit Kopfbewegung nach rechts oder links)	Po
Nein	jo (mit Kopfnicken nach oben)	Jo
Haben Sie . . .?	a kéni	A keni . . .?
Ich verstehe nicht!	únö nuk ju kuptój	Unë nuk ju kuptoj!
links (nach)	májtas	majtas
rechts (nach)	djáthtas	djathtas
Verzeihung	mö fál (ni)	Më fal (ni)
Wann?	kur	Kur?
Wer?	kusch	Kush?
Wieviel?	ssa	Sa?
Wieviel kostet das?	ssa bön kjó	Sa bën kjo?
Wo gibt es . . .?	ku ká	Ku ka?

Zahlen	*Gesprochen*	*Geschrieben*
0	séro	Zero
1	njö	Një
2	dü	Dy
3	tre	Tre
4	kátör	Katër
5	péssö	Pesë
6	gjáschtö	Gjashtë
7	schtátö	Shtatë
8	tétö	Tetë
9	nöntö	Nëntë
10	dhjétö	Dhjetë
11	njömbödhjétö	Njëmbëdhjetë
12 usw.	dümbödhjétö	Dymbëdhjetë
20	njözét	Njëzet
30	tridhjetö	Tridhjetë
40	düsét	Dyzet
50	pessödhjétö	Pesëdhjetë
100	njötschínd	Njëqind
200 usw.	dütschínd	Dyqind
1000	njömíjö	Njëmijë

Damit Sie nicht verhungern und verdursten

Getränke

Wasser	újö	Ujë
Soda	ssífon	Sifon
Apfelsaft	löng mollö	Lëng mollë
Traubensaft	löng rrúschi	Lëng rrushi
Tomatensaft	löng domáte	Lëng domate
Milch	tschúmöscht	Qumësht

	Gesprochen	*Geschrieben*
Wein	wérö	Verë
Kognak	konják	Konjak
Likör	likér	Liker
Raki	rakí	Raki
Limonade	limonádö	Limonadë
Bier	bírrö	Birrë
Tee (mit Zitrone)	tscháj (me límon)	Çaj (me Limon)

Am gedeckten Tisch

Speisekarte	menünö	Menynë
Teller (Suppen-)	pjátö (súpö)	Pjatë (supë)
Löffel	lúgö	Lugë
Gabel	pirún	Pirun
Messer	thíkö	Thikë
Glas	gótö	Gotë
Appetit	oréks	Oreks
Guten Appetit!	júböftö mírö	Ju bëftë miré!
Prost!	gösúar	Gëzuar!
Brot	búkö	Bukë
Butter	gjálpö	Gjalpë
Ei	wésö	Vezë
Essig	uthúllön	Uthullën
Käse	djáthö	Djathë
Pfeffer	pipérin	Piperin
Salz	krípön	Kripën
Senf	mustárdön	Mustardén
Vorspeise	antipástö	Antipastë
Wurst	ssallám	Sallam
Kartoffel	patáte	Patate
Reis	orísi	Orisi

	Gesprochen	Geschrieben
Suppen		
Fleischsuppe	súpö löng míschi	Supë lëng mishi
Hühnersuppe	súpö pule	Supë pule
Cremesuppe	súpö krem	Supë krem
Reissuppe	Súpö orísi	Supë orizi
Gemüse		
Gemüse	sarsavátet	Zarzavatet
Blumenkohl	lúle-lákör	Lule-Lakër
Erbsen	biséle	Bizele
Gurke	kastrawéza	Kastraveca
Tomaten	domáte	Domate
Karotte	karotö	Karotë
Zucchini	kungulléschkö	Kungulleshkë
Fleisch		
Fleisch	misch	Mish
Hammel-Spieß	schischtschebáp dáschi	Shishqebap dashi
Kalbsschnitzel	rósto vítschi	Rosto viçi
Leber	möltschí	Mëlçi
Nieren	bubréke	Bubreke
Schweineschnitzel	rósto dérri	Rosto derri
Fisch		
Fisch	peschk	Peshk
Gefüllter Fisch	péschk tö mbúschur	Peshk të mbushur
Gegrillter Fisch	péschk tö tiganissúr	Pesk të tiganisur

	Gesprochen	*Geschrieben*
Geflügel		
Ente	róssö	Rosë
Gans	pátö	Patë
(Brat-)Huhn	sógö tö pjékur	Zögë të pjekur

Nachtisch, Dessert		
Eis	akullóre	Akullore
Kompott	kompósto	Komposto
Mehlspeise	pásta	Pasta

Obst		
Apfel	móllö	Mollë
Birne	dárdha	Dardha
Orange	portokáj	Portokaj
Pfirsiche	pjeschkö	Pjeshkë
Wassermelone	schaltschí	Shalqi
Weintraube	rrusch	Rrush
Zuckermelone	pjépör	Pjepër

Aufschriften und Schilder

Aufschrift	*Bedeutung*	*Ausgesprochen*
Dalje	Ausgang	dálje
Farmacia	Apotheke	farmazía
Hyrje	Eingang	hürje
Kujdes!	Vorsicht!	kujdés

Aufschrift	*Bedeutung*	*Ausgesprochen*
Mapo	Warenhaus	mápo
Ndal!	Halt!	ndal
Ndalohet duhani!	Rauchen verboten!	ndalóhet duháni
Ndihma e shpejtë	Erste Hilfe, Ambulanz	ndíhma e schpéjtö
Nevojtore	WC	newojtóre
– për gra	Damentoilette	– pör grá
– për burra	Herrentoilette	– pör búrra
Posta	Post	pósta
Vini re!	Achtung!	wíni ré

Die persönlichen Fürwörter	*Gesprochen*	*Geschrieben*
ich	únö	unë
du	ti	ti
sie	ajó	ajo
er	ai	ai
wir	ne	ne
ihr	ju	ju
sie	atá	ata

Farben

blau	blu	blu
braun	kafé	kafe
bunt	e lármö	e larmë
gelb	e wérdhö	e verdhë
grau	e pörhímtö	e përhimtë
grün	e gjélbör	e gjelbër
rot	e kútsche	e kuqë
schwarz	e sésö	e zezë
weiß	e bárdhö	e bardhë

	Gesprochen	Geschrieben
Zeitbestimmungen		
Sekunde	ssekóndö	Sekondë
Minute	minútö	Minutë
Stunde	óra	Ora
Tag	dítö	Ditë
gestern	djé	dje
heute	ssot	ssot
morgen	néssör	nesër
Montag	e hönö	E hënë
Dienstag	e mártö	E martë
Mittwoch	e mörkúrö	E mërkurë
Donnerstag	e énjte	E enjte
Freitag	e prémte	E premte
Samstag	e schtúnö	E shtunë
Sonntag	e djélö	E djelë
Woche	jáwö	javë
Monat	múaj	muaj
Jahr	wit	vit

Andere wichtige Wörter

Sozialistische Volksrepublik Albanien	republíka popullóre sozialíste e schtschipörísö	Republika Popullore Socialiste e Shqipërisë
Albanisch	schtschip	shqip
Belgien	belgjíkö	Belgjikë
Deutsch	gjermanícht	gjermanisht
Deutschland (BRD)	republíka federále gjermáne	Republika Federale Gjermane
Luxemburg	luksömbúrg	Luksëmburg
Österreich	aústria	Austria
Schweiz	swízöra	Svicëra

	Gesprochen	*Geschrieben*
Südtirol	jugtiról	Jugtirol
Genossin	schótsche	shoqe
Genosse	schok	shok
Frau	sónjö oder grua	Zonjë oder Grua
Herr	sótni	Zotni
gut	míró	mirë
schlecht	ketsch	keq
viel	schúmö	shumë
wenig	pak	pak
teuer	schtrenjt	shtrenjt
billig	líró	lirë
Andenken, Souvenir	kújtim	kujtim
Arzt	mjek	mjek
Bahnhof	stazión e trénit	Stacion e trenit
Bett	schtrat oder krewát	shtrat oder krevat
Boot	bárkö	barkë
Briefkasten	kutí postáre	kuti postare
Buch	líbör	libër
krank	ssömúrö	sëmurë
Krankenhaus	spitál	Spital
Lebensmittelgeschäft	dütschán e uschtschímit	Dyqan e ushqimit
Museum	musé	Muze
Postkarte	kartolínö	kartolinë
Rechnung	llogarí	llogari
Wetter	kóhö	kohë
Taschentücher	schamitö	shamitë
Zigaretten	zigáre(t)	cigare(t)
Zimmer	dhómö	dhomë
Zoll	dogánö	doganë

Literaturhinweise

Die Liste aktueller Bücher über albanische Themen wird ständig länger. Ich nenne hier die wichtigsten Werke, die bei Erscheinen dieses Führers im Buchhandel der deutschsprachigen Länder greifbar waren:

Albanien. Schätze aus dem Land der Illyrer und Skipetaren (von Zabern, Mainz)
Albanische Volkskultur (Österr. Museum für Volkskunde, Wien)
Camaj, Martin: Lehrbuch der albanischen Sprache (Harrassowitz, Wiesbaden)
Camaj, Martin/Schier-Oberdorffer (Hrsg.): Albanische Märchen (Diedrichs, München)
Die Frauen Albaniens (Deutsch-Albanische Freundschaftsgesellschaft, Hamburg)
Hoxha, Enver: Ausgewählte Werke (Roter Morgen, Dortmund)
–: Ausgewählte Reden und Aufsätze (Roter Morgen, Dortmund)
Kadaré, Ismail: Der Große Winter (Neuer Malik-Verlag, Kiel)
–: Der General der toten Armee (Neuer Malik-Verlag, Kiel)
–: Chronik in Stein (Residenz Verlag, Salzburg)
Russ, Manfred: Der Entwicklungsweg Albaniens (Athenäum, Bonn)
Stanek, Norbert: Albanien. Land der Skipetaren (Verlag Welsermühl, Wels-München)
Uhlisch, Gerda (Hrsg.): Die Schöne der Erde. Albanische Märchen und Sagen (Röderberg, Köln)

Nur noch in größeren Bibliotheken können Sie die folgenden wichtigen oder besonders hilfreichen Arbeiten einsehen:

Koder, Johannes/Trapp, Ernst: Bericht über eine Reise nach Südalbanien. In «Jahrbuch der österreichischen Byzantinischen Gesellschaft XV» (Hermann Böhlaus Nachf., Graz & Köln)
Prochaska, Erna: Albanien. Geschichte, Geographie, Wirtschaft, Kultur, Gesellschaft (Sensen-Verlag, Wien)

Schneider, Detlef: Im Land der roten Skipetaren. Reportagen aus Albanien (Roter Morgen, Dortmund)
Schwanke, Robert: Albanien. Neuland des Tourismus. In «Südosteuropa. Befund und Deutung» Hrsg. Otto R. Ließ (Wollzeile-Verlag, Wien)
Schweizer, Gerhard: Die Janitscharen. Geheime Macht des Türkenreichs (Das Bergland Buch, Salzburg)

Weitere Titel in deutscher Sprache sind in albanischen Verlagen erschienen und im dortigen Buchhandel erhältlich:

Albturist (Hrsg.): Deutsch-Albanischer Sprachführer (Naim Frashëri, Tirana)
Alia, Ramiz: Bericht an den 9. Parteitag der Partei der Arbeit (8 Nëntori, Tirana)
Bushaka, Gaqo: Der Schwarze Umhang. Roman. (8 Nëntori, Tirana)
Godo, Sabri: Skanderbeg. Historischer Roman (8 Nëntori, Tirana)
Hoxha, Enver: Betrachtungen über den Nahen und Mittleren Osten (8 Nëntori, Tirana)
–: Die Titoisten. Historische Aufzeichnungen (8 Nëntori, Tirana)
Institut für marxistisch-leninistische Studien beim ZK der PAA (Hrsg.): Geschichte der Partei der Arbeit Albaniens (8 Nëntori, Tirana)
Kondo, Anastas: . . . zwischen zwei Feuern. Roman. (8 Nëntori, Tirana)
Moisi, Vangel/Oktrova, Esat/Thanasi, Todi: Alexander Moissi (8 Nëntori, Tirana)
Neues Albanien (Hrsg.): Albanien. Allgemeine Notizen. (8 Nëntori, Tirana)
Riza, Emin/Veseli, Refik/Zarshati, Faruk: Gjirokastra. Museumsstadt. (Institut für Denkmalspflege, Tirana)
Simoni, Zef: Fjalor Gjermanisht-Shqip. Deutsch-Albanisches Wörterbuch. (8 Nëntori, Tirana)
Zarshati, Faruk: Kunstdenkmäler in Albanien (8 Nëntori, Tirana)
Zëri i popullit (Hrsg.): Über die Ereignisse in Kosova (8 Nëntori, Tirana)

Informationen und praktische Tips von A bis Z

i

Ärztliche Hilfe
(s. a. Apotheken)
Impfungen sind weder vorgeschrieben noch notwendig, sofern Sie aus einem europäischen Land kommen. Für Reisende aus Infektionsgebieten in Übersee gelten die internationalen Vorschriften.
Da manchen Feriengästen die Verbindung von heißem Klima und Olivenölküche Schwierigkeiten bereitet, sollten Sie vorsorglich ein Darmregulans mitnehmen: Keine zu großen Mengen, denn im Notfall sind ähnliche – jedoch meist nicht die gleichen – Medikamente im Land erhältlich. Dasselbe gilt auch für Sonnenallergie.
In Durrës-Plazh steht während der Sommermonate im Hotel Apollonia ständig ein Arzt zur Verfügung, bei akuten Erkrankungen auch bis Mitternacht. Anderswo setzen Sie sich über Ihre Reiseleitung mit der nächsten Sanitätsstation in Verbindung. Was ärztliche und ambulante Behandlung in Spitälern betrifft, sind Sie für die Dauer Ihres Urlaubs Gäste des albanischen Gesundheitsdienstes und haben nichts zu bezahlen. Krankenhausaufenthalte und Zahnbehandlungen werden zwar in Rechnung gestellt, die Kosten entsprechen aber den allgemein niedrigen Preisen. Die – ebenfalls billigen – Medikamente müssen bezahlt werden.

Anreise
(s. a. Flughafen, Geschäftsreise)
Mit dem Flugzeug: Albanien betreibt – noch – keine eigene Fluglinie, doch fliegen ab Wien, Zürich, Budapest und Frankfurt wöchentlich mehrmals Linienmaschinen zum Flughafen Rinas bei Tirana. Über die eine oder andere dieser Verbindungen werden die meisten Gruppenreisen abgewickelt. Für Geschäftsreisende und andere In-

haber von Einzelvisa empfiehlt sich zweimal in der Woche die Schnellverbindung der *alpenair* ab Wien mit Anschlüssen von und nach Hannover, Hohenems, Graz, Innsbruck, Klagenfurt und Zürich.

Nähere Auskünfte über die aktuellen Luftverbindungen aus dem deutschsprachigen Raum erteilen *Egnatia Tours* (Adresse S. 407) oder *alpenair,* Ameisgasse 49–51, A-1140 Wien, Tel. 222/94 52 28, 94 86 86, 9 11 19 23, 9 11 19 24, Telex 111060 alpen a, Telefax 222/ 94 62 81.

Mit dem Schiff: Gruppen können auch mit dem Fährschiff «Tiepolo» von Triest nach Durrës kommen, in dessen Hafen die Paß- und Zollkontrolle erfolgt. Sie können ihren eigenen Bus mitnehmen oder ab Durrës einen albanischen Bus benützen.

Informationen bei *Adriatica Navigazione,* Zattere 1411, I-30123 Venezia, Tel. 70/78 16 11, oder bei deren Generalvertretung *Seetours,* Seilerstraße 23, D-6000 Frankfurt am Main 1, Tel. 69/13 33-0, Telex 413836 stour d, Telefax 69/2 54.

Mit dem Bus (Einreisepunkte für Busgruppen auf dem Landweg):

aus Jugoslawien:

- Han i Hotit im Norden, nächster Übernachtungsplatz Shkodra
- Qafëthana am Ochridsee, nächster Übernachtungsplatz Elbasan

aus Griechenland:

- Kapshtica im Südosten, nächster Übernachtungsplatz Korça
- Kakavia im Süden, nächster Übernachtungsplatz Gjirokastra. Die albanische Reiseleitung erwartet die Gruppe an der Grenze und betreut sie in der Regel während des gesamten Aufenthalts. Dabei werden Sie fast immer auch von einem Bus des staatlichen Fremdenverkehrsamts Albturist abgeholt. Die Einreise mit eigenem Bus ist grundsätzlich möglich, doch darf er nur bis Durrës oder Tirana benützt werden. Dort bleiben die ausländischen Busse geparkt. Alle Rundfahrten und Ausflüge müssen mit Albturist-Fahrzeugen durchgeführt werden. Ausnahmen von dieser Regel gibt es nur dann, wenn nicht genug albanische Busse zur Verfügung stehen.

Mit dem Auto: In der Sozialistischen Volksrepublik Albanien sind generell keine Privatautos zugelassen.

Apotheken
Sie heißen «Farmacia» und finden sich bis in die kleinsten Orte. In Durrës-Plazh liegt die «Farmacia» nur drei Gehminuten Richtung Stadt auf der linken Straßenseite vom Hotel-Komplex entfernt, in Durrës rechts an der nach Westen verlängerten Bahnhofstraße vor dem Partisanenmuseum.
Mit einem Rezept können Sie ein Medikament mehrmals zu einem Preis kaufen, der einen deutschen Apotheker in Existenzangst versetzen würde. Versuchen Sie aber nicht zu hamstern! Dann kann es Ihnen nämlich passieren, daß Sie das dritte oder vierte Mal keine Medikamentenpackung, sondern nur ein paar Pillen in einer Papiertüte ausgehändigt erhalten.

Auskünfte
(s. a. Diplomatische Vertretungen)
Albturist, Bulevard Dëshmorët e Kombit 8 (Hotel Dajti), Tirana,
Tel. 32 56, 38 60, 48 53, Telex 8374
(Landeskennzahl) 2148 hodajt ab

Albturist unterhält Vertretungen in zehn europäischen Ländern, im deutschsprachigen Raum:
Egnatia Tours, Piaristengasse 60, A-1082 Wien,
Tel. 222/42 53 46, 43 97 32, Telex 112301 egnat a,
Telefax 222/42 53 46–33

Informationen über alle, nicht nur den Tourismus betreffenden Fragen erteilen folgende Organisationen:
Deutsch-albanische Freundschaftsgesellschaft e. V., Sekretariat,
Postfach 7622, D-2000 Hamburg 20, Tel. 40/8 50 27 36
Österreichisch-albanische Gesellschaft,
Postfach 93, A-1043 Wien, Tel. 222/5 71 00 34
Sektion Graz: R. H. Bartsch-Straße 5, A-8042 Graz, Tel. 316/4 14 43

Autofahren
Siehe Anreise

i

Ausflüge

Ab Durrës-Plazh bietet Albturist eine Fülle von Ausflugsfahrten durch Albanien an. Grundsätzlich werden sie durchgeführt, wenn sich mindestens 20 Teilnehmer finden. Bei der Rezeption des Hotels Adriatiku liegen Anmeldelisten auf. Ihre frühzeitige Eintragung hilft den Veranstaltern besonders im Hinblick auf die Zimmereinteilung bei mehrtägigen Rundfahrten. Bezahlt werden die Ausflüge erst am Abend vor der Abreise. Bei mehrtägigen Exkursionen gibt es besonders in der Hochsaison Schwierigkeiten mit Einzelzimmern. Sie werden erst an Ort und Stelle nach Verfügbarkeit vergeben, und der Aufpreis wird vom Gast auch dort bezahlt.

Hier nun eine Übersicht dieses Ausflugsangebots, zu dem noch die neue Route Korça–Erseka–Përmet–Këlcyra–Tepelena kommt, die beim Erscheinen dieses Führers noch nicht «numeriert» war:

Nr.	Ausflugsroute	Abfahrt
	Halbtagsausflüge	
1	Jugendlager der Enver-Pioniere	9 Uhr
2	Stadtrundfahrt Durrës	9 Uhr
3	Musterfarm Sukthi	9 Uhr
4	Kavaja	9 Uhr
	Abend-Fahrten	
5	Theater- oder Konzertfahrt nach Durrës	
6	Theater- oder Konzertfahrt nach Tirana	
	Tages- und mehrtägige Ausflüge	
7	Tirana (Tagesausflug)	8 Uhr
8	Tirana (zweitägige Exkursion)	8 Uhr
9	Kruja (Tagesausflug)	8 Uhr
10	Kruja (zweitägige Exkursion)	8 Uhr
11	Tirana–Kruja (Tagesausflug)	8 Uhr
12	Tirana–Kruja (zweitägige Exkursion)	8 Uhr
13	Lezha (Tagesausflug)	8 Uhr
14	Shkodra (Tagesausflug)	8 Uhr
15	Shkodra (zweitägige Exkursion)	8 Uhr

16	Shkodra–Vau i Dejës (Tagesausflug)	8 Uhr
17	Lezha–Shkodra (Tagesausflug)	8 Uhr
18	Kruja–Shkodra (Tagesausflug)	8 Uhr
19	Lezha–Shkodra (zweitägige Exkursion)	8 Uhr
20	Kruja-Shkodra (zweitägige Exkursion)	8 Uhr
21	Fieri–Apollonia (Tagesausflug)	8 Uhr
22	Berat (Tagesausflug)	8 Uhr
23	Berat–Fieri–Apollonia (Tagesausflug)	8 Uhr
24	Berat–Fieri–Apollonia (zweitägige Exkursion)	8 Uhr
25	Vlora (Tagesausflug)	8 Uhr
26	Vlora (zweitägige Exkursion)	8 Uhr
27	Fieri–Vlora (Tagesausflug)	8 Uhr
28	Fieri–Vlora (zweitägige Exkursion)	8 Uhr
29	Elbasan–Tirana (Tagesausflug)	8 Uhr
30	Elbasan–Tirana (zweitägige Exkursion)	8 Uhr
31	Elbasan–Pogradec–Korça (zwei Tage)	8 Uhr
32	Elbasan–Pogradec–Korça (drei Tage)	8 Uhr
33	Fieri–Apollonia–Gjirokastra–Saranda–Butrint (dreitägige Exkursion)	8 Uhr
34	Gjirokastra–Fieri–Apollonia (zwei Tage)	8 Uhr
35	Berat–Fieri–Apollonia-Gjirokastra–Saranda–Butrint (viertägige Exkursion)	8 Uhr
36	Berat–Fieri–Apollonia-Gjirokastra–Saranda–Butrint (dreitägige Exkursion)	8 Uhr
37	Fieri–Apollonia–Gjirokastra–Saranda–Butrint–Küstenstraße–Vlora (vier Tage)	8 Uhr
38	Fieri–Apollonia–Gjirokastra–Saranda–Butrint (zweitägige Exkursion)	8 Uhr
39	Fieri–Apollonia–Gjirokastra–Saranda–Butrint (viertägige Exkursion)	8 Uhr
40	Berat–Fieri–Gjirokastra (zwei Tage)	8 Uhr
41	Kruja–Lezha–Shkodra (Tagesausflug)	8 Uhr
42	Kruja–Lezha–Shkodra (zweitägige Exkursion)	8 Uhr
43	Berat–Fieri–Vlora (zweitägige Exkursion)	8 Uhr
44	Shijak (Halbtagesausflug)	8 Uhr

Die große Rundreise «Albanien von Süd bis Nord» (oder umgekehrt) können Sie nicht erst in Durrës-Plazh buchen. Sie müssen das rechtzeitig vor Antritt Ihres Urlaubs über *Egnatia Tours* in Wien oder ein anderes damit verbundenes Reisebüro in Deutschland oder der Schweiz tun. Dafür geht es auf dieser Route durch Gegenden, die von den Ausflugsbussen des Albturist noch nicht befahren werden, vor allem in die Täler des Mati und Schwarzen Drin.
Auf der neuntägigen Rundfahrt kommen Sie nach der Ankunft in Tirana und eingehender Stadtbesichtigung zunächst nach Berat, von dort weiter über Gjirokastra nach Saranda an der Albanischen Riviera. Dort lockt neben dem Besuch von Butrint ein Badenachmittag in der Inselbucht von Ksamil. Darauf geht es wieder in nördlicher Richtung nach Apollonia und Fieri sowie bis Durrës an der Adria. Auf dortige Badefreuden folgen Kruja, Lezha und Skhodra, ehe Sie das touristische Neuland von Burrel am Mati und Preshkopia in den Obstgärten des Mittelgebirges über dem Drin betreten.
Dieser Entdeckungs- und Erlebnisurlaub, an den Sie noch eine ganze Woche Baden in Durrës-Plazh anhängen können, ist zwischen April und Oktober fast immer ausverkauft. Reservieren Sie daher spätestens vier Wochen zuvor bei Ihrem Reisebüro oder direkt bei Egnatia Tours (Adresse S. 407).
Neben diesen Ausflügen und Rundreisen innerhalb Albaniens bieten *Egnatia Tours* in Zusammenarbeit mit Airtour Suisse oder Cartrans Kurzreisen von mehreren jugoslawischen Urlaubsorten aus zu den wichtigsten albanischen Sehenswürdigkeiten an: Regelmäßig zwischen April und Oktober ab Dubrovnik eine Drei-Tage-Fahrt nach Shkodra, Lezha, Tirana, Durrës und Kruja.
Seltener finden zwischen März und September viertägige Exkursionen ab Ochrid statt, die Elbasan, Berat, Apollonia, Vlora, Durrës, Kruja und Tirana ansteuern.

Ausrüstung

(s. a. Fotografieren, Insekten, Kleidung, Radio)
Nützlich sind Wäscheklammern für Ihre kleine Wäsche, die Leine bekommen Sie vom Zimmermädchen. Dazu Papiertaschentücher

und eine Packung für die Monatshygiene, auch eine Taschenlampe leistet gute Dienste.
Zitronen gibt es nur zu Erntezeiten, da keine Früchte importiert werden. Falls sie unbedingt Wert auf Ihren Tee mit Zitrone legen, nehmen Sie Zitronensaft von zu Hause mit.

Baden
Albanien bietet viele schöne Badestrände und -plätze an Adria, Ionischem Meer und Ochrid-See. Für ausländische Urlauber adaptiert wurden davon bisher:
– *Durrës-Plazh:* Ein kilometerlanger, breiter Sandstrand, der flach ins Meer abfällt, besonders geeignet für Kinder, Senioren und Nichtschwimmer. Der ganze Strand ist sonnig und sauber, ruhig und nicht überfüllt nur der Abschnitt vor dem Hotel-Komplex, der durch Tafeln «Zona Turistike» für Fremde reserviert bleibt.
Ab Mittag wird der feine Sand zu heiß für bloße Füße, Strandsandalen sind daher unentbehrlich, außerdem zusammenlegbare Liegematten und für Empfindliche ein Windschutz gegen die frische Brise der Nachmittagsstunden.
Sonnenschirme und Liegestühle werden von der Rezeption des Hotels Adriatiku vermietet und in dem kleinen Haus am Strand ausgegeben.
– *Saranda:* Schmaler, eher steiniger Strand, durch eine Straße vom Hotel getrennt. Sichere Schwimmer stürzen sich am besten von der Mole ins Ionische Meer. Der Straße entlang nach Süden zahlreiche kleine Buchten, besonders zum Sonnen auf und Springen von den Klippen geeignet. Ein Paradies für junge, sportliche Leute, gutes Schwimmen Voraussetzung!
– *Ksamil:* Romantischer Badeplatz auf halbem Weg zwischen Saranda und Butrint. Schmaler Kieselstrand, auch auf den vorgelagerten Inseln. Die weiter von der Küste entfernten sind wegen der nahen Grenze zu Griechenland militärisches Sperrgebiet, als solches schon von weitem an den Wachttürmen zu erkennen.
– *Borsh:* Bei mehrtägigem Aufenthalt in Saranda (Kombination Durrës/Saranda) wird gelegentlich ein Tagesausflug an diesen brei-

ten und weißen, meist unberührten Strand zwischen Meer und Terrassenkulturen mit Zitrusfrüchten gemacht.
– *Ochrid-See:* Gepflegter Sandstrand von Pogradec, ideale Badegelegenheit für alle, denen das Süßwasser lieber ist als die salzigen Meeresfluten.

Banken

(s. a. Geld)
Die Ein- und Ausfuhr der albanischen Währung in Noten wie Münzen ist verboten. Devisen können Sie unbegrenzt einführen, wieder ausführen nur jene, die Sie bei der Ankunft in Ihre Zollerklärung eingetragen haben.
Im Gegensatz zu den meisten Oststaaten gibt es keinen Zwangsumtausch. Außerdem ist der Wechselkurs für Touristen günstiger als der für geschäftliche Transaktionen.
Euroschecks werden in Zahlung genommen, Sie müssen sie allerdings in US-Dollar ausstellen.
Gewechselt wird fast nie bei den Banken, die selten und nicht auf Umtauschgeschäfte spezialisiert sind. Am Flugplatz Rinas, im Hafen von Durrës, an den vier Grenzübergängen für Touristenbusse und in jedem für ausländische Urlauber geöffneten Albturist-Hotel sind jedoch eigene Wechselstuben eingerichtet.
Bewahren Sie die Quittungen auf, denn nur damit können Sie vor der Heimreise übrig gebliebenes albanisches Geld in eine andere Währung zurückwechseln.
Achten Sie auch darauf, daß Ihnen nicht zu viele und hohe albanische Scheine bleiben: Vor allem am Flughafen sind manchmal bei großem Andrang nicht genug Devisen vorrätig, um alle Rückwechselwünsche zu erfüllen. Es ist daher am besten, auch kleinere Beträge schon am Vorabend im Hotel zurückzutauschen, um nicht unliebsame Überraschungen zu erleben.
Abgesehen von Einkäufen im Duty-free-Shop am Flughafen Rinas und in den Souvenir-, Spirituosen- und Zigarettenläden in den Hotels können Sie alle Konsumationen und Einkäufe mit den eingewechselten albanischen Leks bezahlen.

i

Boote
(s. a. Sport)
Ruderboote können Sie in Durrës-Plazh im ersten Stock des Hauses gleich nördlich vom Hotel Adriatiku stundenweise mieten. Ihr Anlegeplatz am Strand liegt an der nördlichen Musikterrasse.

Buchhandlungen
Eine kleine Buchhandlung mit fremdsprachigen Übersetzungen von Büchern über Albanien sowie albanischer Autoren finden Sie in jedem Hotel in der Nähe der Rezeption. Auf deutschsprachige Ausgaben spezialisiert sind:
– Die Buchhandlung von Durrës-Plazh, die allerdings im Herbst schon ab 1. September geschlossen wird (vor dem Portal des Hotels Adriatiku rechts und dann nochmals rechts um die erste Ecke).
– Die Fremdsprachenbuchhandlung von Tirana in der Rruga Labinoti (s. Stadtplan S. 189).
Im Ausland gedruckte Bücher werden nur in Fachbibliotheken aufgelegt.

Busse
Siehe öffentliche Verkehrsmittel.

Camping
In Albanien gibt es keine öffentlichen Campingplätze. Wildes Zelten ist verboten.

Diplomatische Vertretungen:
In Albanien:
Botschaft der Bundesrepublik Deutschland:
Tirana, Rruga Skanderbeg 8,
Tel. 90 38 und 34 81
In Deutschland:
Botschaft der Sozialistischen Volksrepublik Albanien:
D-5300 Bonn 1, Adenauerallee 26,
Tel. 0228/35 10 44

In Österreich (auch für Schweiz und Liechtenstein zuständig)
Botschaft der Sozialistischen Volksrepublik Albanien:
A-1190 Wien, Blaasstraße 24,
Tel. 36 46 26, 3 69 12 29, Telex 133248 alb v a

Ein- und Ausreiseformalitäten

Solange Albanien weder für den Individual- noch für den Massentourismus eingerichtet ist, werden nur Gruppenvisa erteilt, die der Reiseveranstalter besorgt. Interessenten, die eine andere Staatsbürgerschaft als die Belgiens, der Bundesrepublik Deutschland, Italiens, Liechtensteins, Luxemburgs, Österreichs und der Schweiz besitzen, sollten das bei ihrem Reisebüro rechtzeitig melden.

Kein Touristenvisum gibt es für Reisende, die «Geistlicher» oder Journalist als Beruf angeben, für Exilalbaner und Staatsbürger von Ländern, zu denen Tirana die Beziehungen abgebrochen hat (USA, Sowjetunion, Israel, Südafrika, alle Ostblockstaaten einschließlich Jugoslawien). Das frühere Einreiseverbot für Vollbärtige ist aufgehoben.

Erforderliche Unterlagen für ein Gruppenvisum: ausgefülltes Antragsformular (bis zu fünf Personen je Fragebogen) und drei Paßfotos für jeden Reisenden. Diese Visumunterlagen müssen spätestens drei Wochen vor Reisebeginn beim Veranstalter vorliegen, über den Sie gebucht haben.

Einkaufen

(s. a. Souvenirs)

Typisch albanische Volkskunstarbeiten finden Sie in den Souvenirläden der Hotels: Kelims, Knüpfteppiche, Silber-, Kupfer- und Holzarbeiten, bestickte Blusen und Kleider, Tischwäsche, gewebte Taschen, Kleidung und albanische Spirituosen. Bildbände über Volkskunst, Architektur, Malerei und Städte sowie Schallplatten und Kassetten mit Volksmusik sind in reicher Auswahl vorhanden.

Außerhalb der Hotelzone finden Sie Kioske mit Obst, Gebäck und Wäsche sowie Schneider, Schuster und Friseur.

Falls Sie sich für die Musik des größten albanischen Komponisten

und Musikerneuerers aus dem Mittelalter, Gjon Kukuzeli, interessieren, müssen Sie die Schallplatten zur Zeit noch aus Griechenland bestellen. 1988 ist ein Album mit drei Platten seiner kirchenmusikalischen Meisterwerke herausgekommen. Es singt der Chor «Meister der Gesangskunst» unter Leitung von Grigoris Stathis (Bestelladresse: Dragatsaniou 4, Athen, Tel. 3 22 86 37).

Eisenbahnen
Siehe Verkehrsmittel

Elektrizität
Die Netzspannung beträgt allgemein 220 Volt. Steckdosen sind in den Zimmern und im Bad eher sparsam angebracht. Schukostecker passen meist nicht hinein.

Emanzipation
Auf Albaniens bis nach dem Zweiten Weltkrieg extrem konservativ-patriarchale Gesellschaft haben sich die Reformen der Ära Hoxha gerade in Sachen Frauenemanzipation besonders segensreich ausgewirkt. Dabei hat es die Albanerin verstanden, in der neuen Freiheit natürliche Würde und fraulichen Anstand zu bewahren, ja zu entfalten. Plumpe Annäherungsversuche durch männliche Urlauber oder gar ein Hauch von Sextourismus sind in Albanien undenkbar. Ein gepflegter Flirt wird hingegen erwidert, wenn sich die Gelegenheit dazu zwanglos ergibt.

Fakten und Zahlen
Die Sozialistische Volksrepublik Albanien liegt im Westen der Balkanhalbinsel zwischen rund 42° 30′ und 39° 30′ nördlicher Breite, 19° und 21° östlicher Länge. Ihre Grenzen bilden im Westen die Adria und das Ionische Meer, im Norden und Osten Jugoslawien, im Südosten und Süden Griechenland. Das Staatsgebiet umfaßt 28 748 Quadratkilometer Fläche und besteht fast ganz aus Festland, zu dem nur die Insel Sazani in der Bucht von Vlora und die paar Eilande vor Ksamil in der Straße von Korfu kommen.

Albanien zählt rund 3,3 Millionen Einwohner. Ebenso viele Albaner leben in den jugoslawischen Föderationsrepubliken Serbien (Autonome Region Kosovo), Mazedonien und Montenegro, eine weitere Million in Griechenland, Süditalien, der Türkei, den USA und anderen Staaten.

Feiertage und Feste

An die Stelle einer Vielzahl religiöser Feste von Muslimen, Albanisch-Orthodoxen und Katholiken sind im neuen Albanien einige wenige Feiertage mit nationalem und sozial-fortschrittlichem Charakter getreten:

1. Januar	Neujahrstag
11. Januar	Errichtung der Volksrepublik (11. 1. 1946)
1. Mai	Internationaler Feier- und Solidaritätstag der Arbeiterklasse
28. November	1. Nationalfeiertag (Proklamation der Unabhängigkeit 1912)
29. November	2. Nationalfeiertag (Ende der Besetzung Albaniens am 29. 11. 1944)

Zu diesen arbeitsfreien Feiertagen kommen eine Reihe von Gedenktagen mit Veranstaltungen und Feierstunden, denen Sie während Ihres Aufenthaltes begegnen können.

7. März	Tag des Lehrers (Eröffnung der ersten albanischen Schule in Korça 1887)
8. März	Internationaler Frauentag
11. April	Todestag von Enver Hoxha (11. 4. 1985)
1. Juni	Internationaler Kindertag
1. September	Schulanfang (Einführung der allgemeinen Schulpflicht am 1. 9. 1946)
8. November	Tag der Partei (Gründung am 8. 11. 1942)
17. November	Befreiung von Tirana (1944)

i

Fotografieren und Filmen
Anders als in manchen anderen südlichen Ländern bekommen Sie in Albanien beim Fotografieren und Filmen keine Schwierigkeiten mit Polizei und Bevölkerung: Knipsen und Drehen sind im Prinzip überall erlaubt, ja willkommen.
Beachten Sie aber erstens, daß militärische und strategische Objekte wie Bunker, Soldaten und auch der Flughafen davon ausgenommen sind. Im einzelnen weiß Ihre Reisebegleitung Bescheid. Manchmal sind sogar Industrieanlagen und Brücken als «militärisch» eingestuft.
Zweitens: Wer Menschen aus der Nähe aufnehmen will, sollte sie vorher mit Worten oder Gesten um ihre Erlaubnis fragen; das Fotografieren oder Filmen wird dann auch von Frauen – fast ausnahmslos – freundlich gestattet. Schauen Sie dabei nur auf folgendes: Nein = kurzes Kopfnicken, albanisch: JO. – Ja = Kopfwiegen und albanisch: PO.
Schwarz-Weiß-Filme können Sie in Albanien kaufen, mit Farbfilmen decken Sie sich besser vor der Abreise ein. Mit dem Entwickeln aller Filme sollten Sie lieber bis zu Hause warten, das Einsenden unentwickelter Filme über die albanische Post ist problematisch.

Flughafen
Rinas, etwa zwölf Kilometer nordwestlich von Tirana, ist der einzige internationale Flughafen Albaniens. Ankommende Urlaubsgäste werden von ihrer albanischen Reisebegleitung abgeholt, Geschäftsreisende von Vertretern der staatlichen Außenhandelsunternehmen.
Die gemütliche, geradezu wohnzimmerartige Atmosphäre der Abfertigungsräume hängt sowohl mit der Gastfreundschaft der Albaner wie mit der geringen Flugfrequenz zusammen. Obwohl Sie sich in den achtziger Jahren sprunghaft erhöht hat, liegt sie noch immer bei nur ein bis zwei Flügen pro Tag.
Flughafengebühren für Gruppenreisende sind meist im Pauschalpreis enthalten. Sonst beträgt die Gebühr pro Abflug und Person 30 Leks, die in albanischer Währung zu entrichten sind.

i

Friseur

Im Hotel Dajti in Tirana sind Friseursalons für Damen und Herren eingerichtet, in Durrës-Plazh gleich links außerhalb vom Hotelkomplex an der Einkaufsstraße. Sonst müssen Sie überall in die Stadt gehen. Die Damen- (Floktore oder Permanent) und Herrenfriseure (Berber oder Rrojtore) führen meist völlig getrennte Geschäfte. Die Herrensalons sind weniger aufs Haarschneiden (Ich möchte mir das Haar schneiden lassen – Unë dua të qethem) als aufs Rasieren (Bitte rasieren – Ju lutem, më rruani) spezialisiert.
Wie alle Dienstleistungen in Albanien sind auch die Friseure für unsere Begriffe erfreulich billig.

Geld

(s. a. Banken)
Albaniens Währung ist der Lek. Ein Lek hat 100 Qindarka. Die albanische Mehrzahl von Lek lautet Lekë.
Banknoten sind im Wert von 1, 3, 5, 10, 25, 50, 100 und 500 Leks im Umlauf, Münzen gibt es zu 5, 10, 20 und 50 Qindarka sowie 1 Lek. Sammlermünzen bekommen Sie in Tirana an allen Vormittagen außer Sonntag bei der Nationalbank am Hauptplatz schräg rechts gegenüber vom Hotel Tirana. Bewahren Sie die Bestätigung vom Kauf dieser prägefrischen Münzen auf, da Sie sonst mit dem Ausfuhrverbot für albanisches Geld in Konflikt kommen könnten.

Geschäftsreisen

Geschäftsreisende sind mit ihren Einzelvisa und den damit verbundenen persönlichen Betreuungsleistungen wie Besichtigungsmöglichkeiten die «Könige der Albanienfahrer».
alpenair hat für Einzelreisende in Zusammenarbeit mit der albanischen Flugbetriebsgesellschaft Albtransport eine Schnellverbindung mit nur 105 Minuten Flugzeit zwischen Wien und Tirana eingerichtet. Die Flugzeiten wurden so abgestimmt, daß an den Flugtagen Montag bis Donnerstag Anschlüsse von/nach deutschen und schweizerischen sowie anderen österreichischen Flughäfen gegeben sind. Außer Passagieren wird auch Frachtgut befördert.

Business-Flugplan Wien–Tirana–Wien und Zubringerdienst

Von		nach Wien	
Hannover		6.30– 8.30	NS 301
Zürich		7.25– 8.25	SR 430
Klagenfurt		6.35– 7.20	OS 457
Innsbruck		6.30– 7.45	VO 071
Hohenems		7.00– 8.20	RTL 101
Von Wien nach			
Hannover		20.10–22.15	NS 308
Zürich		21.15–22.30	SR 437
Klagenfurt		22.10–22.55	OS 458
Wien–Tirana	Montag	9.00–10.45	LPN 737
Tirana–Wien	Mittwoch	17.55–19.40	LPN 738

Die Flugpreise enthalten Flug, Beförderung von 25 Kilogramm Gepäck sowie Firstclass-Service an Bord der Maschinen der *alpenair*.
Stornogebühren: Vier Tage vor dem Abflug 40 Prozent, drei Tage vor dem Abflug 80 Prozent des Einfachtarifs.
Visum, Transfer bei An- und Abreise in Albanien und Hotelunterkunft in Tirana oder Durrës können für Geschäftsreisende mit dem Flug bestellt werden.
Das «Tirana Package für Geschäftsreisende für zwei Nächte» umfaßt folgende Leistungen:
– PKW-Transfer vom Flughafen Rinas nach Tirana (Durrës) und zurück
– Zwei Übernachtungen in Tirana oder Durrës in Einbettzimmer mit Dusche/WC (ohne Mahlzeiten). Zusatznächte in Tirana oder Durrës können angehängt werden.

Hotels
Siehe Unterkunft

Impfungen
Siehe Ärztliche Hilfe

Information
Siehe Auskünfte

Insekten
Zwar gibt es in Albanien seit Trockenlegung der großen Sümpfe in den Küstenebenen und bei Korça keine Malaria verursachende Mückenplage mehr. Dennoch können Insekten gerade in Durrës im Sommer recht lästig werden. Am besten ist Vorbeugen: mit Mükkensprays im Freien und Insekten-Steckern im Zimmer über Nacht. Beide Produkte gehören in Ihren Koffer oder Ihre Reisetasche, denn sie sind in Albanien vorerst nicht zu haben.

Kinder
Albanien ist ein ausgesprochen kinderfreundliches Urlaubsland. Das merken Sie nicht nur im Hotel oder Café, sondern darüber hinaus bei allen Kontakten mit der Bevölkerung. Die Toleranz des Personals im Speisesaal ist fast grenzenlos, doch für echte Schäden, die Ihr Kind anrichtet, müssen Sie natürlich geradestehen.
Durrës-Plazh ist für Familien mit Kindern besonders gut geeignet. Die Hotels liegen direkt am Strand, Ihre Kinder müssen nicht über gefahrliche Straßen laufen, um ans Meer zu kommen. Der Strand fällt ganz langsam ab, ist ohne Steine und bietet so den Kleinen ideale Planschmöglichkeiten.
Kinderspielplätze stehen überall in großer Zahl zur Verfügung. Die sommerlichen Zirkus-Gastspiele in Durrës-Plazh und das Riesenrad von Tirana sind besondere Attraktionen.
Papierwindeln und Babynahrung für Ihre Kleinsten müssen Sie von zu Hause ausreichend mitnehmen, die gibt es in Albanien noch nicht.

Kleidung
Für den Hochsommer ist leichte, lockere Baumwollbekleidung am zweckmäßigsten. Ein Sonnenhut erscheint mir ebenso angezeigt wie bequemes, luftiges Schuhwerk, am besten Sandalen oder Segeltuchschuhe. Wichtig ist eine feste Sohle: Bei fast allen Besichti-

gungen führt der Anmarsch über steiniges Pflaster! Die sommerliche Hitze sollte allerdings kein Freibrief für Entkleidungsaktionen sein. Die Albaner haben wenig Verständnis für «unschickliche» Kleidung in der Öffentlichkeit. Bei aller Vielfalt an Stoffen und Farben sind ihre Modevorstellungen ausgesprochen dezent. Auf die Straße, in Geschäfte und Cafés geht man korrekt gekleidet. Badeanzüge und nackte Bäuche fern vom Strand, ebenso Männer mit kurzen Hosen, sind ein Ärgernis. Damen mit gewagtem Dekolleté erregen ausgesprochen Anstoß.

Ihre Abendgarderobe können Sie zu Hause lassen, zu Veranstaltungen, ins Theater und Konzert geht man in Albanien in vielleicht etwas festlicherer Straßenkleidung.

Bikinis sind heute auch an den Stränden der Skipetaren eine Selbstverständlichkeit, «oben ohne» und FKK hingegen grundsätzlich verboten, was ziemlich lückenlos überwacht wird, auch in den sonst einsamen, aber von der Polizei – nicht zuletzt Ihrer Sicherheit wegen – im Auge behaltenen Badebuchten südlich von Saranda.

An kühleren Abenden werden Sie auch im Sommer Wolljacke oder Schal als angenehm empfinden. Für Frühjahr und Herbst rate ich Ihnen zu leichter Wollkleidung, Sakkos, Wolljacken, auf jeden Fall zu einem warmen Pullover sowie Frühjahrs- oder Regenmantel.

Klima

Albaniens Fremdenverkehrsgebiete an der Küste haben ein ausgeglichenes, gemäßigtes Mittelmeerklima. Die heißesten Monate sind Juli bis September, die kühlsten Januar bis März. Im Sommer steigen die Mittagstemperaturen bis über 30 Grad Celsius. Doch wird die Hitze am Meer durch frische Winde gemildert. November und Dezember bringen mildes Wetter, bis es von Januar bis März überraschend frisch wird. Mit Regen müssen Sie dann bis in den Juni hinein rechnen.

Die Albaner baden nicht vor Ende Mai im Meer, wenn die Wassertemperatur 18 Grad Celsius erreicht hat. Sie steigt bis zum August in der Adria auf 24, im Ionischen Meer bis zu 26 Grad. Über 20 Grad warm bleibt das Wasser dann bis Mitte Oktober.

Maße und Gewichte

Das alte albanische Gewichtsmaß, das Kuintal (dz), das einem Zentner entspricht, wird nur noch in der Landwirtschaft verwendet. In der Volksrepublik Albanien gilt das metrische System mit seinen international gebräuchlichen Benennungen und Abkürzungen.

Museen und Sammlungen

Die staatlichen Museen und Sammlungen in Albanien haben recht unterschiedliche Öffnungszeiten. Hier eine Zusammenstellung der wichtigsten:

Tirana – *National-Historisches Museum:* Dienstag bis Sonntag 9 bis 12 und 17 bis 20 Uhr. Montag geschlossen, Freitag nur vormittags, dafür ab 8 Uhr.
Albanien heute: Dienstag bis Sonntag 9 bis 13 Uhr, Donnerstag und Sonntag auch von 17 bis 20 Uhr, Montag geschlossen.
Volkskundliche Exposition: Sonntag bis Freitag 9 bis 13 Uhr, Samstag geschlossen.

Durrës – *Archäologisches Museum* und *Alexander-Moissi-Museum:* Dienstag bis Sonntag 9 bis 12 und 17 bis 20 Uhr. Montag geschlossen, Freitag nur vormittags, dafür ab 8 Uhr.

Kruja – *Burg:* Da bewohnt, durchgehend zugänglich.
Skanderbeg-Gedenkstätte: Dienstag bis Sonntag 9 bis 13 Uhr, Donnerstag und Sonntag auch von 17 bis 20 Uhr, Montag geschlossen.
Ethnographisches Museum: Sonntag bis Freitag von 9–13 Uhr, Samstag geschlossen.

Gjirokastra – *Burg:* Täglich zwischen 8 und 20 Uhr zugänglich.
Enver-Hoxha-Geburtshaus: Montag bis Samstag von 16 bis 19 Uhr, Sonntag 10 bis 12 und 16 bis 21 Uhr.

Butrint – *Ausgrabungsgelände:* Dienstag bis Sonntag 9 bis 12 und 17 bis 20 Uhr, Montag geschlossen (Ausnahme: geführte Gruppen), Freitag nur vormittags, ab 8 Uhr.

Apollonia – *Ausgrabungen:* Jederzeit frei zugänglich.
Kloster-Museum: Dienstag bis Sonntag 9 bis 12 und 17 bis 20 Uhr. Montag geschlossen, Freitag nur vormittags, dafür ab 8 Uhr.

Berat – *Burg:* Jederzeit frei zugänglich.
Onufri-Museum: Dienstag bis Sonntag 9 bis 13 Uhr, Donnerstag und Sonntag auch von 17 bis 20 Uhr, Montag geschlossen.

Lezha – *Skanderbeg-Grab:* Täglich von 8 bis 20 Uhr geöffnet.

Shkodra – *Burg Rozafati:* Jederzeit frei zugänglich.
Historisch-ethnographisches Museum: Sonntag bis Freitag 9 bis 12 und 17 bis 20 Uhr.
Volkskundliche Exposition: Täglich, außer Sonntag, von 9 bis 12 und 17 bis 20 Uhr.

Korça – *Museum der mittelalterlichen Kunst:* Dienstag bis Sonntag 9 bis 12 und 17 bis 20 Uhr. Montag geschlossen, Freitag nur vormittags, dafür ab 8 Uhr.
Erste albanische Schule (Bildungs-Museum): Mittwoch und Sonntag von 10 bis 12 und 15 bis 18 Uhr.
Typisches Korça-Haus (Atelier und Wohnung des Malers Vangjush Mio): Mittwoch, Freitag, Sonntag von 16 bis 18 Uhr.

Öffentliche Verkehrsmittel

Busverkehr: Für Sie in Frage kommen nur die städtischen Verkehrsbetriebe zwischen Durrës und Durrës–Plazh. Zum Strand mit der Aufschrift «Plazh», von dort in die Stadt mit der Aufschrift «Urban».
Eisenbahn: Das heute weitverzweigte Eisenbahnnetz Albaniens wird weder für Gruppen- noch für Einzelreisende genutzt. Verschiedene Versuche, mir auf eigene Faust eine Fahrkarte zu lösen, wurden gleich am Schalter zunichte.

Öffnungszeiten

(s. a. Museen, Post)
In den staatlichen MAPO-Warenhäusern von 7 bis 12 und 16 bis 19

Uhr. An diese Ladenschlußzeiten halten sich auch die meisten Handwerker mit Ausnahme der Bäcker, die früher öffnen und früher schließen.
Die – von Ihnen kaum benötigten – Banken haben nur vormittags geöffnet.
Die meisten Lebensmittelgeschäfte passen sich quartierweise den rund um die Uhr abwechselnden Schichten der Fabriksbelegschaften an. Sie finden daher zu jeder Tages- und Nachtzeit offene Geschäfte, wenn Sie sich nur etwas umsehen.
Der wöchentliche Ruhetag kann, je nach Geschäft, jeder beliebige Wochentag sein, so daß Sie auf jeden Fall auch am Sonntag offene Läden finden.

Paß- und Visavorschriften
Siehe Ein- und Ausreise

Post, Telefon, Telegraf
Trotz eifriger Nachforschungen erwies es sich leider als unmöglich, einheitliche Öffnungszeiten der Post-, Telefon- und Telegrafenämter zu ermitteln. In der Regel werden Sie sie ohnehin nicht brauchen, da alles – vom Briefmarkenverkauf bis zur Vermittlung von Ferngesprächen in die Heimat – von der jeweiligen Hotel-Rezeption erledigt wird. Bei den Briefmarken ohne Aufpreis, beim Telefonieren mit fast 100 Prozent Aufschlag auf den Preis auf dem Postamt. In Durrës-Plazh lohnt es sich daher unbedingt, von der Post aus, dem Hotelkomplex gegenüber auf der anderen Straßenseite, anzurufen. Allerdings müssen Sie dort auch länger – bis zu zwei Stunden – auf eine Verbindung warten. Zimmertelefone mit Direktwahl ins Ausland sind noch Zukunftsmusik.
Auch für Ihre Urlaubspost bringt in Durrës-Plazh der Weg aufs Postamt statt zum Hotelbriefkasten beträchtliche – zeitliche – Gewinne. Während eine auf der Post aufgegebene Ansichtskarte etwa eine Woche unterwegs ist, müssen Sie ab Hotel mindestens mit der doppelten Zeit rechnen. Am schnellsten – binnen zwei bis drei Tagen – sind in Albanien ausgestellte Euroschecks bei ihrem Geldinstitut zur

i

Abbuchung. Verlassen Sie sich also bei großzügigen Teppicheinkäufen nicht darauf, daß die Schecks ohnedies erst spät oder vielleicht gar nie zur Honorierung eingereicht würden.
Falls Sie als Geschäftsmann fernschreiben müssen, tun Sie das immer von Ihrer albanischen Partnerfirma aus. Es gibt noch keine öffentlichen Fernschreibstellen, von den Hotels hat nur das «Dajti» in Tirana einen Telex. Der ist fast immer besetzt, da er auch vom staatlichen Fremdenverkehrsamt Albturist mitbenützt wird.
Für Ortsgespräche von den – seltenen – Münzfernsprechern müssen Sie 20-Qindarka-Münzen bereit halten.

Preise
Die Preise sind, verglichen mit denen in Mitteleuropa, recht niedrig, auffallend billig vor allem Lebensmittel und Dienstleistungen, preisgünstig auch die albanischen Handarbeiten, vor allem handgeknüpfte oder gewebte Teppiche. Feste Preise sind die Regel. Feilschen wie in der ganzen balkanischen Nachbarschaft erübrigt sich: Das «neue Albanien» hat auch mit der levantinischen Händlermentalität gründlich aufgeräumt. Achten Sie darauf, daß die meisten Preise nicht in Lek, sondern in Qindarka angeschrieben sind. Wenn ein Raki also mit 300 auf der Speisekarte steht, so erschrecken sie nicht: das entspricht 3 Lek.

Radio und Fernsehen
Der albanische Rundfunk sendet für deutschsprachige Touristen und Hörer im Ausland mehrmals am Tag ein halbstündiges Programm mit aktuellen Nachrichten, albanischem Pressespiegel, Wissenswertem von Land und Leuten und Wetterbericht. Frequenzen:

7.00–7.30 Uhr: 1395 kHz Mittelwelle, 9375 und 7310 khz KW (für den Auslandsempfang)
15.10–16.00 Uhr: 7310 und 9375 khz KW
17.00–17.30 Uhr: 7310 und 9375 khz KW
19.00–19.30 Uhr: 7310 und 9375 khz KW
22.30–23.00 Uhr: 7310 und 9375 khz KW

24.00–24.30 Uhr: 1458 khz Mittelwelle, 9375 und 7310 khz KW (für den Auslandsempfang)
Achtung: Bei Winterzeit eine Stunde früher!

Deutsche Sender auf Mittelwelle können sie erst nach Einbruch der Dunkelheit empfangen, ausgenommen ab den 16-Uhr-Nachrichten die Deutsche Welle auf Mittelwelle 1557 khz.
Wenn Sie auch während Ihres Urlaubs Wert darauf legen, über die Ereignisse zu Hause und das Weltgeschehen auf dem laufenden zu bleiben, sollten Sie – da es in Albanien keine ausländischen Zeitungen zu kaufen gibt – einen kleinen Kurzwellenempfänger mitnehmen. Damit haben Sie breite Empfangsmöglichkeiten:
Deutsche Welle: die stündlichen Nachrichtensendungen auf KW 3995, 6075 und 9545 khz.
Radio Austria International: die deutschsprachige Halbstunden-Sendung um 8 und 14 Uhr (Winter: 7 und 13 Uhr) auf 6165 khz.
Radio Luxemburg: die stündlichen Nachrichtensendungen und Unterhaltungsprogramm dazwischen auf 6105 khz.
Schweizer Radio International: die halbstündige Informationssendung auf Deutsch um 14 Uhr (Winter 13 Uhr) auf 6175 und 9555 khz. Dazu weniger gut *Bayern III* gleich oberhalb der Deutschen Welle auf der Skala und *Sender Freies Berlin* auf 6195 khz KW.
Fernseher im Zimmer wurde mir nur im Hotel von Peshkopia beschert. Doch verfügt jedes Hotel über einen Fernsehraum. Das albanische Fernsehen sendet täglich von 18 bis 22.30 Uhr, sonntags ab 10 Uhr. Auch das italienische Fernsehen *RAI I* und *II* kann, vor allem bei den Abendnachrichten um 19.30 und 20 Uhr, gut empfangen werden.

Rauchen
Aus den hervorragenden albanischen Tabaken werden auch einige internationale Zigarettensorten, darunter «Multifilter» und BT, in Lizenz hergestellt und in den Devisenläden der Hotels sowie im Duty-free-Shop des Flughafens angeboten. Diese Marken sind wesentlich billiger als die importierten Zigaretten und Zigarren.

i

An den lokalen Sorten werden nur Freunde nicht-parfümierter Orienttabake Freude haben. Dafür ist dann die Auswahl um so größer: Von der filterlosen «Partizani» über «Tarabosh» (das stärkste albanische Kraut) bis hin zu «Gent», «Tirana» und den besonders beliebten «Durrës Special».
Auch Zigarettentabak und -papier für Selbstdreher sind zu haben, das Papier ist jedoch ungummiert und ohne Erfahrung damit schwer zu handhaben. Zigarettendreher und -stopfer nehmen daher ebenso wie die Pfeifenraucher besser alle ihre «Rohmaterialien» von zu Hause mit.
In Albanien raucht praktisch jeder, auch die Frauen – sie freilich in keinem Fall auf der Straße. Niemand raucht für sich allein, ohne den Nachbarn – auch am Nebentisch – eine Zigarette anzubieten. Wenn Sie sich an diesen Brauch ebenfalls halten, werden Sie keine Kontaktschwierigkeiten haben.

Reisezeit
Siehe Klima

Restaurants, Cafés, Bars, Garten- und Nachtlokale
In der Regel haben Sie da keine eigene Wahl, sondern sind auf das in Ihrem Hotel Gebotene oder bei den Rundfahrten Organisierte angewiesen.
Die Essenszeiten sind an der Tür des Speisesaals angeschrieben.
Das Frühstück besteht wahlweise aus Tee, Kaffee und/oder Milch sowie Brot, Butter, Marmelade und abwechselnd gekochtem Ei, Omelett, Wurst oder Käse. Der Frühstückskaffee verträgt eine Aufbesserung durch Ihren eigenen mitgebrachten Pulverkaffee. Vorzüglich ist hingegen der «türkische» Mokka!
Zum Mittag- und Abendessen kommen drei bis vier Gänge auf den Tisch. Was dabei geboten wird, ist internationale Küche mit österreichisch-italienischem Akzent, ab und zu bereichert durch albanische Nationalgerichte.
Gäste mit empfindlichem Magen sollten mit dem Saalchef Änderungen der jeweiligen Mahlzeit absprechen. – Bei akuten Verdau-

ungsproblemen erhalten Sie auf Wunsch – und meist kostenlos – Kräutertee und Joghurt.

Die einzige Möglichkeit, selbständig gegrillte Fleisch-, Fisch- und Geflügelgerichte zu bestellen, bietet sich in den «Biergärten» von Saranda und Shkodra. Die von Durrës-Plazh und -Stadt sind nur auf kleine Imbisse eingerichtet. Was das Trinken angeht, öffnen sich Ihnen sowohl im Hotel – in Restaurant, Bar, Abendtaverne und auf der Terrasse – wie bei Streifzügen durch die Lokale der Umgebung fast unbegrenzte Möglichkeiten.

Auch eingefleischte Biertrinker sollten einen albanischen Rotwein (Verë e kuqe) versuchen. Die guten Tropfen aus der Umgebung von Durrës, Përmet oder Saranda sind naturbelassen, schmecken fruchtig und erdig. Wer nur trockenen Weißwein schätzt, dem werden die mehr als lieblichen, vollmundigen bis süßlichen Weißweine (Verë e bardhe) weniger Genuß bereiten.

Ein Spitzenprodukt ist der albanische Weinbrand (Konjak), der dem ähnlich seifigen griechischen, armenischen und georgischen Kognak nicht nachsteht. Kenner bevorzugen den aus der Destillerie von Korça.

Albaniens Raki ist ganz anders als der gleichnamige türkische Anisschnaps, der Arrak der Araber oder der Ouzo in Griechenland und Zypern: Es handelt sich um einen aus der Maische von Traubenschalen (Treber) gebrannten klaren und wohlschmeckenden, nur 18prozentigen, mäßig genossen gesunden Schnaps. Bei Hitze oder kostwechselbedingten Magen- und Darmverstimmungen wirkt er geradezu Wunder. Auf seine Herkunft von den Trauben und nicht den Aniskörnern weist der volle albanische Name hin: Raki rrushi – Weintraubenraki. Als bester gilt der aus Përmet.

Von minderer Qualität sind zweifellos die albanischen Biere (Birrë), das aus Korcą schmeckt am besten.

An alkoholfreien Getränken empfehle ich das Mineralwasser von Glina, die Apfel- (Lëng molle) und Traubensäfte (Lëng rrushi).

Souvenirs

(s. a. Einkaufen, Preise)

Aus dem nicht besonders breiten Angebot albanischer Souvenirs ragen die Kelims und Knüpfteppiche heraus. Sie werden heute zwar nicht mehr in Heim-, doch nach wie vor in Handarbeit in den Teppichmanufakturen von Kavaja, Saranda und Korça angefertigt. In den Knüpfabteilungen stehen rund 300 Rahmen; an jedem arbeiten drei bis fünf Frauen. Aus albanischer Schafwolle entstehen dort Dessins nach den klassischen Mustern persischer Teppiche. In ihrer Art fast noch schöner und jedenfalls origineller sind die traditionell albanischen Knüpfteppiche mit gedämpften braunen und grünen, durch Weiß aufgelockerten Tönen und einmalig dichtem Flor. In den Webabteilungen, wo farbenfrohe Kelims mit meist beigem Grundton nach alten einheimischen Mustern entstehen, klappern in allen drei Manufakturen etwa 30 einfache Handwebstühle. Ein Teil der Knüpf- und Webteppiche wird direkt in den Manufakturen zum Kauf angeboten, zusätzlich in den Devisenläden der Albturist-Hotels. Aber auch zu Hause können Sie das eine oder andere schöne Stück nachkaufen, seit die Bundesrepublik Deutschland, Frankreich, Finnland, Österreich und sogar Lateinamerika zu Hauptabnehmern geworden sind.

Sport

Wassersportler müssen ihre Ausrüstung zum Surfen, Tauchen usw. selber mitbringen, da in Albanien nur Ruderboote – und auch das einzig in Durrës-Plazh – vermietet werden. Auf dem Hotelgelände von Durrës-Platz gibt es einen (Hart-) Tennisplatz. Schläger und Bälle können Sie gegen eine geringe Gebühr leihen. Dazu wurden mehrere Plätze für Mannschafts-Ballspiele angelegt.

Toiletten

Die Toiletten in Hotels und Lokalen sind meist durch Symbole gekennzeichnet: Schuhe mit hohem oder flachem Absatz oder entsprechende Kopfsilhouetten. Seltener Aufschriften oder Abkürzungen: Gra (G) an der Damen-, Burra (B) an der Herrentoilette.
Öffentliche Bedürfnisanstalten sind selten und lassen für unsere Begriffe meist zu wünschen übrig.

Trinkgelder

Im großen und ganzen ist Trinkgeld nicht üblich. Es entspricht weder der gastfreundlichen Einstellung der Albaner noch der amtlichen Fremdenverkehrspolitik. Das osmanische Bakschisch-Unwesen allerschlechtesten Angedenkens war bis zur Unabhängigkeit und auch noch unter der Königsherrschaft verbreitet und von übelster Korruption kaum eine Nasenlänge entfernt. Alle Albaner sind heute stolz darauf, diesen Übelstand überwunden zu haben, der jetzt nicht auf den Schleichwegen des Tourismus reimportiert werden soll.

Sicher begegnen Sie dem einen – ich kann sagen, kaum Frauen – oder anderen, der noch oder schon wieder Trinkgelder annimmt. Im allgemeinen machen Sie sich damit aber ebensowenig beliebt wie beim Verteilen von Geschenken, von denen Sie glauben, daß die «armen Menschen» so etwas nicht haben und unbedingt brauchen: Kugelschreiber, Feuerzeuge, Strumpfhosen, Kosmetika. Lassen Sie diesen Kram zu Hause und versuchen Sie es einfach bei allen Dienstleistungen mit von Herzen kommender Dankbarkeit: mit einem Lächeln, einem Dankeschön, Faleminderit shumë!

Trinkwasser

Albaniens Trinkwasser ist unbedenklich, auch nicht stark gechlort wie in anderen Mittelmeerländern. Bevorzugen Sie zum Trinken aber trotzdem besser das Glina-Mineralwasser, das für unsere Begriffe fast nichts kostet. Sicher ist sicher, und gesund ist das albanische Tafelwasser außerdem.

Umgangsregeln

(s. a. Emanzipation, Fotografieren, Kleidung, Rauchen, Trinkgelder)
Albaniens Menschen sind selbstbewußt, fast würdevoll, dabei aber äußerst gastfreundlich und zuvorkommend. Besonders freuen sie sich, wenn Sie sich anmerken lassen, daß Sie sich wohlfühlen und von den Schönheiten und Leistungen ihrer Heimat beeindruckt sind.

Alleinreisende Damen werden es schätzen, daß es unter den Alba-

i

nern – anders als bei den meisten anderen Mittelmeervölkern – keine zudringlichen Männer und «beruflichen» Strand-Flirter gibt. Der Albaner ist erklärt höflich, geradezu förmlich im Umgang mit Frauen. Von Ihnen wird dasselbe erwartet.

Umwelt

Albaniens Meer und Küsten sind noch nicht verschmutzt oder umweltbelastet. Der Strand von Durrës ist wohl der einzige an der ganzen Adria, von dem man das mit gutem Gewissen sagen kann. Die Industrie- und Erdölgebiete – nicht gerade ökologische Aushängeschilder – liegen weit vom Meer entfernt.

Die Nahrungsmittel werden von den albanischen Bauern geradezu «biologisch» erzeugt und von den Genossenschaften und Staatsfarmen frisch auf den Markt gebracht. So gibt es oft nur Tomaten und Gurken als Salat, bald wieder keine Zitronen: Doch was auf den Tisch kommt, ist frisch und unverfälscht.

Da die Prinzipien des eisernen Sparens, der nationalen Selbstgenügsamkeit bei möglichst allen Produkten und der Wiederverwertung aller Abfälle vorherrschen, gibt es auch keine Probleme mit Mülldeponien.

Unterhaltung

Etwa dreimal wöchentlich werden ab Mitte Juli auf der Terrasse zwischen den Hotels Durrës und Apollonia albanische Filme vorgeführt, manchmal finden auch Folkloreveranstaltungen statt. Ankündigungen erfolgen in allen Hotels von Durrës-Plazh.

Ab Juli sind die kleinen Cafés auf den Terrassen über den Speisesälen des Durrës und des Apollonia geöffnet, wo eine Combo von zirka 19 bis 22.30 Uhr sowohl albanische wie westliche Musik spielt. Ab 22 Uhr wird auch die Taverne im Souterrain des Hotels Adriatiku in Durrës-Plazh und des Hotels Butrint in Saranda geöffnet. Dort können Sie sich bis etwa 1.30 Uhr bei Getränken, Musik und Tanz vergnügen.

Außerhalb der Hotelzone von Durrës-Plazh sind einige kleine Lokale bis 22.30 Uhr geöffnet, zum Teil ebenfalls mit Musik.

i

Unterkunft

In allen albanischen Hotels – von ein paar Appartments und Suiten für Nobelgäste abgesehen – gibt es nur zwei Kategorien der Unterbringung:

A – Alle Zimmer mit Dusche/WC, Haustelefon, eigenem Balkon oder einer gemeinsamen Terrasse. Die Liegestühle auf Balkonen und Terrassen sind zur freien Benützung durch die Zimmerinhaber bestimmt, dürfen aber nicht zum Strand mitgenommen werden.

B – Zimmer mit Fließwasser warm/kalt und kleinem Balkon, doch nur Etagenduschen und -toiletten. Diese allgemeinen Dusch-, Wasch- und WC-Anlagen werden täglich mehrmals gereinigt.

Wäsche und Reinigung

In jedem Hotel können Sie Ihre Sachen waschen und reinigen lassen. Da die Preise dafür nicht so bescheiden wie sonst für fast alles und jedes in Albanien sind, erkundigen Sie sich bitte vorher!

Zeit

Albanien hat mitteleuropäische Zeit, vom 31. März bis zum dritten Septembersonntag werden die Uhren auf Sommerzeit eine Stunde vorgestellt.

Zeitungen

Ausländische Zeitungen und Zeitschriften werden weder verkauft noch aufgelegt. Die beiden deutschsprachigen Publikationen «Neues Albanien» und «Albanien heute» sind mehr für den Versand in den deutschsprachigen Raum als für den Absatz an Touristen bestimmt. Decken Sie sich daher mit Lektüre, Rätselheften, Kinderbüchern zu Hause ein.

Zoll

Die Zollvorschriften entsprechen den allgemeinen Gepflogenheiten. Alle technischen Geräte (Kameras, Radios, Tonbandgeräte und Zubehör wie Wechselobjektive, Blitzlicht, Stativ, Mikrofon, Kassetten usw.) sollten Sie bei der Einreise in Ihre Zoll- und Devisenerklä-

rung eintragen, um für alle Fälle Schwierigkeiten und Verzögerungen bei der Ausreise zu verhindern.

Seit Abschaffung der Prostitution in den fünfziger Jahren verbietet Albanien seinen Besuchern, pornografische Bilder, Magazine und Bücher mitzubringen. Danach wird bei der Einreise recht genau gefahndet. Schon ein blanker Busen in einer Illustrierten gilt als «Porno» und wird beschlagnahmt.

Nach der Ausrufung Albaniens zum Ersten Atheistischen Staat und der Verbannung jeder Religion aus der Öffentlichkeit 1967 wurde die Einfuhr von religiösen Gegenständen und Druckwerken verboten. Die Kontrolle in dieser Richtung ist besonders gründlich. Sie betrifft – anders als in manchen islamischen Staaten – nicht Ihr Kreuz an der Halskette, sehr wohl aber Bibeln, Gebetbücher und vor allem Literatur und Manifeste von kirchlichen Vereinen, die gegen die albanische Religionspolitik polemisieren.

Register

Halbfett gesetzte Ziffern verweisen auf ausführliche Beschreibungen, *kursiv* gesetzte auf Abbildungen

r

r

r

r

r

r

r

r

r